网络法论丛

第5卷

腾讯研究院 著

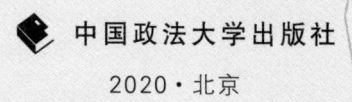

中国政法大学出版社
2020·北京

声　明	1. 版权所有，侵权必究。
	2. 如有缺页、倒装问题，由出版社负责退换。

图书在版编目（ＣＩＰ）数据

网络法论丛. 第 5 卷/腾讯研究院著. —北京：中国政法大学出版社，2020.8
ISBN 978-7-5620-9630-6

Ⅰ.①网… Ⅱ.①腾… Ⅲ.①计算机网络－科学技术管理法规－中国－文集　Ⅳ.①D922.174-53

中国版本图书馆 CIP 数据核字(2020)第 162352 号

出　版　者	中国政法大学出版社
地　　　址	北京市海淀区西土城路 25 号
邮寄地址	北京 100088 信箱 8034 分箱　邮编 100088
网　　　址	http://www.cuplpress.com（网络实名：中国政法大学出版社）
电　　　话	010-58908586(编辑部) 58908334(邮购部)
编辑邮箱	zhengfadch@126.com
承　　　印	固安华明印业有限公司
开　　　本	880mm×1230mm　1/32
印　　　张	14.5
字　　　数	350 千字
版　　　次	2020 年 8 月第 1 版
印　　　次	2020 年 8 月第 1 次印刷
定　　　价	69.00 元

编辑委员会

顾　问：周汉华　郭凯天
名誉主席：Brent Irvin　谢　呼　江　阳
主　编：司　晓
副主编：张钦坤　杨　乐　周　辉
编委会成员：江　波　徐　炎　谢兰芳　梁凤霞　王妩蓉
　　　　　　肖黎明　刘　勇　朱劲松　汤锦淮　陈　勇
　　　　　　杨　鹏　李　佳　王小夏　黄晓锦　黄嘉慧
　　　　　　张　鑫　李　平　孟春婷　曾　磊　邱少林
　　　　　　李　丽　刁云芸　王　融　蔡雄山
编　辑：柳雁军　彭宏洁　田小军　易镁金　彭　云
　　　　曹建峰　李　霞　卢　超　孙南翔　刘灿华

出版说明

这是一个大变革的时代。大数据、云计算、物联网、人工智能代表的技术和产业浪潮,在重构人们生活、学习和思维方式的同时,也给全球法治带来了巨大的挑战和机遇。在全面推进互联网法治建设的部署和感召下,我们见证了网络法立法和研究的飞跃式发展。《网络安全法》《电子商务法》等互联网基础性立法出台或取得重大突破,互联网金融、网络游戏、网络影视、互联网地图、共享出行、网络餐饮等垂直细分领域的法律政策不断涌现,其他立法也或多或少地将回应互联网问题或趋势作为新时代立法的必要内容。可以说,网络法律规则日臻完善,互联网专门立法体系基本形成。同时,网络法研究对象不断扩张,数据治理、虚拟财产、网络犯罪、自动驾驶、共享经济等问题,涉及刑法、民法、知识产权法、劳动法、竞争法等多个法律领域的融合,很难被归于其中之一。网络法研究正加速形成独特的法律领域,甚至有学者提出赋予网络法独立的部门法地位。

我们在思考和编写本套图书的同时,已经明显地看到了中国法学研究正在全面拥抱互联网。各大法学院纷纷成立独立的网络法研究机构,研究力量迅速增强,青年学者集中涌现。同时，中国互联网发展的洪流中，有无数奋斗在第一线的法律实务工作者。他们了解现实，分析未来，手握笔墨，挥斥苍穹。每个法律人的一小步，集合起来，就是网络法发展进程的一大步。

编写《网络法论丛》，是顺势而为，更是时不我与。本论丛是广大网络法学者、实务工作者的智慧集成，旨在呈现国内外网络法领域的前沿观察、理论研究等学术成果，并重点选择其中佳作与学界同仁及读者一起分享，共同记录并见证网络法立法和研究的进步和繁荣。

目 录

【政策观察】

儿童个人信息保护 ——美好的权利如何脚踏实地 ｜ 003

未成年人节目新规解读，"限童令"入法释放哪些信号？｜ 014

从《网络生态治理规定》看互联网新技术的治理 ｜ 022

美欧隐私立法是否走向趋同？加州消费者隐私法（CCPA）给出答案 ｜ 033

【专题研究】

【数据治理】｜ 047

2019 数据治理报告——云深处的数据规则 ｜ 047

迷雾中的新航向：2018 年数据保护政策年度报告 ｜ 058

迷雾中的新航向：2018 年数据保护政策年度观察——趋势展望 ｜ 070

企业间数据竞争规则研究 ｜ 083

数据产权：互联网下半场不容回避的竞争焦点 | 112

连美国大法官都不阅读隐私协议，"知情同意"原则如何落地？ | 122

从国内外典型数据保护案例看如何保护企业数据权益 | 132

分散化不是解决 Facebook 隐私问题的良药 | 145

【平台责任】| 153

云服务提供者应当采取何种"必要措施"？
　　——从首例云服务器侵权案谈起 | 153

"云与小程序"该适用什么样的平台责任？| 161

解读首例小程序案的四大重点 | 165

维持原判：小程序首例案二审解读及平台合规治理回顾 | 173

终审胜诉：腾讯小程序第一案的终点与续章
　　——网络侵权规则的往事与今朝 | 181

首例小程序案件的技术和法律要点——产业互联网背景下认识技术中立型互联网服务的法律属性 | 188

【知识产权】| 204

欧盟版权法改革中的大数据与人工智能问题研究 | 204

短视频平台版权治理问题研究
　　——以设定平台版权过滤义务为视角 | 221

数字环境下欧盟版权法的三大挑战与应对 | 231

AI 创作物的法律保护不容忽视 | 241

争议中的体育版权保护应如何破局 | 247

利用人工智能技术解码知识产权问题 | 252

【人工智能】| 261

欧盟人工智能伦理与治理的路径及启示 | 261

"短命"的谷歌 AI 伦理委员会，绕不开的算法治理难题 | 275

286 【虚拟财产】| 284

网游中"钱"是"数字货币"吗?网游虚拟货币监管研究 | 284

加密资产与智能合约的合同法分析 | 302

【网络广告】| 308

2019年中美欧网络广告治理法律政策年度观察报告 | 308

2018年中国广告治理法律政策的"白、黑、灰" | 339

互联网广告二跳法律责任的"问、解、答" | 356

论比较广告的法律规制 | 372

【实务探讨】

网络游戏开发的16条法律风控建议 | 393

网络游戏独家代理协议的15个审核要点 | 409

知识产权尽调:网络游戏代理项目的必要风控程序 | 421

从"《军师联盟》10亿收益案"看影视联合投资合同纠纷及风险防控 | 435

政策观察

儿童个人信息保护
——美好的权利如何脚踏实地

王 融 腾讯研究院资深专家

一、引言：儿童个人信息保护，难点在哪里？

尊重和保障儿童权利是被广泛认可的基本通识，各国的个人信息保护法律都在逐步引入儿童个人信息保护。并且，基于传统的知情同意原则，在涉及儿童个人信息的场景，考虑到儿童心智不成熟，其很难对个人信息被收集利用的后果和风险做出理性判断，因此建立了需要征得其父母（监护人）同意的法律机制。

尽管从儿童权利视角，包括联合国《儿童权利公约》在内的官方和民间研究都已开始关注探讨：儿童对其享有的隐私、个人信息等相关权益进行处分的独立性，以及基于儿童动态发展的考量，是否应当"充分理解、尊重不同类型儿童在不同阶段的特点与能力"，从而质疑法律"一刀切"地按照儿童年龄划分的信息处分权利差异化的合理性。但在更为合理的法律机制形成之前，我们仍主要依赖监护人同意机制来实现对儿童个人信息的保护。

但正如个人信息保护是个人权利、信息自由流动、公共利益等诸多正当利益之间的平衡取舍一样，儿童个人信息保护由于涉及权利主体与权利行使主体的分离，其在制度落地过程中注定会遇到更多的实践问题。

儿童个人信息保护的关键难点在于如何识别儿童、监护关系和监护人的知情同意。如果要求所有的实践生活场景都贯彻监护人知情同意原则，则意味着社会整体要为此付出相应的法律执行成本。

即使在线下环境中，鉴别儿童及其监护人也需要配套支持，包括通过身份证、户口本等资料加以印证。同时，因为具有面对面接触的条件，这种以识别用户年龄为前提的法律上的监护人同意要求，理论上仍可以推行，尽管这意味着巨大的社会成本付出。如我国已推行多年的电话实名制，虽然在大部分场景下具有在营业厅现场识别的便利条件，但在推行过程中，仍需克服许多实践难题。

当进一步延伸至线上网络世界时，由于物理位置的隔绝，实施监护人同意机制更需要相关的技术手段、数据资源予以协同配合。如果不加区分地要求所有的网络在线服务均实施监护人同意机制，将难以避免数据过量收集的问题，也会显著增加不合理的社会成本。况且，许多线上服务对于此类数据的收集处理本身就没有必要。例如，在网络搜索服务中，运营者没有必要去收集、鉴别用户的年龄甚至监护人的相关信息，并获取监护人同意。用户在使用搜索服务时，不消说年龄验证，即使是账户注册都不需要。因此，儿童个人信息保护（特别是网络保护）初心虽好，但要将这美好的制度付诸实践，则无法回避一个核心矛盾——如何实现合理、有效的儿童保护，同时防止过量的和不必要的信息收集。

二、儿童个人信息保护，从哪里借鉴经验？

解决问题不是为了产生更多问题。有关儿童个人信息保护的讨论，更多的并不是纯粹的法律议题，而是符合实践场景的制度探索，经验积累更凸显其价值。

遗憾的是，到目前为止，作为数据保护引领者的欧盟，在这一领域的经验乏善可陈。在美国于1998年制定《儿童在线隐私保护法》（Children's Online Privacy Protection，COPPA）时，同时代的欧盟1995年《数据保护指令》并没有写入儿童个人信息保护。欧盟在近20年之后，即2016年出台的《通用数据保护条例》（Genearl Data Protection Regulation，GDPR）中才明确引入儿童个人数据保护，但也仅有一条主要围绕儿童数据保护的原则性条款（第8条）。

按照欧盟数据保护委员会（European Data Protection Board，EDPB）的惯常做法，为了澄清GDPR中的原则性条文，EDPB会出台更为详尽的指南来指导法规落地。截至目前，EDPB已出台了十余部指南，以回应具体执行问题，包括数据保护官、数据保护影响评估、识别主导监管机构等，但迟迟未就儿童个人信息保护规定出台更具体的指南。

GDPR将儿童的年龄设定交给了各成员国，可以在13岁~16岁之间进行设定，这就造成了重大差异（比如葡萄牙设定为13岁；西班牙设定为14岁；法国设定为15岁；德国设定为16岁等）。更何况儿童个人信息保护在实践中的确还存在许多悬而未决的争议。

当然，欧盟立法者在制定GDPR时就已注意到：网络世界中数据处理活动的多样性会对儿童监护人同意原则的实际落地带来极大的复杂性，因此其在有关儿童个人数据保护的核心条款——第8条中也采取了相当弹性的表述，为未来的实施预留了制度空间。第8条第3款规定："数据控制者应当采取合理的努力，结合技术可行性，确保此类情形中对儿童具有父母监护责任的主体已经授权或同意。"但对于什么是"合理努力",什么是"技术可行",欧盟一时难以给出权威答案。

相反,隐私保护执法一直以务实为显著特征的美国,在全球范围内最早形成了专门的儿童在线个人信息保护法律——COPPA,在儿童个人信息保护领域已积累了二十多年的制度建设与执法经验,除了专门立法,作为执法机构的联邦贸易委员会(Federal Trade Commission, FTC)还出台了细则(COPPA rules)、问答清单(COPPA FAQs)、六步骤合规计划(A Six-Step Compliance Plan for Your Business),以及推进行业实际落地的安全港计划(COPPA Safe Harbor Program),来指导践行儿童信息保护。这对于(包括欧盟、中国等在内的)正在探索儿童个人信息保护具体机制的国家和地区具有重要的参考价值。

三、儿童个人信息保护的核心制度设计

儿童作为特殊群体,个人信息要受到严格保护,其合理性和必要性毋庸置疑。但如上所述,依赖于"监护人知情同意"的保护机制在实践中将遭遇巨大挑战,包括如何识别儿童、监护关系和监护人的有效同意。

因此,统观美国隐私执法机构 FTC 关于儿童个人信息保护的执行落地,以及其所发布的详细规则,都始终围绕着合理必要这一核心原则,如何在真正的社会生活实践中,通过法律制度的设计和具体规范,来实现儿童个人信息保护目标,同时避免产生过量的负面问题。为实现这一目标,这些细则围绕以下核心问题而展开:哪些情形需要适用 COPPA?如何认定网络服务运营者对用户的年龄有"实际认知"?如何取得监护人的同意,包括监护人识别,有效同意的验证?

(一)哪些情形适用?

首先需明确的是:COPPA 并不适用于所有的在线服务。它

所规定的监护人同意等要求仅指向以下三类情形：

（1）直接面向 13 岁以下儿童（Directed to children under 13）收集儿童个人信息的网站、在线服务的运营者（即服务对象专门针对儿童）。

（2）适用于那些虽面向一般受众（general audience），但对收集 13 岁以下儿童个人信息有实际认知（actual knowledge）的网站和在线服务运营者。

（3）面向第 1 类运营者提供广告网络或插件等服务，从而也明知收集儿童个人信息的第三方服务提供者。

FTC 不要求面向一般受众的网站或服务提供者对其用户的年龄进行调查。因为，如果不对适用范围加以限制，会导致大量面向大众服务的网络运营者，在本不需要去收集用户年龄、监护人信息、监护人同意的情况下，超出业务的需要范围开展此类数据处理活动。这样会增加实际执行难度，也无益于数据保护，容易滋生新的数据安全问题。正如对 COPPA 的批评意见：验证措施对隐私带来了更大风险，运营者因此而收集、处理着大量的儿童及其监护人的敏感信息。因此，FTC 也着眼于实际，通过谨慎设计适用范围，避免滋生此类问题。

（二）如何判断运营者对用户的年龄有"实际认知"？

网络服务直接面向儿童（以儿童为目标群体）有着较为客观的参考标准，例如是否具有以儿童用户为导向的内容、服务等（如儿童动画网站、儿童电话手表等）。相比较，对于面向一般受众的在线服务，其对用户的年龄有"实际认知"这一适用标准仍有进一步澄清的空间

对此，FTC 表示：如果运营者要求并接收用户的个人信息，使其能够判断用户的年龄，运营者即对此有实际认知。例如，运营者在其网站注册页面要求用户提供其年龄，用户反馈的结

果是小于13周岁的,该运营者即具有COPPA定义的实际认知。又如:运营者接到了监护人的明确投诉,也可以证明运营者对特定用户有实际认知。2020年2月,在FTC针对抖音国际版(TikTok,原称Musical.ly),依据COPPA作出的最大一笔罚金案件中,FTC的主要证据之一是该应用收到了大量来自父母的投诉,表明其对特定的儿童用户有明确认知。

那么,在用户在年龄问题上说谎,以便注册一般受众网站或参与运营者禁止儿童参与的网络服务时,该如何判断运营者的责任?对此,FTC再次强调了COPPA并不要求一般受众网站询问访问者的年龄。如果此类运营者选择以中性方式(比如客观问询用户的出生日期)筛选其用户的年龄,判断是否属于儿童,就取决于用户输入的出生信息,即使用户提供的年龄信息是不准确的。因此,在一些情况下,这可能意味着儿童能够在违反运营者服务条款情况下注册网站或接受服务,此时运营者并不承担相应责任。除非有其他证据表明,运营者能够确定用户是13岁以下的儿童。

因此,在实践中,大部分一般受众网站都会在隐私政策中明确要求:如果没有监护人的同意,未成年人不得创建个人账户。用户是未成年人的,应当请监护人仔细阅读隐私政策,并在征得监护人同意的前提下使用服务。这在FTC执法实践中被予以认可,也是全球互联网企业普遍采用的做法。例如:Google、Facebook、Twitter的隐私政策和用户协议都包含有此类条款。

(三)哪些情形有例外?

FTC在细则中详尽罗列了不需要获得可识别的监护人同意的例外情形。例如,为了取得监护人的同意,运营者可能需要收集儿童及其监护人的姓名,以及监护人的网上联系方式,通过该联系方式向监护人告知其收集儿童个人信息的目的、方式，以征求其同意。对于这种合理的数据收集，FTC认为运营者有其合法基础，前提是如果监护人在合理期间内没有做出同意的回复，运营者应当及时删除儿童及其监护人的个人数据。

类似的合理例外还有很多。例如，出于保护儿童安全的目的；出于响应儿童需求的目的（前提是符合一次联系原则，后续不再主动联系儿童）；出于在线服务提供者内部运营管理的需要，对儿童网络识别信息（如IP地址）的处理等，此类都可以豁免监护人同意要求。

- 同时，为了保证儿童参与网络活动的权利，COPPA还对"父母同意"原则设计了一些例外；
- 即使没有父母同意也允许儿童通过电子邮件提问；
- 当儿童从网上获得时事信息时，可以没有父母同意，只要父母被通知并有权取消这些信息；
- 当儿童从事联邦贸易委员会认为必要的活动时。

欧盟的GDPR也在一定程度上借鉴了这一制度经验，GDPR的背景引言（Recital 38）也作出了类似的排除：在直接向儿童提供预防或咨询服务时，不必取得儿童监护人的同意。

（四）在适用COPPA后，应履行哪些合规义务？

首先，应发布符合COPPA规定的隐私政策。隐私政策必须清晰且全面描述13岁以下儿童信息是如何被收集及处理的。对于直接面向儿童的网络服务，应当在其网站首页链接隐私政策，如果网站或服务面向的是一般公众，但是有一个单独部分面向儿童，则应当在该网页的首页链接隐私政策。

其次，应告知监护人并获得同意。COPPA要求在收集儿童信息时应当向监护人告知，并获得监护人可识别的同意。对于什么才是可识别的父母同意，COPPA没有进行限定，仅要求运营者要采取合理努力,并结合了能够利用的技术手段,能够合理推断出作出同意的是孩子的父母。这种立法表述显然也被GDPR所参考效仿。

最后,监护人的其他持续性权利。在获取监护人的同意,收集处理儿童个人信息后,运营者应当保证监护人能够继续行使其合法权利,包括访问、删除儿童个人信息的权利。同时也应当采取合理措施保证信息安全。特别是出于安全考虑,如果运营者已删除了相关个人信息,从而并不能支持监护人行使访问权,其本身并不违法。

四、儿童个人信息保护,仍有许多细节性的实务问题

关于儿童个人信息的保护不止于法律层面的讨论,相反,充斥这一议题的,更多的是实务话题。这也是为什么FTC就COPPA的合规落地发布了大量指南,包括面向运营者的合规指南(其中还包括专门针对中小企业的合规指南),以及家长、学校的权利指南。除了细则指南外,FTC还发布了详尽的Q&A,通过问答清单来回应实践困惑。篇幅所限,我们仅截取问答清单中的典型问题,来说明儿童个人信息保护在实践落地时需要直面及回应的多样疑问。

Q1:如果孩子们在我的一般受众网站上的注册过程中撒谎,我会负责吗?

A:COPPA并不要求一般受众网站对注册用户进行甄别,但是一旦知道用户是儿童,就受到规制。

Q2:我是否可以阻止13岁以下儿童使用我的一般受众网站?

A:可以。如果您选择在一般受众网站或服务中阻止13岁以下的儿童,您应该设计您的页面,页面设计的方式不鼓励孩子

伪造他们的年龄来访问您的网站或服务。

Q3：如果我运营一般受众网站，用户可以建立自己的博客页和在线论坛，如果儿童用户发布了个人信息，但是此前并无可显示其年龄的信息，我是否违反COPPA？

A：这种情况COPPA并不规制。但是如果你收到了其他用户的举报，或通过其他方式了解到该用户为儿童，就应启动COPPA的合规程序。

Q4：使用信用卡或者政府签发的身份验证信息作为父母同意的方式，我是否还需要收集其他信息以验证作出同意的是父母？

A：不需要。这两种方式足够证明运营者履行了COPPA义务。

Q5：我是针对儿童的应用程序的开发者，我是否可以通过第三方（例如应用商店），来代表我获得父母同意呢？

A：可以的，只要你能确保其符合COPPA的要求。

Q6：如果我的儿童网站上有个"咨询作者"部分，儿童可以发送电子邮件咨询问题，我是否需要提供通知并征得父母的同意？

A：如果你只是回答儿童的问题然后删除儿童的邮件地址，那么你就符合"一次联系"例外情形，并不需要获得父母同意。

Q7：教育机构可否向网站或者应用收集和披露儿童数据的行为做出同意？

A：可以。很多学校都与第三方网站运营者签署了合同，为儿童利益提供在线服务。运营者必须向学校做出告知，并取得学校的同意。

Q8：COPPA是否禁止成人（例如父母、祖父母、教师或者教练）上传包括儿童照片在内的个人信息？

A：COPPA 仅仅适用于从儿童处收集的信息。它并不适用于从成人处收集的包含有儿童个人信息的情形。

Q9：我运营了一个面向儿童的 APP。儿童用户可以上传照片，并采取各种方式装饰照片，但是 APP 不会将包括照片在内的任何信息从儿童的设备上传输到其他地方。这种情形属于 COPPA 所界定的信息收集么？

A：不属于。因为你的 APP 所交互的信息存储在用户的终端上，从未传输，这种情况不属于"收集"个人信息。

上述问答清单对指导企业实现合规、推动儿童个人信息保护的实际落地发挥了积极作用。此外，FTC 还通过市场化的手段，推进发展了 COPPA 安全港项目。通过 FTC 安全港认可的行业组织，可以保证组织内部的成员符合 COPPA 要求，这使得儿童个人信息保护能够通过行业自律的方式得到广泛实施。截至目前，FTC 批准的机构有 7 家，这些公司或行业机构也可以作为第三方市场上的在线服务企业提供儿童个人信息保护咨询和解决方案。

五、结语：儿童个人信息保护，仍应在生活场景中探寻方案

尊重和保障儿童权利，是保护儿童个人信息的本源。映射在当下的数字生活中，它不应当仅仅是权利宣誓的乌托邦，而应真正走入生活、走入家庭、走入儿童。它要求我们的制度设计回归实践、实事求是，通过设计真正有效、合理的制度规范，来帮助监护人在儿童信息的收集处理中发挥控制力。同时，这种制度规范的实施成本又不至于太过高昂，与社会生活相脱节，而沦为被束之高阁的无用条框，甚至带来更多的负面问题。

本文所展示的美国立法与监管机构在这一领域的制度经验，正是在权利与实践这两个维度的务实探索，尽管并不完美，但

其探索模式是值得借鉴的——应回归到社会生活的场景,特别是当下的数字生活场景,合理分配各方义务,实现"社会-平台-家庭-学校-儿童自身"多方一体的保护体系,并使其得到真正有效的运转。

儿童个人信息保护是儿童网络保护的组成部分,与最大限度地保护儿童免受包括网络有害内容、网络沉迷、网络欺凌等负面影响一样,需要在实践中探寻多种解决方案,且彼此的保护体系应相互衔接。比如,在有害内容预防方面,从内容过滤软件,到应用、设备服务商提供的儿童模式,都可以成为儿童个人信息保护的有效落地方式。现有的预防网络沉迷制度,包括网络使用时长控制,也远比儿童个人信息保护制度的监护人同意规则干预程度更加深入,平台向监护人提供的监护便利也更加全面。这些都应当成为儿童个人信息保护中需要考虑的现实基础。

我们期待,各方参与共同探讨,终究会形成更加务实和科学的优化方案,实现儿童网络权利保护的初心,为儿童提供一个更加安全、可靠、健康的数字成长环境。

未成年人节目新规解读，
"限童令"入法释放哪些信号？

杨　乐　腾讯研究院副院长
易镁金　腾讯研究院高级研究员

2019年4月3日，国家广播电视总局（以下简称"广电总局"）发布《未成年人节目管理规定》（以下简称"新规"）（国家广播电视总局第3号令），于2019年4月30日起施行。该规定于2018年8月公开征求意见，不到1年的时间即公布实施，足见监管者对于未成年人保护的重视。此次，广电总局将散布于各个通知文件中的"限童令"上升为行政规章，对未来未成年人节目传播的法治秩序具有重要意义。

未成年人是祖国的未来、民族的希望。新规的出台落实了习近平总书记关于促进少年儿童健康成长、保护未成年人合法权益、注重"家庭、家教、家风"等重要论述，完善了相关法律制度，强调社会主义核心价值观对未成年人节目制作和传播的引领作用。

一、新规覆盖非未成年人节目及短视频吗？

新规适用范围既涵盖以未成年人作为主要参与者或者以未成年人为主要接收对象的传统广播电视节目，也涵盖网络视听节目。

除了线上线下相统一之外，新规第40条规定，非未成年人节目中含有未成年人形象、信息等内容，有关内容规范和法律责任需要参照新规执行。

也就是说，以成年人为主要观看对象的综艺、电视剧、纪录片等视听节目含有未成年人形象、信息的，同样需要参照新规执行。

对于短视频是否受新规管辖的问题，《互联网视听节目管理规定》提到，互联网视听节目是通过互联网向公众提供视音频的节目，短视频显然落入了该范畴。

二、新规重点规范商业化、成人化和过度娱乐化节目

此次新规集之前所有的"限童令""限娱令""限秀令"之大成，整体思路是不能让"过度娱乐"淹没未成年人，"少年强则中国强"，也符合2019年3月18日习近平总书记在学校思想政治理论课教师座谈会上提出的"努力培养担当民族复兴大任的时代新人"的总体要求。

（1）亲子类节目。自2013年《爸爸去哪儿》《爸爸回来了》等亲子类节目的日益兴起后，监管者紧密关注真人秀等节目中炒作、包装明星子女问题。2016年，广电总局发布《关于进一步加强电视上星综合频道节目管理的通知》从"尽量减少"变为"严格控制"未成年人参与真人秀节目，要求不得借真人秀节目炒作、包装明星子女，也不得在娱乐访谈、娱乐报道等节目中宣传、炒作明星子女。新规要求未成年人节目不得宣扬童星效应或者包装、炒作明星子女。

（2）真人秀节目。2015年广电总局发布《关于加强真人秀节目管理的通知》要求，真人秀节目应注意加强对未成年人的保护，尽量减少未成年人参与，对少数有未成年人参与的节目要坚决杜绝商业化、成人化和过度娱乐化的不良倾向以及侵犯未成年人权益的现象。新规要求邀请未成年人参与节目制作，

其服饰、表演应当符合未成年人年龄特征和时代特点，不得诱导未成年人谈论名利、情爱等话题，避免成人化和过度娱乐化。

(3) 选秀类节目。早在2005年，广电总局即发布了《关于进一步加强广播电视播出机构参与、主办或播出全国性或跨省（区、市）赛事等活动管理的通知》（已失效），限定参赛选手年龄必须在18岁以上，举办未成年人参与的全国性或跨省（区、市）赛事等活动必须单项报批。2016年5月，广电总局下发禁令，明令禁止未满18岁的少年参加选秀比赛。之后，当时盛极一时的《超级女声》官方不得不对节目播出内容进行调整，剪辑中再未出现任何未成年人表演画面。新规要求未成年人节目应当严格控制设置竞赛排名，不得设置过高的物质奖励，避免商业化。值得一提的是，广电总局在正式发布稿中将征求意见稿第10条中的绝对禁止播出未成年人参与的选秀类节目修改为"制作、传播未成年人参与的歌唱类选拔节目应当符合主管部门的要求"，兼顾了行业发展和未成年人保护之间的平衡，给选秀类节目留下了过渡空间，此种"包容审慎"的立法思路值得肯定。

三、新规中有哪些禁止性规定？

关于节目内容，新规明确了16项未成年人节目不得含有的内容。包括肯定、赞许未成年人早恋；诋毁、歪曲或者以不当方式表现中华优秀传统文化、革命文化、社会主义先进文化；歪曲民族历史或者民族历史人物，丑化、亵渎、否定英雄烈士事迹和精神；宣扬、美化、崇拜曾经对我国发动侵略战争和实施殖民统治的国家、事件、人物；过分强调或者过度表现财富、家庭背景、社会地位；介绍或者展示自杀、自残和其他易被未成年人模仿的危险行为及游戏项目等。

同时要求，以科普、教育、警示为目的制作播出的节目中确有必要出现上述内容的，应当根据节目内容适时地在显著位置设置明确提醒。相关机构还应当根据不同年龄段未成年人的身心发展状况制作、传播相应的未成年人节目，并采取明显图像和声音等方式予以提示。

另外，新规还要求节目嘉宾不得选用曾有丑闻劣迹或者违法犯罪行为的人员，沿袭了国家监管部门加强劣迹艺人管控、发挥正向引领作用的政策思路。

上述规定体现了广电总局希望全方位屏蔽未成年人有害信息，充分展现出了国家对于未成年人健康成长的高度重视。正如习近平总书记在学校思想政治理论课教师座谈会上所讲的"青少年阶段是人生的'拔节孕穗期'，最需要精心引导和栽培"。

四、立法思路从文化防御迈向文化自信

新规将征求意见稿第16条中的"国产原创未成年人节目除剧情需要外，不得使用外国的人名、地名、服装、形象、背景等外国元素"修改为"国产原创未成年人节目应当积极体现中华文化元素，使用外国元素等应当符合剧情需要"。

此种从文化防御迈向文化自信的政策转变值得高度肯定，也为国产原创未成年人节目的长远发展留下了更多的想象空间。

五、关注未成年人隐私保护

《未成年人保护法》规定任何组织或者个人不得披露未成年人的个人隐私。新规也沿袭了《未成年人保护法》中的立法思路，要求在未成年人节目制作过程中，不得泄露、质问或者引诱未成年人泄露个人及其近亲属的隐私信息，不得要求未成年

人表达超过其判断能力的观点。对确需报道的未成年人违法犯罪案件也不得披露犯罪案件中未成年人的个人信息。相比于征求意见稿,新规还增加了在不可避免含有上述内容的画面和声音的情况下,应当采取技术手段"达到不可识别的标准"的规定。

此规定可以充分体现广电总局对于未成年人隐私保护的重视,也标志着我国未成年人节目隐私保护逐步与世界接轨。

六、出台多项评价机制创新监管思路

新规规定广播电视播出机构、网络视听节目服务机构应当建立以下制度:

第一,未成年人节目评估委员会制度。委员会组成人员包括未成年人保护专家、家长代表、教师代表等。委员会的职责是定期对未成年人节目、广告进行播前、播中、播后评估。评估意见作为节目继续播出或者调整的重要依据,有关节目审查部门还应对是否采纳评估意见作出书面说明。相比于征求意见稿,新规中增加了"必要时,可以邀请未成人参加评估"的规定,彰显了立法的科学性和对未成年人的人文关怀。

第二,未成年人保护专员制度。要求具有相关工作经验、教育背景的人员担任,负责对有关节目、广告是否适合未成年人收听、收看提出审查意见,并对不适合未成年人收听收看的节目、广告提出修改或者不予播出的建议。暂缓播出的建议由有关节目审查部门组织专家论证后实施。

第三,制播机构评价收集制度。要求建立未成年人节目社会评价征集制度,并以适当方式及时公布所评价节目的改进情况。

第四,年度报告制度。要求就未成年人保护情况每年度向当地人民政府广播电视主管部门提交书面报告。评估委员会工

作情况、未成年人保护专员履职情况和社会评价征集情况应当作为年度报告的重要内容。

但上述制度后续如何在实践中落地并良好运行,还有待时间磨合和观察。

七、对节目中或前后的广告规范有哪些要求?

新规结合《广告法》和《广播电视广告播出管理办法》对未成年人节目广告作出了具体要求:

第一,未成年人专门频率、频道、专区、链接、页面不得播出医疗、药品、保健食品、医疗器械、化妆品、酒类、美容广告,不利于未成年人身心健康的网络游戏广告,以及其他不适宜未成年人观看的广告,其他未成年人节目前后不得播出上述广告。

第二,针对不满14周岁的未成年人的商品或者服务的广告,不得含有劝诱其要求家长购买广告商品或者服务、可能引发其模仿不安全行为的内容。

第三,不得以不满10周岁的未成年人作为广告代言人。

第四,未成年人广播电视节目,每小时播放广告不得超过12分钟。

第五,未成年人网络视听节目播出或者暂停播出过程中,不得插播、展示广告,内容切换过程中的广告时长不得超过30秒。

相比于征求意见稿,新规删除了"利用主持人或者动画角色形象制作的,针对未成年人的广告,不得在相关节目或者动画片播出过程中播放",体现了广电总局"科学管理、放管结合"的立法思路。

八、对 UGC 内容平台需要承担播前审查义务

新规要求广播电视播出机构、网络视听节目服务机构对录播或者用户上传的未成年人节目履行播前审查义务，对直播节目，应当采取直播延时、备用节目替换等必要的技术手段，确保节目内容的安全性。

这一规定释放出广电总局进一步提高内容安全的政策信号，将线下监管模式线上化，要求广播电视播出机构、网络视听节目服务机构对 UGC 未成年人节目承担事先的审查义务，坚持先审后播。

九、新增用户上传内容的通知删除制度

新规相比于征求意见稿新增了对未成年人节目的通知删除制度，可以更加全面地保护未成年人合法权益。

第一，未经未成年人法定监护人的同意，网络用户上传含有未成年人形象、信息的节目的，监护人有权通知网络视听节目服务机构采取删除、屏蔽、断开链接等必要措施。

第二，网络视听节目服务机构应当对网络用户上传的未成年人节目建立公众监督举报制度，发现新规所涉禁止内容或禁止节目类型的，应当及时采取必要措施。

十、新增未成年人节目休息提示制度

新规还新增了休息提示制度，要求未成年人节目在播出过程中，应当至少每隔 30 分钟在显著位置发送易于辨认的休息提示信息。这也是对习近平总书记就我国儿童青少年近视高发问题作出的重要指示的贯彻落实。

2018 年 8 月 30 日，教育部、国家卫健委等八个部委公布

《综合防控儿童青少年近视实施方案》,划定了各自在防控儿童青少年近视方面的职责和任务,广电总局被列入其中,提出要"充分发挥广播电视、报刊、网络、新媒体等作用,利用公益广告等形式,多层次、多角度宣传推广近视防治知识"。该方案还首次明确:将青少年近视率将纳入政府绩效考核。新规的出台也与此大背景有着密切的关系。

十一、新规涉及的监管方式

新规还运用日常监听监看、专项检查、实地抽查、失信惩戒、违法行为警示记录等内容。同时要求广播电视主管部门应当设立未成年人节目违法行为举报制度,公布举报电话、邮箱等联系方式,开展社会监督。

从《网络生态治理规定》看互联网新技术的治理

张钦坤　腾讯研究院秘书长
曹建峰　腾讯研究院高级研究员

2019 年，人工智能等新技术的治理在全球范围内获得了广泛的关注。欧美国家开始针对人工智能相关应用探索多元化的治理措施。我国也开始回应人工智能新技术及其应用的潜在风险，《民法典人格权编（草案）》《数据安全管理办法（征求意见稿）》《网络音视频信息服务管理规定》等都有所涉及。此外，中共中央网络安全和信息委员会办公室（简称"网信办"）发布的《网络生态治理规定（征求意见稿）》（以下简称《规定》）在强调政府、企业、社会、网民等主体共同治理网络信息内容的同时，也及时回应了算法推荐、深度伪造、流量造假、网络暴力等热点问题。

（1）算法推荐引发负面影响，风险防范与技术和产业发展的平衡需要分级分类多元治理。近年来，由人工智能算法推荐的广泛应用引发的虚假信息、用户隐私、信息茧房、算法歧视等负面影响持续发酵，我国相关立法和标准开始关注算法推荐。《电子商务法》《数据安全管理办法（征求意见稿）》以及国家标准《个人信息安全规范》的最新修订草案等都作出了规定，要求标明"定推"字样，给用户提供"退出"选项并删除个人信息，禁止歧视、欺诈等。此次《规定》进一步明确了算法推荐与人工编辑相结合的信息分发方式，第 15 条要求建立体现主流价值导向的推荐模型,建立健全人工干预机制,建立用户自主选择机制,进一步回应了算法推荐的相关问题。

从行业角度看,个性化算法推荐对贴近用户需求以及构建互联网内容和服务生态十分重要,在各类移动互联网平台的快速崛起中扮演着重要角色,已被广泛应用于新闻、视频、音乐等数字内容及广告、商品、服务等的分发、推荐。但在经历了算法有没有价值观的大讨论之后,人们越来越多地认识到算法并不是万能的。其在提高信息内容分发效率的同时,也可能带来用户隐私、信息茧房、内容安全、传播虚假信息等问题,甚至可能影响公众认知,加剧社会分层和偏见等。所以,企业在部署应用算法决策的时候,一方面需要持续优化算法模型,确保数据和算法的准确性、有效性、公平性等;另一方面需要以人工干预等方式进行适度的管理,例如对进入推荐池由算法进行推荐的文章进行审核。

国外也开始多举措规范包括算法推荐在内的算法决策的应用。例如,欧盟《通用数据保护条例》(GDPR)通过赋予用户选择和控制权限来解决用户画像和自动化决策中的隐私问题,除此之外并没有给算法推荐等自动化决策提出其他更多的监管要求。而《美国加利福尼亚州消费者隐私法案》(CCPA)对于个人信息的处理则继续沿用 opt-out 机制,对消费者更为实用,也更有利于市场发展和市场竞争。但数据创新研究中心(Centerfor Data Innovation)的研究报告显示:GDPR 实施 1 年以来,要求企业手动审查重大的算法决策提高了人工智能的总体成本,在某种程度上阻碍了欧盟的技术创新和产业发展。此外,在行业自律方面,Facebook、YouTube 等也在不断调整、完善其推荐算法,以便给予用户更大的控制和选择权限,同时限制虚假信息的传播。例如,2019 年 6 月,YouTube 对其推荐算法做出了 3

项调整，以便用户可以更容易地探索主题和相关视频，拒绝某个频道的视频推送，并理解为什么被推送了某个视频，代表了其在算法透明上的努力。[1]

整体而言，国外对于算法决策确立了分类分级的监管思路：分类，即针对政府和公共部门使用的算法系统和商业领域的算法系统建立不同的监管，前者需要较强的事前监管，如欧盟提出针对前者建立了"算法影响评估"机制[2]；分级，即对于一般的商业算法系统（如定向推送、个性化广告等）采取事后追究法律责任的方式，但对于具有与政府和公共部门的算法系统应用类似的重大影响的商业算法系统可考虑一定程度的事前监管。此种分类、分级监管方式可以避免给企业带来不成比例的成本和管理负担，有助于人工智能的发展应用。此外，非监管的方式（例如算法素养、伦理指南及伦理审查、技术标准和指南、用户控制等柔性方式）也将发挥重要作用。这些举措可为我国将来进一步立法提供有益的借鉴。

（2）深度伪造给网络内容治理带来新挑战，监管需要在防范技术滥用同时留出发展空间。《规定》第 24 条规定，网络信息内容服务使用者不得利用深度学习、虚拟现实等新技术、新应用从事法律、行政法规禁止的活动。这一规定给备受国内外关注的"深度伪造"技术划定了应用边界，同时也为行业探索有益应用场景留出了发展空间。

深度伪造（Deepfake）作为由"deep learning"（深度学习）和"fake"（伪造）组合而成的新生事物，是随着生成对抗网络

---

[1] https://youtube.googleblog.com/2019/06/giving-you-more-control-over-homepage.html.

[2] http://www.europarl.europa.eu/thinktank/en/document.html?reference=EPRS_STU(2019)624262.

（GAN）等深度学习技术的发展而出现的。其最常见的方式是 AI 换脸（例如 deepfake、face2face 等技术），此外还包括语音模拟、人脸合成、视频生成等，统称为深度伪造。深度伪造和合成内容给网络平台治理带来了新挑战，主要表现为利用深度学习等 AI 技术伪造或合成高度逼真且真假难辨的图片、音频、视频来进行欺骗和欺诈，如色情报复、敲诈勒索、假冒身份、散布虚假信息等，给个人和企业利益以及公共安全带来威胁。而且，深度伪造生成方法开源软件的增多，极大地降低了操纵、伪造音视频的门槛。报告显示：网上的深度伪造视频的总数比 2018 年 12 月翻了一番，达到近 15 000 个，其中伪造的色情视频占比高达 96%。[1]

除了此次《规定》提出的概括性禁止要求，《民法典人格权编（草案）》第 799 条、《数据安全管理（征求意见稿）》第 24 条，以及日前发布的《网络音视频信息服务管理规定》第 10~13 条等都作出了规定。主要包括：禁止利用信息技术手段伪造的方式侵犯他人的肖像权和声音；针对自动合成的信息内容标明"合成"字样；上线相关功能或服务需开展安全评估，对非真实音视频信息予以标识，禁止深度伪造的虚假新闻消息，部署鉴别技术并在对非真实音视频信息进行标识后方可继续传播，建立辟谣机制，等等。这些规定表明深度伪造等新技术、新应用已经引起了我国立法的高度重视。

从全球来看，美国最早对深度伪造进行规制，2019 年以来，美国尤其担心深度伪造对 2020 年大选和国家安全的影响，开始探索立法应对措施，防范潜在滥用风险。2019 年 6 月，美国国

---

[1] https://edition.cnn.com/2019/10/07/tech/deepfake-videos-increase/index.html.

会先后提出了两部法律草案《深度伪造责任法案》[1]和《2019年深度伪造报告法案》[2]。此外，美国的加利福尼亚州、得克萨斯州、马萨诸塞州、弗吉尼亚州等也陆续推出了相关立法。这些立法提出的主要措施包括：第一，设定应用红线，禁止基于政治干扰、色情报复、假冒身份等非法目的的深度伪造，否则可能构成刑事犯罪；第二，设置披露义务，要求制作者、上传者以适当的方式披露、标记合成内容，例如采取嵌入数字水印、文字、语音标识等方式；第三，加强技术攻防，要求开发检测识别和反制技术。

综合国内外监管的趋势，遏制深度伪造技术的滥用需要多方主体共同努力，采取分类分场景监管、行业自律、技术对抗、数字素养提升等多元化的举措，在防范风险的同时促进深度伪造技术妥善利用。

一方面，探索更多有益运用场景，提振产业发展信心。深度伪造作为内容创作工具有其积极的应用价值，可在娱乐、新闻媒体、影视制作、教育等诸多领域运用。例如，实现虚拟主播、替身演出、虚拟歌手等，改善医学图像分析，丰富社交网络体验和自我表达等。面对深度伪造带来的风险，在积极应对的同时，还应鼓励行业探索更多有益运用场景，为人工智能技术开发提供更多实践样本，引导人工智能技术向善发展。

另一方面，从源头要求制作者对深度伪造进行标注，同时鼓励行业开发应用检测识别技术，推动建立相关技术和行业标准。当前美国的做法主要是要求制作者对深度伪造内容进行标注，否则可能承担民事责任，严重时还将承担刑事责任，从而从源头上对深度伪造进行规范。这一源头治理的做法具有合理

---

[1] https://www.congress.gov/bill/116th-congress/house-bill/3230.

[2] https://www.congress.gov/bill/116th-congress/senate-bill/2065/text.

性，因为没有标注的深度伪造内容一旦被传播出去，第三方很难鉴别，检测技术的开发、成熟也面临着诸多困难，而且难以跟上深度伪造技术进化的步伐，所以开发溯源技术并进行源头标记是最有效的措施。此外，谷歌、Facebook 等美国主流科技公司都开始通过多种举措，发展甄别深度伪造和合成内容、对抗深度伪造技术滥用的方法和工具。具体包括：构建并开放深度伪造数据集，为研究、开发检测识别技术提供基准；支持、发起深度伪造检测挑战赛，与行业携手推动检测技术的研究与开发；开发深度伪造检测识别和标注工具；培训专门的合成内容审查人员，加强对视频内容的真实性审核。但是，考虑到行业内当前还没有通用的、具有高准确率的视频鉴伪网络，相应的鉴伪技术也都尚在初步阶段，还有很长一段路要走，所以不宜强制要求平台对用户上传的或第三方的视频是否属于"深度伪造"或"自动合成"进行检测识别，并以此为由要求平台承担责任，因为这将给企业带来不成比例的管理负担和成本。而且，技术攻防本来就是"魔高一尺，道高一丈"、处于不断发展之中，故不宜将其转变为硬性要求并与法律责任挂钩。所以，如前所述，美欧没有强硬要求平台部署鉴别技术，而是采取了源头治理，让制作者、上传者对深度伪造内容进行标注，这具有合理性，值得肯定。

（3）流量造假行为被纳入禁止性规范，技术管网遏制流量经济野蛮生长。《规定》第 25 条规定，网络信息内容服务使用者不得通过人力或者技术手段实施流量造假、流量劫持以及虚假注册账号、批量买卖账号、操纵用户账号等行为，破坏网络生态秩序。这一规定将流量造假等行为列为破坏网络生态秩序的禁止性行为，有利于规范数据利用，从源头制止流量造假。

流量是网络文化的重要指标之一。流量经济时代，流量劫持、流量造假等问题开始挑战传统法律。流量造假纠纷不仅发生在个人主体之间，平台间的流量之争更加复杂。2018年8月，在"爱奇艺公司诉杭州飞益信息科技有限公司不正当竞争案"中，法院认定通过技术手段增加无效的爱奇艺网站视频访问数据并获取不当利益的行为破坏了数据的真实性以及完整性，构成不正当竞争。这表明被刷流量方也可能成为流量纠纷中的受害者。2019年5月，全国首例暗刷流量案当庭宣判，法院认定合同因违反社会公共利益而无效，并上缴所有非法所得。流量造假、流量劫持以及虚假注册账号、批量买卖账号、操纵用户账号等行为，不仅损害消费者权益，破坏商业模式，还会损害数据信息价值，造成大数据产业"劣币驱逐良币"。

整体而言，流量造假背后已经形成了巨大的灰色利益链条，从线上到线下需要更加严密的监管体系。首先，平台可以加强流量监控合作，形成全平台联动打击。在以往的互联网相关法规中，对流量造假等行为的规制主要在于提高平台责任，要求平台监控异常数据、屏蔽造假网页、处理虚假账号等。下一阶段，为应对大规模的流量造假，需要加强平台合作，建立平台与平台间的联动打击机制。其次，大力发展互联网内容产业，丰富网络评价体系，告别"唯流量论"。网络直播销售、明星流量变现等商业模式催生了流量造假行为，畸形的利益分配机制是导致流量造假的根本原因。要扭转这一局面，必须回归互联网内容产业的发展，丰富评价体系，摆脱"唯流量论"。

再者，提高违法成本，有效震慑流量造假行为。如今，流量造假行为已经渗透到了电商、娱乐、影视等多领域，利益的深度捆绑让流量造假的多方主体均对该行为保持缄默。2018年《反不正当竞争法》的互联网专条对流量劫持、恶意不兼容等问题进行了规制。2019年《电子商务法》明确禁止电商平台买流量刷好评行为。未来还应进一步加大执法力度，提高违法成本，破除该纵深灰色利益链条。

（4）网络暴力成诸多恶性事件导火索，监管之外还需引导理性上网。《规定》第22条针对网络暴力作出了专门规定，明确禁止网络用户的网络侵权和网络暴力行为，违反该规定将依照相关法律、行政法规处理。网络暴力在新技术背景下具有新的发展趋势（如人工智能被用于实施色情报复等），该规定有助于净化网络环境、维护健康的上网秩序，并规范新技术的应用。

互联网在为用户提供充分表达空间的同时，非理性的声音也极易通过网络发酵，造成大规模网络行为失范。以语言暴力、隐私泄露等为典型，网络暴力主要表现网络欺凌、网络跟踪以及网络骚扰。具体而言：一是对未经证实或已经证实的网络事件，公开发表带有伤害性、侮辱性和煽动性的失实言论；二是在网上公开他人的个人隐私，侵犯其隐私权；三是对他人及其亲友的正常生活进行行动和言论侵扰等。网络暴力引发的社会恶性事件层出不穷，不仅会对当事人身心、名誉、财产等方面造成了实质性损害，还会影响社会价值观，破坏网络生态秩序。

而且，近年来，网络暴力事件逐渐增多，冲突行为逐渐升级。中国社会科学院2019年《社会蓝皮书》显示：其调查对象中，约有28.89%的青少年在上网过程中遇到过暴力辱骂，而60%以上的青少年对此没有采取任何措施。美国反诽谤联盟ADL（Anti-Defamation League）2018年的调查显示：全美范围内约37%的被调查民众曾经历过性骚扰、被视奸跟踪、人身攻击、持续骚扰等各样的极端网络暴力。此外，如前所述，深度伪造等新技术也被用于色情报复、敲诈勒索等网络暴力行为，网络上的深度伪造内容几乎都是色情视频。

网络暴力的成因复杂、牵涉面广，对暴力信息往往难以及时介入和监管。首先，互联网的复合性传播方式为网络舆论发酵提供了便利。互联网多样化的传播方式使得暴力信息可以通过公开网页、即时通信设备等进行公开、小范围以及一对一的传播，暴力信息一旦传播开来，便难以控制。其次，网络暴力信息界定模糊，难以及时发现并处理。在技术过滤和人工审核的双重保障下，对于明显的违法信息或含敏感词信息，能进行有效拦截。但是，对于舆论形成初期，如何在健康的舆论环境中识别出暗含网络暴力可能性的话题，如何区分正当的舆论监督和暴力信息问题都尚未明确操作标准。整体而言，目前针对网络暴力的治理仍以事后监管为主，对网暴事件发生的施暴引导者、不实信息散布者及事件背后的组织策划者等关键对象进行惩治。引导用户理性上网，提升网民素养是从源头消解网络暴力的必要手段。

（5）探索新技术治理的中国模式，为新技术发展应用营造良好的制度土壤。如前所述，连同此次《规定》在内，我国近一两年的一系列立法开始加强规制人工智能等新技术及其应用。但在当前的国际化发展形势下，新技术成了各国竞争的核心，如何在日趋严峻的国际竞争形势下（如地区对抗博弈加剧、单边主义抬头等），为新技术创新发展和应用普及营造良好的制度土壤，从而占据技术发展和产业应用高地，是我国在监管新技术、新应用时需要着力思考的。

历史地看，美国硅谷之所以能在互联网时代成为全球科技创新中心，除了资本、人才流动等因素之外，其成功在很大程度上归因于美国互联网友好型的法律变革，诸如适度的平台责任、版权"避风港"和开放式的合理使用制度、行业自律为主的隐私监管等。这些制度规定为硅谷企业在 Web 2.0 时代的巨大成功提供了良好的法律制度土壤，使天才的程序员得以发挥其聪明才智，带来了令人惊艳的创新产物。[1]这可以给全世界正在进行中的新技术治理提供很好的启发。

当前，在新技术治理方面，欧盟最为活跃。GDPR、数字税、人工智能监管等都旨在构建欧盟内部统一的互联网监管标准和模式，但其对新技术的严格管制能否最终转化为其在人工智能等新技术、新产业发展上的国际竞争力，是值得深入探讨的。除了对自身发展的考量，欧盟的互联网强监管还有另外一个人们经常提及的原因，就是通过设定偏向性的法律规则来制衡、约束美国，意在为欧盟自身赢得产业发展机遇。用欧盟官方的话来说就是，让互联网惠及所有人，而非个别公司（意指美国大型互联网企业）。

就我国而言，防范新技术、新应用相关的风险，已经成了我国互联网治理的重要内容，需要明确整体上的治理思路和路径。如前所述，在中美欧引领互联网竞争的国际背景下，对于新技术、新应用，欧盟采取了更为侧重监管的路径，而美国相对宽松的监管环境在新技术背景下不大可能发生大的改变。以此为出发点，我国在监管新技术、新应用的时候，需要考虑国际竞争视角和新技术、新应用的社会经济效益，兼顾监管治理需求、防范风险、权益保护与技术创新、产业发展等。更进一步，在实践层面，多层次的治理体系比单一的监管和法律更能适应人工智能等新技术的快速发展迭代、日益复杂化的特征，行业标准、自律公约、技术指南、最佳实践、伦理框架、伦理教育和技术素养等都将发挥更大的作用。在监管方面需要"疏堵结合、包容审慎、敏捷灵活"的方式，"疏"即破除新技术应用面临的法律障碍，如自动驾驶汽车、AI医疗等面临的传统监

---

[1] https://mp.weixin.qq.com/s/_3oKDj2WnPioFMlk9-bwvw.

管障碍，构建新的监管框架；"堵"即明确应用边界，并以包容审慎、敏捷灵活的方式防范风险，保障技术和产业发展空间。

  注：感谢腾讯公司安全管理部安全战略研究中心高级研究员赵玉现在此文写作过程中提出宝贵建议，腾讯研究院助理研究员熊辰协助进行资料搜集。

美欧隐私立法是否走向趋同？
加州消费者隐私法（CCPA）给出答案

王　融　腾讯研究院 资深专家
吴　怡　腾讯研究院 助理研究员

自 2018 年 6 月美国加利福尼亚州出台《消费者隐私保护法案》（California Consumer Privacy Act of 2018，CCPA）一年多来，加利福尼亚州议会又陆续讨论了十几项 CCPA 修正案，并审议通过了其中 6 项法案，不断廓清制度规范，推动 CCPA 走向"成熟定型"。按照立法程序的规定，10 月 13 日，州长将对该法案作出最后的签署决定。[1]

不同于以往美国联邦层面的针对特定行业、特定事项的隐私法案，CCPA 广泛适用于在加利福尼亚州开展业务，收集、处理加利福尼亚州居民个人信息并符合一定门槛条件的企业。从全面性来说，这是美国目前最具有典型意义的州隐私立法。同时，作为科技行业聚集地，加利福尼亚州经济体量排名世界第五，CCPA 的影响力可与欧盟《通用数据保护条例》（GDPR）比肩，并且，由于二者存在部分相似之处，这引起了各方的极大关注：加利福尼亚州立法是否代表着美欧隐私立法将走向融合趋同？

从我们的观察来看：形式上，CCPA 与 GDPR 有相似之处，

---

[1] See "CCPA Amendment Update June 2019——Twelve Bills Survive Assembly and Move to the Senate", available at https://fpf.org/2019/06/04/ccpa-amendment-update-june-2019-twelve-bills-survive-assembly-and-move-to-the-senate.

但究其制度内核,仍然体现着美国与欧盟隐私制度的烙印差异,美国更加注重消费者保护的实际效果,以及促进企业发展与技术创新之间的平衡。这不仅体现在 CCPA 在 2018 年 6 月通过时的具体条文内容,[1]并且,由于 CCPA 的出台过于仓促,立法者为进一步贴合产业实际,为条文的继续完善预留了充分的时间。该法案明确:在 2020 年 1 月 1 日 CCPA 正式生效前,加利福尼亚州议会可以继续对 CCPA 条文作出修订。因此,从法案通过至今这一年多来,加利福尼亚州议会通过不断讨论和制定修正案,推动 CCPA 继续走向美国隐私保护立法科学务实的一面。本文将从 CCPA 的重点条款以及后续修订入手,进一步透视美国隐私立法与欧盟之间的差异性。

一、CCPA 对适用范围作出了合理排除

(一)在受规制的实体方面,CCPA 作出了三类排除:
(1)非营利机构;
(2)提供数据服务的企业(service provider,相当于 GDPR 中的"processor",即接受数据控制者的委托而提供数据处理服务的企业。此类企业不直接受 CCPA 规制,而是主要通过与数据控制者之间达成的服务协议来约束);
(3)没有达到适用门槛的中小企业。这些门槛包括:①年度总收入达到 2500 万美元;②每年涉及 50 000 名以上的加利福尼亚州居民、家庭或相关设备上的个人信息;③出售加利福尼亚州居民个人信息获利占其年收入的 50% 或以上。

---

[1] CCPA 草案于 2017 年 2 月发起,在经历了加利福尼亚州议会半年的讨论后搁置。2018 年 6 月 21 日由加利福尼亚州富商麦塔加特·阿拉斯泰尔支持的隐私保护组织募集签名,重新将其作为一项隐私立法倡议(Initiative statute)启动,并与加利福尼亚州议会达成妥协,一周后 CCPA 通过。

美欧隐私立法是否走向趋同？加州消费者隐私法（CCPA）给出答案

作为对比，GDPR 并没有区分营利目的、规模大小和服务性质，从企业到政府部门，从中小企业到跨国公司，甚至是个人，只要收集处理个人数据，均受规制，遵守相同的高标准合规要求。[1]

（二）对"个人信息"定义予以合理限定

2018 年 6 月 28 日通过的 CCPA 对个人信息的定义受到了 GDPR 影响，即只要是与任何已识别或可识别的自然人（"数据主体"）相关的信息，都可能被视为个人信息。这将在实践中给受保护的数据范围带来极大的不确定性。在数字时代，与特定信息主体有关的信息数量庞大，统一纳入个人信息法律的保护范围，既不现实也无必要。

正是考虑到这一问题，在 CCPA 通过之后，加利福尼亚州参议院通过的议会法案 874（Assembly Bill No. 874）将个人信息的定义修改为："个人信息"是指直接或间接地识别、描述、能够合理地（reasonably）相关联或可合理地连接到（linked to）特定消费者或家庭的信息。该修正法案通过强调"合理性"和"连接触达性"来进一步限缩 CCPA 所保护的"个人信息"的范畴。

立法者认为：如果不对个人信息的定义做出限缩，将会产生意想不到的后果。这将激励或迫使企业去识别那些本不需要识别的数据，从而产生巨大的运营成本，也破坏了数据安全理念。当然，目前的定义表述似乎也不能完全解决个人信息定义的范围问题，因为"合理的连接和触达"仍然包含了许多主观因素，这有待于加利福尼亚州执法部门在实践中做出进一步指南。

（三）在受保护的数据类型方面，CCPA 作出了如下排除

在适用保护的数据方面，CCPA 非常务实地排除了集合信

---

[1] 在考虑企业规模因素方面，GDPR 仅规定了在 250 人以下的中小企业可以豁免数据活动文档记录义务，但本身对该豁免也作出了很多限制。

息、去身份数据、政府公开数据、雇员信息、个人车辆和所有权信息以及联邦法已经覆盖的医疗、征信、驾驶、金融数据等。

1. 集合信息（aggregate information）

集合信息是指与消费者群体或类别相关的信息，其中消费者的个人信息已被移除，这些信息不会与任何消费者或家庭（包括通过设备）链接或产生合理连接，不再视为个人信息。

2. 去身份数据（deidentified data）

CCPA 规定，对于已经使用了身份信息的企业，其可以采取技术措施使得信息不能合理识别到特定消费者，这一过程叫作"去身份化"，具体要求包括：

（1）已实施了技术保障措施，禁止重新识别信息所属的消费者。

（2）已实施了明确禁止重新识别信息的业务流程。

（3）已实施业务流程以防止无意中发布已识别的信息。

（4）不尝试重新识别身份信息。

去身份化的信息不再属于个人信息，同样不适用于 CCPA。与 GDPR 在背景部分关于匿名化数据的抽象介绍和相关的高标准解读相比，CCPA 沿袭了美国隐私立法的传统，从技术措施和管理流程着手，使得判断标准更为明确和易于操作。

3. 政府公开信息（publicly available information）

6 月 28 日通过的 CCPA 版本规定：个人信息不包含公开可用信息。公开可用是指从联邦、州或地方政府记录中可合法获取到的信息。同时，立法文本对公开可用信息的排除做出了适当限制。如果这些数据的用途与政府记录中公布的数据目的不相符，则信息并非"公开可用"。[1]

---

[1] The California Consumer Privacy Act of 2018, https://leginfo.legislature.ca.gov/faces/billTextClient.xhtml? bill_ id=201720180AB375.

但在此后，立法者对上述规定进行了反思修正，并最终删除了对公开可用信息的限定。即删除了："如果这些数据的用途与政府记录中公布的数据的目的不相符，则信息并非'公开可用'。"因为这种限定并不合理，就企业而言，其很难知晓政府公开数据的目的，即使假设企业可以确定政府公开数据的目的，在实践中也并不可能存在企业对此类数据的使用完全与政府目的相同的情况。删除这一限定之后，CCPA 不适用于政府公开数据这一结论更加明确了。

4. 联邦立法已经覆盖的信息（医疗、征信、金融、驾驶员信息）

为了与联邦隐私立法做好协调，CCPA 排除了联邦立法已经覆盖的受保护信息，包括[1]：

（1）医疗信息。CCPA 不适用于《医疗信息保密法》（Confidentiality of MedicalInformation Act）和《健康保险流通性与可用性法》（Health Insurance Portability and Accountability Act）管辖的实体所收集的受保护健康信息。

（2）征信信息。受《联邦公平信用报告法》（Federal Fair Credit Reporting Act）规范的征信信息交易。

（3）金融数据。根据《金融服务法现代化法案》（Gramm-Leach-Bliley）及实施规则来收集、处理、销售或披露个人信息。

（4）驾驶员信息（driver's information）。根据 1994 年《驾驶员隐私保护法》（Driver's Privacy Protection Act of 1994）来收集、处理、出售或披露的个人信息。

5. 雇员信息（employment information）

如果对雇员信息与消费者信息采用同样的保护措施，可能会

---

[1] See CCPA 1798, 145.

影响企业对雇员信息的使用。因此,CCPA通过之后,在劳工组织的推动下,加利福尼亚州参议院又通过议会法案25(Assembly Bill No. 25,AB25)将雇员信息排除在了CCPA规定的"个人信息"之外。[1] AB25规定,在2021年1月1日之前,CCPA不适用于雇员信息。后续,应当由利益相关者继续协商制定一项更广泛的员工数据隐私法案,同时可以更加明确CCPA的范畴。

6. "车辆信息"(Vehicle information)和"所有权信息"(Ownership information)

CCPA规定了消费者对个人信息的各项权利,但是考虑到机动车的特殊性及其安全需要,议会法案1146(Assembly Bill No. 1146)又作出了除外规定:"如果企业或服务提供商需要保留、维护消费者的个人信息,以履行根据联邦法律进行的车辆保修或产品召回的条款,则不限制车辆制造商和经销商共享或保留车辆信息和所有权信息。"并且,该法案还定义了"车辆信息"是指车辆信息编号、品牌、型号、年份和里程表读数。"所有权信息"是指车辆登记的一个或多个所有者的姓名以及其联系信息。[2]

二、CCPA仍然保持了美欧个人数据保护法的最大差异,延续了opt-out原则

依据GDPR,在绝大多数商业化场景下,收集、处理消费者个人数据之前必须要获得消费者的明确同意,即"opt-in"模

---

[1] AB-25 California Consumer Privacy Act of 2018,https://leginfo.legislature.ca.gov/faces/billNavClient.xhtml?bill_id=201920200AB25.

[2] AB-1146 California Consumer Privacy Act of 2018:exemptions:vehicle information,http://leginfo.legislature.ca.gov/faces/billHistoryClient.xhtml?bill_id=201920200AB1146.

美欧隐私立法是否走向趋同？加州消费者隐私法（CCPA）给出答案

式。而在 CCPA 中，对于 16 岁以上的消费者的个人信息处理（除了出售以外），仍采取了美国隐私法中一以贯之的"opt-out"原则，即除非用户拒绝或退出，则公司可以继续处理用户的个人信息，这体现了美国一直以来在数据保护方面的务实思路。"opt-out"模式对消费者而言更为真实、有用，同时对新进入市场的企业的发展阻碍也更小。

而针对 GDPR 实施一周年的多个评估报告都对"opt-in"模式的实际效果提出了质疑。为了履行"opt-in"机制，企业和机构向用户发送授权申请，为获取用户同意的邮件大量涌入用户邮箱，被媒体称为人为制造了最大规模的垃圾邮件潮。在网站页面获取 COOKIE 的授权申请，因为合规要求而冗长复杂，对于用户来说也是一种负累，并不能帮助用户做出判断，反而由于自身的复杂性而被有选择地掠过。在 GDPR 生效 6 个月后，欧盟消费者对互联网的信任降至十年来的最低水平[1]。

此外，在知情同意机制方面，相比于严格、刚性的 GDPR，CCPA 体现出了灵活、弹性的特征。正如《华盛顿邮报》在欧盟市场所遭遇的困境，该报在无法通过行为广告来补贴业务的情况下，选择了直接向用户收费模式，也面临 GDPR 关于同意是消费者自由、自主选择的挑战。而对于此问题，CCPA 专门留出了弹性空间。其规定："消费者行使了本法规定的隐私权利，企业不得有歧视对待，但是，如果该价格或差异与消费者所提供的数据价值直接相关，则企业还可以向消费者提供不同价格、不同费率、不同品质的商品或服务。"可见，CCPA 仍然承认数据的价值，允许企业探索可行的商业模式。

除此之外，在个人权利、处罚机制和救济机制等方面，

---

[1] "One Year on, GDPR Needs a Reality Check", availble at http://www.ftchinese.com/story/001083486.

CCPA 与 GDPR 还存在着很大不同。这些差异性均表明美欧隐私立法存在根本性分歧。我们可以通过下面的图表形成一个全面的认识：

	重要区别	GDPR	CCPA
1. 适用范围	1.1 受保护的人的范围	地理位置标准：位于欧盟境内的个人	居民标准（resident）居民标准参见加州管制法典
	1.2 受规制的实体范围（设计域外适用问题）	1. i 欧盟境内机构；ii 欧盟境外机构，但提供服务或者监控到欧盟境内个人； 2. 包含 controllrt & processor 3. 包含 for profit & none for profit 4. 不做任何规模排除，从个人到跨国公司	1. 在加州运营的机构 2. 仅提供数据服务的机构（PROCESSOR），大部分情形不直接受 CCPA 管辖 3. 仅包含 for-profit 机构 4. 有适用门槛；i. 年收入在 2500 万 $；or……
	1.3 规则的数据处理活动	processing data（process 含义极为广泛）	collect, sell, share data
	1.4 排除的数据活动	排除对 anonymous data（AD）的适用（但根据欧盟对 AD 的解释，排除门槛相当高）	排除"aggregate information"&"deidentified data"（排除范围在现实中更易操作）
	1.5 排除的数据活动	无（不排除公开数据）	医疗、征信、驾驶、金融、政府公开数据、雇员信息、车辆信息以及所有权信息

美欧隐私立法是否走向趋同？加州消费者隐私法（CCPA）给出答案

续表

重要区别		GDPR	CCPA
2. 数据分类	2.1 敏感数据	单独列出敏感数据，保护要求更高	无
	2.2 儿童数据	对于并没有意识到是在收集儿童数据的情形，没有做出例外规定，这导致机构的证明责任明显增加	对于企业不实际知晓用户年龄的情形，做出了明确排除（延续了每一个COPPA思路）
3. 保护机制	3.1 合法基础	1. 数据处理必须要有合法理由（legal basis）； 2. 大部分情形需要事前获得同意"OPT-IN"	1. 没有列出legal basis 2. 大部分情形下仍然是"opt-out"
4. 保护权利	4.1 知情权	应告知涉及数据处理几乎所有相关信息，包括机构信息，数据保护官信息、数据接收方信息、数据留存信息等	主要覆盖所涉及处理的信息种类，强调是否出售信息
	4.2 访问权	1. 个人可以要求访问被处理的所有个人数据 2. 机构仅能在证明访问要求明显过量的情况下，才能拒绝访问要求	1. 消费者仅能访问提出请求时12个月内被收集的个人数据 2. 机构可以拒绝消费者一年之内的第三次访问请求
	4.5 可携带权	1. 适用于消费者提供的所有数据 2. 服务于消费者实现机构到机构的数据转移	1. 消费者在12个月以内被收集的信息 2. 服务于消费者本人获取数据
	4.3 反对权	个人可以对任何数据处理活动撤回同意或者行使反对权	消费者仅能针对"出售"活动行使"opt-out"

续表

重要区别		GDPR	CCPA
	4.4 删除权(欧盟擦除权)	规定了例外情形：与表达自由、科学研究、法定义务的冲突情形下不予支持	除了规定与 GDPR 一样的例外情形外，CCPA 还增加： (ⅰ) 履行与用户的合同 (ⅱ) 识别和修复错误 (ⅲ) 符合消费者期待的内部使用 (ⅲⅰ) 其他合法使用情形
5. 执法机制	5.1 执法主体	行政机构：各国 DPA 可直接开出罚款	司法机构：检察长提出诉讼后，由法院作出民事罚金裁决
	5.2 罚金幅度	高限罚款：全球年度收入 2%（4%）或 1000 万（2000 万）欧元，两者取其高	2500 $ 每次违法 7500 $ 每次故意违法
	5.3 民事救济	个人可以对任何违法行为提出民事诉讼	消费者仅能针对未加密个人信息的泄漏寻求救济； 在任何法定损害诉讼发起之前，当时企业应当被给予 30 天的书面改正通知期，企业在 30 天内改正行为，诉讼不再发起（因企业违法行为而使得消费者遭受经济损失的诉讼不受此条件约束）

续表

重要区别	GDPR	CCPA
6. 总体	加州宪法将消费者隐私权作为宪法权利,这使得加州 CCPA 与欧盟 GDPR 具有了某种相似性,但究其内容,仍体现出美欧法律制度的烙印差异,欧洲更倾向于监管扩张,美国偏克制与务实	

结　语

不同于欧盟从人权项下出发的个人数据保护机制的抽象刚性,美国从消费者权利视角出发的法律机制天然补充了市场视角,从而更加灵活、务实。

CCPA 通过之后的一系列修正案更是表明了美国隐私立法的独特风格,从对"opt-out"原则的把握,到一系列合理的除外规定,再到具体的合规细节澄清,都是着眼于合理规范数据的商业化利用,平衡消费者权利和技术创新空间,使其更加符合产业实践且便于实施。

专题研究

【数据治理】

2019 数据治理报告
——云深处的数据规则

王　融　腾讯研究院资深专家
王雅蓉　腾讯研究院助理研究员

2018年，腾讯研究院发布了业内第一部年度数据治理报告——《迷雾中的新航向》，全面展现了"数据治理"的重点与全貌、变革与走向，以期为数据政策讨论提供参考、启发。

2019年，我们继续推出年度数据治理报告。区别于2018年首期报告的综合性和全面性，2019年报告回应了本年度的重要关切：国际执法协作领域的数据跨境获取问题，形成了专题报告——《云深处的数据规则——CLOUD法案与它的蝴蝶效应》。至此，数据治理已经走向了最为复杂的核心领域。

在数字经济"全球化发展"的长期趋势与"逆全球化"等短期局部现象并存的大背景下，期待通过这份报告的系统梳理，来帮助厘清当前复杂形势下所面临的重大挑战。如同"数字经济"以"开放创新"为核心驱动，基于其上的"数据治理"也需与时俱进，推动制度现代化，以并行实现数字经济安全性和成长性两大战略目标。

一、引言

数据跨境流动是当前数字经济全球化最重要的政策议题之一。

过去几年,贸易语境下的数据跨境流动议题得到了普遍关注,全球政策框架逐步明晰,包括:美国以贸易利益为驱动的数据自由流动主张,欧盟在人权项下的精细管理模式,以及发展中国家出于国家整体利益而实施的数据本地化措施。全球化中的数据跨境流动秩序似乎正在形成。

然而,自 2018 年 3 月美国出台《澄清域外合法使用数据法案》(Clarifying Lawful Overseas Use of Data Act, CLOUD Act, 以下称"CLOUD 法案")以来,该法案所确立的以美国为主导的跨境电子证据协助调取机制,使我们的目光投向了数据跨境服务的另一个重要场景——国际执法协作。它不仅直指最核心的国家司法主权和数据安全,也对正在成形的全球数据跨境流动秩序带来了全面冲击。

至此,两个场景下的数据跨境政策构建需要通盘考虑。贸易场景下的数据流动,伴随着数字服务的全球化,发生在商业主体之间或内部的数据流动,是大规模而持续的。而执法协作场景中的数据跨境,发生在执法部门与商业主体之间,相对个案偶发。尽管两种数据跨境转移(获取)的性质截然不同,但却有着千丝万缕的联系。这也是 CLOUD 法案虽在近期才出台,但却已显露后发制人效果的根本原因。

CLOUD 法案从其诞生之初便引起了无数争议。然而,经过一年半的喧嚣沉淀,其发展版图与态势逐步浮现。英国、欧盟、澳大利亚已经或正在启动与美双边谈判,以期重构数字时代的跨境执法数据调取机制。作为对传统司法协助制度的重大改革,CLOUD 法案不仅为跨境取证体系带来了新鲜血液,提升了跨境执法效率,增强了公共安全保障能力,同时,通过对等互惠机制,美国对与之签订协议的国家让渡部分执法便利,允许其直接向美国服务提供者调取数据,从而弱化了此类国家实施数据本地化的动机，为数据本地化机制带来了对冲效果，美国国家安全利益和产业发展利益取得了高度一致。

正如"蝴蝶效应"所描绘的那样，在局部领域的细微变化，将会带动整个系统长期而巨大的连锁反应。CLOUD 法案本身只是创立了一种法律机制，但在以云计算、物联网、5G 为核心的数字基础设施中，其直指网络空间中的核心数据问题。在全球化浪潮中，CLOUD 法案及其带来的蝴蝶效应势必会对数字经济未来发展以及基于其上的国家数据治理框架，乃至国际网络空间关系带来前所未有的深刻影响。

本报告从理解 CLOUD 法案最重要的前提基础——管辖理论——入手，对 CLOUD 法案的管辖效力、主要机制、争议影响、发展走势等问题展开了全面分析，形成核心观点判断，并在此基础上面向企业、政府部门提出相关建议与启发。

二、20 个核心观点与建议

1. 管辖是国家对其领土及其国民行使主权的具体体现，[1]也是研究 CLOUD 法案的起点。CLOUD 法案的管辖问题包括两类：适用主体范围和刑事调查取证所涉数据的触达范围。

2. 在适用主体上，CLOUD 法案并没有扩展管辖，其依旧延续其前身——《存储通信法》（Stored Communications Act，SCA）所适用的两类主体，即受美国管辖的电子通信服务提供商（Provider of Electronic Communication Service，ECS）与远程计算服务提供商（Provider of Remote Computing Service，RCS）。这也是美国司法部对外强调其并没有扩展管辖的重要理由。然而，考虑到美国长臂管辖理论和刑事领域管辖本身的扩张性，CLOUD 法

---

[1] 王铁崖主编：《国际法》，法律出版社 1995 年版，第 90 页。

案在管辖主体方面留下了极大的不确定性。企业需要参考美国长臂管辖中确立的最低联系标准，推演其适用于 CLOUD 法案场景下所承担的法律义务，以及由此而产生的法律合规冲突。

3. 在刑事调查取证所涉数据的触达范围方面，CLOUD 法案明确扩张适用于受美国管辖的服务提供商在美国境外存储的数据，这给他国政府的境内数据安全、数据本地化政策以及司法主权带来了直接挑战。

4. CLOUD 法案服务于刑事调查跨境取证这一目的。在 CLOUD 法案之前，服务于这一目的的主要机制是 MLAT——双边司法协助条约/协定（Mutual Legal Assistance Treaty/Arrangement，MLAT/MLAA）。在传统 MLAT 机制下，一国执法部门不能径行要求服务提供商跨境提供证据，双方政府需指定一个"中央机关"来负责处理两国之间的司法协助工作。该机制充分尊重了一国司法主权，一国政府可以通过充分审查，自主决定是否给予协助。截至目前，我国已与 55 个国家签订了刑事司法协助条约。[1]

5. 但在经济全球化和数字化浪潮下，这一复杂、冗长的协助机制已不能适应需要。以欧盟为例，当前有 85% 的刑事调查会涉及提取电子证据，其中又有 65% 需要跨境提取电子证据。[2] 即使美欧司法系统高度接近，其电子数据调取周期也近乎以年计算。MLAT 耗时久，取证效率低的缺陷在数字时代充分暴露。

6. 除了缺乏效率这一固有缺陷外，MLAT 无法适应数字时

---

〔1〕 中国司法部网站：http://www.moj.gov.cn/Department/node_359.html，2019 年 11 月 4 日访问。

〔2〕 Proposal for a Regulation of the European Parliament and oftheCouncil on European Production and Preservation Orders for electronic evidence in criminal matters And Proposal for a Directive of the EuropeanParliament and of the Council laying down harmonisedrules on the appointment of legal representatives for the purpose of gathering evidence in criminal proceedings ［Brussels, 17.4.2018 SWD（2018）118 final］.

代的根本原因还在于,随着云计算分布式存储的广泛应用,数据会在不同数据存储中心之间流转,导致很难识别特定数据在给定时间内的具体位置,MLAT 机制在启动环节就遭遇了困境。在特定案件中,应当寻找与哪一国开展司法协助。传统机制的运转面临根本挑战。因此,美国选择了对 MLAT 进行彻底改革,而不是在原有的机制上进行改良[1]。

7. CLOUD 法案即是对 MLAT 的根本改革方案。从本质上看,云计算发展所导致的数据控制者、数据处理者、数据主体、数据存储所在地相分离的情况已经远远超出了原有法律的规制范围,使得企业主体和执法部门陷入了无法可依的尴尬局面。这种对新的解决方案的需求是 CLOUD 法案诞生的原动力,也是 CLOUD 法案获得微软、苹果、谷歌、Facebook 等互联网公司支持的根本性原因[2]。

8. 微软与美国政府之间的一系列诉讼加速了这一进程。自 2013 年以来,微软针对美国政府提起了 4 起不同的数据隐私诉讼,[3]其目的是寻求政府执法数据获取的法律规则的现代化,确保个人和客户的隐私权得到保护,明确服务提供商特别是云计算这种新的服务形态中,服务提供商的法律义务边界。

---

[1] Deputy Assistant Attorney General Richard W. Downing Delivers Remarks at the Academy of European Law Conference on "Prospects forTransatlantic Cooperation on the Transfer of Electronic Evidence to PromotePublic Safety", London, United Kingdom, Friday, April 5, 2019.

[2] David Ruiz, "Microsoft Clears the Air About Fighting CLOUD Act Abuses", https://www.eff.org/deeplinks/2018/09/microsoft-clears-air-about-fighting-cloud-act-abuses.

[3] "Brad Smith-The CLOUD Act is an Important Step Forward, But now more Steps Need to Follow", Apr 3, 2018, available at https://blogs.microsoft.com/on-the-issues/2018/04/03/the-CLOUD-act-is-an-important-step-forward-but-now-more-steps-need-to-follow/.

9. CLOUD法案所创设的直接向服务提供商获取电子证据的模式，对数据本地化政策带来直接影响，也因此产生了截然不同的观点。有观点认为，CLOUD法案进一步强化了数据本地化，而反对者则持相反立场。究其原因，是二者忽略了讨论的前置条件。早在CLOUD法案出台之前，以发展中国家为主，各国出于产业发展、执法便利、数据安全等因素考虑，已不同程度地实施了数据本地化政策，要求服务提供商将数据存储在一国境内。因此，不同动机驱动下的本地化政策将受到CLOUD法案的不同影响。由于CLOUD法案对于符合条件的适格国家提供了对等的执法便利，因此其弱化了该动机下的本地化政策。而对于以国家数据安全视角的本地化政策，CLOUD法案带来了新的担忧，因此这部分国家又在本地化政策基础上，普遍出台"封锁"条款，禁止服务提供商将存于本国境内的数据提供给他国执法部门，这使得服务提供商陷入了前所未有的合规窘境。

10. 这对于服务全球市场的跨国企业更是如此，他们往往需要符合不同国家的法律要求。针对由其掌握的电子证据，一国要求提供，另一国要求不得提供，企业陷入法律冲突的泥潭，同时也限制了执法部门跨境获取电子证据的能力，对公共安全保障带来负面影响。这是CLOUD法案无法回避的问题，因此其精心设计了复杂机制，以尽可能解决其带来的法律冲突等负面影响。

11. 为了在实现跨境电子取证高效化目标的同时尽可能降低服务提供商面临的法律冲突，CLOUD法案设置了一项核心机制——互惠激励。按照CLOUD法案设定的标准，他国政府可以被划分为两类：适格政府与不合格政府，从而在跨境电子取证方面享受不同程度的优惠待遇。包括：

（1）可以直接向受美国管辖的服务提供商要求调取数据；

（2）受美国管辖的服务提供商按他国执法部门要求提供数据并不视为违反美国国内法；

（3）接受美国执法部门数据调取命令的服务提供商可以将这一事实披露给他国政府；

（4）对于美国执法部门提出的数据提供命令，服务提供商可以行使申请撤销或修改命令的权利，从而启动法院的司法礼让分析。

其中，适格政府完整享受以上四种对等优惠待遇；不合格政府不享受任何优惠措施，只能通过传统 MLAT 机制获取数据，而美国执法部门却可以径行要求受管辖的服务提供商提供美国域外证据。

12. 区分上述两类政府资格的标准，具有一定的单边色彩。标准包括两方面内容：一是依据 CLOUD 法案与美国签署双边协定；二是该国政府能够为电子通信服务提供商和远程计算服务提供商（也就是 CLOUD 法案适用的两类主体）提供类似于 CLOUD 法案规定的实质性和程序性权利保障[1]。

13. 可以总结为，只有符合 CLOUD 法案标准的他国政府，在跨境取证方面才能够享受对等便利，同时也消除了美国服务提供商所面临的法律冲突。适格政府能够在执法调查中直接从美国服务提供商处便利地获取证据，实施数据本地化的必要性大为减少。至此，通过 CLOUD 法案的精心设计，美国国家利益和产业利益取得了高度一致。

14. CLOUD 法案生效后，尽管面临一些批评质疑，但由于其提出了数字全球化时代的司法协助改革方案，总体进展超出了

---

[1] 18U.S.C. § 2703.

预期。2019年10月,英美正式达成基于CLOUD法案的协助协议。[1]欧盟一方面紧随CLOUD法案出台了欧盟执法扩张性立法草案,另一方面也启动了与美国基于CLOUD法案的双边协商。[2]

15. 微软作为行业代表也提出了CLOUD法案后续具体实施中应当遵循的六项原则:[3]

(1) 除特殊情况外,用户有知情权(保密永远是例外,而不是常态);

(2) 前置的独立司法授权和最低要求的公开;

(3) 具体、完整的法律流程和明确的质疑理由;

(4) 解决与第三国法律冲突的机制;

(5) 查询企业数据规则的现代化;

(6) 透明度。

微软特别强调:执法部门应直接从云客户而不是云服务提供商处调取数据,这两者之间的关系才是执法场景下最直接的法律关系。

16. CLOUD法案并不能一蹴而就地解决作为刑事证据的数据跨境获取问题,在双边协议谈判中,仍存在如下争议和难点:

(1) 对通信内容数据和非内容数据的保护分歧。美欧都认同该数据分类,但欧盟对非内容数据也坚持高标准保护要求;

---

[1] https://www.justice.gov/opa/pr/us-and-uk-sign-landmark-cross-border-data-access-agreement-combat-criminals-and-terrorists.

[2] https://www.justice.gov/opa/pr/joint-us-eu-statement-electronic-evidence-sharing-negotiations.

[3] Brad Smith, "A Call for Principle-based International Agreementstogovern Law Enforcement Access to Data", https://blogs.microsoft.com/on-the-issues/2018/09/11/a-call-for-principle-based-international-agreements-to-govern-law-enforcement-access-to-data.

（2）服务提供商的法律冲突困境，CLOUD法案中设置的抗辩机制如何有效实施；

（3）如何合理地设置电子取证中的留存、提取、保全环节；

（4）如何在新的执法协作机制中落实双重犯罪原则。

（5）管辖权冲突变得频繁和主动，如何以更好的方式予以协调解决；

（6）在涉及第三国利益时，如何通过实体和程序设计，保障第三国权益。

上述问题的讨论将进一步明晰CLOUD法案的具体细节，加速CLOUD改革方案的落地推行。基于CLOUD法案的第一份行政协议——英美协议，已经对上述问题进行了回应，值得研究参考。

17. 对于企业来说，需要加紧准备因CLOUD法案及类似法案（如欧盟《电子证据条例》）、英国《犯罪（海外执行命令）法案》带来的合规挑战。以CLOUD法案为例，需要从"服务类型-管辖-数据"三个方面拓展合规空间，对控制、访问数据的主体实施分离，降低法律冲突：

（1）明确自身服务类型（是否属于CLOUD法案管辖的电子通信服务提供商和远程计算机服务提供商）。对这两种服务商的界定不仅依靠CLOUD条文表述，更需要结合相关案例来综合判断；

（2）充分利用针对"长臂管辖"的限制原则，寻找管辖豁口，准确理解和适用国际礼让原则；

（3）调整公司治理结构，配合技术管理措施，对数据实行分离管理。明确证明并不控制、监管或拥有相关数据。"管理分离"也是短期内最重要的一个合规方向。

不仅互联网企业，包括数字化的金融、航空等传统企业也将面临极大的合规挑战。考虑到美国是判例法国家，CLOUD法案生效后，应关注和跟进援引CLOUD法案的相关案例，提炼总结经验。特别是对于将国际化视为重要发展战略的企业来说，需要做好充分的法律合规风险评估。

数字经济的发展为全球化提出了全新的命题，全球化发展路径、组织模式将面临根本性调整。在一定的时期内，企业需要承受主体分离、运营分离、数据分离等一系列"隔离"措施的阵痛。

18. 跨境电子取证已经远远超越了企业合规视角，卷入了司法主权和数据主权议题，国家将扮演更为重要的角色。从美欧跨境电子证据制度改革来看，虽然其制度尝试还远未成熟，但已显露出共同性——积极应对数字全球化给跨国执法协作带来的挑战，通过实体和程序设计来提升执法协作效率，并尽可能减少法律冲突。美国还通过机制设计，消减数据存储地主权，对冲数据本地化政策扩展势头，进一步在全球推广数据自由流动原则。

19. 当下，造成管辖制度激烈冲突的根源在于，各国对于数字时代的管辖权基础有着不同的理解和主张。这些主张依托和强化本国优势领域，并有着显著的域外扩张特征。美国在信息产业领域拥有显著优势，因此，其管辖以拥有和控制数据的平台企业为切入点，并通过长臂管辖理论将其放大到极致，同时在一定程度上否认数据存储地管辖。由于失去了产业支撑，欧盟面临几乎失去数据主权的尴尬境地，除了效仿美国的主体管辖外，更强调效果管辖，即欧盟GDPR所提出的只要服务被提供给欧盟境内个人即受管辖。发展中国家实施防御主义的数据本地化政策，更坚持数据存储地主权。这些管辖主张由于建立在不同的现实基础和利益表达上，短期内难以达成调和。但

CLOUD 法案的出台和推进，对于"数据本地化政策"的继续推进提出了现实挑战。

20. 长远来看，数字化与全球化仍是不可逆转的发展趋势。因此，尽管 CLOUD 法案具有单边色彩，但其核心目标仍然是服务于美国企业的全球化发展目标，为美国企业在全球继续开疆扩土提供政策支持。而对于我国来说，尽管在整体实力上与美国仍存在一定差距，但在数字经济领域也形成了一定的基础，在全球化方面也有着发展诉求。

数字经济全球化所带来的数据跨境充分流动现象，以及其带来的执法数据获取的挑战，是当前无法回避的重大问题，固守传统规则无法走出困境。我们应积极正视，审时度势，直面数字化带来的巨大变革，完善数据治理理论基础，统筹贸易场景下的数据跨境流动议题和执法环境下的数据跨境调取议题，适度调整开放，以灵活、务实态度参与国际对话，积极构建国际规则，为企业全球化发展提供多重渠道，通过数字经济的发展捍卫数据主权。

迷雾中的新航向：
2018 年数据保护政策年度报告

王　融　腾讯研究院　资深专家
朱家豪　助理研究员
余春芳　助理研究员
郭雅菲　助理研究员

一、Facebook 数据事件的深度拷问

2018 年 3 月，《纽约时报》和《英国观察者报》共同发布了深度报道，曝光曾服务特朗普竞选团队的数据分析公司（Cambridge Analytica）获得了 Facebook 数千万用户的数据，并进行违规滥用，干预包括美国大选在内的多国政治活动。此举使 2016 年年末已经开始发酵的"通俄门"事件成了全球瞩目的焦点事件。

截至目前，美国国会参众两院各委员会分别或者联合启动了数十场听证会，深度拷问平台数据治理能力，并卷入了 Facebook、Twitter、谷歌等众多科技公司。听证会是美国开展事件调查、立法政策讨论最主要和最正式的方式。过去一年来的听证会，不论是质询者，还是回应者，都在不断加深对相关问题的认识。与其说是听证会，不妨看作是美国目前涉及范围最广、规格最高的大型系列政策研讨会，研讨会上的各类观点在一定程度上决定了美国未来的数据监管政策：

我们可以将研讨议题大致分为两类：

议题一 内容监管中的平台责任：涉及选举政治问题的，监管政策已趋明朗，但泛泛的平台责任议题仍在讨论中

在美国，对平台内容进行监管是极其复杂的。《美国宪法第一修正案》规定的言论自由原则适用于平台，平台需要平等地保障言论自由权，这也是美国国会长期以来一直没有为平台赋予更多内容管理责任的主要原因。

但是，随着时代的发展，要求平台对其上的内容承担责任的理由也渐渐出现。平台媒体通过信息传播这一重要渠道，获得了影响社会的力量，这一地位的转变使得平台也要承担起防止这一力量被滥用、危害社会的责任。

首先，关于平台被恶意利用，进而干预选举等政治问题，平台正积极承担责任，并支持在这一领域建立明确的立法。实际上，利用网络做政治宣传在美国早已有之，九年前奥巴马竞选团队在网络选战中的出色表现为人所称道，而此次特朗普当选超乎预期，并与"通俄门"话题关联，使得平台在选举中被恶意利用的问题变得紧迫。硅谷科技公司也意识到了网络上虚假账户、虚假新闻对民主政治的极大危害，积极支持国会制定《诚实广告法》，加强线上政治广告的透明性。

而在干预选举问题之外，对于网络上的仇恨言论、儿童色情等不良内容，尽管立法者们也开始讨论对1996年《通信内容端正法》（Communications Decency Act）第230条"避风港条款"——互联网服务提供者不为第三方内容承担责任——进行适当的修改，但这种泛泛的平台内容责任政策还需深入讨论。一概而论地评价美国加强平台对内容的监管责任，并不准确。相反，出于"言论自由"等美国基本价值原则，Facebook、

Twitter 等大互联网公司的内容管理措施仍然是十分谨慎的。许多立法者（特别是原则上反对商业监管的共和党人）都希望科技行业能够证明其能够自我调节。

议题二 隐私保护和数据安全政策（本报告重点关注的议题）：联邦重启隐私立法议题，并得到了科技行业支持

美国在隐私与数据保护方面的立法长期保持着碎片化特征，即各行业、各领域，以及各州分别针对特定场景下的消费者隐私保护出台立法。这种分散式立法虽然具有更强的灵活性，但也因过于松散而饱受诟病。

而 2018 年一系列的听证会表明，关于联邦层面的统一隐私保护立法再一次成为讨论的焦点。这一次，美国两党，民众以及主要科技公司似乎已达成了新的共识：即现在的问题不再是是否需要制定联邦层面的隐私保护法，而是应该制定一部怎样的联邦隐私保护法。

尽管目前联邦层面的隐私保护立法呼声极高，但因为美国各州差异巨大，能在联邦层面达成共识的隐私立法不会过于详实，具体的执法细则应根据各州的具体情况进行规定，制度规范也不会像欧盟的《通用数据保护条例》（GDPR）那般严苛。因为即使是最为激进的《加利福尼亚州消费者隐私保护法案》，也比 GDPR 要宽松很多，也会更加注重消费者保护的实际效果和促进企业发展、技术创新之间的平衡。这最显著地体现在以下两点：

第一，受影响的实体范围。在欧盟 GDPR 下，任何规模的实体都受 GDPR 的约束，而《加利福尼亚州消费者隐私法》仅涵盖收入超过 2500 万美元的企业，以及销售大量个人信息的数据经纪人。

第二,《加利福尼亚州消费者隐私法》仍然保持了美欧个人数据保护法的最大差异。具体而言,在 GDPR 下,公司收集、处理消费者个人数据之前必须要获得消费者的同意,即"opt-in"模式。而在《加利福尼亚州消费者隐私法》中,对于 16 岁以上的消费者的个人信息处理,采取美国一以贯之的"opt-out"模式,即除非用户拒绝或退出,否则公司可以继续处理用户的个人信息。从实践效果而言,"opt-out"模式对消费者而言更为真实有用,同时对新进入市场的企业的发展阻碍也更小。

正如 2018 年 10 月 10 日,在以"消费者数据隐私:审视欧盟通用数据保护条例和加州消费者隐私法案"为主题的听证会上,欧洲数据保护委员会主席安德烈·杰利内克,以及美国《加利福尼亚州消费者隐私法》的主要发起人阿拉斯泰尔·麦塔加特应邀展开政策讨论。后者表示:人们将《加利福尼亚州消费者隐私法》(CCPA)与 GDPR 进行了比较。虽然存在概念上的相似之处,但 CCPA 却有很大的不同。一个重要的区别是,欧洲要求用户同意才能进行数据处理。我们担心此条款可能会伤害新进入市场的企业,因为消费者可能不太同意新参与者收集和销售他们的信息——那么下一个 Google 或 Facebook 如何成长起来呢?

在紧接着的 12 月 11 日的美国众议院司法委员会发起的听证会上,美国最重要的数据监管机构联邦贸易委员会的主席约瑟夫·J. 西蒙斯也陈述道:我们在考虑联邦的统一隐私立法时,也必需看到它可能带来的负面结果——扩展现有平台的市场份额,他们有更多资源投入合规,从而形成新的竞争优势。欧盟率先推出 GDPR,这使得美国有机会把它看作是一次制度试验,看它是否减损了竞争、带来了什么坏处,我们可以在制度设计中找到办法来避免它。

同时，最主要的数据监管机构——联邦贸易委员会（FTC）也发起了一系列数据主题听证会。

除了国会层面发起的隐私立法讨论，担负隐私监管使命的FTC也陆续发起系列听证会，深度讨论数据政策。主题涵盖：隐私监管（消费者数据的监管）；隐私、大数据和竞争；算法、人工智能和预测分析；数据安全等。

FTC听证会的重要特征是参与者的立场及专业背景的多元化。广泛卷入了监管机构、企业、消费者团体以及研究机构，参与讨论者既有社会科学背景（包括经济学、法学、心理行为学等），也涉足技术工程背景（包括计算机科学家、工程师等）。这样多元的主体参与，为数据问题的探讨提供了丰富的多样性，使得我们有机会透视问题最真实的样貌。

（一）经济学家的讨论视角

数据规制对于数字经济的短期、长期影响。包括以GDPR为具体案例来讨论其长短期影响。

消费者福利的增长与损耗。以在线行为广告为例，其向消费者反哺了海量的免费内容和免费服务，也在一定程度上增加了服务供给端的竞争程度。

数据是如何存储、流动和进化的？技术是如何塑造了数据以及数据的使用？

比较两种数据使用机制对社会福利的影响。以借贷市场为例，在opt-in vs opt-out两种模式下的结果：opt-out模式下，有更多的数据被收集，借贷市场会更加有效地进行匹配，最终借贷产品的价格更低。

（二）竞争法专家讨论

在特定的数据竞争案例中：

数据是最终产品还是竞争的投入要素？

数据是竞争的武器，还是竞争的目标？

数据的竞争属性，数据是唯一的、广泛获取的、易于复制的？

（三）心理行为学探讨

在市场运行中，消费者的隐私偏好扮演了重要角色。在市场调查问卷中，消费者总是反映出更强的隐私保护立场。然而，在具体市场行为中，消费者的隐私偏好却始终变化。在短期内，用户更关注：分享披露信息、即时获得的效率提升、便利以及社交满足感，而对长期风险意识不足——披露信息可能导致丧失安宁、身份盗窃等安全隐患增加。因此，消费者教育在数据治理领域也将扮演重要角色。

这些多元化视角聚焦于一个特定问题时，也会有更多的碰撞。例如，"数据安全"议题听证会讨论围绕以下问题而展开：

投资于数据安全的动机是什么？它们是否足够？

消费者对数据安全的需求是什么样的？

消费者需求是否能够有意义地推动数据安全投资？

我们应该期望消费者参与保护他们自己的信息吗？

我们如何才能最好地评估特定公司的数据安全能力，以及如何将评估传达给有关的利益相关者、高管、董事会、网络保险公司、信用卡发行机构、消费者和监管机构？

针对数据安全，哪些监管和执法方法有效？他们为什么有效？它们可以改进吗？

这些问题显示了美国在考量数据政策设计时，始终突出市场生态视角，希望通过政策设计实现更加完整、有效的市场自我运行机制，以最大化地实现政策目标。比如，在数据安全问题上，除了法律上要求的合规内容，投资数据安全的持久动机应当是保护与消费者之间的信任关系,维护企业商誉,这是市场有序竞争发展的根本。

在听证会上,专家们对美国最早提出的"数据泄露通知制度"进行了反思。当前,由于数据泄露的规模不断扩大,欺诈手段的不断演化升级,数据泄露通知制度对于预防、减少欺诈的作用已越来越弱。与此同时,数据泄露促进了网络与数据安全保险市场的发展,为解决数据安全问题提供了新的路径。

可见,在数据保护领域,美国仍将与欧盟保持不同风格的法律特征。通过听证会这一对话平台,美国产业界、立法者、消费者团体对相关问题展开了深入讨论,探索相关解决方案。近期科技监管政策的走向在一定程度上决定了美国科技行业能否走出危机阴影,从而继续保持美国科技行业在全球的竞争力。

二、欧盟数据共享政策探索

而在欧盟,政策关注点则投向了另一端——数据共享议题。2017年1月欧盟委员会发布《构建欧盟数据经济公报》预测:欧盟数据市场的价值在2020年将超过1060亿欧元,增长前景可期。该公报呼吁构建完善机制,实现企业间非个人的以及机器生成的数据的访问和共享。为了加深理解,欧盟委员会于2017年7月启动了《欧洲企业间数据共享指南》,对公司间数据共享和再利用的规模进行评估,识别阻碍欧洲企业间数据共享和再利用的障碍因素,并为促进数据共享提出可行建议。2018年4月,经过产业界、学界、欧盟官方机构的共同合作,《欧洲数据经济中的私营部门数据共享指南》报告正式发布(以下简称《数据共享指南》)。

《数据共享指南》显示:欧洲企业间数据共享的模式多样,涉及的行业范围广泛。不仅仅专属于互联网相关行业,而是深入到工业、农业、能源、物流等传统行业，与新兴行业一起，以数据的产生与利用作为重要驱动，实现产品、服务的创新和产业的整体升级。

这份指南的基础性研究报告总结了数据共享的五种不同模式：

（1）数据货币化。指通过向其他公司分享数据而取得额外收入的单边方法，也包括因提供数据服务而实现数据货币化。例如，荷兰的一家智慧农业公司 Van den Borne Aardappelen 将土壤信息和农作物数据出售给农药企业和种子企业。再比如，西班牙电信 Telefonica 于 2016 年创建了一种专门的访问单元 LUCA，提供来自公司数据的匿名化分析服务，以帮助客户作出更好的决策。它的许可协议十分全面，在为客户提供有价值的建议的同时，通过对使用权限的严格限制实现对数据隐私的保护。

（2）数据交易市场。数据供应企业和数据需求企业通过受信任的中介机构，在其设立或管理的安全在线平台上交易数据，中介机构对平台上的数据交易收取佣金。例如，独立的第三方可信数据共享平台 DAWEX 就是一个汇聚了数据提供者和数据使用者的全球性数据交易平台。

（3）产业数据平台。在特定的产业场景中，部分公司选择达成战略合作伙伴关系，自愿加入一个封闭、安全和专属的平台，从数据交换中互惠互利。数据可以在该平台上免费共享，也可以支付对价。这些来自不同公司的数据集合可以给相关各方带来明显的收益，参与此类数据协作的公司可能因此开发出新的产品、服务，或是大幅提高原有产品、服务的性能和水平。例如，欧洲领先的飞机制造商 Airbus 创建了 Skywise 平台，为平台成员提供数据服务以提高生产效率。

（4）数据共享技术服务。与产业数据平台或数据交易市场不同，技术服务企业的收益并非来自于直接的数据分享，而是通过建立、实施或者维护促进企业间数据共享的技术方案而收取费用。例如：例：DKE、API-AGRO，Nallianand 和 Sensative 建立了他们自己基于网络或基于云服务的技术方案，来促进一组数据使用者或商业伙伴间的数据分享。

（5）数据开放与数据策略。这些企业实行开放的数据政策，将数据合法提供给第三方，用于开发新产品/服务。采取此策略的公司大多在法律上负有开放数据的义务，尤其集中在能源领域。例如，法国国家电网运营商 Enedis 已有 20 年的数据共享经历。它最初是出于法律义务与第三方分享能源分布和消费数据，目前则是将数据共享作为自身数据转型策略的一部分。其数据已在能源市场、可再生能源、智能建筑和智能家居等领域被证明是极有价值的。

同时，报告也指出了阻碍欧洲企业间开展数据共享的限制性因素：

这些限制性因素来自于三个方面：

第一，文化组织因素。缺乏对技术解决方案的信任，对共享平台的安全性存在怀疑；评估数据资产价值存在困难。

第二，法律监管因素。包括数据权属问题不清、数据利用合规上的不确定性（GDPR）、数据本地化限制等。

第三，技术运营因素。企业间的数据共享缺乏标准化模式，不同数据集和信息系统之间缺乏交互操作，缺乏（兼容）标准。

基于此，报告提出了相关建议：

《数据共享指南》指出：欧洲企业间的数据共享在现实中是大量存在的，在未来还将继续增长，并对促进经济增长产生积极影响。因此，促进数据共享发展应当是政策制定者的当务之急：

第一，加快对数据权属的研究，完善非个人数据访问和流动的法律保障。

第二，推广和促进企业间数据共享许可协议的使用。

第三，提高数据使用的持续审计的技术能力，防止数据被滥用。

对于第一点，欧盟已经通过实质性的政策行动迈出了积极一步。2018年10月4日通过的《非个人数据在欧盟境内自由流动框架条例》在法规层面消除了阻碍企业间数据共享的负面因素。一方面，提出对数据本地化措施予以最大限度的限制或禁止；另一方面，规定欧盟委员会应鼓励和促进制定联盟一级的自律行为守则（"行为守则"），以便在透明度、互通性原则和开放标准的基础上，助力发展基于数据共享的有竞争力的数据经济。

对于第二点，《数据共享指南》也重申了许可协议在数据共享中的基础性作用。数据共享通常是在协议的基础上实现的。双方或多方通过数据使用许可协议就数据共享的内容、价值以及合同上规定的其他方式达成一致。全面的数据许可协议应该覆盖以下内容：对共享数据本身的描述，可以访问、使用数据的主体，以何种方式使用，包括数据（分析）的衍生品权利分配、责任分配等。

最后，为数据共享提供可信、安全的环境，《数据共享指南》也从技术视角提供了相关技术解决方案。该指南肯定了以API接口作为数据共享方式的优点：简单、快速访问数据；可监控数据的使用；核实违反合同的行为；迅速处理数据的滥用（终止或暂停数据访问）。

此外，《数据共享指南》还推荐将算法应用于数据（Algorithm-to-the-data）以及隐私保护计算（Privacy-preserving computation）等技术方式。这些技术应用将使得数据安全、数据保护以及隐私等难题迎刃而解。其中，算法将确保实现个人数据与隐私保护的关键因素——尽可能少地转移数据。而隐私保护计算在确保不泄露输入数据的前提下提取有用信息。因此，数据计算可以在不同领域（公共或者私人）中同时运行而不必将数据迁移出公司。这些模型意味着从"分享数据"到"分享计算"的基本范式转移。

三、结语

数据共享最大的风险莫过于数据泄露和数据滥用。美欧的政策探索从两端入手，最终仍是在回答同一个核心问题：在促进数据共享、释放数据潜能的同时，如何最大化地减轻数据泄露和滥用带来的负面作用？而在这一核心问题面前，实质上有一个统一的前提共识：数据是驱动创新发展的关键资源。欧盟更是进一步提出：要建立共同的欧洲数据空间，以促进数字领域的无缝衔接，通过规模效应实现基于数据的新产品和新服务的大发展。

因此，不论是美国通过 Facebook 事件来重新反思、整理数据政策，还是欧盟在推出 GDPR 的同时依旧对如何促进数据共享投入巨大精力，理想主义的欧盟和实用主义的美国，在这一方面共识大于分歧。都是在这个大前提下去探寻更科学的政策框架，去释放数据的无限潜能。

因此，美欧的探索是可相互借鉴的。欧盟提出的促进数据共享的三大建议（明确数据权属、完善数据共享协议、增强数据共享的安全能力保障）可以为美国在治理数据滥用问题时所参考。同样，美国以市场生态的视角来看待数据安全问题，如何为数据安全提供更持久的市场动机，也或可对欧盟有所启发。

而对于全球数字经济的重要参与方——中国来说，也许我们也可在其中学到很多……

迷雾中的新航向：
2018年数据保护政策年度观察
——趋势展望

王　融　腾讯研究院　资深专家
朱家豪　助理研究员
余春芳　助理研究员
郭雅菲　助理研究员

一、欧美总体政策趋势

在全球数据保护法律政策中，欧美仍将扮演引领性角色。

（一）欧盟"e-Privacy Regulation"或带来更严格规制

在欧盟《通用数据保护条例》（GDPR）之后，欧盟未来的数据保护立法重点无疑在《隐私与电子通信条例》（Regulation on Privacy and Electronic Communications，"e-Privacy Regulation"，e-PR）。2017年1月10日，欧盟委员会公布了e-PR草案，旨在规范电子通信服务并保护与用户终端设备相关的个人信息。e-PR将取代当前的《电子隐私指令》（e-Privacy Directive，"e-PD"），实现更严格、更全面的电子通信数据保护，也将作为GDPR的特别法与之并行，在电子通信数据方面对GDPR进行具体化和补充。[1]

---

[1] "Proposal for a Regulation on Privacy and Electronic Communications", https://ec.europa.eu/digital-single-market/en/news/proposal-regulation-privacy-and-electronic-communications.

一方面，e-PR 与 GDPR 存在一致性。两者在关于隐私和数据的相关定义、技术和组织安全标准、罚则等方面均保持了一致。另一方面，两者也存在一定的区别。GDPR 是为了体现《欧洲人权宪章》第 8 条保护个人数据方面的目标；而 e-PR 则是为了落实《欧洲人权宪章》第 7 条，"每个人在其私人和家庭生活、家庭和通讯方面都有权受到尊重"。也有分析认为，在适用性方面，由于 e-PR 覆盖面广泛且规则更严格，特别是其关于数据处理的合法情形更加限缩，因此其在某种程度上将取代 GDPR。

e-PR 将适用于在线通信服务、使用在线跟踪技术或从事电子直接营销的企业，包括即时通信、VoIP 等 OTT 服务商，如 WhatsApp、Facebook Messenger、Skype 等；保护范围不仅包括通信内容，还涉及时间、地点、来源等标记通信内容的元数据。e-PR 的前身 e-PD 经常被称为 Cookie 指令，但其实，e-PD 和 e-PR 不仅仅是关于 cookie 信息留存和访问的规定，它还涉及电子通信和保密权、隐私数据保护等数据安全的其他方面。

（二）美国联邦与地方隐私立法的互补

虽然在近二十年里，美国联邦层级的隐私立法并未有实质性推进，[1]但在 Facebook 数据泄露事件后，建立美国联邦层面的统一隐私立法似乎已经成了新的共识。[2]但同时，考虑到美国各州差异巨大，能在联邦层面达成共识的隐私立法不会过于详实，具体的执法细则应根据各州的具体情况进行规定，制度

---

[1] Rubinstein, Ira, Privacy Localism (September 15, 2018). NYU School of Law, Public Law Research Paper No. 18-18, available at SSRN: https://ssrn.com/abstract=3124697 or http://dx.doi.org/10.2139/ssrn.3124697.

[2] "Thune Leads Hearing Examining Safeguards for Consumer Data Privacy", https://www.thune.senate.gov/public/index.cfm/2018/9/thune-leads-hearing-examining-safeguards-for-consumer-data-privacy.

规范也不会像 GDPR 那般严苛，而是更加注重消费者保护的实际效果和促进企业发展、技术创新之间的平衡。

与美国联邦隐私立法的缓慢推进相比，美国部分州和城市的隐私立法呈现出不同景象。

全美各州都制定了数据泄露通知法，在爆发大规模数据泄露事件的影响下，美国各州进一步完善了数据泄露通知法。很多州立法中引入了向受数据泄露影响的个人提供免费信用监测服务的规定。例如特拉华州要求公司在特定情况下向受数据泄露影响的个人提供一年的免费信用监测服务。[1]

数据泄露制度最早起源于加利福尼亚州 2002 年《数据泄露通知法案》。这一制度有两个主要功能：其一，为企业保护敏感数据提供动力，因为公开披露的数据安全事件会损害企业声誉并触发昂贵的补救活动。其二，通知数据泄露的个人，使其能够迅速做出反应，以减少潜在的损害。[2]但是，在数据泄露事件多发的背景下，《数据泄露通知法》所发挥的实际作用仍有待实践检验。公司对《数据泄露通知法》的遵守意识和程度并不尽如人意。特别是对于资源较少的小公司，令其承担证明安全程序合理或在数据泄露的情况下提供免费的信用监测的义务并不现实。此外，由于数据泄露的规模不断扩大，欺诈手段的不断演化升级，数据泄露通知制度对于预防减少欺诈的作用已越来越弱。

而在数据泄露通知等传统立法领域之外，部分州将目光转向了新兴业务领域的数据安全问题。2018 年 9 月 28 日，加利福

---

〔1〕 "Data Security Breaches", https://attorneygeneral.delaware.gov/fraud/cpu/securitybreachnotification.

〔2〕 Richard J. Sullivan, Jesse Leigh Maniff, Data Breach Notification Laws, This article is on the bank's website at www.Kansas City Fed.org.

尼亚州通过《信息隐私：连接设备法案》（SB-327 Information Privacy: Connected Devices）。该法案旨在管理物联网设备，是美国首部关于"物联网"隐私的州立法。该法案规定，任何与互联网相连的"智能"设备的制造商都必须确保该设备具有"合理"的安全功能，"保护设备和其中包含的任何信息不受未经授权的访问、破坏、使用、修改或披露"。

除了州立法外，为了应对与智慧城市大数据相关的隐私问题，城市隐私保护法律法规在美国兴起，成了继联邦和州隐私立法之后的第三个层次的隐私保护的制度来源，其主要覆盖对警方使用数据的规制。如西雅图市议会修订监视条例，以避免公共生活中存在普遍和持续的监视。纽约市也建立了类似法规，并同步探索针对智能城市使用传感器技术的指导原则。[1]这些灵活的地方立法成了美国隐私立法的先行者，对未来联邦层面的隐私立法起到了经验积累作用。

二、新兴技术业务隐私保护争议与政策趋势

（一）面部识别技术隐私与数据保护政策趋势

2018年，面部识别技术发展迅猛，在安防、管理、金融、消费、社交、娱乐等多个领域得到应用。然而，面部识别技术大规模、多领域的全面应用，带来的不仅是安全有序的社会环境、高效便捷的服务体验，同时也造成了对隐私保护、数据安全的担忧。

面部识别技术已经产生了一些引人注目的诉讼案件。2018年12月29日，谷歌面部识别诉讼案落下帷幕，法院支持被告谷

---

[1] Rubinstein, Ira, Privacy Localism (September 15, 2018). NYU School of Law, Public Law Research Paper No. 18-18, available at SSRN: https://ssrn.com/abstract = 3124697 or http://dx.doi.org/10.2139/ssrn.3124697.

歌公司的抗辩,以原告不存在实际损害为由驳回起诉。[1]在该案中,原告韦斯是谷歌照片(Google photos)的用户,但另一原告里维拉不是谷歌用户,法院判定谷歌公司保存和收集面部模板的行为均未造成损害,不满足《美国宪法》第3条(Article Ⅲ)的起诉原则(the standing doctrine),即原告没有证明自己遭受了"事实上的伤害"。尽管在诉讼中谷歌并未败诉,但为了避免面部识别技术可能带来的潜在风险,谷歌宣布了包含结合隐私设计原则在内的人工智能原则,[2]并提出在解决重要的技术和政策问题之前,主动推迟提供通用的面部识别API功能。[3]

消费者知情同意问题是面部识别技术应用的另一争议点。2018年4月6日,电子隐私信息中心(EPIC)等组织向美国联邦贸易委员会(FTC)申诉,指控Facebook的面部识别功能缺乏有效的隐私保护措施,违反了FTC 2011年的同意令(DOCKET NO. C-4365),该同意令要求Facebook在发布超越用户隐私偏好的更新之前应获得用户肯定性的明确同意。投诉针对Facebook在2018年初生效的功能更新,即在未经人像主体或上传照片的人同意的情况下,定期扫描用户发布的照片进行面部匹配和标签。EPIC强调,这种自动的、欺骗性的、不必要的个人身份识别破坏了用户的隐私,目前此案尚在调查中。

除了消费者知情同意问题,面部识别的数据准确性也引发了争议。2018年4月,英国《独立报》报道称:数据显示,英

---

[1] Lindabeth Rivera, Joseph Weiss v. Google. Inc. No. 16 C 02714 (2018).

[2] "AI at Google: Our Principles", https://www.blog.google/technology/ai/ai-principles/.

[3] https://www.blog.google/around-the-globe/google-asia/ai-social-good-asia-pacific.

国大都会警察使用的面部识别系统在98%的案例中会出现匹配错误；2018年7月，在美国公民自由联盟（ACLU）的实验中，亚马逊面部识别误判28名国会议员为罪犯，遭到15万人联名抗议；[1]2018年11月29日，美国7名众议院民主党人针对面部识别技术的准确性向亚马逊提出询问，指出其给有色人种带来了过重负担，并可能扼杀美国人在公共场合行使《美国宪法第一修正案》权利的意愿。因为人们可能出于被面部识别的恐惧而不愿积极参加抗议活动或宗教活动[2]。

同时，面部识别技术往往与庞大的个人数据库相联系，因此其带来的更深刻的问题是公共空间的匿名性悖论。在公共活动中，一张脸的单个图像可以通过查阅数据库被快速识别，而如果该数据库与其他数据库相连，则可能链接到无尽的个人信息。政府执法部门可以利用该技术持续、实时、大规模地监测民众的言行举止，商家可以利用该技术记录甚至分享消费者的购物情况及喜好。在公共空间内，公民原来匿名环境中的安宁与自由以及隐私的基本期待被彻底颠覆。

暴露在外的面部就像一扇门，而面部识别技术则可能是打开"潘多拉魔盒"的万能钥匙，未经主人同意就开门索取门内个人相关信息的行为显然存在道德伦理上的问题。

为此，2018年7月，微软总裁布拉德福德·L.史密斯公开发表题为《面部识别技术：公共管制和公司责任的需要》的文章，建议美国国会展开研究并监督该技术的使用，科技公司应

---

[1] "Amazon's Face Recognition Falsely Matched 28 Members of Congress With Mugshots", https://www.aclu.org/blog/privacy-technology/surveillance-technologies/amazons-face-recognition-falsely-matched-28.

[2] "House Democrats Worry Amazon's Facial Recognition Tool Might Be Racially Biased", https://www.buzzfeednews.com/article/daveyalba/house-democrats-send-another-letter-to-amazon-ceo-jeff.

主动承担道德责任,微软公司会通过多种途径确保这项技术以以人为中心的方式发展。12月6日,史密斯再次发表文章——《面部识别:是采取行动的时候了》,[1]总结了半年来的相关研究进展,提出该技术面临偏见和歧视、侵犯隐私和民主自由的风险,分享了微软应对面部识别技术应用问题的六项原则——公平、透明度、问责制、不歧视、通知和同意、合法监督,并在17日发表的微软报告中具体阐释了这六项原则。[2]我们看到,在明确的人脸识别法律规范之前,科技公司和研究机构已主动通过自律方式积极提出建议方案。

(二)区块链的隐私和政策保护趋势

与人脸识别技术更依赖于科技伦理来引导相比,区块链技术面临现实的合规性问题。

尽管区块链技术将有利于提升人们对个人数据的控制权,但区块链去中心化的数据处理模式却导致其与传统中心化范式的 GDPR 难以兼容。

面对区块链应用带来的数据保护合规问题,法国数据保护机构 CNIL 在 2018 年 9 月发布了区块链 GDPR 指南,作出了首次官方回应。[3]

第一,对于如何界定区块链中的数据控制者和数据处理者的问题,CNIL 认为:在以下情况下,区块链的参与者可以作为数据控制者:其一,参与者是自然人并且处理行为与专业性或

---

[1] "Facial Recognition: It's Time for Action", https://blogs.microsoft.com/on-the-issues/2018/12/06/facial-recognition-its-time-for-action.

[2] "Six Principles for Developing and Deploying Facial Recognition Technology", https://1gew6o3qn6vx9kp3s42ge0y1 - wpengine.netdna - ssl.com/wp - content/uploads/prod/sites/5/2018/12/MSFT-Principles-on-Facial-Recognition.pdf.

[3] https://iapp.org/news/a/cnil-publishes-blockchain-guidance-for-gdpr-compliance.

商业性活动有关；其二，参与者是在区块链中登记个人数据的法人。而当一组实体决定对区块链进行处理操作以达到共同目的时，应由参与者对数据控制者的职责作出共同决定，即通过创建或指定一个合法人员作为数据控制者。否则，所有参与者将可能被视为联合控制者。

第二，对于如何在区块链上履行最小化原则，以尽可能减少对数据主体的风险，CNIL认为：首先，应当在事前仔细评估是否需要使用区块链。如果必须使用区块链，则应该优先考虑受许可管理的区块链。其次，在使用区块链时要仔细选择数据的注册格式。最后，在处理目的合理且当评估证明剩余风险可以接受时，可以使用没有密钥的散列函数存储数据，或者在没有密钥的情况下以明文形式存储数据。

第三，对于如何确保有效行使GDPR规定的数据权利，CNIL认为：首先，信息权、访问权和可携带性在区块链中是可以实现的。其次，对于在区块链中难以实现的擦除权，可以采取与风险最小化类似的方法，选择适当的加密方法来存储数据，从而更接近于实现权利的目的。最后，擦除存储在区块链之外的数据和能够验证的元素，消除允许访问区块链上记录的证据，使数据获取变得困难甚至无法检索。

第四，对于区块链的安全性问题，CNIL认为：对于许可区块链，可以根据参与者利益的潜在分歧或趋同，对最小数量的矿工进行评估，以确保控制链上不存在超过50%权力的联盟；应制定技术和组织程序以限制潜在算法失败对交易安全性的影响；还应记录用于创建交易和开发软件变更的操作，并制定技术和组织程序，以确保计划权限与实际应用之间的一致性。如果区块链不是公开的，应特别注意为确保区块链的机密性而采取的措施。[1]

尽管CNIL最近发布的指南确实提供了一些允许区块链在GDPR下存在的解决方案,但它却为这些解决方案在实践中如何运作提出了更多问题。

例如,业内专家指出:将一些区块链用户归类为数据控制者在概念上是有道理的,因为它符合GDPR的原则,但这可能很难在实践中落实。再者,CNIL的指导可能适用于私有区块链服务,但却不适用于公共区块链。私有区块链服务的所有用户都可以同意单一行为准则,而公共区块链却难以形成行为准则。同时,从技术角度来看,CNIL指南中的一些建议可能并不完全可行。虽然从本质上讲,删除用户访问区块链的私钥便意味着在私有区块链上进行了擦除。但是,销毁私钥是否等同于擦除,在实践中仍是一个悬而未决的问题。[2]

在区块链的使用应符合GDPR规则的问题上,除了CNIL的指导外,民间的咨询机构也给出了相关意见。其中比较有代表性的是咨询机构"Tech GDPR"强调的区块链隐私保护需要遵循"设计隐私"理念。其阐述了这一概念所包含的七个重要原则,这些原则已被GDPR所确立,因而其已经成为必选项而不是任选项。这些原则包括:①采取事前、预防措施;②将隐私作为默认设置;③将隐私融入设计;④隐私保护和功能性兼顾;⑤通过端到端的防护实现数据全生命周期的保护;⑥实践可见性与透明度,保持开放;⑦尊重用户隐私,以用户为中心。[3]

总体来看,不论是人脸识别技术,还是区块链技术,都体

---

[1] https://www.cnil.fr/sites/default/files/atoms/files/blockchain.pdf.

[2] https://www.law.com/legaltechnews/2018/10/05/frances-regulatory-guidance-on-gdpr-blockchain-leaves-more-questions-than-answers.

[3] https://dataconomy.com/2019/01/a-primer-to-gdpr-blockchain-and-the-seven-foundational-principles-of-privacy-by-design.

现了现有数据法规难以适用的落差。解决的思路可以从两端出发：一是科技行业主动自律，正如谷歌、微软积极提出人脸识别技术及其他 AI 技术的使用原则，以"科技向善"的理念进行自我约束，明确技术不能突破的底线；二是立法与监管也需要不断创新，以创造性地提出解决方案。从区块链数据保护规范来看，如果仅是从传统规制思路出发，仅能覆盖一部分区块链应用，而不能解决全部问题，这将会带来规制的市场扭曲现象。

三、2019 年数据保护政策关键词趋势

在数据保护政策年度观察报告的结尾，我们选取了七个政策关键词来统领展望未来数据保护政策的主要走向。

（一）数据主权

随着美欧相继提出 Cloud 法案、《电子证据跨境条例》，跨境调取电子数据证据将进一步点燃数据主权之争。

一方面，我们应认识到该问题形成的必然性：在数据化、云化的背景下，越来越多的刑事调查取证涉及跨境数据调取问题（据欧盟调查报告现实，超过一半以上的刑事调查将涉及跨国电子证据调取），而传统的双边司法协助条约/协定（MLAT/MLAA）的冗长、低效已难以与现实需求相符合，传统司法协作机制正面临着前所未有的挑战。回避这一挑战无助于走出现实困境。

另一方面，从美欧跨境电子证据制度改革来看，虽然其制度尝试还远未成熟，但已显露出基本共性——在充分考虑提升跨境电子证据数据调取效率的同时，通过程序和实体机制的设计，兼顾调取国、数据存储国和信息服务提供商的基本利益平衡。

正视问题并以务实态度参与跨境数据调取制度的国际规则

建设,将有助于未来数据主权问题的真正落地。

(二) 数据跨境流动

如果说"数据主权"这一概念主要统领执法领域之间的国际协助机制改革带来的数据问题,那么"数据跨境流动"则更多地描述商业语境下的数字贸易问题。2018年,无论是欧盟主导的白名单认证——"充分性"认定机制,还是美国推进的APEC隐私框架下的CBPRs机制,两者均取得了重大的积极进展。可见,随着经济全球化与数字化的深入发展,数据跨境流动在国际贸易中愈发频繁,建立有序的数据跨境自由流动机制在国际上已有了越来越多的共识和积极践行者。

(三) 数据保护合规

尽管欧盟数字竞争力面临巨大质疑和压力,但这并不妨碍欧盟在数据保护领域持续输送制度影响力。GDPR 落地执行,以及欧盟个人数据保护国际公约(108公约)和充分性保护白名单认定程序的推进,均在不断放大欧盟在数据保护领域的国际话语权。

2019年度伊始,法国数据保护机构 CNIL 完成了 GDPR 生效后的第一案,对谷歌实施违规处罚。其中一个容易被忽略的事实是:GDPR 生效后,谷歌因为更强的合规能力,其欧盟在线广告市场份额实际上是上升的。[1]而从更宏观和长远的视角来看,随着消费支出的增长以及从实体店到在线商务的持续转变,数字广告仍有着巨大的发展空间,不论是消费品巨头,还是小商家广告商,在线平台广告仍然是其联系客户的重要工具。

因此,在未来,不论是规避处罚风险,还是在其中赢得竞争优势,"数据保护合规"都将成为包括互联网、金融、航空、

---

[1] https://www.wsj.com/articles/eus-strict-new-privacy-law-is-sending-more-ad-money-to-google-1527759001?ns=prod/accounts-wsj.

医疗等行业在内的，所有涉及个人数据处理领域的重要关切。

（四）数据泄露

大规模数据泄露仍然是全球个人数据保护共同面临的难点问题。传统的"数据泄露通知"机制已暴露出其局限性。由于数据泄露的规模不断扩大，欺诈手段的演化升级，数据泄露通知制度对于预防减少欺诈的作用、关联度已越来越弱。数据泄露通知机制亟待得到优化和改良。基于此，美国提出"信用监测服务"，即在特定情况下，要求公司向受数据泄露影响的个人提供免费信用监测服务，以更好地预防相关风险。同时，通过发展网络与数据安全保险市场等市场化手段来减轻数据泄露可能带来的损害也是一种可行的方法。最后，通过技术的手段来解决负面问题，也将是重要路径方向，包括将算法应用于数据（Algorithm-to-the-data）以及隐私保护计算（Privacy-preserving computation）等技术方式都将会在数据安全方面扮演重要角色。未来，关于数据泄露的救济机制将会在公、私领域下得到进一步的探索推进。

（五）数据滥用

Facebook 丑闻令各界关注到了数据滥用问题的严重性，大型平台也开始纷纷缩紧其平台数据开放政策，以降低其数据被第三方滥用的风险，这在一定程度上代表了平台从开放到收紧的阶段性趋势。

这表明，在促进数据创新和保证数据安全两个观察维度下，对于个人数据的开放利用会得出不同的结果。在允许数据开发、激发业务创新方面，数据开放的尺度应当越大越好。而从安全和防止滥用的角度看，结论则可能完全相反。因此，解决数据滥用问题的出路不是"一刀切"地切断数据共享，更为关键的是要采用法律、管理、技术等手段增强数据使用中的安全控制，这仍有待于未来的持续探索。

（六）数据权属

在法律上，关于数据权属仍没有明确定论，但基于该问题的研究却已取得很多进展。企业间的数据分享和再利用不仅大量存在，而且在未来还将持续增长。目前，对于"非个人的和计算机生成的匿名化数据"，欧盟提出了创设"数据生产者权利"的设想，即数据生产者权利可以是排他性的财产权，数据生产者有权分配或许可他人使用其数据，并独立于其与第三方之间的合同关系，这或许是一个可参考的解决方案。数据权属的进一步明细化将会助力"物联网"、智慧城市，以及工业互联网等数据处理生态的繁荣。

（七）数据共享

数据共享是发展数据经济的重要着力点。欧盟预测，其数据市场价值在2020年将超过1060亿欧元，增长前景可期。但这有赖于建立更为完善的数据共享政策环境，以促进数字领域的无缝衔接，通过规模效应实现基于数据的新产品和新服务的大发展。

欧盟在提出GDPR的同时，对促进数据共享政策仍投入了巨大精力，可以预测，在欧盟政策的引领下，数据共享政策环境框架在未来仍然将会得到持续完善，包括在明确数据权属的前提下，通过推广许可协议，明确数据共享各方的数据安全责任，并配合相关审计、技术手段来增强数据共享中的安全可信水平。

企业间数据竞争规则研究[*]

田小军　腾讯研究院版权研究中心秘书长
曹建峰　腾讯研究院高级研究员
朱开鑫　腾讯研究院博后研究员

时至今日，数据已然成了推动数字经济发展的核心生产要素，但企业间不正当的数据竞争行为却日益增多，严重制约了行业的长远发展。从国内外数据纠纷的现状来看，数据不正当竞争行为集中存在于数据获取和数据利用两个领域。数字经济时代呼唤建立有序的数据竞争规则，需要在《反不正当竞争法》现行规定的基础上审慎思考和积极应对，维护公共利益、促进产业发展、保障用户权益是其中的应有之意。

一、引言

在三次工业革命中，西方社会发明了蒸汽机、电与计算机，推动人类从农业文明走向工业文明，而在新时代，"ABC"（AI,Big Data, Cloud，简称 ABC）成了新的"能源"概念，人工智能、大数据、云计算迅速革新了人们对互联网与高科技的理解。腾讯的 DreamWriter 在奥运会期间写了 800 篇新闻报道，今日头条的 AI 算法实现了千人千面的推荐，AlphaGo、腾讯绝艺等实现了人工智能在单一领域对人类的超越。机器人开始被大量运

---

[*] 本文首发于《竞争政策研究》2019 年第 4 期。

用于先进工业制造,智慧零售、智慧交通、智慧城市等概念不断出现。而这一切的实现,都依赖于大数据,《经济学人》更是将数据类比为 21 世纪的石油。[1] 未来的竞争,将是在云端之上,依赖大数据的 AI 竞争。[2] 在行业竞争层面,各互联网巨头也在纷纷制定自身的数据发展策略,逐鹿数据产业市场,以期在未来的数字经济发展浪潮中取得先发优势。而行业层面的激烈竞争,突出体现了数据商业价值的庞大潜力与竞争规则的模糊缺位。

当前,数据被形象地比作企业的"血液",与此相关的法律议题也被广泛讨论,特别是关于"数据赋权""数据竞争"的讨论尤为激励与集中。BAT 与华为、京东、今日头条、搜狗等国内企业以及 Alphabet、微软、Facebook 等全球科技巨头均倾全力押注大数据、云计算与人工智能领域。数据作为"ABC"时代的新石油,谁掌控了数据,谁就掌控了竞争格局。在此背景下,自 21 世纪以来,在全球范围内,有关数据的争议与案件频发,遍及民事、行政与刑事各个领域,甚至从反不正当竞争领域延伸到了反垄断领域,华为、阿里巴巴、腾讯、百度、新浪、今日头条、大众点评、顺丰与谷歌、Facebook 等公司多涉其中。与此可见,全球互联网产业与数字经济发展已进入深水区,并由消费端向产业端延展,数据的价值愈加凸显,不同的数据平台之间对于核心数据资源的争夺愈加激烈。在此大背景下,数据产业领域相关的不正当获取、利用行为在近年来愈演愈烈,从点评网站到社交网络再到数字内容平台以及产业互联网领域,

---

[1] See World Economic Forum, "Personal Data: The Emergence of A New Asset Class", https://www.weforum.org/reports/personal-data-emergence-new-asset-class, 2019.9.2.

[2] 参见田小军:"AI 时代的数据之争与公共领域界定",载 http://www.sohu.com/a/212479463_475952,2019 年 9 月 2 日访问。

无序的竞争严重破坏了正常的商业秩序，极大地消耗了商业社会的正向发展动力。互联网行业和数字经济呼唤健康有序、公平竞争的发展环境，互联网行业数据竞争规则的研究与建立正当其时。

在竞争层面，企业之间围绕数据的争夺愈发激烈，企业之间围绕数据产业链条发生的纠纷日益凸显。[1]一些企业为了谋取不正当的竞争优势，不惜违反法律法规、商业道德以及诚实信用原则不合理地获取和利用他人的数据资源。面对数据行业之中的不正当竞争行为，现行立法存在明显的制度供给不足的问题：一方面，立法具有天然的滞后性，数据不正当竞争行为的危害性在晚近几年才得到凸显，且数据不正当竞争行为的业态处于不断变化之中；另一方面，立法具有内在的抽象性，为了保障立法的稳定性和涵摄性，相关机关大多会选择抽象的立法模式，这便导致对于具体的数据不正当竞争行为缺乏必要的规制指引。修订后的《反不正当竞争法》中的"互联网专条"仍未对数据类不正当竞争行为进行专门回应。[2]而数据竞争领域的立法制度供给不足直接导致了当前数据竞争领域司法裁判的多元化。这一现状带来了一系列的不利后果：首先，数据行业合法经营者的正当劳动付出得不到有效保护；其次，数据行业内部缺乏明确的行为指引，各企业缺乏明确的行为预期；再次，数据行业正常的竞争秩序无法得到有效维护，给企业增加了经营成本；最后，反向激励效果明显，企业不愿意通过付出劳动获取合法数据利益，反而倾向于不正当地获取他人的数据

---

[1] 参见龙卫球："数据新型财产权构建及其体系研究"，载《政法论坛》2017年第4期。

[2] 参见田小军、朱莹："新修订《反不正当竞争法》'互联网专条'评述"，载《电子知识产权》2018年第1期。

利益，这不利于数据产业的持续、健康发展。[1]

理论界和实务界在认识到上述问题后，也纷纷投入到对数据行业利用规则的研究之中，并取得了一定的研究成果。值得注意的是，现行研究和司法实践对于数据纠纷提供的解决路径是从规制企业数据竞争行为这个角度出发的，一般都不涉及数据权属这一更加深层次的问题。一方面，数据行业亟须明确竞争规则的指引，因而避开对于数据权属的探讨，厘清数据竞争规则的研究具有紧迫性。另一方面，对于数据竞争规则的研究与数据权属问题的研究之间并不冲突，并且对二者可以平行探讨。[2]对数据权属的探讨和对数据竞争规则的探讨在本质上具有一致性，即维护数据相关主体的合法权益，促进数据产业的发展。数据权属的研究是从赋权的角度，以使数据权益的合法利益不受侵害；数据竞争的研究则是从反向保护角度，为他人的数据获取和利用行为设定规范标准。我们在现阶段加快数据竞争规则的研究更具有现实紧迫性与实现可能性。

二、企业间数据不正当竞争纠纷的国内外概况

当前，随着互联网、大数据产业与人工智能技术的发展，数据已成为未来商业竞争的核心动力与命脉。反不正当竞争法禁止违背诚实信用原则或者公认的商业道德的不正当竞争行为。通过反不正当竞争法保护企业通过劳动获取的数据信息，已经成为数据行业当前的一种通行做法。自人类社会进入互联网时

---

[1] 参见龙卫球："再论企业数据保护的财产权化路径"，载《东方法学》2018年第3期。

[2] 笔者曾与2019年5月9日参加清华大学法学院组织的"大数据（数据集合）知识产权保护圆桌研讨会"，与会专家对于"数据保护"的讨论可以并行于"数据权属"的讨论存在广泛共识。

代以来，数据领域的不正当竞争相伴而生。在世界各个国家和地区，涉及数据不正当竞争的纠纷虽然出现的时间点不尽相同，但是近年来都越发频繁，亟待加以规制和引导。美国作为互联网产业发展最早也最为成熟的国家，早在20世纪80年代便开始探索数据不正当竞争行为的治理问题，我国对于数据不正当竞争行为的规制则主要集中在近十年间。当前，国内外企业间的数据不正当纠纷案件既涉及民事责任领域也涉及刑事责任领域，并集中体现出了"数据正在改变竞争的性质与方式"的整体趋势。

（一）国内数据不正当竞争纠纷的状况

从我国目前的司法实践来看，解决企业间数据不正当竞争纠纷主要适用的法律依据是《反不正当竞争法》第2条，即"经营者在生产经营活动中，应当遵循自愿、平等、公平、诚信的原则，遵守法律和商业道德。本法所称的不正当竞争行为，是指经营者在生产经营活动中，违反本法规定，扰乱市场竞争秩序，损害其他经营者或者消费者的合法权益的行为"。该条内容作为《反不正当竞争法》中的一般条款，立法目的在于为未能被《反不正当竞争法》具体条文涵摄的不正当行为提供一般性的规制路径。鉴于当前理论界和实务界在数据法律属性及权益归属认定方面仍存在较大争议，[1]通过《反不正当竞争法》一般条款为企业付出正常劳动获得的数据提供法律保护，当属最为可行和有效的方式。

1. 一般条款多用于数据竞争类的案件

国内最早涉及行业内数据竞争的案件当属2010年北京市海淀区人民法院审理的"大众点评诉爱帮网系列案件"。在该案

---

[1] 参见梅夏英："数据的法律属性及其民法定位"，载《中国社会科学》2016年第9期。

中,大众点评指责爱帮网"大量复制其网站内容(商户介绍与用户点评内容)",先后以著作权、不正当竞争为诉由起诉,其著作权诉由曾获北京市海淀区人民法院支持,后被北京市第一中级人民法院撤销,但其不正当竞争诉由最终获得了法院支持。大众点评甚至先后在京沪两地以著作权侵权、不正当竞争等为诉由起诉。其代理人于国富律师在其博客中写道,"爱帮网如此长时间、大范围的恶性侵权如果不被判令承担高额赔偿,法律难容。"由此可见当时争议的激烈程度。

继"大众点评诉爱帮网系列案件"之后,有关数据不正当竞争的案件不断出现。诸如,2012年上海市第二中级人民法院审理的"钢联诉纵横、拓迪不正当获取商业数据案";2013年北京市第一中级人民法院审理的"百度诉奇虎360违反Robots协议案",2015年北京市知识产权法院审理的"新浪诉脉脉非法抓取微博用户数据案",2016年上海市浦东区人民法院审理的"大众点评诉百度抓取用户点评信息案",2017深圳市南山区人民法院审理的"酷米客诉车来了破坏加密措施、不正当爬取APP数据案",2017年北京市海淀区人民法院审理的"奋韩网诉'58同城'不正当获取分类信息案",2017年"运满满诉货车帮盗取用户信息案"(刑案),2018年杭州互联网法院审理的"淘宝诉美景案",2019年北京市海淀区人民法院审理的"微博诉'饭友'数据抓取案",以及有关淘宝屏蔽百度搜索,顺丰与菜鸟物流数据接口的争议,新浪与今日头条有关微博内容爬取的争议,华为在Magic手机中利用微信用户聊天记录进行AI服务推荐等。这些争议无一例外,均与平台的海量数据有关。

2. 反不正当竞争法与著作权法交叉领域存有争议

值得注意的是,在《反不正当竞争法》和《著作权法》交叉领域,关于数据不正当获取和利用行为的纠纷近年来也呈现多发趋势，最为典型的当属在聚合盗链领域的数据不正当竞争行为。所谓聚合盗链，是指视频聚合软件通过破解视频网站的技术措施，访问视频网站的内容服务器获取视频文件，并向其用户提供视频的播放或下载服务的行为。聚合盗链行为中，存在实施方和被盗链方两个主体。其中，视频聚合软件是实施方，比如快看影视、电视猫、兔子视频、VST 等软件；视频网站是被盗链方，其在自有服务器中储存相应视频作品并提供播放或下载服务，比如腾讯、爱奇艺、优酷、乐视、搜狐、PPTV 等视频网站。视频聚合软件经营者一般不采购视频内容版权，也不会花费大量资金购买或承租用于存储、传输视频文件的服务器及带宽资源，而是通过破解视频网站的技术措施，从视频网站的内容服务器中抓取视频文件并提供播放或下载服务。

从本质上讲，聚合盗链行为是对于被盗链方所掌握数据的不正当获取和利用行为，但同时，这种数据又指向《著作权法》上的作品。当前，理论界和实务界对于聚合盗链行为是否构成对被盗链方信息网络传播权的侵害仍存在一定的争议，因此聚合盗链行为存在不正当竞争与信息网络传播权侵权行为的竞合问题，[1]所以，一些法院在司法实践中倾向于采取反不正当竞争法的责任认定路径来对此种行为进行规制。对此，吴汉东教授曾有一个形象的比喻："如果说传统知识产权法的三大主要领域——著作权法、专利法、商标法好比是海面上的三座冰山，那么，反不正当竞争法就是托着这些冰山的海水。"《反不正当竞争法》与知识产权法等法律制度的适用应遵循"上帝的归上帝，恺撒的归恺撒"的思路，《反不正当竞争法》的适用不可过分侵占知识产权法原有的管辖范畴。

---

〔1〕 参见刘青、田小军："移动视频聚合应用法律问题分析"，载《中国版权》2015 年第 2 期。

(二) 国外数据不正当竞争纠纷的状况

从域外视角来看，各国涉及数据不正当竞争的司法判例已有很多，本文主要选取美国相关判例，对域外数据不正当竞争纠纷的状况进行评析。在美国，企业间的数据不正当竞争纠纷集中体现在两大领域：一个是早期在新闻领域由"盗用理论"规制的数据不正当获取与利用行为；另一个是"网络爬虫"领域的数据不正当获取与利用行为。

1. "数据盗用"领域的数据不正当获取与利用行为

数据"盗用理论"起源于1918年美国联邦最高法院审理的"International News Service v. Associated Press 案"[1]。在该案中，美国国际新闻服务社（International News Service，简称国新社/INS 公司）和美国联合通讯社（Associated Press，简称美联社/AP 公司）是美国两大新闻通讯社，第一次世界大战期间，INS 公司贿赂、引诱 AP 公司的员工在 AP 公司的刊物出版之前就提前将新闻披露给自己，或者直接从 AP 公司的布告板上和早期的新闻报纸的合订本上复制或者直接改写新闻加以发表。AP 公司认为 INS 公司"搭便车"盗用其新闻内容资源的行为损害了自己的合法权益，将 INS 公司告上法庭。在该案中，美国最高法院申明事实数据（比如纪实性的新闻）中不可能存在版权，但是 AP 公司在涉案材料的获取上投入了劳动、技能和金钱，并且通过出售这些材料赚钱，而 INS 公司却把这些材料当成是其自己的予以使用并出售，这无异于在收割别人种下的东西。法院认为，AP 公司就涉案新闻材料享有一个有限的财产利益，可以阻止竞争者不当利用或者盗用其信息，因为这些信息是其劳动的产物。但是，盗用理论必须满足三个条件：第一，未经授权

---

[1] See International News Service v. Associated Press, 248 U.S. 215 (1918).

使用；第二，明知所利用的无形产品来自于合法竞争者的劳动；第三，目的在于减少竞争者应得的利益或者增进自己的利益。

在美国第二巡回法院1997年审理的"NBA v. Motorola, Inc. 案"[1]中，被告摩托罗拉公司生产和销售一种类似于寻呼机的小装置"Sports Trax"，发送第二被告Stats公司提供的NBA的即时比赛信息。原告NBA以不正当竞争、侵犯版权为由起诉被告，审理该案件的初审法院即根据纽约州的法律认定被告的行为构成盗用。美国第二巡回上诉法院进一步认为，必须同时具备以下五点因素方可适用"盗用理论"：第一，原告为生产或收集信息付出了成本；第二，信息具有较强的时效性；第三，被告使用信息的行为构成对原告劳动的"搭便车"；第四，被告提供的产品或服务与原告存在直接的竞争关系；第五，搭原告或其他人便车会导致人们不再有积极性生产信息或提供信息服务，从而实质性地威胁信息生产服务的生存或质量。在实践中，盗用理论主要被用于处理有关"热点新闻"中的盗用案件。法院认为，盗用理论的适用必须满足投入劳动、时效性、搭便车、竞争关系、利益损害等五个条件，进一步完善了"盗用理论"，为"盗用理论"适用互联网时代提供了更加详细的规定。

2. "网络爬虫"领域的数据不正当获取与利用行为

美国1986年的《计算机欺诈与滥用法》（Computer Fraud and Abuse Act, CFAA）既涉及民事责任，也涉及刑事责任。CFAA第1030条第a款规定："未经授权故意访问计算机或超过授权访问权限，从而从任何受保护的计算机获取信息；或者故意造成程序传输，并且对未经授权且受保护的计算机造成损害……须承担民事责任或刑事责任。"但相关条文并没有明确"未经授

---

[1] See National Basketball Ass'n v. Motorola, Inc., 105 F. 3d 841 (2nd Cir. 1997).

权访问""超过授权访问权限"以及"受保护的计算机"的具体含义,因此,如何界定上述概念就成了是否能够通过 CFAA 对爬虫行为进行追责的核心争议点。从相关司法实践来看,对"未经授权"的认定往往会成为决定原告能否胜诉的关键,而"超过授权访问权限"和"受保护的计算机"更多地可以被涵盖在对"未经授权"的阐释之中。

具体来看,首先,网站可以在事前,通过明示或者暗示的方式禁止爬虫行为。前者包括与员工签署的保密协议[1]、网页上的告知或警告[2]、弹窗、最终用户协议[3]、产品或服务备注的说明[4]、解释等。后者包括密码认证,例如在登陆某个网

---

[1] 在"EF Cultural Travel BV v. Zefer Corp. 案"中,法院认为 EF 公司网站明确说明限制访问,同时在跟员工离职时签署的保密协议中也明确了离职后不能以任何方式访问网站。网站的明确规定和保密协议明示了 CFAA 第 1030 条中规定的"未经授权"的情况,于是,离职员工违反了 CFAA。See 318 F.3d 58, 62 (1st Cir. 2003)。

[2] 在"Southwest Airlines Co. v. Farechase, Inc. 案"中,法院认为西南航空网站上每一个页面下面都有一个条款,明确禁止"爬虫",这就是明示说明了 CFAA 中的"未经授权"。网页上的告知和警告属于明示的"未经授权"。See 318 F. Supp. 2d 435, 439-440 (N. D. Tex. Mar. 19, 2004)。

[3] 在"Earth Cam, Inc. v. OxBlue Corp. 案"中,法院认为,虽然 CFAA 并没有明确规定用户不得与他人共享账户信息,用户把账户密码在网上公开甚至都是可以的,但是,EC 网站上明确声明如果用户将账户信息给他人使用,违反了其"使用条款"。法官认为,这属于 CFAA 认定的"超出权限"——网站只授权给当事人使用,其他人用当然超出了权限。也就是说,如果违反了有关涉案计算机的任何政策或使用条款(EULA),可以被认定为"超出了授权访问权限"。EC 公司合同使用条款里规定的内容属于 CFAA 认定的"超出权限"。See 703 Fed. Appx. 803, 808 (11th Cir. 2017)。

[4] 在"College Source, Inc. v. AcademyOne, Inc. 案"中,法院认定"违反任何技术壁垒或合同使用条款",都可以被解释为"未经授权"。也就是说,如果网站页面上没有说明,但是提供的相关产品或服务里有相关明确说明,一样可以被认定。原告提供的产品(pdf 学习资料文档)里的说明属于明示的"未经授权"。See 597 Fed. Appx. 116, 130 (3d Cir. 2015)。

站的时候需要输入密码，这就在暗示用户需要通过密码来获取访问权限，如果绕开了认证予以暴力访问，此时用户可以被推定为"未经授权"。其次，违反函告或者技术性手段等事后措施，构成数据不正当爬取行为。前者典型案件为"Facebook, Inc. v. Power Ventures, Inc. et al. 案"，[1]在此案中，Facebook 在发现被告未经许可收集其用户数据后，通过书面停止信等方式阻却被告行为。后者典型案件为"Craigslist Inc. v. 3Taps Inc. 案"[2]，Craigslist（CL）是分类信息网站，被告通过爬虫聚合展示原告网站内容，CL 在函告的同时屏蔽了被告公司的 IP 来限制其访问。

---

〔1〕 在"Facebook, Inc. v. Power Ventures, Inc. et al. 案"中，社交聚合网站 Power.com 允许用户在 Power.com 上同时登录多个社交网站（LinkedIn、Twitter、Facebook 和 MySpace 等）的用户名和密码，并与好友互动，还可以获得这些社交网站上的联系人和照片等。2008 年 12 月 30 日，Facebook 把 Power 公司告上了法庭。Facebook 的起诉指控 Power 公司未经 Facebook 许可闯入 Facebook 的计算机系统，擅自收集 Facebook 用户的数据，违反了 CFAA 和《加利福尼亚州刑法典》（California Penal Code section 502）。法院认为，Power 公司未经 Facebook 允许继续侵入其计算机并访问其用户数据，尤其是在 Facebook 明确发出书面停止和终止信后，Power 公司的行为已经很明显地表现出其已经了解到了 Facebook 的禁令，却还继续访问 Facebook 的计算机。本案属于触发 CFAA 使用的事后措施。其中，Facebook 在发现 Power 的爬虫行为后采取的事后停止信被认定为"未经授权"的访问行为。See 844 F. 3d 1058 (9th Cir. 2016).

〔2〕 在"Craigslist Inc. v. 3Taps Inc. 案"中，3Taps 通过爬虫从 CL 上爬取原告网站内容，然后在自己的网站上做聚合展示。CL 向 3taps 发了律师禁令信并且屏蔽了 3taps 公司的 IP 来限制其访问 CL，要求停止行为。但是 3Taps 也采用技术手段绕开了屏蔽继续爬。CL 于是将其告上法庭。法官认为，触发 CFAA 监管的不是 CL 网站上的使用条款规定的禁止爬虫的明确声明，而是 CL 事后采取的函告声明行为和技术手段。本案属于触发 CFAA 使用的事后措施。其中，CL 在发现 3Taps 的爬虫行为后采取的事后禁令信被认定为"未经授权"的访问行为。See 942 F. Supp. 2d 962 (N. D. Cal. 2013).

三、企业间数据不正当竞争纠纷的规则提炼

数据领域的不正当竞争行为主要包括数据不正当获取行为与数据不正当利用行为两种。所谓数据不正当获取行为是指企业未经授权或者超越授权范围,通过侵入服务器、破解或规避技术措施、不正当使用他人ID、密码等方式,或者仅以获得用户许可为由获取其他企业的数据。所谓数据不正当利用行为是指企业出于"搭便车""不劳而获""食人而肥"等违背诚实信用和公认的商业道德的目的,不正当地利用从其他企业获取的数据。数据不正当利用方式包括但不限于将数据用于足以产生替代效果的竞争性产品、服务,数据的获取与利用会损害其他企业正当的商业利益,或者会危及信息网络安全、用户隐私和个人信息安全或社会公共利益等。本文将通过对企业间数据不正当利用和获取行为进行类型化分析,梳理和总结出相应的竞争行为规则和纠纷现实特点,以期为数据领域的不正当竞争行为提供科学、合理的治理路径。

(一) 数据不正当获取行为的规则分析

1. 通过搜索引擎方式获取数据,应该遵循"opt-out"原则

因为互联网倡导信息自由流动,许多网站的数据可以公开获取,搜索引擎类搜索定位工具才得以帮助用户在"网络海洋"中快速精准获取信息,因此,针对通过搜索引擎方式获取数据,我们应采取"opt-out 机制",即其无需事先征得数据控制者(网站服务商)的同意,但后者有退出的权利与自由。此机制可以最大化地减少通过"网络爬虫"方式获取数据的协商成本,同时也给特定网站服务商提供了退出机制,并赋予了其拒绝第三方爬取自身网站数据的合理理由。本文认为,当前,网站服务商或所有者拒绝第三方爬取自身网站数据的合理理由主要存

在以下几个方面：其一，网站服务商或所有者与数据爬取人存在竞争关系，数据爬取行为会产生明显的市场替代效果，损害网站服务商或所有者既有的合法竞争利益；其二，数据爬取行为对网站服务器和带宽产生过重负担，影响网站的正常运营；其三，数据爬取行为将会使得原网站 Robots 协议对于用户隐私等权益保护的目的落空，侵害用户信息、管理员密码等隐私信息。

值得注意的是，在中国搜索领域爬虫机器人竞争第一案即"百度诉奇虎 360 违反 Robots 协议案"中，北京市第一中级人民法院明确承认了 Robots 协议的合理性，认为"经营者在市场交易中，应当遵循自愿、平等、公平、诚实信用的原则，遵守公认的商业道德。Robots 协议被认定为搜索引擎行业内公认的、应当被遵守的商业道德，被告奇虎公司在推出搜索引擎的伊始阶段没有遵守百度网站的 Robots 协议，其行为明显不当，应承担相应的不利后果"。[1]但此案令人费解之处在于，法院同时指出："360 已经多次向百度表示要求修改 Robots 协议，该主张是清晰明确的，而百度未能明确提出拒绝 360 的合理理由，故对《互联网搜索引擎服务自律公约》签订之后，[2]百度主张 360 构成不正当竞争的主张法院不予支持。"此案判决进一步指出，有鉴于互联网行业，尤其是搜索引擎行业的现状，并考虑到互联网行业内已经建立了互联网协会这一成熟的行业自律组织，以及在行业内已经形成《自律公约》这样专门解决该类纠纷的自律性公约的事实，搜索引擎服务商与网站服务商或所有者关于

---

〔1〕 参见北京市第一中级人民法院〔2013〕一中民初字第 2668 号民事判决书。
〔2〕《互联网搜索引擎服务自律公约（2012 年）》第 8 条规定：互联网网站所有者设置机器人协议应遵循公平、开放和促进信息自由流动的原则，限制搜索引擎抓取应有行业公认合理的正当理由，不利用机器人协议进行不正当竞争行为，积极营造鼓励创新、公平公正的良性竞争环境。

Robots 协议产生纠纷时，应当遵循"协商-通知"规则处理，而不应故意违反 Robots 协议抓取其他企业拥有的数据。本文认为，法院是否可以因百度签订《自律公约》而创设其解释"Robots 协议合理排除 360 公司"的义务，似乎存有争议，这有可能将 Robots 协议的实施推向一个极其耗费人力、物力成本的境地。

2. 通过 Open API 方式获取数据，应当遵循"三重授权原则"

所谓"三重授权原则"是指开放平台方直接收集、使用用户数据需获得用户授权，第三方开发者通过开放平台 Open API 接口间接获得用户数据，需获得用户授权和平台方授权。该原则之所以叫作"三重授权"，意味着"用户授权+平台方/公司授权+用户授权"需同时满足，缺少任何一方授权，都是违反"三重授权原则"。在"三重授权原则"下，数据获取方在仅获得用户授权未获得 API 平台授权或超越授权的情况下获取平台内的数据，应当被认定为存在数据不正当竞争行为。[1]

违反"三重授权原则"不正当获取数据的典型案例是"新浪诉脉脉非法抓取微博用户数据案"。在该案中，微梦公司经营的新浪微博为社交媒体平台，淘友公司经营的脉脉软件和网站是一款基于移动端的人脉社交应用，双方曾在 2013 年至 2014 年通过新浪 Open API 进行过合作。2014 年 8 月，微梦公司发现淘友公司在新浪微博开设的"脉脉"和"淘友网"账号数据调用异常，且淘友公司在其获得开放授权的微博客户头像、名称、标签之外，还抓取、使用了教育信息和职业信息。微梦公司因此停止了与淘友公司的合作，但在合作终止后，淘友公司并未及时删除其在双方合作期间获取的新浪微博用户信息。微梦公司遂以不正当竞争为由将淘友技术公司与淘友科技公司诉至法院。

---

[1] 参见许可："数据保护的三重进路——评新浪微博诉脉脉不正当竞争案"，载《上海大学学报（社会科学版）》2017 年第 6 期。

一审法院认为，原被告同为网络社交服务提供者，存在竞争关系；被告获取并使用涉案新浪微博用户信息的行为，以及获取、使用脉脉用户手机通讯录联系人与新浪微博用户对应关系的行为，没有合同依据，也缺乏正当理由，主观恶意明显，构成不正当竞争。第一，法院认为二被告在合作期间抓取、使用涉案新浪微博用户的职业信息、教育信息以及在合作结束后使用用户头像、名称、职业、教育等信息的行为，一方面不符合微博《开发者协议》的约定，存在超出授权许可范围抓取教育和职业信息的情况；另一方面未取得用户许可即获取并使用涉案非脉脉用户的相关新浪微博信息。上述行为不具有合法性。第二，对于二被告是否非法获取、使用脉脉用户手机通讯录联系人与新浪微博用户对应关系，法院认为，包括手机号在内的相关用户精准信息与新浪微博之间的对应关系，为新浪微博用户信息构成中重要的组成部分，这种对应关系也是微梦公司重要的经营利益所在。在本案缺乏充分证据证明二被告能从新浪微博合法获取此类精准信息的情况下，二被告获取涉案对应关系不具有合法性。二被告将涉案对应关系在软件中予以展示，使大量非脉脉用户的新浪微博信息及好友关系展现在脉脉软件中，以便于脉脉软件拓展自身用户群，获取经济利益，具有较强的主观故意。[1]

二审法院肯定了数据信息的价值和 Open API 运行规则的合理性，同时认为新浪微博有权就第三方应用使用其用户数据的不正当行为主张权益。对于涉案数据获取行为，法院认为，上诉人淘友技术公司、淘友科技公司获取新浪微博信息的行为存在主观过错，违背了在 Open API 开发合作模式中第三方通过 Open

---

[1] 参见海淀区人民法院［2015］海民（知）初字第 12602 号民事判决书。

API 获取用户信息时应坚持的"用户授权"+"平台授权"+"用户授权"三重授权原则。上诉人淘友技术公司、淘友科技公司未经用户同意且未经被上诉人微梦公司授权,获取、使用脉脉用户手机通讯录中非脉脉用户联系人与新浪微博用户对应关系,并将新浪微博用户的相关信息并展示在脉脉应用的人脉详情中,侵害了被上诉人微梦公司的商业资源,不正当地获取竞争优势,这种行为已经超出了法律所保护的正当竞争范围。[1]

3. 通过破坏技术措施方式获取数据,民、刑两种责任规制路径并存

我国《刑法》第 285 条规定了"非法侵入计算机信息系统罪":"……违反国家规定,侵入前款规定以外的计算机信息系统或者采用其他技术手段,获取该计算机信息系统中存储、处理或者传输的数据,或者对该计算机信息系统实施非法控制,情节严重的,处三年以下有期徒刑或者拘役,并处或者单处罚金;情节特别严重的,处三年以上七年以下有期徒刑,并处罚金。"因此,通过破坏技术措施等方式获取竞争对手系统内数据信息的行为,有可能需要承担刑事责任,在不满足《刑法》相关规定的情况下则需要承担民事责任。

在"酷米客诉车来了破坏加密措施、不正当爬取 APP 数据案"中,原告谷米公司与被告元光公司分别为实时公交信息查询 APP"酷米客"和"车来了"的运营者。原告谷米公司为提高公交信息准确度,与公交公司达成合作,通过安装定位器获取实时公交位置数据。元光公司为避免公交信息延迟、获取精准数据,破解了谷米公司的"酷米客"APP 加密系统,并利用爬虫技术爬取了"酷米客"APP 内的实时数据。被告元光公司

---

[1] 参见北京知识产权法院 [2016] 京 73 民终 588 号民事判决书。

邵某霜、陈某、刘某红、刘某朋等人被依法追究刑事责任，谷米公司以不正当竞争为由起诉元光公司。[1]法院认为，存储于APP后台的公交实时信息系人工收集、分析、整合并配合GPS精准定位所得，"酷米客"APP凭借信息的准确度和精确性获得同类软件中的竞争优势，因此该信息具备无形财产属性。该信息虽可供公众免费查询，但数据需以不违背权利人意志的合法方式获得，被告元光公司利用爬虫技术大量获取、无偿使用他人数据的行为，非法占用了他人无形财产权益，破坏了他人的市场竞争优势，具有为自己谋取竞争优势的主观故意，其行为违反了诚实信用原则，扰乱了市场竞争秩序，构成不正当竞争。

（二）数据不正当利用行为的规则分析

企业间的数据不正当竞争行为既包括数据的不正当获取行为，也包括数据的不正当利用行为。当企业通过不正当的途径获取其他市场主体的数据资源时，其后续的数据利用行为必然存在不正当性。然而，在通过正当途径获取其他市场主体数据资源的情况下，相关企业仍可能存在对于数据的后续不正当利用行为。按照所利用数据的属性不同，数据不正当利用行为又可以被分为不正当利用其他经营者拥有的用户直接生成的数据和不正当利用其他经营者拥有的经过加工处理后的数据产品两种。

1. 对于不正当利用网络用户直接生成数据的规制

在"大众点评诉爱帮网案"中，汉涛公司经营的大众点评网与爱帮聚信公司经营的爱帮网均为网络分类信息查询服务提供者。汉涛公司发现爱帮网在经营中大量复制，甚至直接摘取大众点评网上的商户简介及用户点评内容，遂以不正当竞争为

---

〔1〕 参见深圳市中级人民法院［2017］粤03民初822号民事判决书。

由将爱帮聚信公司诉至法院。法院经审理认定，爱帮网与大众点评提供的服务具有同质性，存在直接竞争关系。而大众点评网的商户简介和用户点评，是原告运用商业方法吸引用户注册，并收集、整理信息而得，其为此付出了人力、财力、物力和时间等经营成本，由此产生的利益应受法律保护。对于大众点评网的商户简介和用户点评，虽然被告爱帮网注有"在大众点评发表"字样和链接标识，但爱帮网已对全部商户简介内容和绝大部分点评内容进行了充分展示，网络用户一般不会再选择点击大众点评链接。因此，爱帮网的商户简介和用户点评已经构成对大众点评网相应内容的实质性替代，必将不合理地损害汉涛公司的商业利益。被告的这一经营模式违反了公平原则和诚实信用原则，且其垂直搜索的技术合法性抗辩不能成立，对信息的利用应当控制在合理范围之内，故其行为违反了公认的商业道德，构成不正当竞争。[1]在该类案件中，数据内容的产生基于用户自行制作、提供，在数据赋权仍未在法律层面进行确认的情况下，网络平台对于该类数据享有何种权利、以何身份维权，仍是司法实务中的一个难题。在本案中，法院认定双方提供的服务具有同质性，构成不正当竞争，并认同了大众点评网长期经营的劳动价值。而数据同样不能侵犯他人的权利，技术的合法性并不意味着信息的利用同样合乎规范。

在"大众点评诉百度抓取用户点评信息案"中，原告汉涛公司以给网友提供消费点评、优惠信息及餐厅预订等O2O（Online To Offline）服务为目的成立大众点评网，其注册用户可在网站上就商户环境、服务、价格等进行评论及上传照片。被告百度公司运营的"百度地图""百度知道"未经许可大量复制、引用

---

[1] 参见海淀区人民法院［2010］海民初字第24463号民事判决书、北京市第一中级人民法院［2011］一中民终字第7512号民事判决书。

大众点评网上的商户信息、用户点评内容。汉涛公司认为，此行为截取了大众点评用户流量、减损了交易机会，削弱了公司竞争优势，遂以不正当竞争为由起诉。法院经审理认为双方虽经营模式不尽相同，但争夺目标为同一网络用户群体，存在竞争关系。大众点评网站上的点评信息系汉涛公司长期经营、积累所得，其渡过了早期投入大于支出的用户积累时期，才成功吸引大量用户参与点评，进入良性循环阶段，涉案点评信息为大众点评网的核心竞争资源。而百度公司未付出相应劳动便通过技术手段对涉案信息加以利用，复制、引用点评信息并未遵循"最少、必要"的原则，未采取对汉涛公司损害最小的措施，其使用方式已超过了必要的限度。虽然其使用的垂直搜索技术并未违反 Robots 协议，但技术的合理并不能豁免当事人的法律责任，百度公司抓取点评信息后大量使用的行为具有明显的"搭便车""不劳而获"的特点，其服务构成了对大众点评网的实质性替代。法院认为，百度公司具有强大的技术能力及领先市场地位，更应当秉承诚实信用原则和公认的商业道德，合理控制来源于其他网站信息的使用范围和方式。[1]在类似案件中，我们除关注信息的获取外，更应关注信息的使用。诚然，信息应当是自由流动的，但利用方式不能具有替代性、同质化。案件中，百度直接大面积复制、提供信息的行为显然分流了原告用户群体，如对不加节制的使用行为不进行规制，将不利于鼓励商业投入与创新，信息的使用同样需要遵循公认的商业道德，控制在合理范围之内。

2. 对于不正当利用其他市场主体数据产品的规制

在"钢联诉纵横、拓迪不正当获取商业数据案"中，原告

---

〔1〕参见浦东区人民法院［2015］浦民三（知）初字第528号民事判决书、上海知识产权法院［2016］沪73民终242号民事判决书。

为专业从事钢铁行业商业信息及其增值服务的互联网平台综合运营商,通过其运营的"我的钢铁网",为客户提供钢铁及相关商业信息服务。被告纵横公司的经营范围为在线提供钢铁产业信息咨询服务与调查;被告拓迪公司提供商务信息咨询、市场信息咨询与调查等,今日钢铁网为拓迪公司运营。原告耗资建立钢材、特钢、炉料等各项数据库,有偿为用户提供开放查询服务,原告经调查发现两被告运营的今日钢铁网发布了与原告数据库内容相同的数据信息,遂以不正当竞争为由将其诉至法庭。

法院经审理认为,原告通过组建资讯团队形成的钢铁行业内完整钢材、特钢、炉料等各项数据库的数据信息系付出大量劳动所得,且该数据信息具有较强的实用性和商业价值,曾在权威媒体上发布,具备较强的社会影响力和市场知名度,构成原告的竞争优势,原告对其数据信息应享有合法权益。两被告未能证明其信息的合法来源,且其网站上提供的信息与原告信息基本相同,构成实质性近似,其不劳而获的"搭便车"行为给原告合法权益造成了损害,行为违反了市场交易中应当遵守的诚实信用原则和公认的商业道德,构成对原告的不正当竞争。[1]本案中涉及的数据信息多为原始数据,仅经过简单的收集、采编,未进行清洗、分析,不具备受著作权保护的作品属性;因为信息具有公开性,也不能作为商业秘密受到保护。但法院根据信息获取难度、原告前期投入及信息的经济价值,认定该数据体现了原告的竞争优势,保护了原告的合法权益。

在"淘宝诉美景案"中,淘宝公司系"生意参谋"零售电商数据产品的开发者和运营者,该数据产品通过记录、采集用户在淘宝电商平台(包括淘宝、天猫)上浏览、搜索、收藏、

---

[1] 参见上海市第二中级人民法院 [2012] 沪二中民五(知)初字第130号民事判决书。

加购、交易等活动留下的痕迹,进行深度加工处理,最终形成的统计、预测型衍生数据可为商家店铺运营提供参考。在该数据平台经营过程中,淘宝公司发现,美景公司运营的"咕咕互助平台"及"咕咕生意参谋众筹"网站,通过提供远程登录服务的方式,招揽、组织、帮助他人获取"生意参谋"数据产品中的数据内容,并从中获益。淘宝公司遂以不正当竞争为由将美景公司诉至法院。

一审法院认为,网络数据产品的开发与市场应用已成为当前互联网行业的主要商业模式,数据信息是网络运营者的市场优势来源。在本案中,"生意参谋"数据产品系淘宝公司耗费人力、物力、财力,经过长期经营积累形成,数据的收集、整理、使用具有合法性,经过深度开发与系统整合,信息可供消费者参考、使用,淘宝公司对"生意参谋"大数据产品应享有独立的财产性权益。美景公司未付出劳动创造,即将"生意参谋"数据产品直接作为获取商业利益的工具,其开发的"咕咕互助平台"对原告数据产品构成实质性竞争,这种不劳而获的"搭便车"行为有悖于商业道德,构成不正当竞争。如不加禁止将会严重挫伤大数据产品开发者的创造积极性,阻碍产业发展。[1] 二审法院支持了一审判决,认为"生意参谋"数据产品具有商业价值,独立于原始网络数据,能够带来直接经济收入,且因其决策参考的独特价值,构成淘宝公司的竞争优势,故该大数据产品属于竞争法意义上的财产权益。美景公司经营的"咕咕互助平台"对于淘宝公司"生意参谋"账号的分享行为直接导致了原平台用户的减少,其损害行为存在主观故意,行为扰乱市场秩序,对淘宝公司合法权益造成损害,构成不正当竞

---

[1] 参见杭州铁路运输法院[2017]浙8601民初4034号民事判决书。

争。[1]

本案为首家互联网法院的数据产品第一案,继续明确了适用《反不正当竞争法》维持数据竞争的司法实践,而且对于数据产品保护又有新发展:其一,向承认数据产品主体的新型财产权继续迈进,对涉案数据产品使用了"享有竞争性财产权益"进行界定,该表述在类似判决中第一次出现;其二,特别强调原告前期的积累、付出及被告的不劳而获,主张需要对其予以积极保护,以促进大数据产业的发展。案件判决厘清了网络运营者收集、使用、共享、开发用户数据的行为边界,同时也第一次开创性地确认了网络运营者对其合法收集的用户数据进行二次开发而形成的大数据产品享有竞争性财产权益。合理、公正的判决将会促进行业的良性发展。

(三) 数据不正当竞争纠纷的裁判趋势

数字经济时代是一个以数据为核心竞争力、资源共享的时代,数据资源的获取与利用是这个时代极为重要的资源。几乎所有的企业都拥有其所需要的数据,网络数据产品的开发与市场应用已成为当前互联网行业的主要商业模式,数据信息是网络运营者的市场优势来源。企业对数据的收集、整理等,基本都付出了相应的人力、物力、财力和时间等经营成本,由此产生的竞争优势和经济利益理应受法律保护。通过对企业间数据不正当竞争纠纷案件的梳理分析,我们发现,有关大数据不正当竞争的裁判趋势呈现以下两个趋势:

1. 企业之间竞争关系认定趋于更加灵活开放

在大数据不正当竞争纠纷中,竞争关系的认定通常是个案裁判的前提。互联网与大数据产业的竞争不同于传统行业的竞

---

[1] 参见杭州互联网法院[2018]浙01民终7312号民事判决书。

争,其以"注意力竞争"为核心,跨界竞争和创新竞争是互联网竞争的常态,企业通过产品的研发或服务的提升来吸引消费者的注意,并以此为基础拓展产品和服务领域,以形成"乘方效应"来获取更多的商业价值。因此,在互联网行业不正当竞争案件中,判断某个竞争行为是否要落入《反不正当竞争法》的规制范畴,不能仅以主体经营领域的不同便否认了竞争关系的存在,更重要的是要看竞争行为的性质及后果。[1]我国在理论上通常将竞争关系划分为三种类型,即同业者之间的竞争关系、为自己或者他人争取交易机会所产生的竞争关系以及破坏他人竞争优势所产生的竞争关系。

当然,此种竞争关系,既可能是直接的竞争关系,即原被告双方存在相同的经营模式,例如"百度诉奇虎360违反Robots协议案";也可能是间接的竞争关系,即原被告的经营模式虽然不具有同质性,但却面对的是同一种受众群体,例如"大众点评诉百度抓取用户点评信息案"。实际上,竞争关系的演化也使得不正当竞争行为的界定不再限于同业竞争者之间的竞争行为,而是扩展到了非同业竞争者的竞争损害。[2]在美国,反不正当竞争法的一项基本原则是由"International News Service v. Associated Press案"发展而来的"不正当得利"原则,其并不要求竞争关系的存在,而是将这种"不劳而获"的行为认定为不正当竞争。[3]在大陆法系国家中,甚至有些国家也并不以直接的竞争关系的存在为认定基础。如荷兰将不正当竞争行为

---

〔1〕 参见张钦坤、刘娜:"浅析屏蔽视频网站广告行为的违法性",载《中国版权》2015年第4期。

〔2〕 参见孔祥俊:《反不正当竞争法的创新性适用》,中国法制出版社2014年版,转引自张钦坤、刘娜:"浅析屏蔽视频网站广告行为的违法性",载《中国版权》2015年第4期。

〔3〕 See International News Service v. Associated Press, 245 U.S. 215 (1915).

界定为"根据社会上一般接受的观念而认为不可接受的所有旨在促进商号或者公司的销售或者增加其利润的行为"。[1]

2. 公开信息抓取的否定性认定趋于谨慎

在"HiQ Labs, Inc. v. LinkedIn Corp. 案"[2]中，HiQ Labs 公司是一家职场数据分析公司，LinkedIn 是微软旗下的一个职场社交平台。LinkedIn 目前在全球拥有超过 5000 万用户。用户可以在 LinkedIn 平台上创建个人档案并自主设定个人档案的隐私保护级别，包括向好友公开、向所有 LinkedIn 用户公开以及对公众公开等。根据 LinkedIn 的网站设置，任何人均可通过搜索引擎检索到已经授权对公众公开的全部档案信息。HiQ 公司的商业模式为分析 LinkedIn 用户的公开资料，通过数据科学和机器学习方法为企业人力资源部门提供员工行为测评服务，向企业提供员工离职风险及掌握技能情况的评估报告。由于 LinkedIn 在职场社交网络方面具有主导地位，因此 HiQ 公司的数据全部依赖于其用户的公开资料。针对 HiQ 爬取数据的行为，LinkedIn 公司于 2017 年 5 月 23 日向 HiQ 公司发函，要求其立即停止爬取 LinkedIn 用户数据，称其违反了 LinkedIn 用户使用协议以及加利福尼亚州和联邦法律。同时，LinkedIn 公司采取了技术手段屏蔽 HiQ 公司通过其信息监测、爬取系统访问 LinkedIn 网站。在与 LinkedIn 公司协商未果后，HiQ 诉至加利福尼亚州北区地方法院，请求法院肯定了其获取公开用户资料的正当权利。加利福尼亚州北区地方法院最终支持了 HiQ 公司的诉求，作出一项临时禁令（Preliminary Injunction），要求 LinkedIn 于 24 小时内移除任何妨碍 HiQ 获取其公开数据的技术障碍，不得阻止 HiQ

---

[1] 参见孔祥俊："论反不正当竞争法中的竞争关系"，载《工商行政管理》1999 年第 19 期。

[2] See 273 F. Supp. 3d 1099 (N. D. Cal. 2017).

公司获取、复制或使用 LinkedIn 网站上用户选择对公众公开的档案资料,且不得采取任何法律或技术手段阻止 HiQ 公司获取 LinkedIn 用户的公开资料。2019 年 9 月 9 日,美国第九巡回法诉法院作出了对此案的二审判决,维持了一审对 HiQ 有利的裁决。

该案是有关爬虫案件是否违反 CFAA 的一个标志性案件,也是加利福尼亚州法院第一次正面回应爬取"公开"信息的法律问题。不同于既往,法院认为爬虫公开信息不构成 CFAA 意义上的"未经授权"或"超出授权"行为,因为公开信息不同于 CFAA 法条中阐明的"受保护的计算机",其缺少相应的保护措施,例如密码。对于网站所有者来说,如果爬取的是公开信息,那么通过事前的"使用条款"、事后的禁令通知、实施 IP 封锁都可能不再有效。有关公开信息爬虫的判决正在慢慢突破合同法思维和 CFAA 的限制,开始更多地考量公共利益的问题。

四、企业间数据竞争规则的核心考量维度

数据资源成了企业间的关键竞争资源,不断涌现的数据竞争纠纷引发了新的法律关切,其核心在于数据共享与专享之间、数据控制与使用之间的数据资源配置方式。如何在数据经营者之间安排数据共享或专享,如何配置数据信息的控制权与使用权,这是数字经济发展的一个核心问题。如果不能促进数据的共享和利用,大数据将失去其巨大的经济和社会价值,数字经济的种种愿景都将成为幻影。但如果不保护数据经营者在数据收集、加工和研发上应该获得的利益,又同样会削减对数据收集、加工和研发行为的激励,数字经济同样会成为无源之水,断流枯竭终将成其宿命。[1]因此,在现有法律框架未对数据的

---

[1] 参见丁文联:"数据竞争的法律制度基础",载 https://www.sohu.com/a/227297138_455313,2019 年 6 月 9 日访问。

权利属性加以明确规定的情况下,如何制定合理、有序的数据竞争规则即企业间数据的获取与利用规则,在当下这个阶段便显得尤为重要。整体来看,数据竞争规则的制定必须要从维护公共利益、促进产业发展和保障用户权益这三个维度来加以考量。[1]

(一) 应当实现对社会福利的整体增加

从公共利益的维度考量,数据竞争规则的制定要实现两个方面的目的:一方面应当实现社会整体福祉的增加;另一方面应当切实保障数据的安全。[2]在数字经济时代,社会整体福利的增加依赖于数据在更大范围和更深层次的共享利用。数据的价值具有多维度和多样性,互联网企业囿于自身的经营领域和业务特点对于日常运营过程中收集到的数据不可能实现完全的开发利用。特别是对于不同领域经营领域和处于上下游关系的企业来说,促进数据的合作开发,能够最大限度地增进社会福利。此外,企业数据可供公共卫生、环境保护、社会保障、社会经济总体预测、征信等公共利益领域所利用,从这一角度出发,需要为数据的流动和获取设置更加有效的方式,继续完善现有的 Open API 模式和数据爬取 Robots 协议规则,从而实现数据的更大价值。与此同时,对于企业间的数据的获取与利用应当保证数据安全。保障数据安全要求企业应当切实加强信息网络安全防护能力,切实保障数据获取与利用的各个环节安全可控,防范数据相关的网络违法犯罪活动及其他可能造成数据泄露或破坏隐患的情形。这就要求享有数据的企业在向其他企业提供或分享数据的时候,一方面应当充分考察数据获取企业的

---

[1] 参见姚佳:"企业数据的利用准则",载《清华法学》2019年第3期。

[2] 参见田维琳:"公共大数据信息安全的立法内涵、现状与依据",载《社会科学文摘》2019年第3期。

安全防护能力，另一方面应当通过合同条款或其他方式要求该企业保障数据的后续利用安全。

需要进一步指出的是，我们应当根据具有不同属性的数据制定不同的数据获取与利用规则。在涉及企业商业秘密和支撑其经营模式的数据领域，对于其他市场主体的数据获取和利用行为的不正当竞争性限制的力度应变强，而在涉及公益属性的数据、公开属性的数据时，其不正当竞争性限制的力度应偏弱。2018年10月4日，欧洲议会投票通过《非个人数据自由流动条例》，目的就在于促进与个人隐私、商业秘密、国家安全无关的数据自由分享和流通，从而进一步激发境内数字经济的活力。从域外相关判例角度来看，在"HiQ Labs, Inc. v. LinkedIn Corp.案"中，法庭之所以作出要求LinkedIn在24小时内移除任何妨碍HiQ获取其公开数据的技术障碍的禁令，一个很重要的原因就在于HiQ公司获取、复制或使用LinkedIn网站上的数据是用户选择对公众公开的档案资料。法庭认为对于公开数据的爬取不在CFAA项下对于数据不正当获取行为规定之列。

（二）应当实现对行业发展的有序促进

从行业发展的维度考量，数据行业的持续健康发展是数字经济得以运行的根本保障，因而数据竞争规则的制定必须保证行业的有序发展。数据行业的有序发展依赖于两个方面的因素：一方面是必须尊重在先企业通过合法付出获得的数据竞争优势和数据经济利益；另一方面应当强调契约精神在数据获取与利用规则中的重要价值。对于经过收集、处理和分析的数据，互联网企业付出了大量的劳动，理应享有合法的权益；对于用户直接生成的数据，也是互联网企业运用商业方法吸引用户注册、收集和整理所得。只要相关数据具有实用价值和商业价值，形成了在先数据取得者的竞争优势，他人就不得不正当地获取和利用相关数据，否则便会使得市场主体丧失主动收集和分析数据的内在激励，从而不利于数据产业的长期发展。[1]

除从维护社会公共利益的角度考量，要求企业分享和开放自身的数据之外，还应当尊重企业自身对于合法取得数据的自主处分的权利，这集中体现在要尊重互联网企业间的契约精神和合同自由方面。互联网的开放和效率建立在尊重契约的基础上，企业间的数据获取与利用应当严格遵守契约精神，尊重Robots协议、使用协议、开放平台协议等对数据获取与利用作出的明确约定，否则可以被视为违反诚实信用和公认的商业道德。

（三）应当实现对用户权益的有效保障

从用户权益的维度考量，对于数据竞争规则的制定必须建立在对网络用户合法权益保护的基础之上。我们需要明确网络数据不同于传统法律体系下的一般权利客体，数据权利具有多重属性。网络用户对于最底层的原始数据享有个人信息以及隐私等相关权益，收集数据的网络服务提供者对于付出劳动和成本合法收集的数据享有一定的权益，大数据开发者对于经过处理加工后的数据产品也必然享有一定的权益。因而，在确立数据获取与利用规则的时候，不能陷入一叶障目的误区，在关注企业对于数据享有的经济利益和竞争利益的同时，也必须对用户包含于数据中的合法权益加以保护。因为在现有的数据商业利用领域，绝大部分的数据都是建立在对网络用户个人信息的收集和获取的基础之上的。[2]在数据利用领域，很大一部分数据的不正当利用纠纷发生在对用户直接生成数据的使用基础之

---

[1] 参见徐实："企业数据保护的知识产权路径及其突破"，载《东方法学》2018年第5期。

[2] 参见梅夏英、朱开鑫："论网络行为数据的法律属性与利用规则"，载《北方法学》2019年第2期。

上。在当前产业发展的背景下，企业间获取和利用的数据类型还是以互联网企业收集的网络用户个人数据为主，这其中既涉及用户的各项具体的人格权，也涉及用户的个人信息权益。[1]

因此，企业获取与利用用户个人信息，应当遵循合法、正当、必要的原则，遵守个人信息保护相关法律规定，保障用户的个人信息权益。举例来说，当下 Open API 模式已经成了企业间分享数据的一种主要方式，业界围绕着此种数据利用模式也发生了一系列的争议案件。在"新浪诉脉脉非法抓取微博用户数据案"中，法院提出了"三重授权原则"，包括"用户授权+平台方/公司授权+用户授权"，便充分体现出了在数据分享过程中对于用户合法权益的充分保护。"三重授权原则"即开放平台方直接收集、使用用户数据需获得用户授权，第三方开发者通过开放平台 Open API 接口间接获得用户数据，需获得用户授权和平台方授权。这三重授权可以确保对于网络用户个人信息等权益的有效保护，从而保障数据获取与利用相关行为的合法性与正当性。另外，三重授权规则的确立，在竞争法之外，从数据安全与用户权利保护的角度，其功能有二。其一，有利于让平台审查第三方应用通过数据接口获取和利用数据是否合法、是否符合平台规则，平台可拒绝授权那些对用户信息有重大威胁的应用；其二，用户往往对第三方应用提供的格式条款缺乏理性判断，平台的加入有助于保护用户的合法权益。[2]

---

[1] 参见程啸："论大数据时代的个人数据权利"，载《中国社会科学》2018年第3期。

[2] 参见刘金瑞："合理设定网络平台对第三方应用的数据安全管理责任"，载"网络法前哨"公众号 2019 年 6 月 18 日。

数据产权：互联网下半场不容回避的竞争焦点

姜斯勇　上海明庭律师事务所律师

当下，数字经济在国家层面被摆到了前所未有的高度，而产业互联网的进程恰恰就是产业数字化的进程，在此过程中产生的海量数据是真正的宝藏。大数据意味着大生意，随着数据的资产化，其所带来的价值将超越我们的想象，堪称 21 世纪的石油。如果说，互联网上半场的竞争本质上是对流量的争夺，那么，互联网下半场的博弈从某种程度上也可以被理解成是对数据的竞争。

一、"数据产权"缘何重要？

进入互联网时代，由于摩尔定律（处理器的性能每隔 18 个月就会翻番）的作用，产生了海量的数据。但为什么直到近年来大家才普遍关注数据以及数据产权？

经济学家哈罗德·德姆塞茨（Harold Demsetz）在其发表的论文《论产权理论》（Towarda Theory of Property Rights）中提到：产权的产生，本质上还是一个成本收益权衡的过程，只有当通过界定产权，使外部性内部化的收益大于从事这一行为的成本时，产权才会产生。简言之，当确定数据产权的收益大于确定数据产权的成本时，数据就有了确权的经济基础。

再往深层看，之所以确定数据产权的收益会变大，主要原因是数据的价值日益凸显，其稀缺性渐显，并因而具有了财产属性，甚至成了生产要素。

当下，数据既可以成为产业互联网的助力器，也可以成为产业互联网的拦路虎。现在有不少企业已经不乐意将自己的数据共享给其他企业，或者选择自建数据体系，其原因在于权属不清容易产生纠纷，或者权益被侵犯、想维权却担心无法可依。不确定的数据产权给各方在数据的开发利用环节带来了不可控的风险成本。

由此，亟须通过立法确定数据产权以促进各方合作。正如雷布斯定理所昭示的，应通过构建法律，使私人之间由于协调失败所造成的损失达到最小。当下种种现实均指向确定数据产权的条件已经成熟或趋于成熟，数据的收集、挖掘、开发、利用、共享与交易等环节都绕不开对数据产权的认定。

此外，对于立法、司法机关来说，当新生事物在现有法律体系下难以找到合适的制度来加以保护时，不妨尝试用数据产权来解决。比如，在菲林律所与百度 AI "作品"的著作权纠纷中，AI 生成物能否成为著作权法意义上的作品引起了极大争议，如果认为不能，则一些高品质的 AI 生成物将面临无法可保的状态，这将极大地阻碍人工智能产业的发展。对此，不妨将 AI 生成物归为数据，并以数据产权保护之，这样就避免了 AI 生成物是"思考"的产物，还是"运转"的结果的争论。

二、数据产权的配比之争

近年来，企业间数据纠纷呈井喷之势，"菜鸟诉顺丰案""淘宝诉美景案""微博诉脉脉案""Facebook 与 Power 公司案""HiQ 与 LinkedIn 案""大众点评诉百度案"等，本质上无不是数据之争，这也代表了企业间的数据竞争已经公开化。

与之相对的是在整个数据周期中，"数据的权属到底是属于个人的,还是企业的,抑或是其他单位的",每个主体对于数据都会天然地有自己的权利主张,但该类问题却往往被大家所忽视,而实际上,数据产权才是打开大数据时代大门的钥匙。

如果以数据为原点,那企业间的数据争夺就可以被看作是数据的横向竞争,而对于数据产权在不同数据主体之间的分配诉求则可以看成是数据的纵向竞争。当下,横向竞争无疑已经白热化,并且吸引了足够的关注度,但数据产权作为数据应用的底层基石,理应更值得被深入了解。

数据产权作为权利束(A Bundle of Rights),包含使用权、收益权、占有权与处分权,甚至还包含可携带权与被遗忘权等。数据产权主体既可能包含个人用户、数据收集企业、平台企业,也可能包含政府机构与数据中介等组织。

在这里,用产权来分析数据权属更具有现实意义,必须指出,如果用现有的物权所有权制度或知识产权制度去套用数据产权归属,恐怕不可行,因为数据与实体物具有完全不同的属性,与知识产权也不尽相同。相比之下,数据具有如下特性:

(1)混合性:很多数据无法明确分割开来,可能是由上亿个不同主体产生的。

(2)复杂性:数据的形成可能需要经过好几轮不同主体的产生与处理。

(3)不确定性:如何使用数据在形成数据的时候往往并不明确,后期通常还会进行层层挖掘,因此数据的价值也很难被标准量化。

(4)多栖性:因为数据方便复制携带,所以数据可以同时存在于不同的介质中。

(5)特殊的稀缺性:数据存在无形性,且理论上可无限复制,并且复制品与"原物"的价值等同,所以数据的稀缺性与通常所讲的资源稀缺性存在明显区别，数据的稀缺性往往体现在获取及控制使用上，而不是数据本身具有很高的直接价值，单个数据往往不具有直接的经济价值。

（6）低智力性：数据往往是反映某种客观现象，因此通常不具有独创性或创造性。

（7）隐私性：有些能够识别特定个人的数据往往具有隐私性，这也是大家觉得数据很敏感的根本原因。

基于以上特性，数据产权的认定比之前任何权利的认定都显得更加复杂与棘手，我们应当允许数据产权分别在多个主体之间共存，径直套用"一物一权"或"登记公示"制度显然是不负责任的行为。

数据产权的终极形式虽然是由法律以明文规定下来，但如果仅从法理层面分析不仅过于片面，并且容易脱离实际，所以，本文将从经济角度、公平角度与现实角度三个维度探索数据产权的配比之争。

1. 经济角度：效率优先

从经济角度来看，数据产权在个人、企业、平台、政府及其他组织等不同主体之间的初始配比将影响数据资源的最终配置效率。

科斯定理（Coase theorem）指出：

定理Ⅰ：在交易费用为零的情况下，不管产权如何进行初始配比，通过当事人之间的市场交易，都会导致资源配置达到最优状况（帕累托最优）。

定理Ⅱ：在交易费用不为零的情况下，不同的产权初始配比会带来不同的资源配置效率。

我们都知道，现实中的交易费用不可能为零，所以科斯定理Ⅰ更多地起理论指导作用。但我们可以从科斯定理Ⅱ得出，产权的配比最终将会影响资源配置的效率。

假设一个人的数据仅由他自己掌握并使用，那这些数据的价值几乎可以忽略不计，效率也极低；而如果把大量个体的数据都集中到某些数据企业，最后汇总到平台企业，当数量达到千亿及以上级别时，这些数据所具备的价值将不可估量，并且可以综合运用大数据、人工智能等科技手段，使得效率、价值极大提升。

因此，我们可以得出，数据产权越向大体量级别的主体集中，所产生的价值就越大，效率也越高。

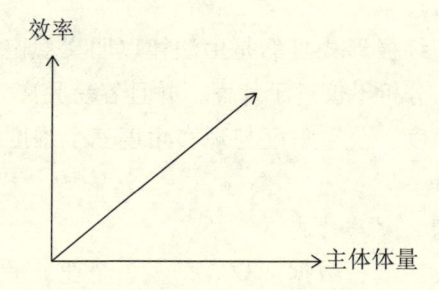

但是，科斯定理即使是经济产权领域的经典理论，其本身也具有明显的局限性。片面追求资源配置效率以及较强的理论性，导致不同人据此得出的结论可能截然相反，比如判断是否真的达到最优状态（帕累托最优）本身就具有极大争议。

2. 公平角度：公正合理优先

从经济角度出发，我们可以看出，如果只追求效率，法律应该把数据产权划给平台企业。但我们知道，法律兼顾效率与公平，并且在绝大多数时候，公平总是排在首位。但如果把数据产权全部划给个人，显然也违背了一般经济规律，因为前文已经探讨了平台拥有数据产权的经济基础。

具体到谁的付出更大,谁的贡献更大,不同主体在不同的立场上得出的结论可能完全不同。在讨论公平之前,我们有必要分析数据的形成过程。

以一个数据生命周期为例,我们着重关注个人产生数据、企业收集数据、平台脱敏(匿名化)建模数据。

底层数据	个人是生产者
集合数据	收集企业是管理者
脱敏建模数据	处理平台是二次生产者

根据"额头出汗"原则(谁有付出,谁就拥有相关权利),在形成过程中对数据产权的认定上,三者均有参与并付出努力,将产权单纯划给某个主体无法解决公平问题。虽然我们还无法直接得出每个主体的具体贡献比,但从这个角度出发,论证了数据产权在不同主体之间共存的合理性。

3. 现实角度:平衡效率与公平

一部好的法律必须准确并尽可能早地反映社会经济发展关系。尽管法律属于上层建筑,但不妨碍法律服务于经济的特性。

如果仅按效率将产权划分给平台企业,虽然在现有存量下,资源配置效率最优,但这必然会导致个人消极甚至抗拒产生数据,阻碍可持续发展,这也是科斯定理的局限性所在;如果仅按公平原则划分,可能会僵化数据并影响利用效率与社会公共利益。所以,兼顾效率与公平是数据产权得以落到法律层面的必然出路,事实上,每部法律几乎都是公平与效率妥协的产物。

对此,我们可以尝试提出如下数据产权分配模型"三步法":

第一步	底层直接数据产权属于个人
第二步	集合数据中的使用权属于数据收集企业
第三步	脱敏建模数据产权属于处理平台

针对第一步：在"淘宝诉美景案"中，法院认为，单个用户的数据本身并不具有直接的经济价值，在无法律规定或合同特别约定的情况下，网络用户对于其提供给网络运营者的单个用户信息尚无独立的财产权或财产性权益可言。

其实，评判一个"物品"是否具有财产性权益，不能仅仅着眼于是否具有直接经济价值。很多"物品"可能本身并不具备直接经济价值，但经过一定转化，便可以产生惊人的经济价值。

现在，经过算法推荐的精准营销已经颇为成熟，即使是单个用户的数据，经过分析后平台也可以向其推荐符合其心意的商品，相较于之前的"硬推"，精准营销拥有更大的成交概率。此外，有位外国小伙曾在网上公开拍卖自己的个人信息，最终由一家公司以几百美金拍得；欧盟 GDPR 也规定了个人用户（数据主体）具有数据可携带权，如果不承认数据的财产属性，那上述情形也就很难得到合理解释。

所以，个人用户是否拥有底层数据的产权，争论已不在于底层数据是否具有财产属性，而在于底层数据具有极强的人身属性，如果产权属于企业，在现有《网络安全法》的个人信息保护制度下，企业对该部分数据也难以有实际作为，况且这还会影响到产品的用户体验（用户感知与实际使用），并且数据生产环节长此以往也会萎靡，最终会妨碍数字产业的可持续发展。其实，在笔者看来，企业真正看中的应该是底层数据的使用价值，其他倒是次要的。

数据产权：互联网下半场不容回避的竞争焦点

尽管如此，个人用户的数据产权应当是受限的，甚至是不完整的。正如前文所说，现在的数据犬牙交错，具有混合性，如果用户随意行使其权利，将给企业经营带来不可控的风险，打乱了可信赖的服务体系，将使企业无所适从。个人行使相关权利时，除了基于公共利益的考虑，也应当考虑相对主体操作的可行性、必要性及经济性等，企业在合理范围内，有权拒绝用户的相应请求，适当提高用户对个人数据自主性的门槛，有利于整个行业秩序的安定，也更符合实际情况，不至于使法律被束之楼阁。

针对第二步：这些集合数据虽然本质上是个人数据的集合体，不过收集、管理与储存这些数据需要付出相当大的成本，所以收集企业理应享有使用权，这体现了公平原则。

但也应当对企业的使用权作出限制性规定，比如禁止滥用、故意损害用户利益及安全保障等行为，不然可能会导致用户数据泄漏、滥用与失去信任等灾难性事件频发。当然，企业可以依据用户协议约定使用的具体方式、范围等，在合法的情况下尽量"扩充"自己的使用权。

用户是否愿意以隐私换取便利引起了社会的广泛关注与讨论。其实，这种争论是无效的。因为谁也没办法代表谁，所以应该把决定权交还到用户手中。其具体体现在上文提到的"用户协议"上，只要用户同意"用户协议"，即视为其对自己的相应权利作出让渡，企业可以依据"用户协议"放心展开经营，而不是签了"用户协议"还要提心吊胆，只要法律无明文禁止，就应当允许企业展开一些探索性的尝试，否则社会发展就无从谈起。

其实，在数据利用这方面，政府整体是走在前头的。笔者曾参加一次针对《上海市公共数据开放管理办法（草案）》的立法研讨会,从草案中可以明显感觉到政府对于公共数据持开放的乐观态度,即使在数据产权还未有明确立法之前,公共数据开放利用已经先行先试,其实这不难理解,因为法律总是滞后的。

现如今,大家谈隐私色变,其实对于那些真正想要给用户带来更好体验的企业,法律政策应当解压、松绑,这类企业往往是数据发展的积极探索者,而不是一心想着去钻规则的漏洞。事实证明,这类企业往往会给社会带来普世性的便捷服务,如网约车市场;而那些只想靠贩卖隐私、个人信息发财的"无良商家",才是法律政策真正要打击的对象。

针对第三步:《网络安全法》似乎也为脱敏建模数据产权属于处理平台留了口子。其第42条规定:"网络运营者不得泄露、篡改、毁损其收集的个人信息;未经被收集者同意,不得向他人提供个人信息。但是,经过处理无法识别特定个人且不能复原的除外。"

反过来理解这个法规,是不是也可以得出,如果是经处理无法识别特定个人的信息,网络运营者可以自行处置该信息,包括有偿提供。"网络大数据产品不同于原始网络数据,其提供的数据内容虽然同样源于网络用户信息,但经过网络运营者大量的智力劳动成果投入,经过深度开发与系统整合,最终呈现给消费者的数据内容,已独立于网络用户信息、原始网络数据,是与网络用户信息、原始网络数据无直接对应关系的衍生数据。网络运营者对于其开发的大数据产品,应当享有独立的财产性权益。"这是杭州铁路运输法院(杭州互联网法院)在"淘宝诉美景案"中的观点,二者不谋而合。

随着数据产权的觉醒,数据产权配比之争还会加剧,诸如"朱某诉百度隐私权案"和"重庆博士诉抖音隐私权案"等案件还会层出不穷，由于目前没有数据产权制度的安排，所以对于此类纠纷，个人与企业之间一般围绕隐私权，企业间一般围绕不正当竞争展开争辩，这非常考验或者说依赖法院的"平衡艺术"。

不管法律最终如何界定数据产权的边界，都无法避开各方对数据产权配比的诉求，这便是数据的纵向竞争。其实，不管是横向还是纵向竞争，均属正常现象，数据竞争并不是一场零和博弈，竞争带来思考、带来迭代、带来未来，没有竞争才可怕。

三、结语

对于企业来说，数据作为企业未来的核心资产，争夺已经公开化，企业一方面要加大法务资源、数据人才的投入，另一方面，有条件的企业要积极参与立法，争取将自身的合理诉求反映到立法层面。因为未来数据之争只会有增无减，最好的方式就是在源头上下足功夫。而对个人用户来说，平衡便利与隐私是其首先要抉择的问题。目前，最有效的方式就是认真阅读"用户协议（泛含隐私政策）"，而不仅是"程序性"同意。

互联网下半场刚开始，产业互联网将会把我们带入一个全数字时代，而开启这个时代的法律钥匙就是确定的数据产权。可以预见，一旦数据产权认定完毕，市场这台机器将会马不停蹄地对数据进行全方位的开发利用，使得数据真正成为像石油那样的生产资料。

连美国大法官都不阅读隐私协议，"知情同意"原则如何落地？

朱　悦　圣路易斯华盛顿大学职业法律博士（J.D.）在读，中国社科院文化法制中心助理研究员，对外经贸大学数字经济与法律创新研究中心研究员

"中国用户愿意用隐私换便利？"这句话曾经引起巨大争议，然而本期腾研识者朱悦发现当学者奔走呼告要求"知情同意"时，国内外的用户其实真的就没认真看过隐私协议。从法学到经济学再到计算机，各领域的学者甚至达成共识："隐私协议既不好读，也不好写。"提醒用户要珍重他们的权利很难，一系列让用户认真看完隐私协议的尝试都有点徒劳无功。从用户决策角度看，用户忽视自己的隐私，未尝不是一种经济理性。不过，作者也为提高隐私协议的阅读率提供自己的解决方案。

如果针对每个互联网页面，计算"点击率"与"完整阅读率"的差值，再从高到低排序，隐私协议页面必然是第一名的有力竞争者：每一天，几乎每位网民都会点开一个或多个隐私协议页面。接下来，他们通常会视这份凝聚许多专业人士心血的文本为无物，直奔底下的"同意"按钮。连美国联邦最高法院的罗伯茨大法官，都坦言自己不会阅读平常遇到的隐私协议。[1]

---

[1] See Joshua Fairfield, A. T. Owned, *Property, Privacy, and the New Digital Serfdom*, Cambridge University Press, 2017.

连美国大法官都不阅读隐私协议,"知情同意"原则如何落地?

这一点为隐私保护带来了很大的挑战。在隐私保护这一话题上,学者与从业者常强调"知情同意"原则:用户读过隐私协议,了解自己将分享哪些数据、对数据享有何种权利,并同意以上安排。如果企业未能充分履行告知的义务,用户给出的"同意"可能不具备法律效力;用户给出"知情同意",常常是处理或利用个人数据的前提之一。

如果实践中几乎没有人会阅读隐私协议,或者,即使读过隐私协议,大部分人也弄不清楚隐私协议的含义究竟为何,"知情同意"原则将难以得到有效贯彻。用户在"同意"企业协议时难言"知情",这一点将同时损害用户和企业双方的利益:其一,企业可能借机攫夺用户对个人数据享有的权益;其二,企业将因此始终面临数据合规层面的监管风险。

无论是个人隐私保护的缺失,还是数据经济因前述不确定性而面临的风险,所牵涉的社会福利都不是小数字:前者事关每一个个体,后者可能会对身处新经济的企业产生负面激励,甚至阻碍"第四次工业革命"引擎的发动。因此,如何改进隐私协议的文本书写及展现形式,以提升用户阅读隐私协议的比例,成了当下亟待解决的问题。

然而,在提高阅读比率方面,目前的进展并不乐观:无论是相对基础的缩短篇幅、简化表达,还是高亮、弹窗等更加灵活的改进方式,实验呈现的效果都不明显。有的"改进"甚至会分散消费者的注意力,恶化要解决的问题。从理论出发得到的答案,可能更加"残酷":所有这些边际上"零敲碎打"的改进,长期来看可能都注定徒劳无功。

这一点自然衍生出了以下两点问题:首先,在"无人阅读隐私协议"这一问题上,我们是否还有出路?其次,对如此重要的问题,我们或许应该对最坏的情况也做好准备:如果确实不存在行之有效的办法,隐私协议应当如何设计?接下来,笔者将首先解释一系列相关的研究成果。之后,笔者将尝试探究以上两点问题。末尾部分是总结与展望。

一、失败之后,仍是失败

不好读,但又很重要的文件有很多。在其他领域,学人及业界也在做相应探索。近年来的实证证据表明:在金融业等高度依赖信息披露的行业中,提升文本可读性的举措已取得了不少正面的成果。[1]例如,根据光和基姆二位学者的估算:企业向投资者提交的报告的可读性每上升一个标准差,企业市值将因此提升2.5%。[2]和这部分研究结论相呼应,多国金融监管机构均要求上市企业以浅易近人的方式披露信息。[3]

当下,隐私协议的书写尚未跟上这一脚步:从法学到经济学再到计算机,各领域的学者在"隐私协议既不好读,也不好写"这一结论上达成了高度一致。[4]

首先是"不好读"。具体而言,基于对50 000余个隐私政策页面的分析结果,法比安、埃尔马科娃和伦茨等三位学者发现:其一,隐私协议平均包含1700余个单词,或70个句子。单

---

[1] 以金融为例,领域内较为全面的综述当推 Christion Leuz and Peter D. Wysocki, "The Economics of Disclosure and Financial Reporting Regulation: Evidence and Suggestions for Future Research", *Journal of Accounting Research* 54.2(2016): 525~622.

[2] See Byoung-Hyoun Hwang and Hugh Hoikwang Kim, "It Pays to Write Well", *Journal of Financial Economics*, 124.2(2017): 373~394.

[3] 目前,在衡量"浅易近人"方面,美国证券交易委员会(通常简称 SEC)所提供的手册有较强的影响力,链接见 https://www.sec.gov/pdf/handbook.pdf. 有趣的是,这本界定何种文字可谓"浅易近人"的手册,篇幅足足有83页。

[4] 以下研究列举了许多相关文献:Benjamin Fabian, Tatiana Ermakova and Tino Lentz, "Large-scale Peadability Analysis of Privacy Policies", *Proceedings of the International Conference on Web Intelligence*, ACM, 2017.

连美国大法官都不阅读隐私协议，"知情同意"原则如何落地？

个句子的平均长度"较长"；其二，平均而言，隐私协议的易读程度是"困难"的；其三，和前一点相关，为理解大部分网站的隐私协议的内容，用户至少需要接受过一定程度的本科教育。[1]

其次是"不好写"。研究者在提升阅读率方面遭遇的一系列挫折，是阐明这一点最好的实例。在这一题目上，近年来的研究多采取随机对照实验方法：以平时我们常见的隐私协议作为对照组，以经过实验者改写的隐私协议作为实验者。接下来，将实验参与者随机分组，不同组的参与者分别阅读不同版本的隐私协议。阅读完成后，对比两组参与者的阅读用时及对隐私协议内容的掌握情况等指标，即可据此推断相应改进的效果[2]。

具体到改进协议书写的办法，可大致概括为以下两个方面：第一，努力以更加浅易近人的方式展示隐私协议，以降低用户的阅读成本。基于这一类思路的常见做法是缩减隐私协议的篇幅，或简化其中所用的词汇；第二，以各种方式提醒用户，如果不仔细阅读隐私协议，他们可能因此蒙受损失。相应的做法是添加明确的词汇，或加上警示符号。从常识角度看，无论是"降低成本"还是"避免损失（或带来收益）"，都应该会增加用户阅读协议的比例。

第一类做法的效果并不好。本-沙哈尔和奇尔顿将实验者分组，然后分别散发未经简化及经过简化的隐私协议，再考察他们对协议的了解程度及对敏感个人信息的披露程度。结果，在回答有关隐私协议的内容的题目方面，两个组之间不存在任何

---

[1] 值得注意的是，这一结果反映的是英语网络世界中隐私协议的易读程度。关于中文网络世界的情况，仍有待进一步研究。这应当是一个值得探索的题目。

[2] 随机对照实验已成为部分主流法学期刊中常见的研究方法。有关如何于法学研究中应用试验方法，可参考 Robert M. Lawless, Jennifer K. Robbennolt and Thomas Ulen, *Empirical Methods in Law*, Alphen aan den Rijn: Aspen Publishers, 2010.

显著差别。信息披露方面的研究也得到了类似的结果[1]。更加有趣的是,在同年发表的另一篇研究中,格鲁克等研究者甚至发现:在一定范围内,随隐私协议篇幅缩短而来的是用户投入于协议的注意力的减少,以及答题时更差的表现[2]。也就是说,简化起的可能是"反效果"。

第二类做法能否"建得奇功"呢?法学学者们一度对加入警示标志寄予厚望。[3]不过,他们恐怕要因此失望了。在荷兰超市实地进行的实验表明:在材料中加入颇为醒目的警示注记及标语,并不能阻止消费者披露邮件账号、购物记录等敏感的信息——有无警示标记,对披露比例并无显著影响。[4]与此相似,调整披露协议中关键条款的用语,对用户的最终决策也没有任何显著的影响。实际上,用户根本察觉不到"我们将分析您的数据"及"我们保留对您的数据进行[具体列举可能进行的各项操作]以下操作的权利"之间的区别[5]。

有一点值得特别指出:以上实验很可能仍是高估了用户加

---

[1] See Omri Ben-Shahar and Adam Chilton, "Simplification of Privacy Disclosures: An Experimental Test", *The Journal of Legal Studies*, 45. S2 (2016): S41~S67. 值得一提的是:利用成年人平均阅读速度、实验所用隐私协议长度及参与者的平均阅读耗时,原文估算了完整阅读相应协议的用户比例的上界,发现不会超过 2.5%。这一点或许可以解释此处列举的绝大部分实验结果:横竖都是不读,怎么调整,意义恐怕都不大。

[2] See Joshua Gluck et al., "How Short is too Short? Implications of Length and Framing on the Effectiveness of Privacy Notices", 12th Symposium on Usable Privacy and Security (SOUPS), 2016.

[3] 以下研究是其中代表作: Ian Ayres and Alan Schwartz, "The No-reading Problem in Consumer Contract Law", Stan. L. Rev. 66 (2014): 545.

[4] See Marianne Junger, Lorena Montoya and F-J. Overink, "Priming and Warnings are not Effective to Prevent Social Engineering Attacks", *Computers in Human Behavior* 66 (2017): S75~87.

[5] See Lior Jacob Strahilevitz and Matthew B. Kugler, "Is Privacy Policy Language Irrelevant to Consumers?", *The Journal of Legal Studies*, 45, S2 (2016): S. 69~S. 95.

诸隐私协议的注意力。[1]首先，与实际不同，在实验场景中，参与者面临的"分心"因素有限，加诸实验材料的心力一般会较平时为高；其次，除少数实地实验外，许多研究招募的参与者是较好学校的本科生。他们的阅读能力本身就更强，对隐私可能也更为注重；[2]最后，即使假定前述改进在一开始可能提高阅读率，我们也很难保证相应改进投入实践后，用户不会逐渐对此"麻木"。

提醒用户要珍重他们的权利很难。相比之下，设法欺瞒用户、借助认知方面的固有特点降低用户的提防程度，却并不是那么难。这一点让解决"低阅读率"问题的前景显得更加暗淡。在今年发表的实验研究中，瓦尔德曼就发现：相比更加尊重用户隐私、但仅以普通文本形式展现的隐私协议用户反而可能更信任那些较为侵犯隐私，但展现形式更漂亮的协议。在字号、留白、对比度等变量上下功夫，都能起到在内容方面"瞒天过海"的效果[3]。

二、不堪重负的用户

"精卫填沧海，猛志固常在。"在不停翻新设计、被"泼冷

---

[1] See Ari Ezra Waldman, "Privacy, Notice, and Design", Stan. Tech. L. Rev. 21 (2018): 74.

[2] 此处值得补充的一点是：即使是世界顶尖学府的本科生，对隐私的估值可能也不高——甚至不如一张比萨优惠券。See Susan Athey, Christian Catalini and Catherine Tucker, "The Digital Privacy Paradox: Small Money, Small Costs, Small Talk", No. w23488, National Bureau of Economic Research, 2017.

[3] 对此类随机对照实验中可能存在的偏误的类型及方向的讨论，See Angus Deaton and Nancy Cartwright, "Understanding and Misunderstanding Randomized Controlled Trials", *Social Science & Medicine* 210 (2018): S2~21. 对以此类实验结果指导实际政策时应该注意的问题，See Karthik Muralidharan and Paul Niehaus, "Experimentation at Scale", *Journal of Economic Perspectives*, 31.4 (2017): S103~124.

水"的同时，研究者也一直在尝试总结现有努力收效甚微的原因。在 2017 年发表的研究中，来自卡内基梅隆大学及兰德公司的研究者总结了如下四点失败的理由：一是需求的不匹配，公司撰写协议的目的及方针，更多是达到自身的合规，而非照顾用户对信息透明及隐私保护的需求。用户自然难以从中感受到"温度"；二是用户缺乏真正的选择；三是用户的负担太重——有太多的协议要读；[1]四是隐私协议常常以孤立的页面形式出现，与软件之间的整合工作做得不够好[2]。

研究者据此提出了许多改进现有的隐私协议的建议：将隐私协议写得更简短、进一步标注其中重要的部分、让隐私协议更加通俗易懂、将相关通知嵌入恰当的场景等等。[3]从直观角度出发，这些都是很好的建议。不过，阅罢前面提到的各项实验，我们不禁要怀疑在边际上改进现行协议的意义。尊重用户的"知情同意"确实很重要，可是，用户需要的，究竟是什么类型的"知情同意"呢？

笔者曾在专栏撰文介绍对隐私协议的前沿研究，并有幸收获了许多令人印象深刻的评论。以下是其中之一："（我）从一个业余的同时还是关心隐私的用户来说，阅读隐私协定最大的困扰不是想不想看，而是意志力被生活工作学习家庭消耗殆尽，完全没精力看一个漫长的协定，更不用考虑国内匪夷所思的维

---

〔1〕根据麦克唐纳和克拉诺 2008 年时的估计：以成年人的平均阅读速度计，如果一个美国人要把他/她一年中遇到的所有隐私政策读完，他/她平均得花掉 244 个小时。相关研究见 Aleecia M. McDonald and Lorrie Faith Cranor, "The Cost of Reading Privacy Policies", ISJLP 4 (2008): S543. 如今，这个数字可能又上升了许多。

〔2〕对以上四点理由的详尽叙述，See Florian Schaub, Rebecca Balebako and Lorrie Faith Cranor, "Designing Effective Privacy Notices and Controls", *IEEE Internet Computing* (2017).

〔3〕其中许多表述，亦是当下时兴的"（基于设计的隐私）Privacy by Design"中强调的内容。

连美国大法官都不阅读隐私协议，"知情同意"原则如何落地？

权难度；为什么不把用户对每一个细项的决策权简化成用户不需要决策的界面？"[1]也就是说，有时候，"知情同意"可能确实很重要。然而，有时候，用户可能根本不想要学者、从业者及监管者努力争来的这份"知情同意"。

从互联网产品整体而非孤立的角度看待"隐私协议"，用户的以上决策蕴含了相当丰富的经济理性。在实际场景中，影响用户决策的有许多维度：购买价格、社交网络中也在使用同一产品的成员数量等等。隐私保护的程度以及隐私协议的书写水平仅仅是其中之一。商品在不同维度上的差异大小，与对消费者决策造成的影响程度大小未必相同。有的维度影响可能特别大：一点点变动，便有可能驱使用户投奔他家；有的维度影响可能那么大，即使不同软件在这一点上差异甚大，消费者的反应可能也是相当"迟钝"的。[2]

以下两点都有可能导致"意志力耗尽"的用户对隐私维度赋予更低的权重。首先，很多用户可能确实认为隐私不重要；其次，企业之间的差异很重要。博尔达洛、根纳奥利和舍费尔于 2013 年发表的研究指出：如果不同企业彼此之间，在某一维度上相似程度甚高，用户给予这个维度的关注也会相应缩减。[3]与这一结论相呼应，前半部分所引的实验证据已经发现：消费者很难察觉到隐私协议的差别。[4]

---

[1] 此处所引的评论可在以下页面找到：https://zhuanlan.zhihu.com/p/50375885.

[2] 在心理学及经济学中，这一差异也被称为"可见性（salience）"层面的差异。最早界定这一概念的文献之一是 Shelley E. Taylor and Suzanne C. Thompson, "Stalking the Elusive 'Vividness' Effect", *Psychological Review*, 89.2 (1982): S155.

[3] 上述分析的严格形式，See Pedro Bordalo, Nicola Gennaioli and Andrei Shleifer, "Salience and Consumer Choice", *Journal of Political Economy*, 121.5 (2013): S803~843.

[4] 实际上，准确把握不同隐私协议间的细微差别，恐怕更多是法学领域内的专业训练，而非大部分普通人都能掌握的"生活小技巧"。

当学者、从业者与监管者呼唤"知情同意"时,他们期待用户仔细观察产品的这一维度,并在此基础上做出深思熟虑的决定。然而,在实践中,用户扔给这个维度的权重可能相当低,甚至接近于0。[1]如此结论下,诸如加警示、实时通知、缩短篇幅、改用弹窗等边际意义上的改进,能起到多少效果就相当可疑了:一个专业人士看来颇为激进的改变,乘上一个小之又小的权重,结果可能就是"翻不起什么浪花"。此外,如果行业内不同平台在同一时间引入了相似的改进,根据上一段中的结论,同样不会提升用户的阅读率。

三、结语与展望:我们有其他出路吗?

一言以蔽之,许多提升隐私协议阅读率的努力都尚未取得成效。将来,类似努力可能也不会取得明显的成效。当然,随着个体隐私意识的逐渐提升与"唤醒",隐私协议的重要程度可能随之"水涨船高"。然而,如此变化能否转变成实打实的阅读率,进而推动目前占据主导的"知情同意"原则落实到用户层面,仍有待进一步观察。

除用户意识变化以外,以下两点亦是可能的探索方向:首先,从根本上降低用户的决策成本,不去"挑战他们的意志力"。参考自己的喜好、性格、生活方式及日程安排,用户个人同样可以借助各色统计工具来为自己的决策提供参考:企业按一定方式展示隐私协议,接下来,以用户个人数据训练好的工具便可自动帮助用户决策。用户既不需要拖动疲惫的手指下拉菜

---

[1] 实际上,用户完全有可能彻底"抛弃"商品的部分维度,而将有限的注意力全部倾注到其他少数维度。对相关理论的归纳,See Botond Koszegi, "Behavioral Contract Theory", *Journal of Economic Literature*, 52.4 (2014): S1075~1118.

单，也不需要努力分辨那些或微言大义或佶屈聱牙的文字。[1]当然，企业展示协议的方式也可以类似工具得到优化，确保"只把有限的空间留给最紧要的内容"。[2]

如果说第一类探索方向的精神是维护"知情同意"原则，那么第二类的探索方向则可能恰好相反：鼓励监管者统一监管隐私协议的书写，将企业间协议的差异压缩到很小的程度——如果仍允许差别存在的话。按照前面的推理，这一安排将导致用户进一步削减在隐私协议维度上投诸的注意力。然而，现有研究说明，这样的措施完全有可能改进整体福利：消费者得以把更多注意力留给其他维度，比如价格；相应地，企业也会加强在这些维度上的竞争，最终对社会福利带来净效应。[3]如此看法略显"离经叛道"，但也不失为未来可能的研究方向。[4]

---

[1] 以下文章对此给出了极为精彩的分析：Ariel Porat and Lior Jacob Strahilevitz, "Personalizing Default Rules and Disclosure with Big Data", Mich. L. Rev. 112（2013）：S1417.

[2] 以下研究是相应努力的典例之一：Hamza Harkous et al., "Polisis: Automated Analysis and Presentation of Privacy Policies Using Deep Learning", arXiv preprint arXiv: 1802.02561（2018）. 值得关注的是，卡内基梅隆大学已启动了名为"PrivacyAssistant"的项目。

[3] See Paul Heidhues, Johannes Johnen and Botond Koszegi, "Browsing Versus Studying: A Pro-market Case for Regulation",（2018）. 这一领域的部分研究已经阐明：当企业在太多维度上竞争时，企业可能刻意制造差别、抬高消费者的搜寻或决策成本以攫取更多的利润。如此行为通常会减损社会总福利。类似策略通常被称为"混淆（obfuscation）"。对这一脉研究的归纳，可参考 Ran Spiegler, "Choice Complexity and Market Competition", *Annual Review of Economics* 8（2016）：S1~25.

[4] 对将此类理论应用于实践时应当注意的各方面事项，隐私领域知名学者施瓦茨的以下分析可得上这一议题上的"不刊之论"：Alan Schwartz, "Regulating for rationality", Stan. L. Rev. 67（2015）：S1373.

从国内外典型数据保护案例看如何保护企业数据权益

曹建峰　田小军　腾讯研究院

一、概述：人工智能时代数据价值日益凸显，数据侵权案件多发

数据被认为是 21 世纪的"新石油"，数据与人工智能的结合不断催生新的商业模式和业态，数据驱动的智能经济与社会呼之欲出。因此，各国都高度重视数据经济（data economy）的发展，如欧盟已提出大力发展数据经济，认为欧盟数据市场的价值预计在 2020 年将超过 1060 亿欧元。

在此背景下，国内外都出现了一些数据侵权相关的不正当竞争案件，梳理、分析这些案件对我们探寻数据保护的司法和立法边界，寻求既促进数据利用又注重数据保护的良性数据治理的重要性是不言而喻的。因此，本文旨在分析相关案例，以为进一步研究数据侵权和数据保护提供出发点。

二、国内外主要案例分析

（一）"大众点评诉爱帮网案"[1]

企业付出投入而得的数据受法律保护，垂直搜索服务实质

---

[1] 北京市海淀区人民法院〔2010〕海民初字第 24463 号民事判决；北京市第一中级人民法院〔2011〕一中民终字第 7512 号民事判。

性替代被引网站构成不正当竞争。

案件介绍

原告汉涛公司经营的大众点评网与被告爱帮聚信公司经营的爱帮网均为网络分类信息查询服务。汉涛公司发现爱帮网在经营中大量复制甚至直接摘取大众点评网上的商户简介及用户点评内容,遂以不正当竞争为由将爱帮聚信公司诉至法院。一审北京市海淀区人民法院、二审北京市第一中级人民法院均认定爱帮网构成不正当竞争。

法院判决

一审法院认定爱帮网与大众点评网提供服务具有同质性,存在直接竞争关系。大众点评网的商户简介和用户点评系汉涛公司搜集、整理和运用商业方法吸引用户注册而来,汉涛公司为此付出了人力、物力和时间等经营成本,由此产生的利益应受法律保护。

爱帮网在未付出劳动、未支出成本、未做出贡献的情况下,直接利用技术手段展示大众点评网搜集、整理的商户简介和用户点评,并以此获得商业利益,属于反不正当竞争法理论中典型的"不劳而获"和"搭便车"行为,违反了诚实信用原则和公认的商业道德,构成不正当竞争。

对于爱帮网所主张的垂直搜索和摘要等技术行为,法院认为技术实施仍应遵守《反不正当竞争法》的规定。虽然垂直搜索引擎技术本身并不具有违法性,但技术手段须控制在合理范围之内,不可对被引网站造成市场替代后果。

本案中,用户通过爱帮网可直接获取商户简介的全部内容和用户点评的绝大部分内容,其已对全部商户简介内容和绝大部分点评内容进行了充分展示,不可能属于摘录,已经构成对大众点评网相应内容的实质性替代,必将不合理地损害汉涛公司的商业利益。

二审法院支持了一审判决。认为汉涛公司通过商业运作吸引用户在大众点评网上注册、点击、评论,并有效地收集和整理信息,进而获得更大的商业利润,该合法权益应受法律保护。爱帮网对大众点评网信息的使用已超出了合理范围,已经达到了网络用户无需进入大众点评网站即可获得原网站足够信息的程度,其引用造成了对大众点评相应市场内容的实质替代,对汉涛公司的合法利益造成损害,构成不正当竞争。

(二)"新浪诉脉脉非法抓取微博用户数据案"[1]

开放平台模式下第三方获取用户信息应坚持三重授权原则。

案件介绍

微梦公司经营的新浪微博为社交媒体平台,淘友公司经营的脉脉软件和网站是一款基于移动端的人脉社交应用,双方曾在2013年至2014年通过新浪 Open API 进行过合作。2014年8月,微梦公司发现淘友公司在新浪微博开设的"脉脉"和"淘友网"账号数据调用异常,且淘友公司在其获得开放授权的微博客户头像、名称、标签之外,还抓取、使用了教育信息和职业信息。

微梦公司因而停止了与淘友公司的合作。但在合作终止后,淘友公司并未及时删除在双方合作期间获取的新浪微博用户信息。微梦公司遂以不正当竞争为由将淘友技术公司与淘友科技公司诉至法院。

法院判决

北京市海淀区人民法院一审认定二被告行为构成不正当竞争,须立即停止涉案行为,并刊登声明、消除影响。二被告不

---

[1] 北京市海淀区人民法院[2015]海民(知)初字第12602号民事判决;北京知识产权法院[2016]京73民终588号民事判决。

服，上诉至北京知识产权法院，二审驳回上诉，维持原判。

一审法院认为，原被告同为网络社交服务提供者，存在竞争关系；被告获取并使用涉案新浪微博用户信息的行为，以及获取、使用脉脉用户手机通讯录联系人与新浪微博用户对应关系的行为，没有合同依据，也缺乏正当理由，主观恶意明显，构成不正当竞争。

第一，对于是否非法抓取、使用新浪微博用户信息，法院认为二被告在合作期间抓取、使用涉案新浪微博用户的职业信息、教育信息以及在合作结束后使用涉案新浪微博用户的头像、名称、职业、教育等信息的行为，一方面不符合微博《开发者协议》的约定，存在超出授权许可范围抓取教育和职业信息的情况；另一方面未取得用户许可即获取并使用涉案非脉脉用户的相关新浪微博信息。因此，该行为具有不合法性。

第二，对于二被告是否非法获取、使用脉脉用户手机通讯录联系人与新浪微博用户对应关系，法院认为包括手机号在内的相关用户精准信息与新浪微博之间的对应关系，为新浪微博用户信息构成中重要的组成部分，这种对应关系也是微梦公司重要的经营利益所在。在本案缺乏充分证据证明二被告能从新浪微博合法获取此类精准信息的情况下，二被告获取涉案对应关系不具有合法性。二被告将涉案对应关系在软件中予以展示，使大量非脉脉用户的新浪微博信息及好友关系展现在脉脉软件中，以便于脉脉软件拓展自身用户群，获取经济利益，具有较强的主观故意。

二审法院肯定了数据信息的价值和 Open API 运行规则的合理性，同时认为新浪微博有权就第三方应用使用其用户数据的不正当行为主张权益。对于涉案数据获取行为，法院认为上诉人淘友技术公司、淘友科技公司获取新浪微博信息的行为存在主观过错，违背了在 Open API 开发合作模式中第三方通过 Open API 获取用户信息时应坚持"用户授权"+"平台授权"+"用户授权"的三重授权原则，违反了诚实信用原则和互联网中的商业道德，不具有正当性。

对于涉案的获取并展示对应关系的行为，上诉人淘友技术公司、淘友科技公司未经用户同意且未经被上诉人微梦公司授权，获取、使用脉脉用户手机通讯录中非脉脉用户联系人与新浪微博用户对应关系，并将新浪微博用户的相关信息展示在脉脉应用的人脉详情中，侵害了被上诉人微梦公司的商业资源，不正当地获取竞争优势，这种竞争行为已经超出了法律所保护的正当竞争行为。

（三）"酷米客诉车来了破坏加密措施、不正当爬取 APP 数据案"[1]

企业付出投入而得的数据具备无形财产属性，他人利用技术手段获取构成不正当竞争。

案件介绍

原告谷米公司与被告元光公司分别为实时公交信息查询 APP"酷米客"和"车来了"的运营者。原告谷米公司为提高公交信息准确度，与公交公司达成合作，通过安装定位器获取实时公交位置数据。元光公司为避免公交信息延迟、获取精准数据，破解了谷米公司的酷米客 APP 加密系统，并利用爬虫技术爬取了酷米客 APP 内实时数据。被告元光公司邵某霜、陈某、刘某红、刘某朋等人被依法追究刑事责任，谷米公司以不正当竞争为由起诉元光公司。

法院判决

法院认为存储于 APP 后台的公交实时信息系人工收集、分

---

[1] 深圳市中级人民法院［2017］粤 03 民初 822 号民事判决。

析、整合并配合 GPS 精准定位所得，酷米客 APP 凭借信息的准确度和精确性获得同类软件中的竞争优势，因此该信息具备无形财产属性。

该信息虽可供公众免费查询，但数据需以不违背权利人意志的合法方式获得，被告元光公司利用爬虫技术大量获取、无偿使用他人数据的行为，非法占用了他人无形财产权益，破坏了他人的市场竞争优势，具有为自己谋取竞争优势的主观故意，其行为违反了诚实信用原则，扰乱了市场竞争秩序，构成不正当竞争。

（四）"淘宝诉美景案"[1]

大数据产品具有财产性权益，受反不正当竞争法保护。

案件介绍

淘宝公司系"生意参谋"零售电商数据产品的开发者和运营者，该数据产品通过记录、采集用户在淘宝电商平台（包括淘宝、天猫）上浏览、搜索、收藏、加购、交易等活动留下的痕迹，进行深度加工处理，最终形成的统计、预测型衍生数据可为商家店铺运营提供参考。

在该数据平台经营过程中，淘宝公司发现，美景公司运营的"咕咕互助平台"及"咕咕生意参谋众筹"网站，通过提供远程登录服务的方式，招揽、组织、帮助他人获取"生意参谋"数据产品中的数据内容，并从中获益。淘宝公司认为美景公司行为构成不正当竞争，遂将其诉至杭州铁路运输法院，一审判决美景公司行为构成不正当竞争。美景公司对一审判决不服，上诉至杭州市中级人民法院，二审判决驳回上诉，维持原判。

---

[1] 杭州铁路运输法院 [2017] 浙 8601 民初 4034 号民事判决；杭州市中级人民法院 [2018] 浙 01 民终 7312 号民事判决。

法院判决

一审法院认为网络数据产品的开发与市场应用已成为当前互联网行业的主要商业模式,数据信息是网络运营者的市场优势来源。在本案中,"生意参谋"数据产品系淘宝公司耗费人力、物力、财力,经过长期经营积累形成,数据收集、整理、使用具有合法性,经过深度开发与系统整合,信息可供消费者参考、使用,淘宝公司对"生意参谋"大数据产品应享有独立的财产性权益。

美景公司未付出劳动创造,即将"生意参谋"数据产品直接作为获取商业利益的工具,其开发的"咕咕互助平台"对原告数据产品构成实质性竞争,这种不劳而获的"搭便车"行为有悖于商业道德,构成不正当竞争。如不加禁止将会严重挫伤大数据产品开发者的创造积极性,阻碍产业发展。

二审法院支持了一审判决,认为"生意参谋"数据产品具有商业价值,独立于原始网络数据,能够带来直接经济收入,且因其决策参考的独特价值,构成淘宝公司的竞争优势,故该大数据产品属于竞争法意义上的财产权益。美景公司经营的"咕咕互助平台"对于淘宝公司"生意参谋"账号的分享行为直接导致了原平台用户减少,其损害行为存在主观故意,行为扰乱市场秩序,对淘宝公司合法权益造成损害,构成不正当竞争。

(五)"Facebook 诉 Power 公司案"[1]

未经授权侵入计算机系统并获取数据构成侵权

案件介绍

该案中,社交聚合网站 Power.com 允许用户在 Power.com

---

[1] Facebook, Inc. v. Power Ventures, Inc., 844 F.3d 1058 (9th Cir. 2016).

上同时登录多个社交网站（LinkedIn、Twitter、Facebook 和 MySpace 等）的用户名和密码，并与好友互动，还可以获得这些社交网站上的联系人和照片等。通过 Power.com，用户可同时查看自己在所有社交网站的活动情况。

当时，Power.com 发起了名为"Power 100"的活动，鼓励用户去邀请好友也来使用该网站的服务，成功邀请到 100 名好友的用户可获得 100 美元奖励。为此，Power.com 允许用户通过域名为@facebookmail.com 的邮箱向好友发送邀请邮件，但由于邮件中包含"Facebook 团队"的字眼，看起来就像是 Facebook 官方发送的邮件。

2008 年 12 月 1 日，Facebook 给 Power 公司发出书面停止和终止信，但 Power 公司的活动并没有停止。2008 年 12 月 30 日，Facebook 把 Power 公司告上了法庭。Facebook 的起诉指控 Power 公司未经 Facebook 许可闯入 Facebook 的计算机系统，擅自收集 Facebook 用户的数据，违反了《计算机欺诈与滥用法》（Computer Fraud and Abuse Act，CFAA）和《加利福尼亚州刑法典》（California Penal Code Section 502）。

2012 年，联邦法官再次判决 Power 公司违反 CFAA，裁定 Power 公司赔偿 300 多万美元给 Facebook，Power 公司随之宣告破产。但创始人 Vachani 依旧上诉至第九巡回上诉法院。

法院判决

违反 CFAA 的行为可能有两种情况：第一，未经授权侵入他人计算机；第二，经过授权接入计算机但通过接入实施了不当行为。首先，法院认为，Facebook 在 CFAA 的意义上遭受了损失。当一方在一年期间损失至少 5000 美元时，该法规允许私人诉讼权利。

法规将"损失"定义为"对任何受害者的任何合理成本，

包括应对违法行为的成本，进行损害评估的成本，以及在犯罪发生前将数据、程序、系统或信息进行恢复的成本，以及由于服务中断而导致的任何收入损失，包括已发生的费用或其他间接损失"。无可争议，Facebook 员工花了很多时间来分析、调查和回应 Power 公司的行动，总计超过 5000 美元的成本。因此，Facebook 在 CFAA 下遭受了损失。

其次，Power 公司未经 Facebook 允许继续侵入其计算机并访问其用户数据，尤其是在 Facebook 明确发出书面停止和终止信后，Power 公司的行为已经很明显地表现出其已经了解到 Facebook 的禁令，却还继续访问 Facebook 的计算机。这明显违反了 CFAA。

（六）"Ryanair 公司诉 PR Aviation 案"[1]

网站经营者可以通过服务条款来禁止第三方擅自抓取不受版权或数据库权保护的数据。

案件介绍

本案中，被告 PR Aviation 作为机票比价服务提供者，使用自动系统直接从 Ryanair 航空网站和可公开访问数据库来撷取航班信息，然后由收费用户支付佣金从其网站上进行预定。不过，Ryanair 网站的访问者都必须通过勾选来接受 Ryanair 航空的一般条款和条件。

据此，除非第三方直接与 Ryanair 航空签署了书面许可协议，网站信息均只能用于私人和非商业目的，且禁止使用自动化系统或软件从网站提取数据用于商业目的。Ryanair 航空声称，PR Aviation 侵犯了著作权法和数据库的特殊权利，并且违反了 PR Aviation 所接受的网站使用条款和条件。

---

[1] Case C-30/14.

初审时，乌得勒支地方法院判决 PR Aviation 侵害了 Ryanair 公司就其数据享有的著作权，并赔偿因未经授权使用数据而造成的损害。阿姆斯特丹上诉法院撤销了乌得勒支地方法院的裁决，认为 PR Aviation 并未侵犯任何权利，因为根据《荷兰著作权法》，对 Ryanair 航班数据的使用属于合法使用。而 Ryanair 公司的网站条款试图排除第三方使用，因与荷兰著作权法相抵触而无效。

法院补充说，Ryanair 航空在创建数据库时并没有"实质性投入"，所以无法获得数据库的保护。随后，Ryanair 公司向荷兰最高法院提出上诉。为此，就线上数据库能否适用《数据库指令》，以及能否通过合同限制该等数据库自由使用问题，荷兰最高法院请求欧盟法院作出答复。

法院判决

就 Ryanair 公司是否享有数据库权，欧盟法院认为数据库权应当以对数据的获取、核实或输出进行实质性的投入为前提，且根据"副产品原则"，数据库和数据内容、获得数据库而进行投入和为生成数据内容而进行的投入均被严格区分。显然，倘若获得数据的行为与该数据的生成过程无法分离，那么制作者就难以证明其为数据库进行了实质投入，从而不能享有数据库权的保护。

当然，欧盟法院亦指出，如果数据内容的创造未经事前计划，且其收集、核实、编排、呈现需要额外的实质性支出，那么制作者同样可以取得数据库权。基于上述理解，法院认为 Ryanair 的数据库不过是其经营的副产品，且未就相关数据的收集进行额外投入，因此构成典型的"单一数据源数据库"，并非《数据库指令》的保护对象。

在"Ryanair 公司诉 PR Aviation 案"中，PR Aviation 根据

《数据库指令》第 8.1 条 "一旦数据库处于公众可获得的状态，数据库的制作者不能阻止合法使用者为任何目的的引用或重新利用小部分数据库内容"和第 15 条 "违反第 8 条的合同条款无效"的规定，提出数据库合法使用（lawful use）的抗辩。但是，正如法院在判决中所言，既然《数据库指令》并不能涵盖 Ryanair 的数据，那么 Ryanair 自然能通过合同条款对他人的使用自由地设定限制。

因此，欧盟法院认为，Ryanair 公司网站提供的航班数据，尚不能受到著作权法或数据库权的保护，并进一步肯定当网站经营者就其本身数据内容，无法透过著作权排除他人未经授权使用时，仍得以服务条款限制其他企业以撷取方式自动抓取、收取网站资料的行为。2015 年 1 月，法院最终裁定 Ryanair 公司有权禁止 PR Aviation 以自动化系统抓取网站数据后转为商业使用。

三、结论：司法回应数据经济需求，承认数据的财产性权益，加强对数据侵权的规制

如今，数据日益成为人工智能时代的商业和商业竞争的核心，围绕数据的争议日益凸显，中美欧等持续探索数据保护立法，并在数据侵权案例中尝试明确数据利用与数据保护的边界。综合既有立法和判例，主要存在以下趋势。

第一，判例承认企业对投入劳动而得的数据享有竞争法上的财产性权益。当企业投入大量劳动（无论其为机械劳动还是智力劳动）进行大数据开发并形成数据集、数据库等大数据成果时，即使这些成果因为缺乏独创性或创造性而不能获得版权等知识产权保护，也可以因为这些成果中所体现的劳动投入而获得某种程度的法律保护。

比如，在"International News Service v. Associated Press 案"中，美国最高法院就认为，信息、设计等无形物可以因劳动、金钱等投入而产生一种"准财产权"（quasi-property right），从而可以基于反不正当竞争法禁止他人不当盗用。

在大众点评诉爱帮网、淘宝诉美景、酷米客诉车来了等案件中，国内法院逐步认可大数据成果的无形财产性质或竞争法上的财产权益性质。此外，判例也开始承认企业对其经营的用户信息的权益。如在"新浪诉脉脉非法抓取微博用户数据案"中，法院认为用户信息是新浪微博作为社交媒体平台开展经营活动的基础，也是其向第三方应用提供平台资源的重要商业资源，第三方未经用户及新浪微博的同意，不得使用新浪微博的用户信息，明确了开放平台模式下用户信息使用的三重授权原则。表明在数据产权未明确的情况下，国内法院通过反不正当竞争法来加强数据保护的趋势。而欧盟则在考虑针对非个人信息建立数据产权制度，明确数据权属、流转和数据侵权等规则，通过赋权的形式更积极主动地保护数据产权。

第二，对于未经授权爬取数据的规制，中美欧殊途同归。由于我国著作权法只保护具有独创性的数据库，且对数据库的保护并不及于其中的数据，所以我国更多地从反不正当竞争法和刑法（如非法获取计算机信息系统数据罪）的角度来规制未经授权的数据爬取行为。

而在欧盟，由于《数据库权指令》为数据库的保护在著作权之外创设了特殊权利，且不要求独创性，所以可以通过数据库权来规制数据爬取行为。而对于既不能获得著作权法保护也不能获得数据库权保护的数据，在"Ryanair 公司诉 PR Aviation案"中，欧盟法院的观点表明，网站经营者可以通过服务条款来禁止第三方爬取数据，访问网站的第三方违反服务条款行为不具有合法性。

在美国，除了反不正当竞争法对数据盗用的规制，网站经营者更多地依靠 1986 年制定的《计算机欺诈与滥用法》(Computer Fraud and Abuse Act, CFAA) 中提供的私权救济来打击网络数据爬取行为。但企业需要证明没有权限或超出权限的第三方侵入了其计算机系统。这一规定往往要求网络运营者采取安全措施。但在一些案件中，法院认为仅仅违反网站的服务条款就可能承担 CFAA 下的侵权责任，表明通过扩大解释法律规则来加强数据保护。

分散化不是解决 Facebook 隐私问题的良药

王健飞　腾讯研究院研究员

几乎每隔一周，你都可以在 Facebook 总部大楼外面的大街上看到有人举着牌子隔空对喊扎克伯格：

（标语牌翻译：Facebook API，你们创造了它，请修好它！生气的奶奶辈们请求加强对 Facebook 的监管！Facebook，透明，立刻，马上！）

因为最近几年 Facebook 的隐私泄露事件造成的风波，似乎每个人都抓着"Facebook 查看过多用户隐私内容和使用隐私内容投放广告、商业化"做文章，认为这一切都不应该发生，并逐渐演变成了一个公众话题。不少批评论调认为 Facebook 应该拆分成多个独立的实体，通过商业实体上的隔离来实现数据独立和合理使用。

针对这类质疑，Facebook 不仅在投入大量的人力物力试图解决真实存在的风险，还在试图使用很多的新技术来保护用户隐私，比如说采用数据可以安全且去中心化存储的区块链技术。

区块链技术以数据分布式存储为主要特点，通过使用这一系统，用户的数据从原本集中在服务商的服务器上，分散到由不同法人、组织控制的数据节点甚至是个人家庭电脑上。乍一听，用户可以真正掌握自己的数据了，那么困扰 Facebook 这么多年的隐私问题是不是就解决了？并没有。

区块链技术可以解决隐私问题，但却解决不了人们对活在Facebook 这类巨型公司数据垄断下的恐惧。相反，数据的去中心化不仅会让人们的社交生活变得极其缓慢，而且也可能会让数据滥用和泄漏问题泛滥。

一、中心化与去中心化："堡垒"与"村屋"

对于高喊要求对 Facebook 进行部门实体化拆分的人士来说，其隐含的技术诉求是拆分 Facebook 单一主体所掌握的数据。将 Facebook 的数据打散后，就没有一个主体可以滥用它们，这样用户就可以保护自己的隐私安全。

这种观点非常朴素，且也容易获得支持——黑客或一个恶意主体如果攻击或滥用一个中心化的数据集，那么这个数据集就会完全暴露，隐私完全泄露。如果把掌握数据的主体联通数据本身拆分成多个实体，那么黑客、恶意主体的攻击或滥用数据的成本就会提高，即便单点攻破，造成的损失也没有中心化数据系统被攻击大。

但实际上，数据拆分论对于数据安全的理解很片面，单从技术角度来看，一个中心化搜集、处理和存储的社交网站比分散化搜集、处理和存储在安全性上要高得多。

其中原因有三：

1. 分散的网络是否比集中的更安全？

按照分散论者的观点，Facebook 应该将原本集中在数据中心的数据分散到几十个甚至是几百几千个数据库中，并由不同的商业实体（不同公司）来控制。

但问题在于，对于一个社交网站来说，"互联互通"是其用户最基本的需求。用户需要在访问一个社交网站时，能方便地看到自己全部好友动态。而不是要在找到好友之前，先找到好

分散化不是解决 Facebook 隐私问题的良药

友所在的数据中心。

从单纯的技术角度讲，不同公司运营不同网站但最终在用户界面上呈现统一结果并非不可能，一些开源的社交软件已经实现了这一点，允许用户自建社交网站并与其他社交网站进行互动。

但这会为数据与隐私安全带来一些比集中化运营更为严重的问题。每个小型节点的安全性很难达到统一的标准，或者是需要付出高昂的成本才能达到统一标准，而如果把数据集中存储和管理，不仅可以控制成本，还可以保证最高的安全性。

对于黑客来说，想要攻入 Facebook 数据中心可能需要几年的时间来寻找系统漏洞，但是如果要攻击分散在全球各地的小型数据节点，难度要小很多。

2. 分布式数据库的安全更新滞后

"被单点攻破后损失更小"这一观点是否成立呢？事实上也是不成立的。

为了实现在用户呈现界面上的统一和各节点之间的高效连接，全球各地的节点肯定保持一致的系统版本、网络环境和运营范式，这也意味着系统漏洞也是一致的。地下黑客发现一个节点的数据泄露，自然可以通过脚本对全网同一范式的数据节点挨个进行攻击，盗取数据。

以之前某路由器命令注入漏洞为例，运行在全世界的同一型号的路由器实际上组成了一个分布式的网络，黑客发现的那个漏洞不仅可以攻击北京的这一批路由器，也可以攻击洛杉矶的路由器。而对于设备的拥有者来说，他们永远后知后觉，只有设备被黑的新闻被媒体曝出后才会想到升级路由器固件。这一更新的滞后，给了黑客充分的操作时间。

Intel CPU 的熔断和幽灵漏洞也是如此，几乎所有处理器都面临攻击,但所有人只能等 Intel 提供解决方案。对于 Facebook 来讲,黑客攻击单点集中的服务器,出现问题后可以立刻修补漏洞,而对于分布式的小型数据节点,在全网漏洞同步修复完成之前,仍有可能发生黑客盗取数据的事件。

3. 恶意主体/黑客的侵入

当下,对 Facebook 的质疑并不局限于技术层面,亦有对其公司价值观的一些拷问。拆分论者认为,Facebook 本身可能已经沦为一个"恶意主体"。分散这一"恶意主体"所掌控的数据,便有可能阻止隐私滥用问题。

这一观点是将普遍的集体决策机制简单投射到互联网中所产生的误解。与现代公司中的董事会需要集体决策,引入道德良好的董事(节点)有助于改善整体决策不同。

在一个互联互通的网络上,价值观对隐私与数据的保护取决于整个网络中的"道德最低节点"。也就是说,越多的节点对数据有获取权和决策权,恶意主体就越有可能侵入网络。

简单来说,为了保持数据的连续性和可靠性,小型数据节点之间会建立通讯信任机制,在没有明确指向一个数据获取的请求存在问题之前,节点之间默认彼此可信并会每天默认放行海量无法对数据获取正当性进行核实的数据。

黑客或恶意主体入侵数据节点后,可能并不会直接暴露自己,而是借节点的名义在全网内获取更多数据,通过不正当的手段获取更多用户隐私。

由于缺乏对整个网络拥有实际控制权的单一主体,或者说是在制度上而非技术上的网络数据管理者,这类黑客匿名访问行为会更加危险。

事实上,引发公众对 Facebook 信任危机的"剑桥分析事件"正是由 Facebook 的数据开放策略引起的。Facebook 被拆分后,

分散化不是解决 Facebook 隐私问题的良药

其拆分后的主体将面临更严峻的"开放"与"隐私"之间的平衡问题。这一问题会随着数据控制权的分散而变得愈加无法处理。

用更通俗的话来说，当下 Facebook 犯的错是一个可以被拷问和纠正的对象。而 Facebook 如此体量的应用一旦被拆分为成百上千节点，再出现数据泄露与隐私滥用问题，找到问题根源可能都会变成一个不可能实现的事情，而最终隐私保护会变成"法不责众，无法追责"的日常。

二、区块链也并非解决这一问题的关键

细心的读者可能会提出一个质疑：区块链可以存储加密数据，信息被盗也不会泄露隐私。这个特点的确能解决小型数据节点被攻破后数据泄露的问题。

以 IPSF 技术为例，基于该技术的去中心化数据存储区块链网络，数据都通过哈希算法将文件存储在区块链上，在需要访问文件的时候根据特定的哈希值到区块链上寻找该文件，普通人无法直接读取这一文件。

以目前的区块链技术和量子计算技术来看，黑客只有动用量子计算机才有可能对区块链哈希加密函数进行破解。外媒《主板》撰文表示，4000 量子比特的量子计算机或许就可以在 10 分钟内瓦解区块链。也就是说，哪个人或团队先做出并应用这样的量子计算机就可以解出并验证每一笔交易。不过，要实现这个突破，最快也要等到 2027 年。

看似区块链+数据分布式存储在数据加密领域可以让"数据拆分者"安心地宣扬自己的言论，然而他们忘记了最重要的事情：根据 Facebook 自己公布的大数据，Facebook 社交网络每天要产生 27 亿次赞，产生 500TB 的数据量。这足足 500TB 容量的

数据,永远也不可能在区块链上存储,而且永远也不可能在区块链上以加密的方式存储,分拆Facebook带来的数据重复存储也必将大大增加Facebook的成本。

这主要有三方面原因:

1. 区块链效率不足以支撑大流量的即时同步

几乎可以确认,如果Facebook这样的巨头公司将自己的数据中心通过区块链技术分散到普通机房甚至是普通用户电脑,将导致社交网络回到"上古时代"。

用户在App内下拉刷新后,会向Facebook的数据库发出一次数据请求,系统根据相应的请求返回内容。在现在的互联网社交中,能影响到我们使用体验的基本上是本地网络速度,因为数据中心在处理这类请求时几乎是瞬间完成的,只有在本地网络出现问题或者服务器出现问题时,我们才会注意到"服务卡了"。

Facebook的集中式数据中心,可以立刻将数据返回给用户,但是如果将数据库以区块链的形式分散到全球,那么获取分布数据的存储位置会消耗很多时间,以及数据传输时间也会根据地理位置和网络环境而发生大的变化。越去中心化,数据传输效率越低。而且如果某个区域出现断网或者不可控因素,将导致存储在这个区域的数据彻底断联。

当用户下拉刷新时返回"服务器错误"或者"还需等待3分钟才能同步数据",我们又回到了21世纪初的社交环境。相比于数据泄露而言,服务不可用应该是用户更不能接受的结果,否则他们现在就可以选择停用Facebook以完全保护自己的隐私。

2. 硬件存储容量不可能去中心化

上面提到,在2012年的时候,Facebook每天要产生500TB的数据,到了2019年,随着短视频、直播和图片技术的发展,

分散化不是解决 Facebook 隐私问题的良药

人们每天产生和消耗的数据量也倍增。

我们来算一笔账，假设依旧每天产生 500TB 容量的数据，为了保证数据在全球范围内的通达性，所有的去中心化节点都需要将这些数据今天同步到本地。

这也就意味着，去中心化节点会平白无故地增加数倍甚至是数十倍的运营成本来购买数据存储空间，以及高昂的数据同步网络带宽成本。同时，由于失去单一的商业主体能够为这个新的分布式的社交网络带来足够的变现能力，这一网络就算实现也会在短时间内由于商业原因破产。

3. 去中心化是通过消除隐私来"保护"隐私

区块链技术可以保护隐私，它实际上是指保护了信息发布者和获取者的隐私，写在区块链上的所有数据都是向全世界开放的。除了少数内容存储区块链会将信息打散加密后存储外，绝大多数区块链都将明文信息写在区块链上。

比如目前比较知名的区块链项目 Bitcoin SV（商用比特币），实现了将内容直接写入后全球范围内免费读取的方式。你或许不知道发布内容的人是谁，但是你可以随便查看别人的内容。这与隐私保护背道而驰，甚至有可能被黑客利用做更可怕的事情。

一些目前已经运行在区块链上的社交网络如 AKASH、ZeroMe 等，其往往是通过外挂一套中心化权限管理来实现信息的分级控制。但在底层数据库中，任意接入节点（用户）都可以畅通无阻的获得全部信息。

究其原因与"存储容量的不可去中心化"一样，由于失去了单一的控制主体，如对分散式的数据进行加密，就意味着每一个用户在访问、编辑数据时都要经历高计算量的加密解密过程，对服务器与客户端的性能要求呈数十倍增长。

区块链只解决了隐私的问题，但是解决这个问题的方式却会带来更多的问题，这是数据拆分者没有想到，也不愿意去想的问题。

三、去中心化是止疼药，不能治 Facebook 的病

Facebook 创始人扎克伯格很清楚采取存储去中心化会带来什么样的后果，所以在媒体采访中他表示：分拆 Facebook 对用户没有任何帮助，Facebook 规模越大用户越安全。

其中，除了最基本的技术因素之外，对 Facebook 商业主体的分拆也同样并不会给隐私保护带来好处。原因比技术上的分散化无益处更好理解：当数据集中在一个法人主体下发生时，对隐私泄露的改进、弥补和追责都会比分散在数家公司更容易。

面对可能由中心化带来的风险和潜在罚款，Facebook 已经准备好了 50 亿美元的预期罚款拨备金。

支持区块链、去中心化版社交网络的群体，不乏区块链项目炒家的身影。或许对于部分人来说，拆分 Facebook、应用区块链技术能在一定程度上临时性缓解隐私风险问题所带来的焦虑，能"止疼"，但由此产生的去中心化系统风险可能更大，可能远超这 50 亿美元的罚款拨备金，不能"治病"。

真正可以根治隐私顽疾的，只有更健全的法律、更完善的监管以及作为科技巨头不断创新的安全技术隐私策略。

【平台责任】

云服务提供者应当采取何种"必要措施"?
——从首例云服务器侵权案谈起

李 平 腾讯法务部法务总监
王燕婷 腾讯法务部法律顾问

【摘要】在企业上云的浪潮下,云服务提供者不断升级出面向各个行业的解决方案以及基于云计算的传统技术升级服务,其独特的技术架构和技术特征也给该主体的责任界定带来了挑战。对云服务提供者责任的认定应当从技术本质出发,基于其提供的服务类型并结合比例原则,明确与其能力相符的责任范围。

关键词:云服务提供者;单纯性技术服务提供者;一般性技术服务提供者;避风港原则;必要措施

"阿里云案"二审认定提供云服务器租赁服务的服务提供者不适用"通知删除"制度,引起了各界对网络服务提供者的概念、避风港原则适用范围的热议,以及对以服务器租赁为代表的云服务提供者民事责任范围的关注和探讨。网络服务提供者范围的明晰、云服务提供者法律义务的梳理、法律责任的明确不仅关乎云服务商管理制度的建设,甚至还可能决定云服务行业本身的形态和模式。因此,我们有必要系统地梳理云服务提供者提供的服务内容并相应地明确其应当承担的责任边界,以更好地规范和保障云服务市场的发展。云服务提供者作为新型服务的提供者,具有新颖性和特殊性,但就其本质而言,其提供的服务仍属于互联网服务、网络服务范畴,即云服务提供者亦是一种网络服务的提供者。但我国立法实践一直未对网络服务提供者这一概念作出明确的界定并达成共识,亦未对网络服务提供者的责任范围进行明晰。主要原因是网络服务提供者伴随着网络技术的产生而诞生,而网络技术的高速发展使得新型的网络服务提供者不断增多,立法无法及时作出更新及明确的释义。因此,在展开云服务提供者相关责任的论述前,我们有必要明确网络服务者的类型以确定云服务提供者的落入范围。

1. 网络服务从广义上可以被分为内容服务提供者和技术服务提供者,而技术服务提供者则可进一步被分为单纯性技术服务和一般性技术服务。单纯性技术服务提供者仅提供技术服务,对基于其技术提供的内容服务没有直接控制权,而一般性技术服务则对基于其技术而提供的内容服务可能具有直接控制权。

网络内容服务提供者与网络技术服务提供者网络服务从广义上可以分为内容服务和技术服务两大类,内容服务提供者对其上传的内容承担直接责任毋庸置疑。但对于技术服务提供者,理论上仅提供技术服务,即提供工具和媒介,基于技术中立、囿于其对内容的不可控性,不应对"内容"承担责任。然而,随着互联网技术的进步和发展,一些技术服务者通过技术手段控制内容,脱离了单纯的网络技术服务提供者身份,成了与内容有关的技术服务提供者,进而衍生出了对其控制的内容承担责任之必要性。如"提供信息存储空间服务"和"提供搜索或链接服务",均在互联网红利的浪潮中得到了更新和迭代,出现了竞价排名等可能超出单纯技术服务范畴的服务。以信息存储空间服务提供者为例,服务商不再单纯地为其他内容服务提供者提供存储空间并从内容服务提供者支付的费用中获利,而是更进一步地基于存储空间服务本身进行获利,如基于用户存储的视频内容对其他用户的吸引获得更多用户流量和用户红利。基于单纯性技术服务提供者与一般性技术服务提供者在内容服务和技术服务的区分，我们可以将技术服务分为单纯性技术服务和一般性技术服务。单纯性技术服务提供者仅提供技术服务，对基于其技术提供的内容服务没有直接控制权，而一般性技术服务则可能对基于其技术而提供的内容服务具有直接控制权。根据"谁控制风险，谁承担责任"的风险分配原则，尽管这两类技术服务者不是侵权行为的直接行为人，但可能因具有控制权而对该侵权内容承担不同程度的帮助侵权民事责任。

2. 因云服务的分散性存储、私密性、底层性等技术特点，云服务提供者其属于单纯性技术服务提供者。

（1）云服务的主要类型。云服务主要包括以 IaaS、PaaS 和 SaaS 为代表的云计算服务和以云解析为代表的传统基础互联网技术，属于单纯性技术服务。关于 IaaS 服务和 PaaS 服务，前者提供的是机房、数据中心等硬件基础设施服务，后者提供的是应用程序运行环境，提供应用程序部署与管理服务。云服务提供者在这两种模式下仅提供单纯的技术服务，自动响应客户的指令并对客户的指令提供自动化的支持。无法对使用该等底层技术服务的客户所开发的网站或应用程序进行直接的控制，对基于其技术而提供的内容不具有直接控制权，亦无法直接接触服务对象的内容信息。关于 SaaS 服务，云服务提供者在该模式下自行开发软件供客户使用，客户无需像 IaaS 和 PaaS 那样自行对操作系统、存储和应用开发进行控制，只需要购买软件的账号即可使用全套服务。SaaS 的最佳实例包括 Cloudera、Hadoop、Salesforce、Microsoft Dynamics CRM 服务等。[1]目前，SaaS 模式

---

〔1〕［美］黄铠：《云计算系统与人工智能应用》，袁志勇等译，机械工业出版社 2018 年版，第 25 页。

主要服务于企业管理软件领域,如购买 CRM 软件账号以使用云服务提供者开发的 CRM 软件进行客户关系管理等,相关账号和内容的控制者也属于使用 SaaS 服务的客户。因此,SaaS 服务具有一定的特殊性,如服务商提供的软件本身存在侵权的,应当承担直接侵权的责任;若 SaaS 软件提供网络视频等内容服务,也应当根据其技术承担相应的责任(事实上,此时提供服务者已经属于内容服务提供者而非云服务,应当被归入网络内容服务提供者的范畴)。因此,从目前国内外各大云服务商提供的 SaaS 服务以及产品类型发展趋势来看,SaaS 服务提供者一般也无法实现对客户经营内容的直接控制,基于目前的技术形态及商业形态,本文仍暂将其纳入单纯性技术服务提供者的范畴。关于云解析等基于云计算的传统互联网技术服务,因其仅提供对网站的域名和 IP 地址进行转换等类似的互联网基本技术,因此同样属于底层技术服务,仅提供技术通道自动进行域名与 IP 地址间的转换,不涉及对内容的控制。

(2)云服务的技术特点[1]:数据存储分散性。是指云服务提供者对于数据的存储是采取碎片化的存储方式。有别于传统的专有、固定的硬件存储模式,云计算服务采用的是"资源池"的模式,即将所有的存储设备、空间以共享资源池的方式统一管理。利用虚拟化技术,将资源分享给不同用户。数据的私密性。是指云服务中相关数据的秘密性,相关法律法规、行业监管及客户采取的各种加密措施均要求云服务提供者未经授权不得访问、修改、披露、利用、转让、销毁客户数据,并要求其采取有效管理和技术措施,以确保客户数据和业务系统的保密性、完整性与可用性。服务底层性。云计算是一种新型的

---

[1] 谢兰芳、付强:"云计算服务提供者侵权责任类型化",载《河南财经政法大学学报》2018 年第 2 期。

底层技术架构，自动响应客户的指令并对客户的指令提供自动化的支持、自动通过技术通道进行域名与 IP 地址间的转换，一般无法对使用该等底层技术服务的客户所开发的网站或应用程序进行直接的控制，对基于其技术而提供的内容不具有直接控制权。

3 云服务提供者提供单纯性技术服务的特点决定了其不适用"通知删除"制度，仅承担与其技术本质比例相符的采取"必要措施"义务。

（1）"通知删除"制度的目的在于实现侵权内容的"定位删除"。该制度旨在信息技术产业发展和保护版权人利益之间寻找平衡点，既避免网络服务提供者承担过多的责任，最终把成本转嫁到用户身上，又防止侵权者通过网络大肆侵犯版权人利益，阻碍其创作热情的利益平衡。[1]因此，适用通知删除制度的前提是技术服务提供者对具体的侵权内容主观上"明知或应知"，且客观上具有控制力，能够采取删除、屏蔽、断开具体侵权内容的链接，阻止具体侵权内容的进一步扩散，实现"定位删除"的效果。

（2）提供单纯性技术服务的云服务提供者，不适用"通知删除"制度。对于云服务提供者而言，其提供的技术服务是其在新型的数据中心网络拓扑结构连接大规模计算节点的基础上，利用虚拟化技术、海量数据存储与处理技术、调度算法技术等技术架构实现上述技术服务、技术资源的按需分配和自治分配。上述服务是针对所有服务对象自动提供的技术服务，即通过事先搭建好的软硬件等技术设施自动地接收服务对象发出的指令和请求，并被动地响应请求并进行处理。云服务提供者并不能

---

[1] 陈瑜："中美避风港规则比较研究"，载《法制与社会》2013 年第 7 期。

对服务对象的开发信息、内容信息进行干预和处理。甚至可以这样说，正因为云服务提供者无法接触到服务对象的内容信息、商业信息，才保证了企业上云的安全性和可靠性，这也是云计算诞生和发展的基本前提。在此种单纯性技术服务模式下，云服务提供者不具备审核、干预信息的能力和条件，服务对象的内容被完全封装在"密闭的空间"中，即云服务提供者对内容不具有直接控制权，适用单纯性技术服务提供者的责任规制，除非云服务提供者同时终止所有内容的接入和传输，否则其无法通过断开具体侵权内容而对服务内容进行精准、有效的控制。[1]此时，云服务提供者所提供的服务如同基础网络运营商，为所有用户提供着最基本的技术服务，如果要求其承担"通知删除"义务，虽然符合适当性原则，但明显有违必要性原则和狭义比例原则。

（3）云服务提供者应当采取的必要措施须与其技术特点相适应，符合比例原则的有关指向。如"阿里云案"所述："阿里云作为云服务器租赁服务对存储的信息内容无法直接控制，从技术上也无法删除、屏蔽和断开链接，除非'关停服务器'，而后者过于严厉。"同时，该案也进一步指出："转通知体现网络服务提供者'警示'侵权人的意图，从一定程度上有利于防止损害扩大，可以成为'必要措施'使网络服务提供者免责。若通知有效，要求阿里云履行转通知的义务才是比较公允合理的必要措施。"[2]因此，提供单纯性技术服务的云服务提供者如果采取了转通知措施，则可认为其因采取了必要措施而免责。为

---

[1] 徐伟："网络服务提供者侵权责任理论基础研究"，吉林大学2013年博士学位论文，第103页。

[2] 详情参见北京卓越公司诉阿里云信息传播权侵权纠纷，案号［2017］京73民终1194号。

云服务提供者应当采取何种"必要措施"?

转通知提供单纯性技术服务的云服务提供者应采取的必要措施的基础上,对于必要措施的其他类别和范围,可参考比例原则的相关指向。具言之,在具体的"必要措施"界定中,应当考量:一是该必要措施是否满足适当性原则,即施加该必要措施要求是否具有目的正当性,能否实现有效制止侵权行为的目的;二是该必要措施是否满足必要性原则,即需要确定是否存在既能实现目的且所造成的损害也更轻微的其他手段;三是该必要措施是否满足狭义比例原则,即须进一步衡量采用该最和缓手段所造成的不利益与其所追求的目的之间是否成比例。如果不利益远远超过可实现的目的,则违反公平原则,该必要措施并不适当。即,应当根据云服务提供者的技术实质确定与其能力范围比例相符的必要措施范围,符合适当性、必要性和狭义比例的基本原则。

基于云服务提供者采取措施的有限性、处理投诉纠纷的社会成本重复性等原因,权利人应当向对内容具有直接控制力的具体服务提供者采取侵权投诉等权利维护行为,而非向云服务提供者发出相关处理要求。一般而言,一项上云的网络服务的提供涉及用户、具体服务提供者、云服务等基础服务提供者三个主体。以一款部署在云端的阅读类 APP 为例,相关主体包括用户、APP 提供者、云服务提供者。当用户发现 APP 上存在侵害其著作权等权利的作品时,根据《信息网络传播权保护条例》(以下简称《条例》)的规定,用户可通知 APP 提供者要求删除侵权内容。但在实践中,频繁出现用户不向 APP 提供者通知转而要求提供底层服务的云服务提供者处理相关侵权内容,主要原因在于云服务商均为知名集团(如亚马逊云、阿里云、腾讯云)而 APP 提供者可能只是知名度较低的网络公司,用户认为向云服务提供者投诉后可能处理流程更快、其权利可能更能得到保障。此种现象显然给云服务提供者带来了极大的困难，与具有完善的侵权投诉处理流程、可迅速定位到具体侵权作品和侵权链接的 APP 提供者相比，云服务提供者不能也无法实现按照用户的要求定位处理某个具体的侵权作品、侵权链接。且云服务提供者在处理侵权行为时存在阻止侵权行为的"技能"困难、客户服务质量保证与客户信息安全保障的冲突和决策具体措施困难的情况。在当前用户频繁要求提供底层服务的云服务提供者处理 APP 上的侵权内容的背景下，用户仅因云服务提供者知名度较高就要求云服务提供者解决投诉问题，或是仅因提高解决效率就向 APP 提供者和云服务提供者同时投诉，给云服务提供者带来了较大困难。实际上，云服务提供者收到用户投诉后也仅能采取向 APP 提供者进行转通知等必要性相当的措施，即最终仍需由 APP 提供者进行处理，但此种多头处理的方式将造成社会资源和社会成本的浪费。因此，相关制度、司法乃至立法应当积极鼓励用户向 APP 提供者投诉，APP 提供者完善的侵权投诉处理流程、迅速定位到具体侵权作品和侵权链接的能力，均可快速实现按照用户的要求定位处理某个具体的侵权作品、侵权链接，处理成本和处理时间明显低于仅可采取转通知措施的云服务提供者。

4. 综上，云服务提供者作为广义概念的网络服务提供者，应当依法承担相应的民事法律责任。但因其云计算技术架构的特殊性和基础性，应当在区分不同类型的云服务提供者基础上，基于其技术能力、业务模式的特殊性，确定与其相适应的、比例相符的责任。

"云与小程序"该适用什么样的平台责任?

田小军　腾讯研究院版权研究中心秘书长、高级研究员

近些年,有关云服务、小程序等新型网络服务提供者侵权责任的争论引发了各界热议,北京知识产权法院在"阿里云案"二审中撤销了一审判决,明确认定"通知删除"规则不适用于云服务等新型网络服务提供者,此前,杭州互联网法院在"腾讯小程序案"一审中亦同此见。两案在国内首次系统澄清了网络版权"通知删除"规则的适用范围争议,并直面《信息网络传播权》与《侵权责任法》的规制协调问题,明确提出了"转通知"可以单独成为"独立必要措施"的判断,以及"比例原则"在网络版权侵权中的适用逻辑,殊为难得且值得分析探讨。

一、"通知删除"规则并非对所有网络服务提供者一体适用

言及网络版权"通知删除"规则,美国《数字千禧年版权法案》不可回避,此规则创设的初衷在于避免"单纯的技术服务平台提供者因其平台用户侵权而陷入累诉沼泽"。其一,平台提供者在尽到合理注意义务的前提下,仅需根据用户有效的侵权通知定点清除侵权内容即可免责。其二,"通知删除"义务仅限于内容存储与搜索链接服务提供者,暂时传输与系统缓存服务提供者不受其约束。因此,当一项网络服务既非信息存储服务,又非搜索链接服务,且其更类似于纯数据传输管道性质的服务时,我们不应苛责其对用户的特定侵权行为承担法律责任,

亦无需承担"通知删除"义务。在现实中，权利人也极少要求中国电信等网络运营商在其无过错的情况下，对某视频网站的侵权内容进行定点删除：一则于法无据，二则因特定内容存储在网站自有服务器而事实不能。

与美国类似，我国《信息网络传播权保护条例》明确规定了四类网络服务提供者，包括信息存储空间服务，搜索、链接服务，自动接入、自动传输服务，自动缓存服务。因云服务与小程序属于新型网络服务，其类型明确就非常依赖于相关法院的一致认可，"云服务与小程序"不属于信息存储空间或者搜索链接服务。则在此定论下，"云服务与小程序"的平台服务提供者当然不需就其接入服务商户的特定侵权行为承担"通知删除"义务。

二、"网络服务提供者"类型尚待分层规定以匹配相应责任

在"阿里云案"二审中，北京知识产权法院指出，云服务器租赁服务不属于条例规定的具体网络技术服务类型，因此，其法律责任承担与否的问题可以寻求在《侵权责任法》体系下解决。而对于《侵权责任法》规定的"网络服务提供者"的范围，学者们有不同意见，杨立新教授曾专门指出《侵权责任法》"专门针对网络媒介平台"，吴汉东、张新宝等教授即极力主张此"网络服务提供者"应不包括"自动接入、传输、缓存"类网络服务提供者。如果《侵权责任法》不能规制更广泛的网络信息服务提供者，则其专设的"网络平台责任"条款无疑将被空置。实际上，此争议本质上是条例与《侵权责任法》的规制协调问题，其固然存在，但并非无法消弭。

在我国《侵权责任法》设立"网络平台责任"专条之初，为了在网络侵权领域引入"避风港"原则，简单地将仅适用于

特定网络服务的"通知删除"规则延伸至广义的"网络服务提供者",并辅之以开放性"必要措施"的规定。但请注意,网络服务提供者类型与侵权形态多样,其对于侵权行为的原因力与控制力大小并不一致。如全国人大法工委民法室曾在《侵权责任法条文说明、立法理由及相关规定》中明确:"对于接入、缓存服务的网络服务提供者,其在接到侵权通知后,应当在技术可能做到的范围内采取必要措施,如果采取这些措施会使其违反普遍服务义务,在技术和经济上增加不合理的负担,该网络服务提供者可以将侵权通知转送相应的网站。"因此,为防止自动接入、传输与缓存类的服务提供者不可承受其重,或者信息存储、搜索链接类的服务提供者"逃离",我们有必要对"网络服务提供者"进行分层规定,区分不同服务类型,进而为其匹配以科学、合理的法律责任。

三、"必要措施"之开放性规定与新型服务提供者需求

笔者认为,云服务、小程序更加类似于中国电信等自动接入、传输、缓存服务提供者,于法于理其均无法承担"通知删除"之义务。此前的相关法院判决亦同此见,如"微信技术上无法删除开发者服务器中的内容""云服务商无法对所出租的云服务器中运行的程序和存储的内容进行直接控制",要求其履行"通知-删除"义务则只能采取"下架小程序""关停服务器"或者"强行删除服务器"等行为。实际上,因"微小"侵权行为而直接对商户的服务进行下架、关停或者整体删除处理,显然也有违网络"避风港"初衷且与"侵权比例原则"不符。

然则,网络非法外之地,云服务、小程序等平台服务提供者并非可以超然于法律之外,过错原则是其承担责任的制度基石,其是否应对平台商户侵权扩大之损失承担责任,在于其是

否在接收权利人有效通知后采取了合理的"必要措施"。对于"必要措施"的理解,最高人民法院知识产权审判庭宋晓明庭长曾在 2016 年明确,《侵权责任法》对"必要措施采取了开放性规定,这类措施应当不限于删除、屏蔽或者断开链接,也包括将权利人的投诉材料转达被投诉的网络商户,并根据网络商户的反应采取进一步的必要措施"。北京知识产权法院则在"阿里云案"二审判决中进一步指出:"'转通知'本身具有了成为独立必要措施的价值,体现了网络服务提供者'警示'侵权人的意图,从而在一定程度上有利于防止损害后果扩大,可以成为'必要措施'从而使得网络服务提供者达到免责条件。"

但笔者注意到,《电子商务法》要求采取"必要措施"并"转通知",我们暂且不讨论其适用于电子商务领域是否具有合理性,但如将其扩展至更为广泛的网络侵权领域则值得商榷。其一,民法侵权编规定的"网络服务提供者"范围远大于电商法规制的电子商务平台,如云与小程序平台服务提供者即不能作为类似"京东""天猫"一样的电子商务平台。其二,于电子商务平台适用的"通知-删除"规则,并不能适用于所有网络服务提供者,如针对云与小程序服务,"转通知"具有成为独立必要措施的价值。在此背景下,如将《电子商务法》的规定机械移植至更为广泛的网络侵权领域,势必会造成新型网络服务提供者无可免责,无所适从。

因此,在新型服务不断出现的情况下,我们应保持《侵权责任法》的活力与适应性,有必要扩展"必要措施"的范围,特别应针对新型网络服务提供者设置更为科学、匹配的"必要措施",讨论"转通知""提供真实明确的侵权人联系方式"等是否可以成为"独立必要措施",并以此否认"新型网络服务提供者过错"。

解读首例小程序案的四大重点

梁博文　腾讯微信高级法律顾问
洪晓纯　腾讯微信法律顾问

2019年2月27日，杭州互联网法院对首个小程序侵权案件（以下也称"本案"）作出了一审判决，判决认为，腾讯公司为小程序开发者提供的是网页页面的架构与接入服务，其性质类似于自动接入、自动传输服务，应不适用"通知删除"规则，驳回原告对腾讯公司的全部诉讼请求。

本案因涉及小程序而引起了多方关注和讨论，在此，笔者将为大家解读判决书中的四大重点，一文使你读懂判决书，更懂小程序。

重点一：从技术原理认定腾讯在小程序服务的角色

本案判决结合《微信小程序平台服务条款》及相关技术文档材料，深入分析了微信小程序的技术原理，从法律的角度揭开了小程序的面纱，判定了腾讯公司小程序服务的内容和性质。

可以明确的是，微信小程序是一个由开发者开发并运营的一组框架网页架构，包括视图层和逻辑层，图片、音频、视频等内容存储于开发者自行架设的服务器，平台并未存储开发者服务器数据内容，也无法进入开发者服务器查看或处理相关内容。

微信小程序技术原理示意图，如下：

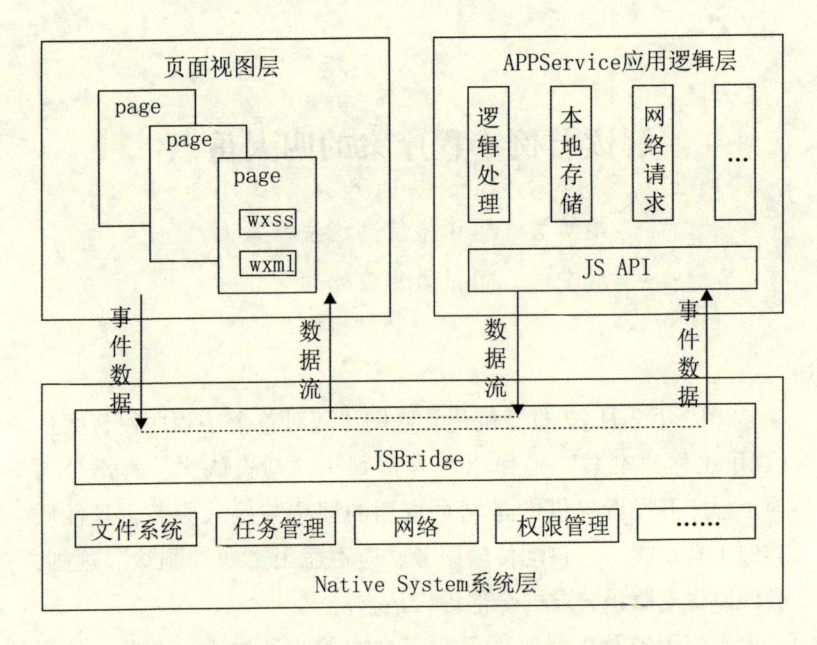

```
┌─────────────────────────────┐  ┌─────────────────────────────────┐
│      页面视图层              │  │    APPService应用逻辑层          │
│   ┌──────┐                  │  │  ┌──┐  ┌──┐  ┌──┐  ┌──┐          │
│   │ page │                  │  │  │逻│  │本│  │网│  │  │          │
│   │ ┌──────┐               │  │  │辑│  │地│  │络│  │…│          │
│   │ │ page │               │  │  │处│  │存│  │请│  │  │          │
│   │ │ ┌──────┐            │  │  │理│  │储│  │求│  │  │          │
│   │ │ │ page │            │  │  └──┘  └──┘  └──┘  └──┘          │
│   │ │ │┌────┐│            │  │                                  │
│   │ │ ││WXSS││            │  │      ┌──────────────┐            │
│   │ │ │├────┤│            │  │      │   JS API     │            │
│   │ │ ││wxml││            │  │      └──────────────┘            │
└─────────────────────────────┘  └─────────────────────────────────┘
     事件      数据                      数据         事件
     数据      流                         流          数据
        ↓       ↑                         ↓           ↑
┌─────────────────────────────────────────────────────────────────┐
│                          JSBridge                                │
└─────────────────────────────────────────────────────────────────┘
┌────────┐ ┌────────┐ ┌────────┐ ┌────────┐ ┌────────┐
│文件系统│ │任务管理│ │  网络  │ │权限管理│ │  ……    │
└────────┘ └────────┘ └────────┘ └────────┘ └────────┘
              Native System系统层
```

值得注意的是，微信在每个小程序的"更多资料"页面，都对服务和数据的来源网址域名进行了展示。

以小程序"粤省事"为例，如下：

基于上述小程序技术原理，法院在本案中认为：

小程序展现给用户的是一组基于移动端的网页页面，其技术实现原理总体包括"架构"和"接入"两方面。小程序是开发者独立运营的一组框架网页结构，只通过指定的域名与开发者服务器通信，开发者服务器数据不保存于腾讯公司，开发者通过小程序直接向用户提供数据和服务。其性质类似于《信息网络传播权保护条例》第 20 条规定的自动接入、自动传输服务。

重点二："网络服务提供者"及"通知删除"适用范围

本案判决中，法院着重分析和解释了"网络服务提供者"中，信息存储空间服务、搜索或链接服务与网络自动接入或自动传输服务的不同服务功能、信息处理能力以及平台责任边界。

（一）信息存储空间服务、搜索或链接服务

本案判决中阐明，信息存储空间服务、搜索或链接服务是一种主动处理传输信息的服务，服务提供者有能力选择信息内容，也有能力管控、处理信息，并且，这种处理能力能够具体到每一个信息项目本身，可以选择、改变、分类、控制信息内容。

根据《信息网络传播权保护条例》第 14 条、第 15 条的规定，权利人发送通知的对象是"提供信息存储空间或者提供搜索、链接服务的网络服务提供者"。

（二）网络自动接入或自动传输服务

本案判决亦分析了网络自动接入或自动传输服务的特点，即服务者不主动参与信息的处理，信息接入或传输均由服务对象发起，是一种被动传输的服务。在信息处理的能力上，无法具体处理特定的信息项目，而只能够对信息载体的整体或者信息传输通道进行处理。

根据《信息网络传播权保护条例》第20条的规定，对服务对象提供的信息内容提供自动传输服务，并且对所传输的信息内容进行选择或改变，网络服务提供者不承担赔偿责任。

(三)"通知删除"规则的删除对象

准确界定"通知删除"规则中"删除"的对象，是结合不同网络服务者的客观能力，准确分配义务和责任的前提。同时，也是划分适用与不适用"通知删除"规则的网络服务提供者类型的结果。不对"删除"的对象进行合理限定，容易导致网络服务提供者范围的无限扩大，不符合"通知删除"规则平衡权利人合法权益与平台、其他网络服务提供者正常提供服务的确立目标（例如，网页浏览器也要承担屏蔽网站的义务）。本案判决中，法院回顾了《侵权责任法》《信息网络传播权保护条例》等法律法规所涉及的"通知删除"规则，得出的结论是所有涉及"通知删除"的规定，最核心的处理措施都是删除或屏蔽侵权内容、侵权链接，而不是要求直接停止网络自动接入或传输服务。

因此，在比较了"信息存储空间、搜索或链接服务"与"网络自动接入或自动传输服务"的信息接触、控制、处理能力之后，法院以目的性限缩解释的方法将《侵权责任法》第36条中"网络服务提供者"的范围解释为提供信息存储空间或搜索、链接服务等网络服务的提供者。"通知删除"规则不适用于提供网络自动接入或自动传输服务的网络服务提供者。

重点三：一律下架≠"必要措施"追求的"定位清除"效果

根据前面对小程序技术原理的分析可知，因为小程序的内容和数据存储于开发者自行架设的服务器，腾讯公司技术上无

解读首例小程序案的四大重点

法、法律上无权直接进入开发者所架设、部署的服务器，更无法精确删除开发者服务器中特定的数据内容；在开发者和 C 端用户进行信息交互传输的过程中，作为小程序底层技术提供方，腾讯公司也无法在传输过程中干涉或改变传输的信息。因此，在对特定微信小程序的信息处理能力上，除了极少要素（如昵称、头像、简介）可由平台直接处理，腾讯公司如果要使相关侵权内容无法在微信内被访问或展示，所能做到的只能是彻底关闭对整个小程序的服务，屏蔽其在微信软件的终端展示。如下图所示：

信息交互干预方面，微信小程序平台不参或不主动参与信息的处理，仅仅起到传输信息的技术支持作用，无法获取、存储开发者在运营过程中向用户传输的信息。

信息处理能力方面，微信小程序平台无法定点处理小程序内的每一个具体信息，如一定要屏蔽某个信息，只能对该小程序断开服务，和浏览器断开链接、屏蔽展示类似。

审核管控措施方面，小程序平台会设置小程序上线前审核，结合审核时浏览测试小程序的内容和表现形式，对小程序的服务类目选择、资质证照等进行要求和审核，详见《小程序开放的服务类目》。并且，实现后台开发者主体全部实名，前端组织类小程序展示主体和服务类目，但小程序平台无法参与、干预上线后小程序的实际运营。

本案判决在确认了网络自动接入或传输服务的网络服务提供者不适用"通知删除"规则之外，还讨论了"下架小程序"是否删除侵权内容的"必要措施"。从判决中我们可以看出，法律规定"采取必要措施"所追求的是"定位清除"效果，而不宜理解为要求不具备"定位清除"能力的网络服务提供者采取一切能够清除特定侵权内容的措施，所以不能认为"下架小程序"就是删除侵权内容的"必要措施"。

重点四：平台会对小程序放任不管？不，凡事有边界

有声音在讨论对小程序平台是否可以放任不管，对违法违规的小程序也不处理、不下架。本案的判决及微信小程序的相关平台规则都可以明确给出答案：不！

本案判决是基于民商事版权侵权领域的评价，讨论的是知识产权"通知删除"规则的著作权权益。但是，在行政监管等公法领域，小程序平台依然需要承担对于色情、恐怖、赌博等明显违法、有害信息的处理。

《微信小程序平台运营规范》第5.5、5.6条"行为规范"规定，微信小程序不得侵犯他人的名誉、商誉、隐私、肖像，

解读首例小程序案的四大重点

也不得侵犯他人的知识产权，否则，将根据违规程度对该小程序侵权内容清空直至下架处理。

《微信小程序平台运营规范》第 6 条"信息内容规范"规定，微信小程序不得发布、传送、传播、储存国家法律法规禁止的内容，不得发布色情低俗内容等，否则将可能被永久封号处理。

此外，本案判决也提及了小程序开发者主体信息实名认证、公布，确保权利人可以有效、及时地进行维权的要求。微信小程序平台也一贯履行相关义务，在每一个微信小程序的资料页中，明确公示非个人类型开发者的名称、工商注册号等（如下图），以便 C 端用户知悉、沟通与维权。

第三方知识产权保护、保障开发者的合法权益，一直是微

信小程序平台非常重视的工作。据统计，2018年全年微信小程序平台收到了超过4000个对小程序的投诉，平台对每一单投诉都进行了审核，并确认处理了1600多个侵权小程序。若发现他人小程序侵犯了权利人的合法权益，权利人均可通过微信公众平台的线上侵权投诉流程进行投诉，及时保护自身的合法权益。

维持原判：小程序首例案二审解读及平台合规治理回顾

梁博文　腾讯微信高级法律顾问
洪晓纯　腾讯微信法律顾问

2019年11月，杭州市中级人民法院对首例涉微信小程序侵权案件作出了二审终审判决（以下简称"二审判决"）。二审判决维持原判，驳回原告对腾讯公司的诉讼请求。

在本案中，两审法院跳出了既往互联网平台案件简单适用"通知删除"的裁判思路，特别考察了作为新业态的微信小程序的独立属性，对新型网络服务领域进行了具有开拓性的认定。本案二审判决较之一审判决，对大家关心的法律适用、平台责任等焦点问题作了回应，进一步为互联网平台和网络服务提供者的法律责任认定提供了裁判和合规思路。

本文将在《解读首例小程序案的四大重点》的基础之上，在为大家解读二审判决之余，相应回顾微信小程序平台知识产权保护、侵权投诉流程等合规治理机制。

一、将微信小程序明确为独立的"新型网络服务"，适用《侵权责任法》

二审判决首先探讨了《侵权责任法》与《信息网络传播权保护条例》（简称《信保条例》）的法律位阶与适用关系。鉴于《侵权责任法》是上位法和一般法，《信保条例》属于下位法和特别法。评价本案时,将首先适用《信保条例》,在无法适用的前提下,才可适用《侵权责任法》。

换言之,二审法院认为,关于网络服务提供者的平台责任,《侵权责任法》第36条的适用范围(网络服务类型)要比《信保条例》更宽,而不仅限于前述的四种网络服务类型。《信保条例》则作为特别法专门适用于四种网络服务类型的法律关系调整。

二审法院随后回顾了《信保条例》所规制的四种网络服务:①自动接入和自动传输服务;②自动缓存服务;③信息存储空间服务;④搜索或链接服务。二审法院依据微信小程序的技术原理(详细解释可见《解读首例小程序案的四大重点》)认为:

(1)微信小程序开发者的服务器数据不保存于腾讯公司,所以,腾讯公司提供的不是自动缓存服务,也不是网络存储空间服务。

(2)微信小程序用户作为浏览者,在小程序上即可完成作品收听,点击播放时并未发生跳转,因此,腾讯公司提供的不属于搜索或链接服务。

腾讯公司为微信小程序开发者提供了框架、组件、接口等,用于其完成小程序页面的搭建,因此,不属于单纯的网络自动传输、自动接入服务。

回归到本案,二审法院采取开放式视角考察网络服务类型,而并未限于《信保条例》所规定的四种类型。从互联网行业的角度,二审法院的裁判观点是对科技业态、产品模式长期动态发展的一种回应。

客观上,即使《信保条例》中的四种网络服务类型已经基本覆盖了微信小程序出现之前的网络服务类型,但我们无法期待在立法的时候就能够预设网络服务的所有类型。《侵权责任法》为此留出了空间,在法律适用时考究新型网络服务的实质形态,合理分配权利人、网络用户以及网络服务提供者等各方的法律义务。

在厘清微信小程序平台服务的法律性质后,二审法院认为,腾讯公司提供的微信小程序平台服务是独立于《信保条例》四种网络服务之外的新型网络服务,因此,不适用《信保条例》而适用《侵权责任法》。

《侵权责任法》第36条规定:"网络用户利用网络服务实施侵权行为的,被侵权人有权通知网络服务提供者采取删除、屏蔽、断开链接等必要措施。网络服务提供者接到通知后未及时采取必要措施的,对损害的扩大部分与该网络用户承担连带责任。"

二、整体终止服务明显超出必要限度,综合考量"必要措施"

二审判决认为,涉案侵权内容均存储于开发者服务器,腾讯不具备进入开发者服务器,触及开发者服务区器的技术能力,因此在在技术上无法精准地直接删除侵权内容。在本案中,整体下架小程序(即删除小程序),切断用户与开发者之间的联系通道太过严厉,不是针对具体侵权内容,明显超出了必要限度。

对于采取何种"必要措施"方可符合"必要限度",二审法院并没有直接在本案中进行类型化限定,而是给出了具有启发性的判断参考。根据二审判决,我们理解有以下三个要点:

(1)技术可行性。网络服务提供者在技术上是否具有精确定位且删除具体侵权内容的能力。

(2)特定网络服务的特点。包括对其性质、形式、种类、侵权行为的表现形式、特点、严重程度等具体因素进行综合判断。随着科技产业的迅速发展和商业模式的不断创新,对于新型网络服务的法律义务评价,有必要先对其网络服务性质进行深入的分析和定性,确定适用法律和应承担的义务。更值得注意的是,同一个网络服务产品或功能,可能存在多重网络服务提供者,如腾讯公司提供的微信小程序平台服务和微信小程序开发者基于其微信小程序所提供的平台服务,如何合理分配不同服务方的法律义务,也需要根据服务和侵权行为进行综合判断。

(3)合理且不超必要限度。也被称为"比例原则",需衡量特定侵权行为中,网络服务提供者采取的措施所带来的影响范围和程度与侵权行为危害性之间是否符合合理的比例。比如被证明反复故意、有针对性地实施侵权的用户,网络服务提供者在删除侵权内容的同时,对网络用户采取必要的暂停提供网络服务等管理或处理措施,也是基于对其侵权行为有预期,网络服务提供者采取的合理措施。

因此,二审判决与一审判决均认为,基于涉案侵权内容而整体下架小程序明显超出了"必要措施"的必要限度,腾讯公司作为微信小程序的网络服务提供者,不应承担整体下架涉案微信小程序的民事责任。

三、法定事前审查义务之外的类目资质审核措施

二审判决指出:"在微信小程序存在海量信息的情况下,腾讯公司作为网络服务提供者,并不具有对小程序内的所有信息进行事前审查的能力,法律亦未规定其有该项义务。"

二审法院充分考虑了新型网络服务经营企业的运营能力和技术能力现状,如果强行要求新型网络服务提供方履行事前审查义务,将极大地加重服务提供方的运营成本,最终将阻碍新

型网络服务的发展与创新。

不过，尽管腾讯公司不具有事前审查所有信息的法律义务，但从规范开发者运营行为、净化微信小程序生态以及保护权利方的权益角度出发，腾讯应对微信小程序的上架设立事前风控措施，典型的即为《小程序开放的服务类目》。腾讯公司细化梳理了 320 多个行业准入要求，并将其应用在知识产权保护工作中。一方面，可以让开发者清晰、直观地浏览服务类目及对应的资质要求，查看、参考相关证照的示例样本和法律政策规定，提高小程序运营的合规性，给用户带来更优质的服务；另一方面，基于权利人所在行业已有的法定准入合规要求，过滤不合规的账号，有效制止假冒注册、恶意混淆等行为。

四、"通知-采取必要措施"规则下的侵权投诉机制

二审判决认为，《侵权责任法》第 36 条"通知-采取必要措施"规则适用于一切发生于网络的侵权行为，同时，需要权益受侵害方向网络服务提供方发出有效的侵权通知。

实际上，从微信小程序上线起，腾讯公司就已经设立了微信小程序侵权投诉邮件流程。2018年6月，独立的小程序知识产权保护机制——"微信小程序电子化侵权投诉系统"——正式上线，以全电子化的方式为权利人发起有效的侵权投诉通知提供了顺畅、便利的渠道。

当权利人发现小程序内容存有侵犯其权益的信息时，可通过投诉流程，对有侵权嫌疑的小程序进行投诉。具体入口为微信公众平台官网，点击页面下方的"侵权投诉"进入。

该流程有详细的小程序投诉分类，分别为："昵称侵权""头像侵权""功能介绍侵权""冒充他人""小程序内容侵权""小程序简称侵权""小程序代码抄袭"，权利人可以选择侵权内容所在的位置，向微信提供准确的定位侵权内容信息。同时，权利人的侵权投诉通知、处理进度信息、被投诉人的自认侵权功能以及微信的评估结果通知等信息均通过电子化系统进行提交转递，以方便权利人、网络用户的阅读和操作。

对于微信小程序，腾讯公司搭建了多个符合小程序产品特

维持原判：小程序首例案二审解读及平台合规治理回顾

征的平台管理和知识产权保护机制，包括"转通知""自行核实整改""开发者主体信息展示"等，以上措施可以通过信息转送，减少争议双方的信息不对称，高效、合理地协助解决小程序上的内容侵权纠纷。

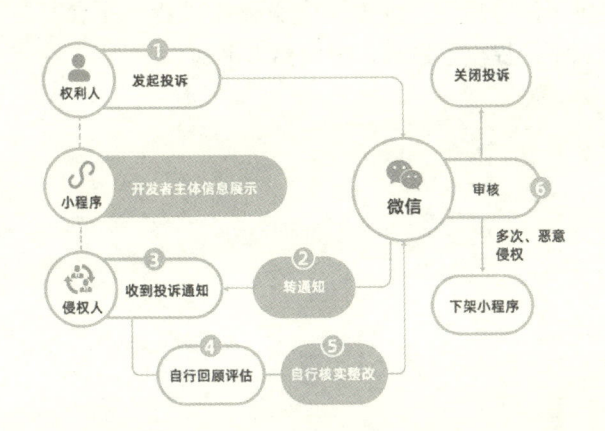

在近期发布的《2019微信知识产权保护报告》中，微信系统阐述了其对第三方知识产权的保护措施。其中，对微信小程序的知识产权保护尤为重视。

2018年6月，微信小程序内容侵权的独立投诉流程正式上线。上线一年以来，平台共收到并审核了超2000件微信小程序内容侵权投诉，对600余个内容侵权的微信小程序账号进行了处置。

2018年至2019年上半年，腾讯公司根据权利人提供的侵权线索，处置了超3800个侵权的微信小程序。其中，因头像、昵称、简介、简称等账号信息侵权而被删除账号信息的有2600余个微信小程序；因仿冒而下架的有近600余个微信小程序；因代码侵权而下架的有580余个微信小程序。

微信小程序首例案经历了一审、二审，让我们看到了互联网行业的迅猛发展和产品功能多样化趋势对法律评价提出的考验。一审对《侵权责任法》的目的性限缩解释、二审对"通知-采取必要措施"种类的开放性、实质性讨论,都让我们看到审理法院非常贴近业界实际情况的裁判思路。不仅为平台经济的发展提供了法律指引,也为网络服务提供者(平台)自身的合规意识和举措提供了极具价值的参考准绳。

终审胜诉：腾讯小程序第一案的终点与续章
——网络侵权规则的往事与今朝

张 奇 腾讯法律诉讼中心高级法律顾问

杭州互联网法院一审首对微信小程序服务排除适用通知删除规则后，由腾讯法务诉讼中心张奇、姜哲、林梦楚处理的小程序案件告罄，二审明确维持一审关于微信对存储于开发者小程序的信息不适用"通知-删除"的认定，认可小程序服务的新型网络服务地位，同时首次对"必要措施"作开放性发展，追求"合理措施规则"。两审均跳出了"一刀切"式的"通知-删除"规则的长期桎梏。

网络全境所有新类型的服务商是否一律应顶格适用信息处理责任（《侵权责任法》第36条），是产业界交代于立法和司法的不容忽视的困惑挑战。

一、序章

网络连接中介为网络世界原生物种，其责任规矩一直是网络社会机制的运行焦点。应该说，21世纪初网络版权领域的那次产业观察和立法操作是科学的，先对当时流行的Internet服务成功进行了认知，再以侵权法的过错、可责性、因果力等基本原理将网络连接中介规训为信息服务派（如电商、视频网站、搜索引擎）和自动连接派（如网络传输），"分类领责"，前者需理会处理侵权信息后者不需要。结果是两派各司其职，一举归顺于传统侵权分析体系。相顾而行则彼此激励,《信息网络传播权保护条例》(以下简称《信网条例》)的推行(2006年)帮助互联网产业梳理出了初步框架规矩,保障了产业后来的平稳勃兴。

以腾讯、阿里为首的互联网产业界,这回何以对"通知-删除"推及某些新型网络服务警惕十足?个别习惯向规则索取便宜的群体在方便受阻时坚信大公司只想着猥琐置身事外。但事情并非如此,核心缘由是此次争论已经超越侵权投诉处理的具体业务利害,直指商业全身的底层心智,背后牵动众多网络小微经营者的营商底层安全顾虑和与长远信心相关的神经(司法后来对此有直接回应)。

对比已习以为常的传统强管理平台模式,产业侧外的目光是不便观测、跟踪到的,但一直构成行业普遍实在的一方图景的是——而今普通经营者在网上开办生意,普遍会与许多"弱连接"打交道,比如委托建站平台搭建、维护网站,或使用微信工具开发小程序,租用空间服务商的域名空间,使用域名服务商的域名解析服务,接入电信网络,购买计算资源(云服务),接入网络支付/电子银行服务等。这与传统生意租赁场地、开立银行账户、接入燃气水电而生成必要的"筋骨连结"本质上区别不大。但"弱连接"与完全于平台空间内部构建信息或业务的传统平台模式是两回事。

试想,如果普通经营者和第三方发生纠纷,就要求提供"弱连接"的供应商切断服务或"按需制裁",或认为提供"弱连接"的供应商不制止纠纷,就构成共同/帮助/间接侵权,就不再是以侵权法思维行事了。法律的逻辑本来一以贯通,两个世界的一体耦合决定了其法律规律大体不至于割裂。

不管是传统的还是互联网的生意,底层的"筋骨连结"均先是客户关系。纠纷解决路径有多种,不能认为供应商的客户关系先天有义务服务于他人。自主决策、财产界线、安全信赖等商业伦理共同组建起商业底层秩序,为了解决他人民事争议善用"弱连接"关系更像是在推翻这些伦理。供应商倘若不得不加强管理措施以迎合规制,会致使产业机会式微的经济账不能不算,而且还会为了厘清这类三角关系耗费司法等公共资源。

传统世界要求银行向开了户的侵权商家转侵权通知,法院恐怕不会理睬。网络世界继《信网条例》初步梳理出版权领域规则框架后,总体纲常未定,但即将在一场变革过后天气突变。

突破是两审法院拓展出了追求合理性措施的规则。新型网络服务商不必然负责删除或转通知,而应根据服务的属性特点,以兼顾技术可行为前提,综合衡量各类因素议定合理措施。判决对"必要措施"作出发散但始终围绕合理性的中心,等效于将归责标准收束回侵权责任法基本原则。

二、种子

《信网条例》在版权领域规训信息服务派和自动连接派后,较之业务亲近大众、纠纷场景也占大多数的信息服务派,自动连接派因位于产业后端而不易被直观感知,逐渐淡出了人们视线。

《侵权责任法》网络侵权条(第36条)旨在解决网络全境全品类侵权问题,由于当时自动连接分量小到可以忽略不计,满占视野的信息服务派自然成了主要的考察目标,人们几乎按着信息服务派的体格职能量体裁衣,发展建立网络服务派(2010年)。基于视野原因,人们以为只要考虑了信息服务派特性就相当于解决了全部问题,所以将网络服务派宗旨定为所有网络服务都需要理会并处理侵权信息。并且,立法体例决定,理论上所有派别都应收编于网络服务派,从事单一业务。纷争的种子始埋于此。

往前推一个时期,"36条"发挥了重要作用,已经出色地完成了历史使命。但是,当这种推广不过对上一两个新服务形态便尽显张力疲惫进而与产业不欢而散时,是否足以提醒我们重新检视正当时,而非远离思辨?坚守一线、捕捉到产业关系异动的司法机关率先展现担当,开创性地探讨"36条",为弥合产业实际与法律的裂痕奉献了重要试探,公道地说不输理论风采,其善意初衷和正义风范更对得起业内的感佩和上级紧随时代设置互联网法院,匡扶新产业的殷望。但实难掩网络侵权专条的先天不足。

三、矛盾

网络侵权专条,是侵权法场景化了的专门规定之一,如今来看,其极可能已成了无所不包的"专条"。

如何认定不折不扣需要承担网络侵权责任的网络服务?其界定的核心不是"网络"这个泛泛标签,而应当是侵权法关心的服务的"介入运营""管理色彩""控制能力"等属性DNA。具备了"管控"等属性,不论是不是网络环境下的服务,都有可能承担直接或间接侵权责任(包括"通知–处理"责任),否则就不需要考虑。

如何理解"36条"?《信网条例》立法视野所及的网络服务分为信息服务与自动连接两大派别,核心区别在于有无"管控"等DNA,对应是否有责任理会、处理侵权信息。自动连接派的场景闭合性决定了它们纠纷鲜出,导致两大派别的DNA差异不足以引起"36条"的重视。结果是,"36条"的主语"网络服务"把纠纷场景稀少的连接派圈进来了,其谓语"必要措施"

规则又完全承自信息派、与连接派 DNA 天生矛盾，派别发散，业务单一，注定无法调和，尤其难以规训连接派。连接派不是主流，以前还说得过去，但产业互联网和移动互联网对社会的渗透已达到临界点，设施服务（云计算、运维支持等）、工具服务等不断壮大（网络 OS、云控浏览器等），在性质上可与自动连接服务统一为弱连接服务。弱连接派产生了很像样的纠纷场景，主流社会不得不认真调和。但网络服务派极难合伙，仿佛一个商业吞并巨物，只负责吞并新流派，但不尊重新流派的 DNA，要求所有流派转型和自己一起做一模一样的发家业务：侵权通知来者不拒、处理侵权信息甚至关停服务。

这类业务弱连接派是做不来的，因 DNA 存在本质差异，它不像信息派那么介入运营大量商户的生意，弱连接派与商户对等，干的是服务商户或者工具的活、出租大型计算机给商户使用、允许用户在自己的云系统上下载使用其他公司的软件，没有介入其他公司的生意运营。要求其处理其他公司的侵权业务明显不妥，还可能涉及要探知其他公司使用连接资源或工具从事的活动，甚至要破解客户数据，因为客户跟第三方产生纠纷就要自己断供更是不可理喻。虽然顶着"36 条"的压力，弱连接派亦不乏有实力者，但其反对越俎代庖、釜底抽薪冲击信任和行业底线，其中两家最为耿直。因此，就有人把他们和客户一并告了，这就有了近两年很火的"腾讯小程序案"和"阿里云案"。

四、平息

按判决先后顺序，首先是杭州互联网法院（杭互院）执锤"腾讯小程序案"的初审，杭互院属于比较能怜悯、体谅产业的法院代表，能够从产业发展角度思虑更多。

研究了"腾讯小程序案"后,杭互院认为小程序服务接近浏览器或一种在线的操作系统(接近工具),应该类比自动传输,归为弱连接派,与实为信息派的网络服务派 DNA 存在根本不同。弱连接派在技术上处理不了信息,如何能适用追求处理信息的"36 条"?杭互院同时敏锐地察觉到了"36 条"的主谓不合,网络服务派名不副实,建议限缩规模。无论从哪个角度看,杭互院都认为释放弱连接派没错。这一认识,最为接近实际。后来"36 条"善意提醒,网络服务派名义包含弱连接派,但这不是解决问题的追求。只要谬误在那里,就无法阻止冲击的步伐。

接下来,司法机关希望在说理层面深挖"36 条"尚未彻底闭合的概念,以法服法,祈求曲线消弭法律与产业现实之间的矛盾。

未闭合的概念,就是"36 条"谓语"必要措施"规则。

在杭互院开头后,终审"阿里云案"的北京知识产权法院(北知院)开始高明说教,告诉阿里云,可以不做网络服务派的清理业务且不触犯"36 条"。北知院的方法是:阿里云收到侵权通知,负责理会跟进,先转发通知,看客户反应再考虑下一步(怎样跟进能免责,没有闭口)。虽然这离 DNA 还有差距,但想到转发通知的影响还算可控,云服务也就从名义上归顺了网络服务派,但实际责任比信息派轻松得多。

在这两个案件中,法官先穿透律条,终于回望见产业的狼狈无措。正如北知院所指出的:动辄要求删除客户数据或关停服务器将会严重影响正常经营和数据安全的信心,议定必要措施不能不考虑行业的商业伦理。

"腾讯小程序案"二审在杭州市中级人民法院进行。该院的审理风格相对超然物外,但酝酿判决也不含糊,开庭过后合议庭仍慎重研究了 4 个多月，不打算敷衍。由于一审的实质未改，细节不多赘述。不过终审指出，小程序服务名义上仍位列网络服务派，但实际工作比"阿里云案"定义得更灵活，无需清理信息，对于要不要理会转发侵权通知或做其他工作也未说死，应结合具体纠纷的严重性，考虑弱连接具体场景业务的特性，力所能及地适当作业，相当于信息派责任的最小因数。算是超脱"36 条"具体桎梏，自然收敛向侵权法总则。

五、续章

至于网络服务派的名实不合何去何从，我们已经不能向法院奢求再多。方向其实已经异常清晰。

杭互院限缩"36 条"主语的探索是有益的，沿着这条思路的立法路径是，必要时仿照《信网条例》推广、开辟新类型化服务专门法。另一种思路尝试是，如果场景化、类型化讨论网络环境侵权责任的难度过大或条件尚不具备，淡化"必要措施"，将归责标准暂时收束向侵权法总则，回归本源未尝不可。司法实践中亦不乏对这一路径的体现。两种探索共同摈斥了封闭偏狭，一致以必要的理性诚恳增进了与产业界的互相理解。

中国互联网在应用创新方面已经走在了世界前列。常常需要创新探索，是深水区，也有很多暗礁。产业界需要具有前瞻性的司法判决，聆听产业的思虑、匡扶产业的发展。

首例小程序案件的技术和法律要点
——产业互联网背景下认识技术中立型互联网服务的法律属性

张　奇　腾讯法务法律顾问
姜　哲　腾讯法务高级法律顾问
林梦楚　腾讯法务法律顾问

产业互联网兴起，toB 业务迅速壮大，萌生出了各式新颖独特的业务模式和生态。以小程序为代表的传输连接服务、以云计算为代表的网络后端设施服务加上传统的互联网基础服务，已经在网络生态中占据举足轻重的地位。法律层面有必要认真对待这类服务的责任界定。

法院在笔者负责的"腾讯小程序案"中认定：小程序服务不存储开发者数据，仅根据服务对象指令为其交互数据，类似《信息网络传播权保护条例》（以下简称《信网条例》）中的自动传输服务，不适用承担"通知-删除"规则。需披露服务对象主体信息及对违法信息加以防控。该案在国内首次限缩性地适用《侵权责任法》的"通知-删除"规则。

本案折射出的问题是，网络世界广泛连接的特性决定了连接侵权行为的服务不可能是唯一的，应当根据网络服务的属性来界定其是否可被侵权法律规制，而没有理由将涉及的各类服务一网打尽。在技术色彩鲜明的云计算、浏览器、网络通信、Wifi 助手、Os 等服务不断发展的新业态领域，可尝试以本文初步提出的"用户行为无损延续标准"来界定网络服务/技术属于中立技术方案还是介入侵权行为的信息内容管控平台。

在网络侵权领域,《侵权责任法》第36条可以说是最为重要的一条立法规定。该条规定了"网络服务提供者"的侵权处理义务,是"避风港"制度的重要体现。遗憾的是,《侵权责任法》对"网络服务提供者"没有给出界定,似乎互联网所有服务提供商都可以被归入"网络服务提供者"的范畴。

按照这种理解,公共网络基础设备、电信运营商完全可被纳入"网络服务提供者"范围,几乎所有的网络侵权投诉都可依《侵权责任法》向电信公司等服务商主张。这显然是一个荒谬的结论。

司法实践中有相当一部分案件均对网络服务提供者不加任何区分,导致了适用避风港制度时向《信网条例》后两种情形逃逸的错误倾向。涉案小程序服务是仅为服务对象交互数据提供桥梁通道的新技术系统,有别于能对具体信息施加管控的平台,也在司法实践中面临相同困境。

因此,我们应尽快认识到《侵权责任法》下须承担信息管理责任的"网络服务提供者"不能囊括现实"网络空间中的所有服务提供者"。后者的范围要大得多,例如本文准备讨论的作为底层设施的互联网基础服务提供者,后台输送云计算、服务器能力的网络后端设施服务提供者以及在网络数据交互过程传导信息的自动传输服务提供者等具有技术中立属性的服务提供者。理应赋予这些技术中立性质的网络服务提供者"避风港"制度下的免责地位。

技术中立型网络服务提供者的另一说是基础性的网络服务提供者,为"腾讯小程序案"判决对免责的服务提供者类型的统称,两种称谓的具体指向基本一致。"基础性的网络服务提供者"是相对于"网络服务提供者"而言的,基础性指更后端、不介入后者服务、不触碰后者信息。

一、国内外法律制度供给的互联网服务提供者类型划分依据
——立足成文法渊源,聚焦"避风港"前两种情形

"避风港"制度在设计之初就为互联网服务提供者划分了类型并进行了区别对待。对于第一、第二两种数据传输管道性质的服务,美国《千禧年数字版权法》(DMCA)并不要求其提供者承担投诉处理义务,而是直接规定其不承担法律责任,只有后面两种空间存储和信息搜索服务才要求提供者按照"避风港"原则承担投诉处理义务。

该法第二章第512条规定了四种互联网服务提供者类型及其网上版权侵权责任的限制:

网络服务类型	具体服务内容	提供者免责条件	DMCA条文
1. 暂时传播[1]	在用户指定的点之间,为用户选择材料提供数字网上传播的传输、引导,或链接服务,而且对发出或接受的材料内容不做任何改变的单位。	·传输行为必须是由他人,而不是服务商自己发动的。 ·传输、引导、提供链接或复制行为必须是由一个自动的技术过程进行,且材料没有经过服务商的选取。 ·服务商不能决定材料的接收人 ·任何中间形成的复制件除能被预期的接收人得到外,通常不能被其他任何人获得,而且这些复制件保存的时间不能超过合理需要的期限。 ·材料在传输过程中不能有任何内容上的改变	512(a)

---

[1] 该法条原文见链接:https://www.congress.gov/105/plaws/publ304/PLAW-105publ304.pdf,19~20.

续表

网络服务类型	具体服务内容	提供者免责条件	DMCA条文
2. 系统缓存[1]	材料是由他人而不是服务商提供到网上，并在其指示下传输给用户。服务商保存这些材料，以便通过传输保存的复制件来满足后续的对相同材料的需求，而不需再从网上资料中重新取得。	·不得改变所保存的材料的内容。 ·如果被业界普遍接受的标准数据通信文件有特别规定，服务商必须遵从关于"刷新"材料的规则，即将保存的复制件用来源地材料替换。 ·服务商不得干预将"点击"信息反馈给材料提供者的技术手段，如果该技术手段符合一定要求的话。 ·服务商必须根据材料提供者附加的访问条件（即密码保护）限制用户对材料的访问。 ·一旦服务商被告知任何未经版权所有人许可而上网的材料已在原地址被除去、阻挡或被勒令除去或阻挡，这些材料必须立即除去或阻挡。	512（b）
3. 根据用户指示在系统或网络中存储信息[2]		·服务商不具备以下描述的对侵权行为所需要的认知水平。 ·如果服务商有权利和能力对侵权行为进行控制，它必须没有直接从侵权行为中获得经济利益。 ·在收到声称侵权的适当告知后，服务商必须迅速撤下或阻挡材料的访问入口。	512（c）

[1] 该法条原文见链接：https://www.congress.gov/105/plaws/publ304/PLAW-105publ304.pdf，20~21。

[2] 该法条原文见链接：https://www.congress.gov/105/plaws/publ304/PLAW-105publ304.pdf，21~23。

续表

网络服务类型	具体服务内容	提供者免责条件	DMCA条文
4. 信息搜索工具[1]	关于超级链接、网上索引、搜索引擎及类似问题的规定。它对通过信息搜索工具，将用户引向或链接到载有侵权材料网址。	·服务商必须不具备能够认识到材料是侵权所必需的知识水平。该认知标准与对在系统或网络中保存信息的限制所适用的标准相同。 ·如果服务商有权或有能力控制侵权行为，该服务商必须没有直接从侵权行为中得到经济利益。 ·在接到侵权生命告知书后，服务商必须迅速撤下或阻挡材料的访问入口。	512（d）

2006年我国国务院颁布的《信网条例》同样为网络接入服务提供商、缓存服务提供商、信息存储空间服务提供商、搜索或链接服务提供商等四类网络服务提供商设定了免责情形，免责条件与DMCA如出一辙。

而且，《信网条例》对不同类型的提供者的义务和责任也同样做了区别处理，只要求信息存储空间服务提供商和搜索或链接服务提供商承担投诉处理义务，[2]直接规定网络接入（传输）和缓存服务无需承担通知删除义务。（对应《信网条例》第20~23条）

事实上，这几类不需要承担投诉处理义务的网络服务属于本文想专门讨论的具有技术中立性质的互联网服务。

---

[1] 该法条原文见链接：https://www.congress.gov/105/plaws/publ304/PLAW-105publ304.pdf，23.

[2] 国务院法制办负责人就《信息网络传播权保护条例》答记者问。

二、技术中立型互联网服务的属性——诘问立法逻辑，法律何以"优待"传输服务

（一）回顾网络信息服务提供者的属性

《侵权责任法》下的网络服务提供者，主要有信息存储空间服务提供者、搜索链接服务提供者两种，官方将前述两种服务统称为网络信息服务提供者。根据实际操作，网络信息服务均以信息条目作为基本运营管理单元，如一条视频、一篇文章、一条商品信息、一个 App 等。

网络信息服务提供者一般出于运营单一网络服务的目的开办专门性平台网站，其平台上的信息发布流程为，"上传者上传信息—平台存储—平台审核—平台统一展示信息—普通用户从平台网站按照平台限定的形式获取服务和信息"。

从侵权责任法基本归责原则出发，笔者认为，"避风港"制度之所以设置网络信息服务的信息内容处理责任而免除接入传输缓存服务的相应责任，其背后的核心考量是网络信息服务在提供信息内容时的运营管控属性。

网络信息服务提供者对其平台上存储的信息内容具有管控能力（有能力）；平台开办专门性网站收集组织展示信息内容又决定了平台具体介入信息内容发布、有主动运营意图，信息发布被打上了平台主导管理的色彩（可责性）。

几乎所有的网络信息服务都不支持上传者独立将手头的信息实时传送给请求信息的用户，其所扮演的角色也都不属于纯粹意义上的数据交互渠道或技术装置，平台接收来自上传侧的信息后将信息统一发放到用户侧以服务于平台运营。很难把平台上发布的信息仅看作单纯的上传者行为而认为平台未介入其中。

网络信息服务平台收益与作为基本运营单元的信息条目高

度捆绑的营利模式（最直观的便是电子商务平台针对每个成交商品项目收取的佣金）在一定程度上进一步增强了其负有对每个信息条目进行管控注意的理由。

而接入传输等服务的运营管控属性则切实与法律层面关注的信息交互场景分离，其与用户/信息间的纽带变成单纯的技术方案。

（二）技术中立型互联网服务及其特征属性——从"实质性非侵权用途标准"到"用户行为无损延续标准"

如果说网络信息服务对信息的管控能力较强、直接触碰运营特定网络信息、更多地表现为面向终端用户的 toC 服务，那么本文主要探讨的互联网基础服务、网络后端设施服务、自动传输服务等技术中立性质的互联网服务则明显表现为较难直接管控具体网络信息、通常均广泛连接大量不特定互联网业务、更多地属于 toB 客户的产业互联网服务。

其中，互联网基础服务一般是处于最底层的电信设施，网络信息服务从前端服务最终用户，云计算、数据传输、网络通信等大量服务则一起构成中后端支持能力。

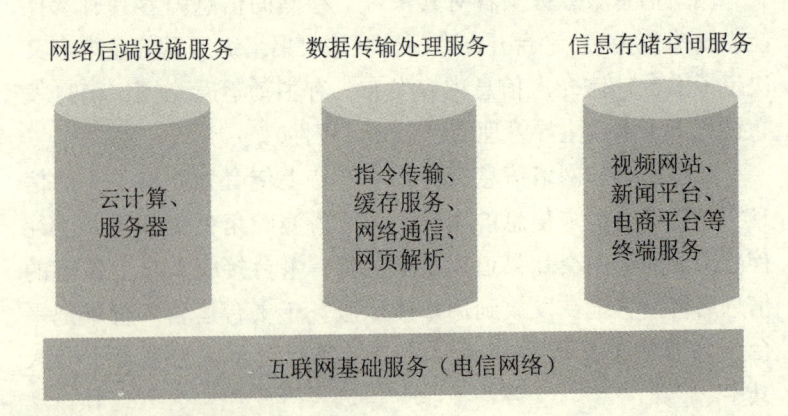

网络后端设施服务	数据传输处理服务	信息存储空间服务
云计算、服务器	指令传输、缓存服务、网络通信、网页解析	视频网站、新闻平台、电商平台等终端服务

互联网基础服务（电信网络）

相对于网络信息服务提供者,技术中立型互联网服务具有如下属性:

1. 响应服务对象指令自动化提供技术服务(没有可责性)

互联网基础服务提供者、自动传输服务提供者和网络后端设施服务提供者均不是发起具体服务的一方,信息接入/传输/计算由服务对象发起指令,由对应服务的固有装置所接收,并被动处理传输信息。具体信息接入/传输/计算的发起代表的是服务对象的意志。用户侧与服务对象可以进行信息、指令的实时交互,这些服务提供者扮演的是纯粹意义上的数据或指令交互的介质通道,体现了高度的技术中立或是纯粹工具的属性。

网络用户行为	网络用户行为延伸	平台介入用户行为	平台行为
建站诋毁他人	使用微信诋毁他人	头条上发文诋毁	头条网官方宣传

2. 对服务请求实时、无选择响应支持(不存在引入审核的缓冲带)

被动响应服务对象指令的高度技术中立属性另一方面又决定了上述服务须满足实现服务对象指令行为完整自主实施所需的高可靠性支持。对于已经接入服务的对象的信息接入/传输/计算调用请求,只要该请求与服务的既定技术配置不冲突,服务提供者就必须根据请求指令即时实现信息的接入/传输/计算调用,并由技术安排确保不能拒绝服务。

而且,从服务对象请求到服务提供者响应并交互完成的过程,所需时间一般极短或者从技术上设置为固定时间,一般不存在允许服务提供者在这些服务中额外加入审核机制的缓冲带。因此,相关信息接入/传输/计算调用在性质上属于服务对象行为,相应服务场景下不存在服务提供者介入审核、有选择性支持的可能性。

最浅显的例子便是网络通信服务，机械地认为网络通信工具携带服务商意志参与了服务对象通讯，因此要求服务提供者审核通讯内容、有选择性传送通讯内容的方案是不可想象、不可思议、不现实的。

在网络通信服务的案例中，笔者认为，网络通信工具是不带有服务商意志的"死物"，决定网络通信完成用户主动通信行为的机制也是纯技术方案，未加入通信运营方的任何主观意志。这与淘宝卖家上架商品信息过程中淘宝网的作用和地位情况无法相提并论，网络通信用户发送任何信息均构成独立于服务提供者、自负全责的自主行为。

3. 不直接触碰信息（没有能力）

这里所谓的"不直接触碰"并非指物理隔绝，而是指基于技术或者服务形态原因，无法通过服务本身直接控制、排查、处理服务对象自身的信息。例如，云计算服务，首先要求云计算服务商掌控、解析、查探服务对象的经营数据无异于给云计算行业带来灭顶之灾。其次，在技术上，服务对象直接掌控处理自有商业数据，与云计算服务商分布式、加密、载体化处理服务对象数据的方式之间具有天壤之别，后者除非监守自盗、逆向破解数据，否则无法具体处理相关商业数据。

相关服务提供者无法直接触碰服务对象数据，这同时也带来了侵权责任意义上的处理能力问题，即这类服务提供者无法针对侵权内容做"定点清除""精准打击"。

无论是《侵权责任法》《信网条例》《电子商务法》还是相关司法解释，所有跟"避风港"责任有关的规定，其中最核心的处理措施都是删除或者屏蔽侵权内容（链接）。但这个处理要求对于作为纯技术方案的互联网服务提供商而言是无法实现的。机械性扩大化适用"通知-删除"责任，首先挡在前面的恐怕是技术上难以逾越的障碍。

为更清晰地认识技术中立型网络服务的特殊性,我们不妨将其与典型的网络信息服务进行举例对比:

服务	互联网基础服务提供者、自动传输服务提供者和网络后端设施服务提供者	网络信息服务
示例	电信服务、email 服务、云计算服务	视频服务、信息发布服务、网购平台服务
基本性质	信息的"管道"、后台技术服务	信息的"管理平台"
处理对象	信息整体的载体数据	具体到每个信息内容项
信息来源	网络用户	网络用户
处理、使用方式	服务商:以封包的、纯数据形式、协议编码形式处理信息 客户/用户:以明文的、多媒体形式、可视化形式处理、使用信息	服务商/客户/用户:均以明文的、多媒体形式、可视化形式呈现、使用信息
处理策略	根据指令和固有设置自动接入/传输/计算,无审核干预,无差别服务,不管控所接入的服务	一般须经审核,根平台内容或营运业务策略选择特定信息,对所接入信息进行一定程度管控
处理能力	无法对数据承载的信息内容进行具体处理 例:电信服务、emial 服务传输处理的是网络传输数据、邮件数据,不是对所传输的数据文件解析后呈现的多媒体内容进行控制、编辑、操作。	能够具体处理每一个信息项目,能够选择、改变、分类、控制信息内容。

续表

服务	互联网基础服务提供者、自动传输服务提供者和网络后端设施服务提供者	网络信息服务
收费方式	费用收益与接入的具体信息内容不捆绑,全局计费策略	收益与接入的具体信息内容高度捆绑

总结,技术中立型网络服务与一般网络服务相比,在基本性质、处理对象、处理使用方式、处理策略、处理能力上存在南辕北辙的不同。尤其是在处理能力、处理策略上,前者体现了纯粹、无差别的技术性和被动性。要求技术中立型网络服务提供者承担与网络信息服务提供者相同的处理责任,是不现实、不公平、严重不符合两者的可责性、管控能力及技术逻辑之别的。

可能有人会认为,笔者似乎是为"实质性非侵权用途标准"还魂,甚至有鼓吹"技术无罪论"的嫌疑。这当然是误解。不能说"避风港"制度明确赋予具有纯粹技术特性的自动接入、传输、缓存服务免责地位,便证明当初立法者也是"技术无罪论"的拥趸。谨从"避风港"制度字面意思考察,立法者将这些服务排除在间接侵权之外的考虑因素和初衷与笔者的思路大致相同,考察路径都是技术方案对直接侵权行为进行帮助时受主观因素、运营策略等非技术因素的影响有多大,进而确定技术方案是作为纯粹中立工具还是构成了方案提供者介入了的间接侵权行为。

从本章的详细对比分析可以看到,笔者不追求"实质性非侵权用途"和"技术无罪"标准的适用。一项网络服务是"技术中立型互联网服务"还是介入了侵权行为的信息内容管控平台,结合本章的属性对比分析,笔者给出的界定思路是:

首例小程序案件的技术和法律要点

如果无论如何都更倾向于将一个直接侵权行为界定为用户的独立自主行为，且侵权行为既与所使用网络服务业务上的营运策略无关，也没有被网络服务提供者改变的可能，则此处对应的网络服务就属于"技术中立型网络服务"。网络服务在此仅仅以无损、纯技术支持方式延续了用户的侵权行为，浓缩即为"用户行为无损延续标准"。

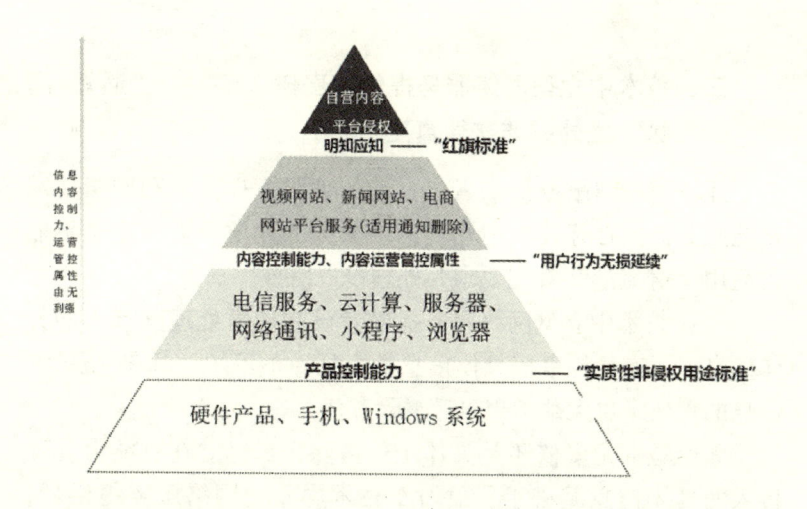

```
                    自营内容
                    、平台侵权
信              明知应知 ——— "红旗标准"
息  内
内  容
控  制       视频网站、新闻网站、电商
制  能       网站平台服务（适用通知删除）
力  力
、、    内容控制能力、内容运营管控属性 ——— "用户行为无损延续"
营  营
管  管    电信服务、云计算、服务器、
属  属    网络通讯、小程序、浏览器
性  性
由  无
强  到    产品控制能力 ——— "实质性非侵权用途标准"
到  强
弱        硬件产品、手机、Windows系统
```

本案的小程序技术也是一种典型的技术中立型网络服务提供者，小程序服务是一套移动页面架构技术加信息通道服务，小程序页面接收终端用户的指令（如一个点击请求），将指令通过小程序开发者指定的域名传送到开发者服务器，开发者服务器接受指令后向小程序页面返回相应的内容。在这个过程中，小程序本身不存储开发者的内容，开发者通过域名与用户进行数据交互，微信在技术上不可能进入到开发者服务器去删除处理侵权内容。

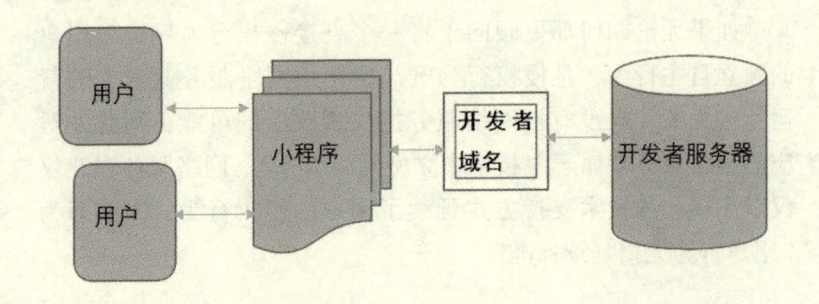

三、技术中立型网络服务提供者责任认定——"通知-删除"之外并非法律真空

互联网基础服务提供者、自动传输服务提供者和网络后端设施服务提供者等技术中立型网络服务的性质特征决定了不能再适用"避风港"规则要求其处理侵权信息。

（1）技术中立型网络服务提供者没有能力处理其接入的具体信息，不应承担审核具体信息的责任，不承担"通知-删除"信息的责任，也无须承担事后清除责任。

无论是事先审核还是具体定位清除，都建立在有能力处理接入的具体信息基础上，故对于技术中立型网络服务提供者，应适用"避风港"原则上半部分免责规定，只要服务商未选择、未改变接入、传输的信息，且根据服务对象的指令提供服务，不对发出指令以外的对象提供服务，服务商便无须承担责任。此处无须承担责任，既包括无须对具体信息进行审核，也包括接到通知后无需承担清除信息的责任。

（2）技术中立型网络服务提供者不能因服务对象提供的整体非侵权性质服务包含部分侵权信息便断开服务，也不因此种未作为而担责。技术中立型网络服务提供者无法对侵权内容定点清除，其只能无差别地断开具体信息所在服务。

但无差别断开服务产生的负面影响远远大于救济民事个体

权利效益，此结论的不言而喻程度和基本性实在无须再进行专门论证，简单列举若干负面影响便不证自明：

第一，清除少部分侵权信息的同时阻断全部服务，导致服务对象无法经营正常服务，用户无法获取正常服务，法益和经济效益明显失衡。

第二，权利人自身错失针对前端网络服务提供者或侵权主体迅速、高效维权的良机。久而久之，各方将浪费大量资源诉争技术服务商事后处理侵权行为的责任，而侵权行为的事先防控完全失效，最终导致权利人不愿见到的侵权泛滥局面。

第三，技术服务商没有能力直接处理侵权信息，只能倒退至原始状态——利用人工干预信息，不仅破坏技术服务商的基本业务模式，造成资源浪费，而且仍然无法解决海量侵权信息的处理问题。

第四，技术服务商不属于上层网络服务提供者业务生态的一环，网络服务提供者无法接受花钱请来一个第三方公司到自己家里监视自己的一举一动，更无法接受把家安放在"处刑台"，面临一锅端风险的境地。由于技术服务商的服务对象具有广泛性，这将导致全行业的合作信任危机及数据隐私问题，反过来抑止全行业的各类服务和用户需求。

以微信小程序为例，小程序已经成为大量中小商户的唯一线上门户，关闭小程序，跟 PC 端屏蔽整个网站是等效的。如果某个小程序商城里出现了一条侵权信息，就要把整个小程序关闭，这显然是极其不合理的，这样做是典型的"化疗式治理"，好坏通杀。"避风港"制度之所以强调针对侵权内容采取必要措施，目的就在于让处理措施限制在必要程度，使之与侵权行为之间相互匹配，动辄"整体移除"显然不是立法的目的所在。

（3）当然，技术中立型网络服务提供者并非没有任何法定义务，根据其服务特性，应该做到：

第一，明显违法信息的处理。笔者通篇讨论的是侵权信息的处理义务，对于色情、涉赌、涉恐、涉暴等明显违法的信息，技术中立型网络服务提供者应当采取技术上可行的必要措施进行处理。例如，引入行业安全查杀系统对违法域名网址做到事先屏蔽，便是一种非干扰、有效、先进的处理方法。但是，不管基于何种目的，要求技术中立型网络服务提供者直接对接入的信息进行具体审查、精确清除仍然不符合现实潮流、不具备技术条件，各方均应慎之又慎。

第二，附条件披露侵权主体信息。实际侵权主体身份是制止侵权行为的重要线索，微信小程序一般会披露小程序开发者信息，披露的开发者域名也很容易在 ICP 备案查询到开办者身份信息。

需注意的是，法律规定服务商对个人用户信息负有高度保密义务，因此，不宜按照"避风港"原则接到权利人投诉即提供涉嫌侵权用户主体信息。在披露信息方面，DMCA 第 512 条还确立了一套程序，使得版权所有人可以从联邦法院取得传票，要求服务商提供某个涉嫌从事侵权行为的用户的身份（第 512 条（h）款 [i]〔1〕）。这种做法其实也可以借鉴。

必须看到，随着网络上的侵权行为日益增多，权利人开始倾向于选择容易识别和锁定的目标发起维权行动，技术中立型网络服务由于技术上的普遍适用性，使得其更容易被列为权利人的维权对象。

实践中，权利人已经开始尝试跳过一般网络服务提供者直接向中后端的网络服务提供者索取用户信息、发起投诉甚至向

---

〔1〕 该法条原文见链接：https://www.congress.gov/105/plaws/publ304/PLAW-105publ304.pdf，25.

法院起诉，如果司法上一概严苛地适用"避风港"责任，结果必将造成其承担超出自身能力范围的注意义务，并且进一步面临客户信任危机。

　　对于相关网络服务的使用者而言，他们也将时刻面临着被"一锅端"的风险，权利人也不会再实事求是追求理性、有效、有针对性的维权，只需要把问题抛给这类服务提供者，再无限使用《侵权责任法》第36条鞭挞，制造法律诉讼风险高压，把相关服务提供者和法院均置于"莫须有"的两难境地。而实际上权利人也会错失针对正确对象展开高效维权行动的良机，届时将没有一方能从中受益。

　　总之，应当对网络服务提供者进行科学分层，"避风港"义务的准星需要归位，让技术中立型网络服务回归"技术"真正发挥其应有的价值。

【知识产权】

欧盟版权法改革中的大数据与人工智能问题研究

司　晓　腾讯研究院院长
曹建峰　腾讯研究院高级研究员

【摘要】 欧盟最新的网络版权立法《单一数字市场版权指令》，不仅结合数字技术和网络服务发展对美国 DMCA 奠定的"避风港"规则进行了扬弃，将特定类型的在线内容分享服务提供者定性为直接实施了向公众传播行为，从而有义务获得版权权利人的授权或者采取措施阻止侵权内容出现在其平台上。而且对数据科学、人工智能应用中为了文本与数据挖掘等目的复制、使用作品的行为进行了回应，创设了新的合理使用情形。其对技术和商业模式发展中的版权新问题的积极回应，具有启发和借鉴意义。

关键词：版权指令；特殊责任机制；过滤义务；文本与数据挖掘；非表达型使用

2019 年 6 月 7 日，欧盟版权法改革的主要成果《单一数字市场版权指令》（Directive on Copyright in the Digital Single Market，以下简称《版权指令》）生效，《版权指令》是继美国《数字千禧年版权法案》（DMCA）之后，国际上应对互联网产业发展与版权保护新情况的首个重大成果。《版权指令》旨在应对互联网技术发展对版权保护的冲击，保障内容产业高质量发展，进一步推进欧盟数字市场一体化建设。本文旨在对《版权指令》中涉及大数据、人工智能的制度——在线内容分享平台的"过滤义务"和对网络爬虫、文本与数据挖掘、数据科学、机器学习等新兴技术的版权规制——进行研究和分析。

一、欧盟版权法改革概述

（一）《版权指令》立法过程及主要内容

2015年5月，为了抓住数字革命带来的数字机遇，欧盟委员会启动"单一数字市场战略"（Digital Single Market Strategy），旨在通过一系列举措革新法律和监管政策，将28个成员市场打造成为一个统一的数字市场，以促进欧盟数字经济的繁荣发展。这一战略以三大支柱、十六项关键计划为核心。第一大支柱，旨在便利消费者和企业跨欧盟获取数字产品和服务，涵盖跨境电商、消费者保护、物流、地理屏蔽、电商领域反垄断调查、版权法改革、卫星和有线指令审查、税费改革等事项。第二大支柱，旨在为数字网络和创新性服务繁荣发展创造适宜的条件和公平竞争的环境，涵盖电信规则改革、音视频媒体制度审查、在线平台规则、个人数据保护、网络安全等事项。第三大支柱，旨在最大化数字经济的增长潜力，涵盖数据自由流动、标准和互操作性、数字技能等事项。[1]

版权法改革是这一战略的重要组成部分。在此背景下，2016年9月14日，欧盟委员会发布了版权法改革的一系列提案，《版权指令》作为其中的核心提案，虽然在立法过程中遭遇了巨大的抗议和反对，欧盟议会甚至一度投票反对该立法。但在经过激烈的立法博弈之后，欧盟立法者使现代化欧盟版权制

---

[1] 曹建峰："欧盟如何为繁荣数字经济打造统一的数据法律规则？"，载 https://zhuanlan.zhihu.com/p/47611114.

度能够适应技术发展的决心最终胜过了各界的抗议。在经过 2019 年 3 月 26 日欧盟议会批准、4 月 15 日欧盟理事会批准之后，欧盟历时 2 年多最终通过了《版权指令》。成员国需要在该指令生效后两年内将其转换为国内法。《版权指令》旨在实现三个主要目的：其一，促进跨欧盟获取在线内容；其二，扩大在教育、科研、文化遗产等活动中使用版权内容的机会；其三，完善版权市场机制。最终希望在新的数字环境下促进内容产业相关的创新、创造力、投资和新内容的生产。[1]

《版权指令》主要包括八个方面的内容：第一，第 3~6 条新增数字和跨境环境下的版权例外（合理使用），包括文本与数据挖掘、数字和跨境教学活动中使用作品以及文化遗产保存。第二，第 8~11 条规定了非流通作品的保护。第三，第 12 条规定了延伸性集体管理组织，旨在解决交易成本问题，促进作品许可。第四，第 13 条针对流媒体平台上的视听作品许可问题，提出通过中立机构或调解人等协商机制来促进此类许可。第五，第 14 条明确了公有领域的视觉艺术作品的使用问题，即除非衍生自公有领域的视觉艺术作品具有独创性，否则不能获得保护。第六，第 15~16 条规定了新闻出版商邻接权，要求新闻聚合等在线平台为使用新闻出版物（包括其中的部分或片段）向新闻出版商付费，以保护新闻出版商的组织和金钱投入。新闻出版物不限于文字作品，也包括图片、视频等形式。考虑到新闻的时效性，《版权指令》最终为这项邻接权规定了较短的存续期间，只有 2 年。第七，第 17 条规定了在线内容分享服务平台的特殊责任机制，将此类平台定性为直接从事向公众传播作品行为，为免于承担版权侵权责任，此类平台需要主动履行授权寻

---

[1] European Commission, "Modernizationofthe EU Copyrightrules", https://ec.europa.eu/digital-single-market/en/modernisation-eu-copyright-rules.

求、版权过滤等义务。第八，第18~22条规定了作品、表演开发利用合同中对作者、表演者的保护，包括公平合理报酬原则，透明度义务，合同调整机制，争议解决程序，作者、表演者的撤销权等机制。[1]

(二)《版权指令》旨在应对互联网技术对版权保护的冲击，保障内容产业的高质量发展

欧盟主要的网络版权立法《电子商务指令》和《信息社会指令》制定于2001年之前。当时，网络搜索引擎服务还处在襁褓阶段，尚无社交网络、视频分享、流媒体等如今风行全球的数字网络服务。然而，互联网技术经过二十多年的发展，给内容产业带来了巨大影响，彻底改变了创作、生产、发行和利用作品的方式。新的商业模式和市场参与者持续涌现。如今，社交媒体、流媒体、新闻聚合、内容分享等互联网平台成了人们获取数字内容的主要渠道。在欧盟立法者看来，这给网络版权保护提出了新的挑战，因为这些平台尤其是谷歌新闻、YouTube等长期以来免费使用新闻、视频等版权内容，在这些平台和权利人之间造成了所谓的"价值鸿沟"（value gap），因为按照既有版权规则，在线平台不需要向权利人付费。因此，《版权指令》希望通过一系列新的规则来弥合这一鸿沟，确保版权及相关权的权利人可以就互联网平台使用其版权内容获得公平、合理的报酬。

文创人员、记者、新闻出版商等是内容产业高质量发展的中流砥柱。然而，过时的版权规则导致新闻聚合、内容分享等在线平台收割了大部分利益，权利人却没有获得公平的报酬。

---

[1] Official Journal of the European Union, Directive (Eu) 2019/790 of The Europeanparliament and of The Council of 17April 2019 on Copyright and Related Rightsin the Digital Single Market and Amending Directives 96/9/EC and 2001/29/EC, https://eur-lex. europa. eu/legal-content/EN/TX/? uri=CELEX%3A32019L0790.

《版权指令》加强了新闻聚合、内容分享等在线平台的法律责任,使其有义务、有动力与权利人达成公平的许可协议并向权利人支付报酬。同时确保权利人在维护其版权权利、获得公平补偿上处于优势地位,以便让更多的在线版权收益流向作者而非互联网巨头的股东,从而确保可持续的文创工作和媒体质量。

(三)推行欧盟内部统一的互联网监管模式,制衡美国等国际互联网产业力量

欧盟《版权指令》立法背后有其深刻的政治经济动因,包括通过制定规则来推动利益再分配,并推行互联网规制的欧盟模式。具体而言,不满于美国互联网巨头长期从欧盟收割数据、版权内容等带来的巨大收益,新的《版权指令》通过革新版权制度促使美国互联网巨头向权利人分配其所应得的公平报酬,使权利人在互联网环境下继续受益。正如欧盟立法者所言,"个别公司依赖无数创作者和新闻记者的作品,赚取巨额的金钱(hugesums of money),却没有给予他们公平的报酬。对于纠正这一状况,本指令迈出了非常重要的一步。"在 2019 年 2 月 13 日欧盟委员会、议会、理事会等三方就《版权指令》艰难达成政治协议后,欧盟委员会在博客网站 Medium 上发文,回应舆论对《版权指令》杀死、终结互联网的质疑,斥责美国互联网公司鼓动欧洲民众杀死英雄(即新闻记者和文创工作者)、拯救恶龙(即大型互联网平台)。

更进一步,在单一数字市场战略之下,《通用数据保护条例》(GDPR)和《版权指令》以及持续进行中的数字税、反垄断、涉及假新闻、政治广告的平台监管等一系列举措,旨在构建欧盟内部统一的互联网监管模式,以此削弱美国互联网巨头的垄断地位,使面向未来的互联网惠及所有人,而非个别占据着市场优势的公司。这意味着互联网监管需要考虑国际竞争因

素,正如 Facebook 高管马克·扎克伯格、雪莉·桑德伯格,谷歌 CEO 桑达尔·皮查伊在接受媒体采访时所表示的,政府对美国大型科技公司的强监管(例如针对四大巨头 GAFA 启动的反垄断调查)可能危及美国硅谷科技行业整体的成功,因为有太多国家想要复制硅谷,所以监管政策需要实现平衡,避免失去硅谷的竞争优势。[1]

二、从"避风港"到"过滤义务"的网络版权保护范式转移

(一)"过滤义务"的出台背景及主要规定

"过滤义务"制度是欧盟此次版权法改革的核心举措,也是最受争议的条款,受到了美国主流互联网企业的大力反对和抗议。其出台目的是降低"避风港"规则给权利人带来的消极影响。具体而言,在欧盟立法者看来,以 YouTube 为代表的互联网平台长期未经授权上传并传播大量版权作品,致使欧盟众多权利人的利益受损。但平台商在法律诉讼中往往以自己尽到"通知-删除"义务,符合"避风港"规则为由进行抗辩以免除侵权责任,并且"通知-删除"是事后措施,并不需要平台方承担事先的版权过滤义务。在"通知-删除"规则下,权利人很难与平台方订立版权许可协议,更无法因其作品被上传而获取报酬,导致平台与权利人之间出现"价值鸿沟"。于是,"避风港"规则的"庇护"引起了权利人组织的不满。

因此,《版权指令》第 17 条在"避风港"规则之外,为符合要求的在线内容分享平台创设了特殊责任机制。其目的十分明确:在线平台从版权内容中赚钱,却不补偿权利人,不可能让这样的事情继续存在下去。具体而言,该特殊责任机制主要

---

[1] CNN Business, "Google CEO Reactstolooming US Antitrust Probes for Firsttime", https://edition.cnn.com/2019/06/14/tech/sundar-pichai-google-antitrust/index.html.

包括以下内容：

第一，重新界定在线内容分享平台（online content sharing service provider）的性质。对于在线内容分享平台究竟提供信息存储空间服务而应受到《电子商务指令》第 14 条的责任限制规定保护，还是从事落入版权专有权范围的向公众传播、向公众提供行为而应承担直接责任，《版权指令》给出了明确的回答。即分享平台存储、组织、推广用户上传的大量作品以营利，是向公众传播、向公众提供行为，而非宿主（hosting）服务。对于在线内容分享服务提供者（online content sharing service provider），需要在个案中个别认定，考虑其用户、上传的作品量等。但从立法意图来看，其主要是针对 YouTube 等视听内容分享平台。但不包括非营利的在线百科全书（如 Wikipedia），非营利的教育和科学知识库，开源软件开发、共享平台（如 GitHub），电子通信服务提供者，在线市场（即电商平台），B2B 云服务，个人云服务等。

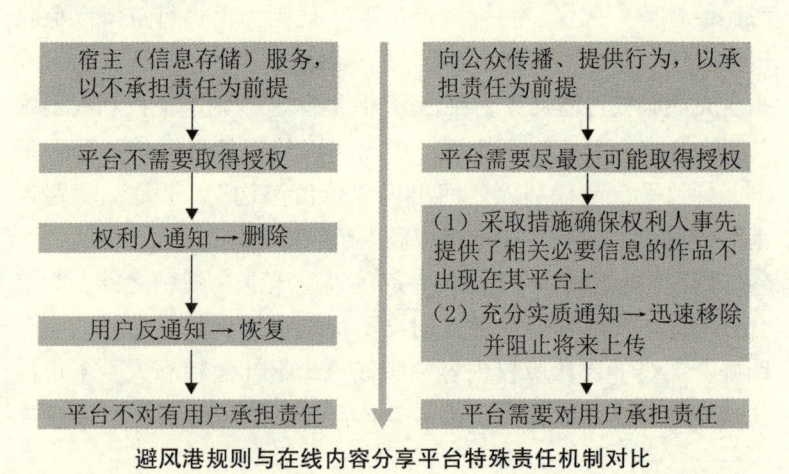

宿主（信息存储）服务，以不承担责任为前提	向公众传播、提供行为，以承担责任为前提
平台不需要取得授权	平台需要尽最大可能取得授权
权利人通知 → 删除	（1）采取措施确保权利人事先提供了相关必要信息的作品不出现在其平台上 （2）充分实质通知 → 迅速移除并阻止将来上传
用户反通知 → 恢复	
平台不对有用户承担责任	平台需要对用户承担责任

避风港规则与在线内容分享平台特殊责任机制对比

第二，构建以授权寻求义务和版权过滤义务为核心的在线内容分享平台特殊责任机制。《版权指令》并没有完全颠覆关于"宿主服务"（即所谓的信息存储空间服务）的"避风港"规则，即《版权指令》第 17 条规定的在线内容分享平台以外的"宿主"服务提供者依然适用"通知-删除"机制。因此，在线内容分享平台的版权侵权责任不以遵守"通知-删除"机制或对用户侵权的明知、应知为限，而应对其实施的向公众传播、向公众提供行为承担直接责任，不论其是否知道用户上传内容未获授权。以此为基础，为了免于承担版权侵权责任，在线内容分享平台需要证明其主动履行了两项义务：一是授权寻求义务，分享平台应当与权利人签订许可协议，获得权利人的授权，而且不能预设用户上传内容已经获得了权利人的授权。二是版权过滤义务，如果未获授权，分享平台应当对权利人事先提供了相关必要信息的特定作品，根据专业注意义务的较高行业标准尽最大努力阻止其出现在平台上，或者在接到权利人发出充分实质通知后，迅速移除或限制访问侵权内容，并尽最大努力阻止其将来被再次上传。

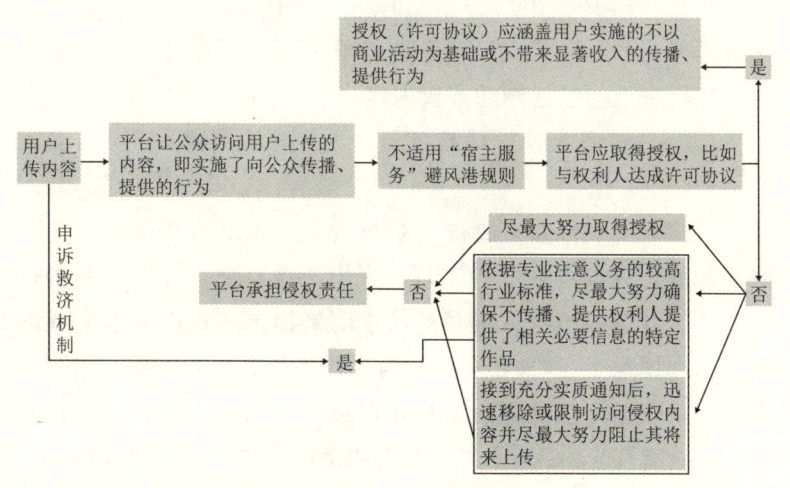

在线内容分享平台特殊责任机制

第三，平台不承担对用户上传内容的普遍监控义务。不承担普遍监控义务是美、欧版权法上的"避风港"规则的内在要求，《版权指令》继续遵循这一要求。按此，对分享平台上侵权内容的过滤，需要以权利人和分享平台之间的合作为基础。网络版权的保护需要平台和权利人之间的配合，《版权指令》相比美国 DMCA 而言走得更远，从基于"避风港"规则的合作机制发展到了基于特殊责任的合作机制。即权利人需要事先向分享平台提供必要且相关的信息，表明其是特定作品的权利人。对于权利人不明确的作品，不能期望平台采取阻止、过滤措施。即使其被用户上传，也不大可能让平台承担责任。

第四，对用户的保护和对创业型平台的豁免。《版权指令》给分享平台规定的过滤义务，不影响不侵犯版权或构成版权例外（合理使用）的内容的上传，例如 meme、GIF 等。因此，引用、批评、评论、讽刺、戏仿或模仿，或其他合理使用均不受影响。此外，为避免过滤义务阻碍互联网创新，上线运营不足 3 年且年营业额少于 1000 万欧元的创业型平台免于遵守新的过滤义务，但当其月独立访问者超过 500 万时，便需要采取措施阻止用户将来上传被通知的侵权内容。

（二）"过滤义务"的履行与人工智能技术背景下的自动过滤器

对于分享平台如何履行《版权指令》规定的"过滤义务"，法案并没有对需要采取的工具、人力资源、设施等进行明确规定，虽然《版权指令》最早的版本明确提出"可以采取有效的内容识别技术"，这被各界解释为《版权指令》要求在线内容分享平台采取上传过滤器（upload filters）来识别过滤侵权内容。但正如欧盟议会所言："指令没有明确说明或列举需要采取什么工具、人力资源或基础设施来阻止未授权内容出现在网站上。

然而，如果大型平台不提出创新性的解决方案，它们最终可能倾向于采取上传过滤器。事实上，一些大公司已经采取了过滤器。过滤器有时候确实有可能过滤掉合法内容，但这是研发、部署过滤措施的平台的责任，不是设定立法目标的（即平台必须为使用内容的行为付费）立法者的责任。"[1]

欧盟议会提出某些平台已经采取了过滤器，其实是指YouTube平台上的Content ID技术。简单来说，当用户上传内容时，YouTube会基于Content ID技术将用户上传的内容与平台作品库中的内容进行自动比对，如果发现涉嫌侵权，则告知权利人，由权利人决定是否允许用户上传。当前，随着机器学习、深度学习等人工智能技术的发展，自动化的内容识别成为可能，且其准确性在不断提高甚至已经超过了人类水平。例如，Facebook等科技公司开始引入AI技术辅助互联网平台治理，采取AI技术自动审查、移除非法内容。经过训练的AI系统能够对大部分内容的违法性作出自动判断，从而自动阻止非法内容的上传和传播，并在用户投诉举报之前就移除非法内容。但在版权领域，自动化的识别过滤需要存在一个事先的作品库，否则平台无从采取AI等技术手段对用户上传内容进行比对，所以《版权指令》要求权利人事先向平台提供作品的相关必要信息。以微信为例，其对公众号原创文章的保护也是以平台上的原创作品库为基础，对于原创作品库之外的或者其他平台上的文章，公众号的原创保护机制无法进行识别比对。

美国DMCA制定之时，互联网技术尚在发展初期，也没有现在的人工智能技术进步，"避风港"规则对互联网创新起到了

---

[1] European Parliament, "Questions and Answers on Issues about the Digitalcopyright Directive", https://www.europarl.europa.eu/news/en/press-room/20190111IPR23225/questions-and-answers-on-issues-about-the-digital-copyright-directive.

很好的保护作用。但如今，考虑到人工智能等数字技术的进步，欧盟给在线内容分享平台施加了新的过滤义务，要求其考虑行业最佳实践，提出创新性的解决方案来净化平台上的版权内容。当然，这需要考虑所采取的措施的有效性、可行性、服务的规模，以及现有措施和未来技术发展。正如平台的注意义务需要考虑服务类型、行为类型、技术能力、权力类型等因素一样，[1]平台内容治理也需要考虑现有技术和未来技术发展提供的可能性，这样的治理既可以基于平台自身设定的平台规则，也可以通过类似欧盟《版权指令》这样的立法来推动。

三、数据科学、人工智能发展背景下的文本与数据挖掘例外

（一）文本与数据挖掘例外的出台背景及主要规定

随着数字经济时代的到来，大数据、云服务和物联网以及人工智能等已经成为欧盟竞争力的核心，大数据和人工智能甚至被认为是所有经济领域实现经济增长和推动创新的催化剂，而文本和数据挖掘（Textand Data Mining，TDM）更是推动大数据时代经济发展和科学研究的重要工具。文本和数据挖掘技术在整个数字经济中非常普遍。新技术能够对数字形式的信息进行自动计算分析，例如文本、声音、图像或数据，通常称为文本和数据挖掘。文本和数据挖掘使处理大量信息成为可能，以便获得新知识和发现新趋势。而且随着大数据产业和人工智能技术的快速发展，对海量数据的学习和挖掘要求极为迫切。因此，高科技公司急需获得文本和数据挖掘例外，在不用担心著作权侵权的前提下可以专心进行技术的研究并促进高新科技产业的快速发展。欧盟委员会专家组在2014年发布的报告《创新

---

[1] 司晓："网络服务提供者知识产权注意义务的设定"，载《法律科学（西北政法大学学报）》2018年第1期。

和技术发展尤其是文本和数据挖掘领域的标准化》中指出，文本和数据挖掘对欧盟经济来说是一次重大机遇，大规模运用文本和数据挖掘将会为欧盟 GDP 额外增加数以百亿欧元的收入。

然而，在多大程度上可以对内容进行文本和数据挖掘面临法律不确定性。在某些情况下，文本和数据挖掘可能涉及受版权保护的行为、受特殊数据库权利保护的行为，或同时受两者保护的行为，特别是复制作品或其他客体、从数据库中提取内容或两者同时发生。例如，在文本和数据挖掘过程中数据被规范化。在没有例外或限制的情况下，需要权利人授权进行此类行为。

在这一背景下，《版权指令》第 3、4 条规定了文本与数据挖掘的版权例外。第 3 条规定了为科学研究目的的文本与数据挖掘的版权例外，属于法定例外，不可通过服务条款、许可协议等方式禁止之。按此，研究机构和文化遗产机构，为了科学研究目的进行文本与数据挖掘的，可对其可以合法访问的作品、数据库等进行复制和提取。具体而言，此项例外的行为主体限于研究机构和文化遗产机构；行为目的限于进行文本与数据挖掘是基于科学研究目的；行为方式是为进行文本与数据挖掘而对作品、数据库等进行复制（reproduction）或提取（extraction）；行为对象是可以合法访问的内容，包括通过订阅协议、开源许可等方式获取的内容，也包括网上免费可获取的内容。行为主体还需履行一项附属义务，即存储复制件应采取适当的安全措施，并可为科学研究目的（如验证研究结果）而保存复制件。此外，权利人为避免网站被大量爬虫爬取而威胁到其服务的安全和可用性，可以采取必要措施确保系统安全、完整。

第 4 条则规定了有条件的文本与数据挖掘例外。该例外不限制行为主体和行为目的，为文本与数据挖掘目的而复制、提取可以合法访问的作品、数据库等,即属于版权例外。但权利人可以保留为文本与数据挖掘目的而复制、提取的权利,即对于网站上公开提供的内容,权利人可通过机器可读方式来保留这一权利,包括元数据(metadata)、网站的服务条款等。其他保留方式包括合同协议、单边宣言等。这意味着商业目的的文本与数据挖掘必须尊重版权权利人的意志,否则即可构成侵权行为。

(二) 明确数据科学与人工智能应用中的数据与作品利用的法律保护边界

人工智能时代,数据成了企业的核心资产,人工智能系统的研发和应用离不开数据的"喂养",所以,实践中大量存在利用网络爬虫从网上爬取数据或以其他方式获取数据并用于数据挖掘、人工智能系统训练或其他商业目的的行为,因此明确数据与作品的利用边界对于促进创新和技术发展意义重大。欧盟早在1996年就制定了《数据库保护指令》,创设了数据库权这一特殊权利,禁止他人未经许可从受保护的数据库中提取、复制数据。《版权指令》区分了科学研究目的和商业目的,进一步明确了文本与数据挖掘、数据科学、机器学习等技术应用中复制、提取作品和数据的版权保护边界。一方面为相关技术研发应用活动提供了法律确定性,另一方面通过全面放开文本与数据挖掘合理使用例外,确保了欧盟在数据科学、人工智能等科学研究领域与美国等国竞争时不会受到不合理的法律壁垒限制。

更进一步,数据合理使用和数据不当使用的边界需要明确。根据《版权指令》,数据合理使用须是为了文本与数据挖掘目的,且商业性使用须尊重权利人的意志和保留权。而不当获取与利用数据,根据国内外司法判例主要有两种方式:一是未经许可或超出许可,采取侵入的方式获取非公开数据,通常表现为侵入服务器、破解或规避技术措施或者使用他人ID、密码等；二是采取爬虫等手段复制、抓取数据，一般针对公开数据。根据前述判例，法院在认定这些行为的不正当性时一般采取两个测试标准：一是实质替代标准，即将获取的数据用于足以产生替代效果的竞争性产品、服务，此标准主要体现在大众点评系列案件中。二是正当商业利益标准，其出发点是企业对其投入劳动搜集、获取、加工、整理、生成的数据和数据产品享有竞争法上的财产性利益，他人未经授权予以利用具有不正当性。正如美国最高法院在"International News Service v. Associated Press案"中所表达的观点：信息、设计等无形物可以因劳动、金钱等投入而产生一种"准财产权"（quasi-property right），从而可以基于反不正当竞争法禁止他人不当盗用。[1]

四、启示

（一）版权制度应因应人工智能对知识产品生产方式的变革

大数据、人工智能等技术与版权制度的关系主要体现在两个层面：

第一，工具的层面，互联网平台在加强平台治理、保护网络版权方面的技术能力在不断进步，区块链、人工智能等都可以为网络版权保护提供创新性的思路，欧盟《版权指令》中过滤义务的提出也是基于现在和未来技术发展的考虑。这意味着，在现在的技术背景下平台所应承担的注意义务和20年前不可同日而语，这也许正是既有的版权"避风港"规则不断遭到诟病的主要原因。所以，在工具的层面，平台规则、技术方案、代码、区块链、人工智能等在网络治理方面将持续发挥重要作用，

---

〔1〕 曹建峰、田小军："从国内外典型数据保护案例看如何保护企业数据权益"，载https://mp.weixin.qq.com/s/paqSCnfZmctZoG8pkBv8kA。

因为正如莱斯格在《代码：塑造网络空间的法律》中所言，代码比法律更高效地调节个人行为、规制网络空间。然而，技术的深入应用也可能导致技术工具与法律规范界限的模糊化。如果我们仔细考察智能合约、区块链等技术对数字世界的影响，可以看到，区块链甚至可以承担法律的功能，代码不仅被用来执行法律规则，还被用来制定和阐明法律规则。例如，智能合约可被用来效仿或者模仿法律合同的功能，使得法律与技术规则之间的界限变得日益模糊，因为智能合约既可以支撑，也可以代替法律合同。所以，有人声称，区块链技术可能导致一个以自治规则代替传统法律的社会。这对于社会治理而言既是机遇，也是挑战。

第二，规范的层面，人工智能对版权制度的影响不限于作品创作（即所谓的 AI 生成内容）的版权保护问题，也包括数据科学、人工智能应用中对作品的非表达性使用（non-expressive use）和前置的复制行为的正当性问题。例如，如果一个 AI 系统通过免费方式复制、学习某个知名歌手的所有歌曲来创作出一首类似风格的歌曲，复制行为是否侵权？原歌手能否就 AI 生成的新歌曲主张权利或者版权利益？随着内容创作的版图从人类作者中心主义扩大到"非人类作者"甚至将来可能过渡到"非人类作者中心主义"，版权制度必须对所有这些问题予以回应。将版权合理使用的辐射范围延伸至文本与数据挖掘，仅仅是开了一个头而已。在 AI 生成内容的版权保护方面，目前国外很多国家（如英国、南非、印度、新西兰、爱尔兰等）都已将计算机生成内容（包括 AI 生成内容）纳入了版权法的保护范围。例如，英国采取拟制作者的方式，规定对于计算机在没有人类作者参与的情况下生成的作品，为创作该作品作出必要投入的人视为作者，一般为软件开发者。其理由是"一些计算机程序能够在人类参与较少的情形下进行内容生成已成为现实、技术的未来发展对版权法的长期适用构成挑战、版权法应具备一定的灵活性"。而根据南非最高法院的观点,版权法保护计算机生成内容的合法正当性不在于创作该作品的计算机,而在于使得该计算机能够创作出该作品的人类主体,意味着 AI 生成内容凝结着开发者的智力投入。目前的趋势是,欧盟、日本等更多的国家和地区开始考虑 AI 生成内容的版权保护,以激励技术创新和保护 AI 相关的文学艺术创作。此外,借鉴欧盟和美国的做法,我国将来在修改著作权法的时候有必要增设文本与数据挖掘等随着技术发展与应用而出现的新型合理使用情形,并规定一般概括式的合理使用制度,以使合理使用制度能够适应技术发展并保持足够的适用张力,合理平衡版权保护与产业发展。

(二)合理审视网络平台的版权保护义务

就当前而言,视频聚合、分享网站(尤其是短视频分享网站)给我国网络版权保护造成了巨大冲击。在"避风港"规则之下,它们一方面没有义务和动力向权利人付费,另一方面也扭曲了和支付了高昂许可费的正版视频网站之间的公平竞争,不利于在线版权市场的可持续发展。这类分享平台通过个性化推荐算法等手段,最大化地传播用户上传的视听内容,其是否还是《信息网络传播权保护条例》第 22 条意义上的"信息存储空间服务",值得深入检视。当前,美国、欧盟等都在反思美国 DMCA 奠定的"避风港"框架的有效性,欧盟率先跳出"避风港"框架,加强了视听内容分享平台的版权责任,无疑会对"避风港"规则的革新产生示范效应。

就我国而言,国家版权局已经推行多年的"重点作品版权保护预警名单",要求相关网络服务商应对版权保护预警名单内的重点作品采取以下保护措施:直接提供内容的网络服务商未经许可不得提供"重点作品版权保护预警名单"内的作品；提供存储空间的网络服务商应禁止用户上传"重点作品版权保护预警名单"内的作品；提供搜索链接的网络服务商、电子商务平台及应用程序商店应加快处理"重点作品版权保护预警名单"内作品权利人关于删除侵权内容或断开侵权链接的通知。这其实已经超出了我国现有法律的规定，加强了部分网络平台的版权保护义务。我国可以在此基础上，在著作权法修订过程中考虑适当加强直播、短视频等视听内容分享平台的版权责任，除了遵守"通知-删除"程序，还应履行版权过滤义务，更积极主动地与权利人合作，采取可行的措施，尽最大努力阻止侵权内容出现在其平台上并阻止用户将来再次上传。这样的制度设计在很大程度上能够促使受到规制的网络平台和版权权利人更密切地合作，克服传统"避风港"规则将版权保护义务过度分配给版权权利人带来的弊病，从而实现更高程度和更高效率的网络版权保护，营造公平竞争和良性发展的网络版权市场环境。

短视频平台版权治理问题研究
——以设定平台版权过滤义务为视角

田小军　腾讯研究院版权研究中心秘书长、高级研究员
郭雨笛　中南财经政法大学知识产权学院硕士研究生

【摘要】 短视频平台快速发展，但其版权侵权问题也随之而来。现有的"通知-删除"规则仅能达到事后的版权治理目的，无法实现体系化的事前事后版权治理。在当前技术成熟的条件下，我们建议发展平台注意义务理论，明确短视频等网络平台服务提供者的注意义务衡量应考虑技术水平因素。在此基础上，我们应在网络版权法律体系中提高平台注意义务，引入版权过滤机制，强化短视频行业的平台治理与行业自律，以保障短视频行业版权内容生态的良性发展。

关键词：短视频；"通知-删除"规则；版权过滤义务

2018年，短视频的受众高达5.94亿，占据了整体网民的74.1%。[1]同时，短视频平台的侵权问题爆发，"剑网2018"行动便系重点针对短视频平台开展，国家版权局约谈了抖音、快手等15家短视频平台企业，短时间内57万条侵权短视频被下架。[2]

---

[1] "2018中国网络视听发展研究报告"，载http://wemedia.ifeng.com/90418697/wemedia.shtml，2019年1月22日访问。

[2] "国家版权局版权管理司负责人就'剑网2018'专项行动答记者问"，载http://www.xinhuanet.com/zgjx/2018-07/20/c_137337052.htm，2019年1月23日访问。

但目前各大短视频平台上仍然存在着大量的影视剧、综艺搬运片段,侵权内容像野草一样"删不尽,吹又生"。笔者认为,仅依赖于"通知-删除"规则的执行不足以规制短视频行业的侵权乱象,短视频版权侵权问题因产业创新而生,也应该用技术的思维去解决,在网络版权法律体系中设定平台过滤义务,强化短视频行业的平台治理与行业自律。

一、版权过滤是短视频平台版权治理的关键

2018年12月26日,北京互联网法院公开宣判了"抖音短视频诉伙拍小视频著作权侵权案"。一审法院认为,被告提供信息储存空间,对于平台用户的侵权行为,不具有主观过错,无需承担相关侵权责任,仅需履行了"通知-删除"义务。事实上,短视频平台的"标签"和"通知-删除"规则的盾牌"保护"了不少短视频平台免于承担侵权责任,但也同时削减了其主动进行版权治理的动力。为了减少短视频平台怠于进行版权治理的问题发生,很多法院对短视频平台适用网络"避风港"规则免责的要求作了进一步阐述。在2017年的"《老九门》案"[1]中,被告字节跳动公司的新闻平台上被用户上传了多条热播影视剧集《老九门》的片段,原告爱奇艺公司以侵犯信息网络传播权为由起诉,而被告认为作为信息储存空间的提供者,其应当受"通知-删除"规则的保护,侵权后果应当由上传用户来承担。法院则认为,涉案短视频侵权信息明显,被告应当对侵权行为处于明知或应知的状态,因为其并未通过正常审核途径予以删除,故构成共同侵权。

司法诉讼确实能够在一定程度上遏制短视频平台的版权侵

---

〔1〕 参见〔2017〕京0108民初24103号判决书。

权问题，但其仅能达到法律的事后防控治理目的，为此，许多互联网内容平台都已经开始使用版权过滤技术。短视频传播周期短、渠道多、速度快，侵权视频一旦上线，在短时间内就能获得极高的点击率，在网络"避风港"规则下，平台删除侵权视频的速度远跟不上传播的速度，剧集热播期一过，损失便再也难以挽回，这也是短视频平台版权治理的困境。为了建立体系化的平台版权事前、事中、事后治理机制，早至 2007 年，Youtube 网站就开始使用内容身份系统，通过建立正版数据库，扫描上传视频，并辅之以人工审核来进行版权内容过滤。目前，腾讯的"视频基因比对技术"也投入使用，其将腾讯视频网站内的版权视频作为基因母库，通过提取视频中的关键帧和 MD5 值，形成独特的视频身份文件，通过智能化的图像对比和精确算法来确定相似度、判断是否侵权。其甚至还创立了"安全云侵权网站屏蔽技术"，以技术手段屏蔽提供侵权内容的特定网址，阻却网络 Yoghurt 获取盗版内容的渠道，用以打击发布、传播盗版视频的小网站。

另外，版权过滤机制相较于"通知-删除"规则，具有效率优势，[1]并且其合理分配了短视频平台版权侵权的防范成本。一方面，规模较大的网站通常面临海量的网络用户侵权行为，人工处理侵权内容的低效率不能适应短视频快速传播、快速维权的需求。一些短视频平台往往一次性接收到数百条侵权投诉通知，通知被及时接收、处理是理想情况，然而还有大量侵权通知信息定位不明、证据存疑，导致平台判断处理困难。而短视频偏偏又传播速度快、极具时间敏感性，2018 年的暑期热播剧《延禧攻略》，在爱奇艺播放期间遭"今日头条"App 以短视频形式

---

［1］ 参见崔国斌："论网络服务商版权内容过滤义务"，载《中国法学》2017 年第 2 期。

盗播,"通知"发出之时盗播平台播放量已超过 80 万次[1],类似的新闻、体育赛事、热映电影等作品,在经历漫长的人工通知、审核流程之后,损失已经无可挽回,"通知"的意义也荡然无存。另一方面,在"通知-删除"规则下,著作权人承担着海量维权的负担。短视频平台的发展、自媒体的发达使得网络环境下的普通公众具有强大的传播能力,录屏、直播、饭制剧等多种短视频形式层出不穷,侵权风险随之扩大。但因为法律并未附加短视频平台的实质审查义务,权利人需要自行进行全网监测,发现甄别侵权内容并发送侵权通知,实时跟进短视频平台的处理进度。在此情况下,面对具有强大技术实力与数量众多的短视频平台,权利人无疑处于弱势地位且承担着海量维权的负担。

因此,笔者认为,短视频平台的版权治理是一项系统性工作,"通知-删除"规则仅仅是解决了短视频平台侵权的事后管控问题,事前与事中的侵权防控治理更为重要,而短视频平台版权过滤机制的建立是解决后两个问题的关键。

二、设定平台版权过滤义务具有制度合理性

如前所述,短视频平台版权治理的关键不在于"通知-删除"规则的执行,而是在于平台过滤机制的建立。在网络版权法律体系下,"通知-删除"规则与平台注意义务相互依存、互为补充。目前,我国并未强制要求短视频平台建立版权过滤机制,但为平台设定版权过滤义务并不违背现有版权法律体系的规定,并且,版权过滤义务的设立是对平台注意义务的细化与发展,具有现实意义与制度合理性。

---

[1] "长、短视频平台间的盗播纷争:盗播成本依然很低",载 www.com.cn/i/2018-09-11/doc-ihiixzkm7255949.shtml,2018 年 1 月 22 日访问。

（一）平台注意义务与"通知-删除"互为补充

"通知-删除"规则最早出现在世界知识产权组织于1996年通过的《世界知识产权组织版权条约》和《世界知识产权组织表演和录音制品条约》之中，1998年美国制定的《千禧年数字版权法》（DMCA）第512条对此予以确认。该规则在美国确认后逐渐被各国接受，"通知-删除"的概念也被逐渐移植到我国。"通知-删除"规则先后开始在2000年《最高人民法院关于审理涉及计算机网络著作权纠纷案件适用法律若干问题的解释》第5条、《互联网著作权行政保护办法》第12条和2006年《信息网络传播权保护条例》（以下简称《信网条例》）第22条中出现。2009年颁布的《侵权责任法》则首次在法律层面将"通知-删除"规则扩张移植到涉网一般民事侵权领域，2012年颁布的《最高人民法院关于审理侵害信息网络传播权民事纠纷案件适用法律若干问题的规定》（以下简称《信网规定》）第8条第2款则明确规定，人民法院不应要求网络平台服务提供者对用户侵权行为进行主动审查。目前，我国已经形成了以《侵权责任法》第36条为基础，以《信网条例》和《信网规定》为细节补充的"避风港"规则体系。

"通知-删除"规则的天平向网络平台服务提供者倾斜，实践中，法院也通常以网络平台服务提供者在收到有效通知后是否采取删除、屏蔽、断开链接来判断其是否应当承担责任。但网络平台服务提供者并不能因此"尚方宝剑"而不承担任何责任，在适用"通知-删除"规则免除侵权责任之时，平台需尽到一定的"注意义务"。例如，《千禧年数字版权法》将"不知晓侵权行为，也没有意识到能从中得知明显侵权行为的事实或情况"[1]

---

[1] Digital Millennium Copyright Act of 1998 § 512. (c) (1) (A) (ii).

作为网络平台服务提供者的免责条件之一。再如,《信网条例》第 23 条也对网络服务提供商的免责进行了"明知或应知所链接的作品、表演、录音录像制品侵权的,应当承担共同侵权责任"的但书。网络服务提供商必须对"明知"或"应知"的侵权行为采取必要的措施,"注意"后仍无法避免侵权才可免于承担责任。

(二) 平台注意义务标准衡量应考虑技术水平因素

在司法实践中,"通知-删除"规则更多地体现了程序的客观性,而平台注意义务则稍显主观,其具体实施严重依赖于法官的个案自由裁量,"注意义务"标准也常变常新。"通知-删除"规则在美国形成之初,《千禧年数字版权法》未采用侵权责任法中的"一般理性人"标准,而是明确规定了具体的注意义务:接受通知、合理应对、公布上传者信息、防止重复侵权、容忍版权人采取技术措施等。[1]而后规则中的注意义务保留了"明知"情形,压缩了"应知"情形,只有当侵权事实显而易见时,法院才能推断提供信息储存的网络服务商应该知道该行为,这就是美国在《千禧年数字版权法》制定后的国会报告中确立的"红旗原则"。[2]中国同样认可该规则,回顾十几年来中国的"通知-删除"规则的实际运用效果,我们会发现,在塑造我国网络版权秩序的进程中,法院与政府不断丰富、完善了网络版权侵权责任体系,引入了"红旗原则"。例如,2012 年颁布的《信网规定》第 9 条就以六项列举、一项兜底的方式列明了网络平台服务提供者"应知"的情形,其考虑了作品的类型、知名度,网络平台服务提供者的信息管理能力,是否采取

---

[1] Digital Millennium Copyright Act of 1998 § 512.
[2] 林承铎、安妮塔:"数字版权语境下避风港规则与红旗原则的适用",载《电子知识产权》2016 年第 7 期。

预防措施,能否便捷接收侵权通知等因素。总结来看,我国相关法律规定中的注意义务不断更新,表述的词汇从"知道"到"明知""应知",甚至列举"应知"情形,司法实践中平台注意义务的标准也因法官的个案自由裁量而不断变动。

在产业实践中,只有为短视频平台设定合理的注意义务,才能平衡好创作激励保护与知识作品传播之间的关系。短视频经常因为数量多、传播快、时长短、内容少而成为被注意义务忽略的"牺牲品"。因此,我们需要准确把握注意义务的影响因子,寻找网络环境下视听作品版权的普适性注意义务。有学者认为知识产权上的注意义务能够被抽象成一个公式:"网络平台服务提供者的注意义务=服务类型*行为类型*权利客体。"[1]其中,服务类型按照应尽注意义务的高低分为信息储存空间服务、信息定位服务和基础网络服务,其中与短视频相关的信息存储空间服务对内容具有更强的识别和控制能力,因此负有较高的注意义务。行为类型则考察网络平台服务提供者有无直接获得经济利益,是否对储存的信息进行了选择、编辑、修改或推荐。权利客体类型则按照著作权、商标权和专利权分设了不同的注意义务标准。

该公式基本总结出了现有的注意义务构成要素,但是其忽略了一个重要因素——技术发展对注意义务的影响,应明确"网络平台服务提供者的注意义务=服务类型*行为类型*权利客体*技术水平"。20年前的《千禧年数字版权法》正是考虑了在当时的技术条件之下,网络平台服务提供者难以对海量的信息进行审查,才最终制定了"通知-删除"这一免责条款。20年间,互联网飞速发展,网络使得普通用户获得了廉价而强大

---

[1] 司晓:"网络服务提供者知识产权注意义务的设定",载《法律科学(西北政法大学学报)》2018年第1期。

的传播能力,造成了盗版的肆虐。但同时,大数据、区块链、人工智能等新技术的发展也使得网络平台服务提供者具备了过滤内容的能力。另外,加重平台在内容监管等领域的事前、事中义务已经成为大势所趋,行政主管部门甚至要求网络直播平台服务提供者对主播直播内容先审后播,对用户弹幕互动进行实时管理。在此背景下,我们应当将技术水平因素纳入短视频平台注意义务的衡量标准之中。易言之,设定平台版权过滤义务合情合理。

三、建立法律与技术二元版权治理体系的建议

然而,总结既有的短视频侵权案例,笔者发现,很多法院在考量平台是否尽到合理注意义务时,衡量标准非常陈旧,仅考虑被侵权作品是否属于热播剧,侵权是否发生在热播期间,上传主体是否为个人,平台投诉通道设置是否便捷等,并未考虑技术水平因素。但是,在"爱奇艺《大汉情缘》案"中,法院开始谈及版权过滤的问题,其明确指出被告作为专业视频平台,"应具有应知及明知的能力分辨用户上传的电视是否具有合法性,且其仅对涉黄涉暴的内容进行最基本审查,并怠于对著作权及相关权利进行审查,故其对于侵权行为发生有过错"。[1]

从"避风港"规则到平台治理都已经成为行业治理的发展趋势,我们应重视平台技术与规则的力量,建立法律与技术二元版权治理体系,在网络版权治理中引入版权过滤机制,同时,应强化平台治理的理念,鼓励短视频平台的平台治理与行业自律。申言之,面对侵权问题不断的短视频,一些短视频平台总会以数量多、内容短、难清除为由逃避"注意义务"。但短视频

---

〔1〕 田小军:"短视频火了,版权问题来了",载《中国新闻出版广电报》2018年11月29日。

行业永远都需要优质内容来推动发展。技术是中立的,其不会因为视频的长短而出现处理的偏差,如果能够建立全国开放、统一的版权备案数据库与版权过滤机制,通过法律法规、行业自律公约的形式予以推广,将会使得短视频侵权问题得到有力规制。

首先,法律需要提高短视频等网络平台服务提供者的注意义务,在当前技术成熟的条件下引入版权过滤机制。欧盟《数字化单一市场版权指令》第 13 条规定:"网络平台服务商应当采取措施以确保其余权利人订立的许可协议的执行,或者采取措施以防止权利人所指定的作品可在服务提供者提供的服务中被获取,前述措施包括有效的内容识别措施。"[1] 在此,笔者建议我国借鉴欧盟版权法改革的有益经验,在《信网条例》或其他行政法规中规定,"网络服务商应当设立版权过滤机制",以引导网络服务商与著作权人合作建立合理的版权内容过滤机制与信息同步机制,以人工智能等技术手段主动识别和处理用户的侵权行为。

其次,我们应强化平台版权治理的理念,鼓励短视频等网络平台服务提供者加强平台治理与行业自律。实践中,从"避风港"规则到平台治理均已经成为行业治理发展趋势,网络平台服务提供者在网络交易、网络广告、信息安全、隐私保护等领域发挥了积极作用。短视频版权侵权问题因产业创新而生,是产业与技术发展带来的挑战,也应该用平台治理与行业自律的方式来应对。例如,腾讯企鹅号推出了"版权合伙人"计划,主动为创作者提供"电子授权-监测-维权"等平台服务,在数月内成功下线的侵权链接超过 150 万条。又如,在 2018 年 12

---

[1] 田小军:"欧盟版权法数字化改革带来哪些启示",载《中国新闻出版广电报》2018 年 7 月 26 日。

月,腾讯、百度、爱奇艺、搜狐、新浪和快手联合发布《中国网络短视频版权自律公约》,倡导"加强版权管理,采取黑名单管理等有效措施防止用户未经许可违法上传、分享他们作品"。我们应鼓励短视频平台加强平台治理,将尊重、保护版权的理念融入平台的产品与规则中,推广成为行业性自律标准,乃至行业准入标准。

四、结语

21年前,《千禧年数字版权法》创制"避风港"规则,试图去协调权利人与网络平台服务提供者之间的利益冲突。一个"大妥协"的达成降低了信息产业面临的法律不确定性风险,促进了互联网产业的飞速发展。法律曾为产业与技术发展开疆辟土,时过境迁,法律也需要收紧缰绳,为版权人提供庇护。为了优质内容能够被多创作、广传播,为了防止劣币驱逐良币,短视频红利期中的侵权问题必须得到规制,网络版权内容过滤技术便是良方。技术的强大让互联网成了"强者",其不再需要遮风避雨,而是需要承担更多的注意义务,以帮助法律寻求一个规制与保护的平衡点。

数字环境下欧盟版权法的三大挑战与应对

张　今　中国政法大学法学教授、博导，中国法学会知识
　　　　产权研究会副秘书长
田小军　腾讯研究院版权研究中心秘书长、高级研究员

【摘要】数字化环境下传统出版机构控制其版权内容数字化传播的能力严重不足，面临着向互联网企业发放版权许可和获取报酬的困难，以及大数据、人工智能技术带来的冲击。改革中的欧盟《数字化单一市场著作权指令》增加了"版权过滤""链接税""文本与数据挖掘例外"条款，得到了欧盟议会初步通过。在我国《著作权法》第三次修订进程中，数字环境下的著作权问题始终是关注重点，理论成果和立法建议不断跟进。考察和研究欧盟著作权法改革的初步成果，有助于回应我国社会关切，提供学习和借鉴之道。

关键词：版权过滤义务；链接税；文本与数据挖掘

欧盟委员会从2013年开始对欧盟现有著作权法规进行审查，以"确保著作权规则符合新的数字环境要求"。2015年，欧盟在其数字市场一体化与著作权现代化的框架下陆续出台了多份版权提案，其中《数字化单一市场著作权指令》最为重要。该指令新增了网络服务商承担"版权过滤"义务、传统新闻机构享有"链接税"，与"文本与数据挖掘例外"等条款。因各相关方分歧较大，该提案的表决曾多次延期搁浅。经多次修改，

提案终于 2018 年 9 月在欧盟议会一读通过。

一、欧盟版权法在数字化时代的三大挑战

(一)"避风港规则"招致权利人不满

以 Youtube 为代表的互联网平台长期未经授权上传并传播大量版权作品,致使欧盟众多权利人利益受损。但平台商在法律诉讼中往往以自己尽到"通知-删除"义务,符合"避风港"规则进行抗辩以免除侵权责任,并且"通知-删除"是事后措施,并不需要平台方承担事先版权过滤义务。在"通知-删除"规则下,权利人很难与平台方订立版权许可协议,更无法因其作品被上传而获取报酬。于是,"避风港"规则的"庇护"引起了权利人组织的不满。[1]

在德国音乐作品演出权与机械复制权协会起诉 Youtube 平台 UGC 内容侵权的争议中,协会坚持认为,Youtube 已经不仅仅是网络技术服务提供商,其应当取得音乐的版权许可,而不是将责任推脱给内容上传者。但是,Youtube 宣称其并不应对 UGC 音乐作品的使用授权负责。经过多年的争执和谈判,双方终于在 2016 年就版权使用签订授权协议,这被协会首席执行官哈拉尔德·海克认为是版权保护的一个里程碑,但其同时也强调,"尽管已经达成协议,政策制定者们必须建立现代版权制度,让音乐的创作者能够参与到数字内容产业的价值链中并得到应有的报酬"。[2]

(二)互联网传播冲击传统新闻出版商营收

面临互联网与广播电视等新型传播渠道的冲击,欧盟新闻

---

[1] European Commission, Synopsis Report on the Public Consultation on the Regulatory Environment for Platforms, Online Intermediaries and the Collaborative Economy.

[2] GEMA:GEMA 与 YouTube 签订授权协议,美通社 2016 年 11 月 2 日。

出版机构的营收逐年下滑。早在 2010 年，法国就曾讨论是否向谷歌等互联网公司征收广告收入税以补贴本国传统文化产业，这就是"谷歌税"的由来。在著作权法体系下，"谷歌税"也被称为"链接税"，其本质是一种新型邻接权。美国对征收"链接税"对抗激烈，谷歌公司曾公开表示，如果欧盟征收"链接税"，他们会考虑关闭其在欧洲的新闻聚合服务。

事实上，新闻出版商与网络服务商的关系十分微妙，前者一方面指责网络平台冲击了传统新闻出版市场，另一方面又希望网络平台能为传统新闻出版开设导流、传输渠道。早在 2016 年，欧盟相关机构就对"新闻出版商邻接权"的议题进行过调研，征询各方的看法和意见，多数新闻出版商赞同此举，并希望借此提高其数字版权许可机会与版权议价能力，但在实践中情况并不乐观。例如，2014 年底，西班牙在新修订的《知识产权法》中增加了"必须支付"的"链接税"，谷歌新闻为表示抗议退出了西班牙市场。但是，当传播、访问量开始大幅减少时，西班牙媒体担心广告业务的营收，又开始寻求与谷歌进行谈判。

（三）海量文本与数据挖掘面临制度障碍

人工智能开辟了海量数据的价值通路，[1]而现行著作权法律制度的产品供给缺陷则愈发凸显，[2]文本与数据挖掘（TDM，Text and Data Mining）的制度障碍即为此列。2015 年 10 月，美国法院判决"谷歌对图书进行数字化扫描并向用户提供电子检索"的行为属于合理使用，符合《版权法》第 107 条的规定，这意味着商业性的文本与数据挖掘得以合法化。[3]有学者认为，

---

〔1〕 田小军："AI 时代的数据之争"，载《人民政协报》2018 年 4 月 25 日。

〔2〕 吴汉东："人工智能时代的制度安排与法律规制"，载《法律科学（西北政法大学学报）》2017 年第 5 期。

〔3〕 Authors Guild, Inc. v. Google Inc. (S.D.N.Y. 2013); Authors Guild, Inc. v. Google Inc., 804 F.3d 202, 2nd Cir. (N.Y. 2015).

此判决实质上开创了谷歌数字图书馆项目利用合理使用制度进行商业化应用的新时代。[1]

在欧盟境内，较早时期的《数据库保护指令》与《信息社会版权指令》规定了科研、教学与数据库使用等例外情形，但这些例外情形已经无法适应当前版权数据海量使用的现实。为此，在2014年前后，有研究者主张，在欧盟著作权法中增加对文本与数据挖掘的强制性例外，以减少著作权制度给文本与数据挖掘带来制度障碍和交易成本，此种例外还应该包括商业性使用。

二、欧盟应对版权法数字化挑战的法律改革

(一) 网络服务商负有版权过滤义务

为回应"避风港"规则引致的权利人组织不满的问题，欧盟在《数字化单一市场著作权指令》提案前言中指出，网络服务商存储并向公众提供用户上传内容，并非是简单的仅提供实物设施的行为，而是事实上的向公众传播行为。在此情况下，网络服务商有义务与权利人协商并获得版权许可。另外，该提案第13条规定，网络服务商"应当采取措施以避免特定作品在其平台上被获取，前述措施包括有效的内容识别措施"。[2]这一规定意味着，权利人可以要求Youtube等平台与其订立版权许可协议，并可以要求Youtube等对平台内容进行版权过滤。

"版权过滤"条款遭到了包括谷歌、脸书、维基百科、Dropbox等互联网企业的强烈反对，为了照顾维基百科等部分平

---

[1] 许辉猛："谷歌图书扫描项目合法化判决的产业化意义与数字图书产业的未来"，载《科技与出版》2014年第6期。

[2] European Commission, Proposal for a directive of the European Parliament and of the Council on copyright in the Digital SingleMarket. Brussels, 14.9.2016. COM (2016) 593 final 2016/0280 (COD).

台的诉求,欧盟在《数字化单一市场著作权指令》修正案中将一些主体排除在该条款定义之外,如"(1) 2003/361/EC 法规附件第 I 部分所指的微型企业和小型企业;(2) 非商业服务如在线百科全书;(3) 教育或科学知识库;(4) 仅供个人使用并不直接面向公众的云服务提供商;(5) 开源软件开发平台;(6) 以在线零售为主要活动的实物商品市场"[1],上述企业不受"版权过滤"条款的约束。

(二) 以"链接税"补偿新闻出版商

谷歌等新闻聚合平台往往采用深层链接等技术,将新闻版权内容聚合在其平台展示,从而引发了大量的争议与诉讼。但是,现行法律无法有效遏制新闻聚合侵权的问题,长此以往,将不利于激励优质原创新闻作品的持续产生。为此,欧盟在《数字化单一市场著作权指令》草案第 11 条赋予新闻出版者以数字化使用其作品的权利,权利期限为 20 年,包括复制权和向公众传播权。这一新型权利的出现,将使得谷歌、脸书等平台商在从事新闻链接、内容摘录、页面转码等新闻聚合时向新闻出版者付费。

为了缓和争议,《数字化单一市场著作权指令》修正案第 11 条对新闻出版者权作了一些限制。首先,该新闻出版者权不得妨碍到个人用户对新闻出版物合法的非商业私人使用;其次,该权利不能适用于只有单个词句的超链接;再次,修正案将该权利的期限限定为 5 年;最后,修正案规定成员国应确保,当新闻出版商因为新闻出版物的数字用途而获得额外收入时,应

---

[1] European Parliament, Copyright in the Digital Single Market, Amendments adopted by the European Parliament on 12 September 2018 on the proposal for a directive of the European Parliament and of the Council on copyright in the Digital Single Market [COM (2016) 0593-C8-0383/2016-2016/0280 (COD)], (Ordinary legislative procedure: first reading).

给与作者适当的报酬。

(三) 设立有例外的文本与数据挖掘制度

在大数据产业发展的背景下,欧盟在《数字化单一市场著作权指令》提案第 3 条中要求,欧盟成员国应当规定,"科研机构以科学研究为目的,对其合法获取的作品或其他受版权保护的内容进行文本和数据挖掘时的复制与提取行为,属于版权权利的例外情形"。欧盟极其严格地规定了此项例外的受益主体和豁免行为,"仅限于具有非营利性质、具备公益性质的机构,仅限于相关对象的复制与提取,并且,被复制、提取的作品或其他内容必须是其可以合法访问、获得的"。[1]

而早在 2014 年英国就完成了法律改革。为更充分地对文本与数据信息进行开发,避免英国落后于国际竞争者,英国 2014 年《版权法(修改案)》增设了涉及科学研究的文本与数据挖掘的例外条款,适用条件限制为基于非商业性目的而使用文本数据。[2] 显然,美国的规定更为克制,美国在"谷歌图书馆案"中开创了利用合理使用制度进行商业性文本与数据挖掘的时代,而欧盟与英国则否决了商业性研究与生成内容的公开传播使用。对此,有学者评价:"'默示许可'的成本高、对科研活动的促进作用较低,权利人仍能控制文本内容;'无条件例外'模式成本最低,版权保护力度最弱,但易导致例外规则的滥用及盗版内容泛滥,对科研活动的作用未知;'有条件例外'模式中,成本、对科研的促进及对版权的保护力度都处居中位

---

[1] 田小军:"欧盟版权法数字化改革带来哪些启示",载《中国新闻出版广电报》2018 年 7 月 26 日。

[2] "Copyright, Designs and Patents Act 1988——As Amended by the Legislation Indicated Overleaf", http://www.fengxiaoqingip.com/ipluntan/lwxd-zz/20150108/9797.html.

置。"[1]

三、关于我国著作权法律制度修改的建议

(一) 设立网络服务商的版权过滤义务

针对欧盟版权法要求网络服务商承担版权过滤义务的问题，我国学者多有争议。有学者指出，欧盟《数字化单一市场著作权指令》草案"将给中小运营商带来不合理负担"。[2]也有学者认为："网络版权内容过滤技术的进步，将使得版权侵权的预防方式发生革命性变化。"[3]笔者以为，"避风港"规则保障互联网产业在其发展早期免受累诉之苦，但随着互联网产业的发展与版权过滤技术的成熟，我们如果继续一味适用"避风港"规则，将助长侵权企业的"鸵鸟心态"，不利于优质原创内容的持续产生与数字内容产业的长远发展。

为了适应互联网平台治理的时代需求，笔者建议在《信息网络传播权保护条例》或其他行政法规中规定，"网络服务商应当设立版权过滤机制"，以引导网络服务商与著作权人合作建立合理的版权内容过滤机制与信息同步机制，以人工智能等技术手段主动识别和处理用户的侵权行为。例如，腾讯视频运用"视频基因比对技术"，将腾讯视频网站内的版权视频作为基因母库，提取视频关键帧和 MD5 值，形成独特的视频身份文件，通过图像比对和算法来确定内容相似度与侵权可能性。

---

[1] 唐思慧："大数据环境下文本和数据挖掘的版权例外研究——以欧盟《DSM 版权指令》提案为视角"，载《知识产权》2017 年第 9 期。

[2] 陈兵："欧盟《数字化单一市场版权指令（草案）》评述"，载《图书馆》2017 年第 9 期。

[3] 崔国斌："论网络服务商版权内容过滤义务"，载《中国法学》2017 年第 2 期。

(二)推动网络新闻转载的"开放许可"

从网络门户时代到如今的内容精准推荐时代,我国的传统新闻出版机构一直面临着网络服务商的冲击。但是,国内新闻出版的商业运营模式尚不成熟,本土崛起的互联网企业仍面临着技术突破的困境,我国推动设立"链接税"的产业基础并不存在,我们应当采用更加友好的方式来解决海量作品的授权方式与利益分享问题。在网络环境下,新闻作品海量生产且去中心化传播,现行《著作权法》中的"授权使用"模式、"法定许可"模式等均无法适应互联网时代的信息传播需求。在"法定许可"模式下,第三方可以"先使用作品后付费",但权利人的议价权和退出权难以得到保障;"默示许可"在此基础上增加了权利人的解除权,保障了权利人的议价权与退出权。但"默示许可"同样存在问题,如果有数量较多的权利人选择退出"默示许可",由于缺乏统一的数据库,第三方的搜寻成本极高。

我国《专利权法》第四次修改的有益探索值得借鉴。为了解决授权专利转化率低的问题,此次《专利法》修改引入了专利"开放许可"的概念,国务院专利行政部门负责管理,权利人可以向行政部门声明专利"开放许可"的意愿,任何人都可以通过"开放许可"体系获得专利实施权。在此期间,专利权人不得就该专利给予独占或者排他许可、请求诉前临时禁令。建议我国著作权行政管理部门也仿照此规定建立全国统一的网络新闻"开放许可"数据库,以促进网络新闻作品的广泛传播,并在作品传播与权利人利益保障之间寻求平衡。

(三)明确平台新闻聚合行为的性质

新闻聚合并不是新问题,甚至也不只是新闻领域的问题。当前,一些网络服务商为了迎合用户对新闻、视频、音乐等内容的需求,在未获相关权利人授权许可的情况下,通过定向搜索、深层链接等技术直接链接他人资源，并按照其自身设定的分类、标签通过自有或者合作网站向用户提供内容服务。既往，国内"聚合盗链"网站多链接侵权网站的盗版内容，其服务提供者作为设链者有共同侵权或者帮助、教唆侵权之虞。但是，当设链者深层链接正版内容平台享有版权的作品资源时，"间接侵权"规则似无用武之地，这也导致我国各级法院对于此种"聚合盗链"案件的法律适用存在很大差异。例如，"腾讯诉快看影视案"中，一审、二审两级法院裁判理念和判决结果大相径庭，二审北京知识产权法院在判决中直接撤销了北京市海淀区人民法院认定被告提供作品行为构成直接侵权的一审判决。相应地，学术界热烈讨论"服务器标准""用户感知标准"以及"法律标准"等裁判理论，但至今仍未能形成可被司法实务普遍接受的理论。

欧盟与美国的解释路径值得借鉴，如前文所述，欧盟认为，网络服务商存储并向公众提供用户上传内容，"并非是简单的仅提供实物设施的行为，是事实上的向公众传播行为"。在2018年的"推特图片案"中，美国法院明确网络服务商侵权认定与"涉案内容是否存储于第三方服务器"无关。欧盟与美国的观点实质上确认了，新闻聚合网络服务商一则不能以"用户上传"为由否认平台的侵权责任，二则其聚合行为是否构成侵权与有无存储内容无关。最高人民法院应尽快启动"信息网络传播权司法解释"的修订工作，明确规定，如果网络服务商有"提供版权内容的主观故意，传播版权内容的客观事实，对合法版权平台的传播构成实质替代，以及聚合盗链行为与版权权利损害是否具有因果关系"，则认定网络服务商的相关行为构成信息网络传播权侵权。

（四）规定开放性的"合理使用"制度

当前，版权内容多以数据形式进行创作、保存与传播，文本与数据挖掘对于大数据产业发展极为重要,但是,由于文本与数据挖掘涉及自动化的大量作品复制、提取与使用,在我国现行法体系下,科研机构的文本与数据挖掘需要经授权才具有合法性,但海量授权的经济与时间成本极高。欧美两国通过不同的路径赋予文本与数据挖掘以合法性,而我国《著作权法》第 22 条合理使用的封闭规定显然没有承认 TDM 的合法性。

2014 年《著作权法(修订草案送审稿)》第 43 条规定了合理使用列举式条款之外的"其他情形"。[1]然而,2017 年《著作权法(修订草案送审稿)》第 23 条重新恢复了列举封闭式的立法模式,由此可见,立法者对合理使用制度改革的方向仍举棋不定。对此,笔者建议,我国著作权合理使用制度应构建"定性式一般规定+特别规定+其他情形"的完整体系。"定性式一般规定"部分,规定合理使用不视为侵犯著作权的属性及构成合理使用的三个检测要素;"特别规定"部分,列举常见12 种合理使用作品的情形;"其他情形"作为补充,赋予合理使用制度适当弹性,回应社会生活中作品使用的复杂情形。[2]

---

[1] 2014 年《著作权法修订草案送审稿》第 43 条。
[2] 张今:"著作权合理使用制度立法模式探讨",载张平主编:《北大知识产权评论》(2016 卷),北京大学出版社 2017 年版。

AI 创作物的法律保护不容忽视

田小军　腾讯研究院版权研究中心秘书长

当前，人工智能已经覆盖新闻写作、图片生成、视频与音乐创作，以及虚拟歌手、明星换脸、内容智能分发等各文化内容领域。据美国 Narrative Science 的预测，未来 15 年内，90%以上的新闻稿将由人工智能创作。[1] 人工智能技术的发展，有利于互联网公司丰富版权内容渠道，提升内容创作与分发效率，谷歌、微软、腾讯、阿里巴巴、字节跳动等公司均在人工智能领域广泛布局。

文化内容产业的发展严重依赖于成熟的版权法保护体系。但针对人工智能创作内容的版权保护问题，我国存在立法空白与学术研究争议，司法实践也较少涉及此问题。这将导致我国产业界在此领域的智力与资金投入，无法获得稳定的法律保护预期，影响人工智能内容创作产业的发展。相关争议焦点是，人工智能创作是否是人类的创作，创作内容是否体现我国《著作权法》要求的个性化表达，以及创作过程的行为合规与创作内容的法律保护方式。以上争议都需要在了解产业情况的基础上作出清晰判断，要把握好产业发展与法律保护之间的关系。

一、人工智能创作是人"假借于物"的创作

我国现行《著作权法》保护的是人类的创作成果，前段时

---

[1] Mark Allen Miller, Can an Algorithm Write a Better News Story Thana Human Reporter?

间热议的"大猩猩拍照"问题不需讨论,因为动物不是民事法律关系的主体。但是,人工智能创作,多由腾讯、微软等互联网企业组织,其本质上是自然人或者法人"假借于物"进行创作。我们常见的自动创作(如智能写诗、财经体育类新闻写作等)均为此类。这类创作主要服务于规模化与个性化的内容生产需求,其实现严重依赖于数据与算法。可以说,数据是"源头活水",算法是"机械手臂",但人类本身才是创作的"大脑与灵魂"。

正因为如此,百度智能创作平台在其免责声明中指出:"平台仅为用户创作提供脉络梳理、素材搜集、审核校对等功能,内容产出依旧由用户主导。"而腾讯新闻的许多文章会在显著位置标明"由腾讯机器人 Dreamwriter 自动撰写"。此署名方式清楚地表明了 Dreamwriter 由腾讯公司主持,文章代表其意志创作,并由其承担责任。这符合我国《著作权法》有关作者署名权与权利归属的规定。熊琦教授即主张:"作为遵循人工智能软件设计者意志创作的产物,人工智能生成内容权利归属应借鉴早已存在且运作成熟的法人作品制度安排。"[1]

行业实践也可例证我们关于"人工智能创作是自然人或者法人假借于物进行创作"的观点。不同之处在于,平台是否参与内容创作行为的全过程,以及平台是否承诺为创作结果负责。百度提供了开放的技术手段,其明确"成为结果由用户自行把控,平台不对用户发表、转载的内容提供任何形式的保证,不承担任何法律及连带责任"。腾讯则承诺为 Dreamwriter 的创作行为与创作结果承担责任。

二、人工智能创作的内容体现个性化表达

在智媒时代,人工智能可以实现完全智能化内容创作,但

---

[1] 熊琦:"人工智能生成内容的著作权认定",载《知识产权》2017年第3期。

能否给予人工智能创作的内容以版权保护，是世界各国都面临的难题。2016年5月，日本颁布的《知识财产推进计划2016》已经在讨论人工智能创作的内容获得版权保护的可能性。我国著作权法是"西学东渐"的产物，《著作权实施条例》将作品解释为："文学、艺术和科学领域内具有独创性并能以某种有形形式复制的智力创造成果。"因此，作品可版权性的标准是独创性，一些对于人工智能创作的内容的质疑也多集中于此。

美国在"FEIST案"中认为，独创性是"作者的独立创作加上少量的创造性"。德国则用"小硬币"标准取代"质量和美感水平上的要求"，对于独创性的态度趋于宽松。在我国，对于作品"独创性"，一般要求作品具备"个性化的表达"，此为论证人工智能创作的内容是否属于作品的核心之一。北京市高级人民法院指出："作品独创性与作品的文学、艺术、科学价值的大小无关，应看作者是否付出了创造性劳动，只要该作品是作者独立创作产生的，就具备独创性。"

对于人工智能创作的内容是否具有独创性，学术界存在不同理解。如王迁教授认为，人工智能创作内容"都是应用算法、规则和模板的结果，不能体现创作者独特的个性"。[1]与王迁教授不同，易继明教授主张："应该以额头出汗原则建立起独创性判断的客观标准，将智能作品纳入传统版权分析框架，它实际上是一种人工智能对设计版权的演绎作品。"[2]

我们可以回归人工智能创作的行为与过程，来分析其创作

---

[1] 王迁："论人工智能生成的内容在著作权法中的定性"，载《法律科学（西北政法大学学报）》2017年第5期。

[2] 易继明："人工智能创作物是作品吗?"，载《法律科学（西北政法大学学报）》2017年第5期。

的内容是否具有独创性。目前,多数的人工智能创作分为三个关键步骤:数据服务、触发与写作、智能校验。以新闻作品创作为例,人工智能对于新闻素材的监测与采集依赖于自有内容,以及合作网站的接口与数据库,可信的数据源保证了内容的详实度。触发引擎会实时监测、采集与判断数据源内容,一旦其符合系统预设的触发条件,系统将进入自动写作模块。而由新闻创作团队与技术团队共同完成,融入了人类的智力成果,并通过机器学习、人工方式与算法迭代不断优化的写作模板,保证了人工智能创作的内容体现人类的个性化表达。

三、人工智能创作的版权合规与内容保护

人工智能的创作行为严重依赖于数据源,除了自有数据内容外,智能写作一旦涉及对他人数据库与网站数据的获取与使用,应视情况取得第三方的授权,否则将面临版权侵权或者不正当竞争的指控。殷鉴不远,如有关视频聚合盗链的案件多被法院判定为版权侵权或者不正当竞争,而"大众点评诉爱帮网案""百度诉奇虎360违反Robots协议案"等案同样在业界被广泛讨论。再如,热播剧《锦绣未央》作者秦简被控涉嫌使用"写作软件"抄袭219部作品,历经2年多的维权,12位作家诉《锦绣未央》抄袭案全部胜诉。对此,李林容教授建议,内容创作者与互联网平台应坚持"不饮盗泉水的法治思维"。[1]

另外,人工智能创作的内容在商业署名发布之后,在未经许可的情况下,经常被第三方网站全文复制,并进行网络传播。在我国互联网行业,此类侵权使用的案例屡见不鲜。显然,此种行为不属于合理使用、法定许可等法定的权利限制与例外情

---

[1] 李林容:"为有源头活水来:人工智能时代编辑人员新思维",载《出版发行研究》2019年第3期。

形，是典型的著作权侵权行为。但相关各界对此缺乏统一认知，存在一些不同的观点。

在被广泛宣传的"菲林诉百度案"中，北京互联网法院认为涉案的"威科案件分析报告"是以数据库支撑的程序自动生成的，不具有个性特征，不具有独创性，不是著作权法意义上的作品，但给予了原告反不正当竞争法角度的保护。此案引发了各界争议，威科检索系统是否可以被划为人工智能写作机器人是焦点问题之一。另外，是否需要突破现有民法理论，才能赋予人工智能创作的内容以版权保护，笔者认为不尽然。通过法人制度框架完全可以自洽解决此问题。

当微软小冰创作的内容与自然人作品无异，腾讯 Dreamwriter 的署名新闻被广泛接受之时，我们是否仍要将人工智能创作的内容排除在版权保护之外？在人工智能的创作者或所有者不主动在相关内容署名"机器人创作"的情况下，该内容极有可能因具备作品可版权性而受到版权保护。而真实署名反而有可能导致该内容被排除在版权保护之外，这将导致大量"不真实署名"的内容出现，催生一种事实上的"道德风险"。有学者认为该现象是因举证规则导致的，[1]但我们是否有必要思考，应该如何消除此类"道德风险"，是依靠行业自律，抑或是将权利分配给人工智能系统的创造者或所有者。[2]

当前，英国、新西兰、爱尔兰等国家已将人工智能创作的内容纳入版权法的保护范围，欧盟、日本等国家与地区也开始制定新的规则，我国著作权法在进行第三次修改。我国著作权

---

〔1〕 王迁："论人工智能生成的内容在著作权法中的定性"，载《法律科学（西北政法大学学报）》2017 年第 5 期。

〔2〕 吴汉东："人工智能时代的制度安排与法律规制"，载《法律科学（西北政法大学学报）》2017 年第 5 期。

立法、司法实践与理论研究应有充分的"制度自信",相信会对人工智能创作的内容的版权保护问题作出正确回应。我国人工智能技术的发展与发达国家同步,并在文化内容、金融服务、信息安全等领域广泛应用,相关的学术研究与法律实践应加快进行。借吴汉东教授之言:"我们有理由相信,科学技术的智慧之光与法律制度的理性之光,将在人工智能时代交相辉映。"[1]

---

[1] 吴汉东:"人工智能时代的制度安排与法律规制",载《法律科学(西北政法大学学报)》2017年第5期。

争议中的体育版权保护应如何破局

司 晓　腾讯研究院院长

今天,体育赛事直播已成为体育产业的重要组成部分,极大地扩大了体育产业的受众人群。据艾瑞咨询预测:2020年中国线上体育赛事用户规模将高达4.4亿人。由于我国《著作权法》缺乏明确的规定,司法界在现行法下对"赛事直播节目"的保护方式也存在较大争议,致使侵权者利用体育赛事进行盗版、播放非法广告、组织赌球等非法活动较为猖獗。此类行为严重影响了网络传播秩序和相关各方的赛事投资收益,也导致了国内赛事收益结构的畸形发展。我国有必要加快推动《著作权法》第三次修订工作,强化体育赛事直播节目保护。

一、知识产权保护是实现"体育强国梦"的重要保障

体育赛事拥有广泛受众,极具商业潜力与社会价值,是发展我国体育事业的重要支撑。而"持权转播"是实现赛事市场价值的关键环节,奥委会、亚运会、中超公司等赛事组织方拥有赛事转播权,广播电台、电视台、互联网公司等经其同意获得"赛事转播权"方能参与赛事的制作与传播,并通过直播、回放、短视频等方式将精彩节目送达用户。

我国政府在2014年10月明确"放宽赛事转播权限制",央视不再是唯一的赛事媒体平台,互联网公司也开始逐步加大在体育赛事直播领域的投入,并通过会员付费、社区运营、体育

商城等方式为体育产业发展注入新的活力。央视网、腾讯体育、苏宁体育、优酷、阿里体育、爱奇艺与今日头条等均开始大量采购体育新媒体版权,涉及奥运会、中超、NBA等各类赛事。在各类赛事网络观看形式中,"网络直播"因具有强临场感与更好的互动体验,已经成为用户观看体育赛事最重要的形式。"赛事转播权"具有很高商业价值。例如,中超的赛事公用信号与媒体版权曾高达5年80亿元人民币。只有在有序的知识产权保护环境下,赛事投资与权益才能得到有力保障。世界知识产权组织将今年"世界知识产权日"的主题定为"奋力夺金:知识产权和体育",并指出"以知识产权为基础的商业关系有助于确保体育的经济价值"。我国政府多次通过专项工作保护奥运会、冬奥会、亚运会等大型赛事的知识产权权利,得到了国际社会的普遍认可。

二、体育赛事直播节目保护争议巨大影响产业发展

当前,对于我国《著作权法》有关"赛事直播"保护的规定,法院与业界争议巨大。这严重影响了体育赛事的法律保护工作,削弱了产业投资与运营体育赛事的积极性。

体育节目性质在现行《著作权法》下存有争议。我国现行《著作权法》于2010年修正,一些条款的规定不能适应互联网时代产业发展的需求。例如,现行法同时存在"电影作品、类电作品"与"录像制品",但法律对于如何区分两者语焉不详,导致各界对于"赛事直播节目"是否可以作为"类电作品"保护争议巨大。再如,现行法规定权利类型过细,导致"广播权"与"信息网络传播权"均不能涵盖"网络直播"这类新传播形式。由于存在以上争议,权利人对法律维权缺少稳定性的预期,在一定程度上削弱了法律的威慑力。侵权者尤其是三无小网站

利用体育赛事进行盗版、播放非法广告、组织赌球等非法活动较为猖獗。此类行为严重影响了网络传播秩序和相关各方的赛事投资收益，也导致国内赛事收益结构的畸形发展。如英超、NBA等赛事的转播收益均能占总收益的40%~50%，但国内赛事转播收益却不到10%。

司法判决的争议导致权利人维权时无所适从当前，在"赛事直播节目"是否可以受到现行《著作权法》保护，以及其是否可以认定为"类电作品"存有争议。例如，"体育赛事节目是对赛事本身的忠实记录，是对赛事进程的被动选择，且缺乏主导性，所以不具独创性"，这一观点值得商榷。应当看到，体育赛事直播节目不是对体育赛事的简单记录，赛事制作方与传播方利用飞猫、斯坦尼康等专业摄录器材，通过导播、解说、远景镜头切换、特写等方式对赛事进行创造性演绎，最终形成由多种连续画面与声效组成的精彩内容，完全可以满足《著作权法》要求的独创性。另外，赛事的"网络直播"权利如何保护也存在争议。"网络直播"在技术上属于通过信息网络的非交互式传播，在法律上既无法通过非交互式广播的"广播权"，也无法通过交互式网络传播的"信息网络传播权"予以界定。由于缺乏统一认定，权利人在维权时会无所适从。

三、加强体育赛事直播节目保护的建议

以上问题的存在，根源在于现行《著作权法》的规定已经不能完全适应互联网新商业模式与技术发展的需求，以及司法适用对"独创性认定"缺乏统一标准。为此，各界均在呼吁加快推动《著作权法》的第三次修改，并在此次修改中解决以上问题。

（一）引入"视听作品"并删除"录像制品"

事实上，在司法实践中，我国法院有较多认可"体育赛事

直播节目、游戏直播画面"属于"连续画面作品"或者"类电影作品"的优秀判例。但是，由于我国现行《著作权法》中存在"电影、类电作品"与"录像制品"两分的问题，加之"独创性"高低难以判断，部分法官在一些判决中提高了作品保护门槛，否定了体育赛事直播节目的可版权性。此类争议其实并非新问题，在更早的 MTV 系列侵权纠纷案中，曾出现部分 MTV 受著作权保护，而部分受邻接权保护的不同判决。

为了解决此问题，在《著作权法》第三次修改中，相关部门在《中华人民共和国著作权法（修订案草案）》第一稿中删除了录像制品的有关规定，将"电影作品和类似摄制电影的方法创作的作品"修改为视听作品。其希望将这些在摄制方法上虽然不同于电影，但表现形式相同且具有独创性的视听节目均能纳入"视听作品"的范畴加以保护。这将解决"独创性认定"标准不统一的问题，将"赛事直播节目"纳入"视听作品"类型进行保护。这一理念得到广泛认同。

（二）合并广播权与信息网络传播权为"传播权"

在交互式信息网络传播即"网络直播"出现后，"广播权"规制的非交互广播与"信息网络传播权"规制的交互信息网络传播都无法对其进行有效保护，技术的发展给现行《著作权法》的法律适用带来了巨大困难。但此问题的解决有先例可循，如《世界知识产权组织版权条约，WCT》规定了"向公众传播权"，根据世界知识产权组织的调查，在 2003 年 4 月 1 日加入 WCT 的 39 个成员中，有 19 个国家通过制定涵盖广播权和信息网络传播权的"向公众传播权"来统一规范广播和信息网络传播行为。在我国"三网融合"的技术背景下，宽带通信网、数字电视网与下一代互联网最终将实现互联互通、资源共享。传统广播与网络传播的界限必然逐渐淡化，"广播权"与"信息网络传播权"两者概念融合不过是时间问题。因此,建议在此次修法中建立一个广义的"传播权"概念,合并"广播权"与"信息网络传播权"的涵义,使相关作品"网络直播"等新形式的传播行为得到更完善的保护。

利用人工智能技术解码知识产权问题

作者　基钦　勋爵（Lord Kitchin）
译者｜华南农业大学人文与法学学院副教授　赵蕾

本人非常荣幸能够出席此次"人工智能：解码知识产权"论坛开幕式。AI 作为人类历史上极具颠覆性的科学技术，被世人誉为"第四次工业革命"。

当然，AI 同时也引发了一些人的恐慌情绪。例如，2016 年斯蒂芬·霍金教授在剑桥大学未来智能中心开幕式上曾生动、形象地描绘出了一幅悲观、可怖的场景：AI 可能会失控并将人类取而代之，或者以任意方式行事并且造成巨大灾难。霍金教授认为，其实人类大脑与计算机之间并无实质性差别，随之而来的问题就是"那么，强大的人工智能兴起对于人类而言是幸运还是不幸，我们还不得而知"。埃隆·马斯克称人工智能为"召唤恶魔"和"致命威胁"。不过大部分 AI 反对者只是基于一种普通人的普遍性担忧，担心自动化会减少他们的就业机会，对于那些技术性不高的工作岗位更是如此。

我不是悲观主义者。在我看来，人工智能前景深远。因为 AI 系统基于不断改进的处理技术、可靠的大数据为其提供持续不断的动力。而且，随着物联网的发展，AI 可用数据量也将持续加速增长。想想现在，我们每天都在与机器学习进行交流互动——从图像识别系统、Alexa 和 Siri 语音助理；从亚马逊和 Netflix 等推荐系统、各种搜索引擎、通过异常行为检测判断是否存在银行欺诈,到我们使用的翻译软件。

而且,还有很多激动人心的应用技术正在快速推向市场。在医学领域,人工智能有可能提升疾病的诊断。例如,IBM 的 Watson 和其他引擎可以通过分析海量文献资料协助医生确定治疗方案。此外,通过使用预测算法和使用人工智能来分析大量遗传数据,可能会改变药品的研发过程。在教育领域,人工智能可以根据不同学生的学习进度,推荐下一步学习方案。无人驾驶可以全面改善道路安全并减少拥堵和污染。人工智能可能会提高农业生产力和河运航空安全,也可能使人类在危险条件下施工的情况一去不复返。人工智能有能力改善物流、仓储设施安排、货物交付等问题。也会带来公共服务的显著改善。例如,AI 可以排查出有辍学或失业风险的群体或个人,子女可能出现危险的家庭,并且可以对其援助计划进行合理安排。英国税务局已经启用软件,能够帮助识别可能出现的逃税行为。机器学习和人工智能提高了司法效率,包括即时通讯、信息披露分析,法律文书的生成以及纠纷解决结果的预测。人工智能还可以有助于识别累犯和帮助警察打击犯罪。

有人预测说到 2025 年,人工智能和机器学习能够提振全球经济,每年贡献 5 万亿美元~7 万亿美元的生产总值。英国政府认为 AI 与数据处理和管理作为科技产业的四大挑战之一,如果能够加以解决,那么不仅可以助力英国成为引领其他科技发展国家的领导者,而且能创造成千上万的高质量的就业机会,推动经济增长、人民生活质量的提高。而且,人工智能还可以帮助解决政府面临的一个重大挑战,即塑造未来的流动性,协助实现人财物与服务在全国范围内流通。

以上这些不是我们在说漂亮话,而是以事实为证。人工智能投入数据显示:英国政府已经投入了大量预算,增加人工智能的全面供应,建立健全数据基础设施,增加研发资金投入,以及采取一系列其他积极措施,使英国成为世界上孵化创意产品、发展创新经济最有吸引力的国家。其他国家,特别是美国、中国、日本、韩国、德国和法国等国家,与英国发展战略不谋而合。每个国家对 AI 的投资情况暂且不表,我们先说科技公司的投入。根据麦肯锡公司的统计分析:2016 年,各大科技公司对 AI 的投资总额介于 260 亿美元~390 亿美元。其中,中国和美国两国的投资金额远远超过了任何一个欧洲国家。

只要公众有所了解,就可以明白人工智能的优势,不过也确实会有担忧。许多人担心会失去工作,但他们也担心人工智能机器可能会造成伤害,我们将失去对私人数据的控制,生活将变得不那么私密,而且机器可能还会限制人的自由意志。

消除这些恐惧需要社会公众的参与。还需要为人工智能领域的工作人员提供技术解决方案并制定道德标准,最好是在国际基础上并与政府合作。例如,他们必须去解决数据黑箱问题。如何才能使整个决策过程更加透明?如何避免偏见?个人数据如何安全、可靠地匿名化?如何确保人工智能生成的结果是可靠的且可以验证?人工智能系统在定价问题上能否不再"杀熟"?

这些问题极具挑战性,研究人员正努力用务实的解决方案来解决这些问题。但它们也向监管机构和立法机关提出了挑战,并提出了一些根本性的问题。政府在推动、促进人工智能技术发展与规范、控制这些技术之间的"度"如何把握?要知道,太多监管只会限制创新能力,而太少的监管又会导致公众的抵触情绪与政党的反对声音。我们之前在其他技术领域也看到过类似这种情况。科学技术涉及基本权利问题吗?我们是否应当赋予机器人权利,就像我们在法律上赋予公司与合伙拟制自然人权利一样？这么说听起来似乎有些牵强附会，不过在 2017 年，沙特阿拉伯已经授予一个名为索菲亚的机器人以公民身份；比尔盖茨认为机器人应该纳税；对于机器人是否应该承担责任问题，已经有了很多思考。立法者和政策制定者必须综合考虑这些问题所引发的道德问题和社会影响，不过他们该如何是好？这些问题应当通过立法形式还是最好留给互联网产业去解决呢？

一、人工智能下的版权保护新问题

在这种纷繁复杂、盘根错节的社会背景之下，在人工智能对知识产权法中的一些基本问题也提出了挑战的前提之下，我们需要重新审视知识产权的影响和作用。

2018 年 11 月，由人工智能创作的一幅画《爱德蒙·贝拉米肖像》在纽约佳士得拍卖行起拍。这幅画是虚构出来的"贝拉米家族肖像"的其中一幅，由总部位于巴黎的 Obvious 联合社监理之下创作。他们为创作这幅画使用了"生成对抗网络"（agenerative adversarial network or GAN）。

最后，《埃德蒙·贝拉米肖像》以 432 000 美元的价格成交，一位不愿公开姓名的投标人以高出估价 40 倍的高价购买了此画。那么问题来了：这部作品是否应当受到版权的保护？如果应当受保护，那么作者是谁？版权保护期有多长？旨在激励创作者的努力和劳动版权目的又是什么？只有在互联网新世界，才需要解决这些新奇有趣又非常重要的问题。

现在让我来谈谈版权问题，AI 版权保护引发的问题非常棘手、令人深思。当下，与版权相关的欧盟法非常复杂，至少包括 11 项指令和两部法律。这么多年来，计算机程序一直受到 TRIPS、WIPO 版权公约和欧盟法的保护，这点毋庸置疑。但问题是由计算机特别是由 AI 产生的作品是否具有版权的可保护性,有待进一步讨论。

人工智能现在已经能够成功地创造具有原创性的作品,例如:IBM 的 Watson 编写了一本食谱;福布斯杂志使用 Bertie 软件撰写新闻报道初稿;华盛顿邮报也使用了 Heliograf 机器人帮助记者撰写文稿。在艺术领域中,"下一位伦勃朗"计划使用人工智能创作了一幅伦勃朗风格的艺术作品。最主要的是,人工智能现在已经可以创造出新的且日臻完善的软件。

这些新作品本身是否受版权法保护?欧盟法对此并没有直接回答。但是,法院在"Infopaq 案"和其他案件的判决中表明,必须是由作者参与且体现作者意志的作品才应当被保护,那些完全由机器自主产生的作品并不受到版权法保护。

另一方面,我们注意到英国 1988 年《版权设计和专利法》中有涉及一个有关计算机所创造作品的版权问题的特殊框架。在该法第 178 条中,此类作品被定义为由计算机在没有人类作者的情况下产生的作品,第 9 部分表明由计算机生成的文学、戏剧、音乐或艺术作品的作者是安排了创建程序的人。这表明议会认为计算机生成的作品是应该受到版权保护的,并且赋予了它们 50 年的保护期。这些规定是否适用于人工智能所产生的作品?是否符合欧盟法规定?是否为欧盟法相关法律指明了方向?对于这些问题,希望能引起大家认真思考。

其他国家对于这些问题的规定具有一定的借鉴意义。例如,美国版权法中人类作者与创造力原则作为其立法的基本原则,尽管对于这一问题是否属于法律的明确要求有待商榷,但是可以肯定这是美国版权局实施版权保护的一个重要依据,并且其也确实体现在了诸如判例之中,例如美国最高法院"Feist Publications v. Rural Telephone Service 案"判决当中。在 6 岁猕猴通过摄影师大卫·斯莱特(David Slater)的相机拍摄"自拍照"引发的版权归属案中，也可以看到这一原则仍然发挥着作用。

我们真的准备好了吗？我们是否真的认识到了计算机产生的作品中的创造性因素到底是什么？如果计算机和算法独立创造的作品是原创而不是抄袭，那么会不会有那么一天，版权法也会保护这些作品？区分 AI 创作的"爱德蒙·贝拉米肖像"的可保护性和传统作品中较少艺术创造性是否确有必要？这些问题值得我们深思。（补译）

二、人工智能下的专利保护新挑战

人工智能与专利引发了很多新问题，第一个问题是 AI 发明本身能否获得专利。

《欧洲专利公约》（EuropeanPatent Convention，EPC）第 52 条对专利的基本要求进行了规定：专利必须包含某种发明，必须具有新颖性、创造性、易于工业应用。不过，EPC 对于什么才是发明没有直接给出定义，只是从欧洲专利局的指导方针和判例法中可以推断出发明必须具有某种技术特征。因此，如我们所知，例如（assuch）计算机程序、数学方法都被排除在外，没有被授予专利，其他类似情况也同样如此。但是，这些例外并不是都像它们表面上看起来那样，并不是只要所谓的发明具有技术特征并且能够用于技术目的，就可以得到专利保护。

AI 的发明如何符合以上情形呢？欧洲专利局已经发布了相关指南，大意是说人工智能是基于特定种类的计算模型和算法，因此应比照与数学方法相同的方式进行处理。因此，如果假定 AI 不具有可专利性的话，那么我们的挑战在于如何理解发明，如何在技术特征基础上来定义发明。

《美国法典》第 35 编第 101 节对于可专利性进行了限制性规定，任何具有新颖性和有用性的程序、机器、产品或物质都可以获得专利。不过,自然现象、自然法则以及数学算法不符合专利授予条件。最高法院在"爱丽丝诉CLS银行案"中的判决也涉及这个问题。其判决认为,发明专利必须具备技术改进或提升的特性。因此,美国的做法与欧洲具有异曲同工之处。

这种立法和司法框架无法为人工智能的基本要素或构建模块授予专利。不过,欧洲专利局和美国专利商标局为以人工智能驱动技术特性的发明授予专利。在欧洲和美国,这些申请主要是集中在无人驾驶汽车领域;生命科学;医学和诊断学;个人设备;节能减排;电信和物流。美国、中国和日本的专利申请数量处于领先地位,这表明这些国家在人工智能领域是善于创新的驱动者。不过就《专利合作条约》和欧洲专利局提交的申请数量相差不远。如果仅论欧洲国家,那么德国、英国和法国三国专利申请数量最高。

因此,整体情况是人工智能研究活动活跃,并在获得专利保护方面取得了应有的成功。但是,推动人工智能真正进步的间接性发明的领域的需求无法获得专利,确实衍生出了一系列严重的问题,即判断符合专利性要求是否要有新方法,以及在互联网新世界中,专利制度的宗旨是否仍然是鼓励人们创新?那么,创新性软件不授予专利合理吗?如果不合理,那么这种排除是否应当扩展到人工智能构建模块中非明显进步,而不论其应用程序如何?

但这仅仅是个开始。智能机器模仿人类大脑神经网络的特性使自己越来越能自发地产生一些奇思妙想。当然,在许多情况下,尽管相当复杂,AI却可能只被视为另一种实验室工具。发明人可能是为特定目的利用AI,或者已经意识到计算机输出的内在发展。但是在个别情况下,并且这种情况可能会越来越多,那就是AI已经完成了全部或主要的创造性和创新性工作。

里昂·罗伯特教授在这一领域发表了许多有趣的论文,其中一篇指出,AI 能够完成全部或主要的创造性和创新性工作的情况早已成为现实。例如,早在 1994 年,斯蒂芬·泰勒发明的"创造力机器"获得了专利,并且具有创造新想法的能力——他给机器播放了最喜欢的音乐,两天时间机器就创造出数千首新歌。当然这也带来了关于专利的其他问题。机器还具有计算创造力的特征,计算机科学家 John Koza 和 IBM 的 Watson 联手创造了一种"发明机器"就是一个例子。

这些计算机"创造出的"发明有专利权吗?如果有,那谁是发明者,或者这项发明的归属人是谁呢?如何评估其显而易见性?基于此目的,评估出谁是这一领域的专家,以及什么是常识呢?接下来的两天里你们会探讨以上这些基本问题,现在我仅就个别问题进行简要说明。

首先,欧洲和美国相关法律条文是基于个人理念与个体发明者对专利进行传统定义,因此只规定了人类创造与个人发明。更为重要的是,专利制度宗旨在于鼓励和奖励创新。发明人向世界公开他们的发明用以换取一定时期的持续性垄断。那么,AI 产生的发明是否也同样适用呢?我认为,目前为止计算机并看重所谓的奖励或激励机制,尽管某一天他们可能会。

有人建议我们可以考虑让那些计算机领域投资人监督 AI 运行并制定相应程序。不过,除非他们能够获得的相应利益,否则不太可能承担相应义务。另一方面,如果我们将发明人的概念与发明机器的概念区别开来,那么专利体系是否会被计算机生成的发明所淹没,最终扼杀人类的创新能力?

另一个问题是关于如何评估显而易见性的标准。

一项可以授予专利权的发明必须是新颖的,而且根据现有的公共知识不应该是显而易见的,我们称之为技术。显而易见性是从缺乏想象和创新能力的技术人员的角度来评估。如果这项发明是显而易见的,也就是说,它存在于这样的人的想象力之内,它就不具有可专利性。AI需要从何处着手融入此类说法?这些名义上有技能但缺乏想象力的人是应当被当作AI对待还是可以掌握人工智能?如果不能,那么会有这一天的到来吗?如果这一天终将来临,AI制作或推动的许多发明必然是显而易见的吗?就一般常识而言,如何评估计算机的常规信息?

三、结论:回归人工智能立法的初心

在这次演讲中,我并没有涉及人工智能保密性问题、"欧洲公约"下的基本权利问题,以及欧盟《通用数据保护条例》(GDPR)下的个人数据和数据库权利的保护问题,当然这些问题都与人工智能密切有关,值得我们慎重考虑。在这个令人兴奋的新世界里,我经常问自己:我们的目标是什么?如何才能实现这些目标?我们到底想要激励什么?专利保护期限多久比较合适?

现如今,法律已然有些落后于技术的发展。立法者经常会遇到各种来自时代的挑战,人工智能已经对其发起了挑战。而现在,恰恰也是需要为人工智能进行立法的时刻。

【人工智能】

欧盟人工智能伦理与治理的路径及启示

曹建峰　腾讯研究院高级研究员
方龄曼　腾讯研究院法律研究中心助理研究员

一、欧盟积极推进以人为本的人工智能伦理与治理

数字技术的发展和渗透加速了社会与经济的转型变革，人工智能（AI）作为其中的核心驱动力为社会发展创造了更多可能。一般而言，AI 是指基于一定信息内容的投入实现自主学习、决策和执行的算法或者机器，其发展是建立在计算机处理能力提高、算法改进以及数据的指数级增长的基础上的。从机器翻译到图像识别再到艺术作品的合成创作，AI 的各式应用开始走进我们的日常生活。当今，AI 技术被广泛运用于不同行业领域（如教育、金融、建筑和交通等），并用于提供不同服务（如自动驾驶、AI 医疗诊断等），深刻变革着人类社会。与此同时，AI 的发展也对法律、伦理、社会等提出了挑战，带来了假新闻、算法偏见、隐私侵犯、数据保护、网络安全等问题。在此背景下，人工智能伦理与治理日益受到重视，从政府到行业再到学术界，全球范围内掀起了一股探索制定人工智能伦理准则的热潮。而欧盟从 2015 年起就在积极探索人工智能伦理与治理举措，虽然在 AI 技术的发展上没能先发制人，但在 AI 治理方面却走在了世界前沿。

早在 2015 年 1 月，欧盟议会法律事务委员会（JURI）就决

定成立专门研究机器人和人工智能发展相关法律问题的工作小组。2016年5月，JURI发布《就机器人民事法律规则向欧盟委员会提出立法建议的报告（草案）》（Draft Report with Recommendations to the Commission on CivilLawRules on Robotics），呼吁欧盟委员会评估人工智能的影响，并在2017年1月正式就机器人民事立法提出了广泛的建议，提出制定"机器人宪章"。[1] 2017年5月，欧洲经济与社会委员会（EESC）发布了一份关于AI的意见，指出AI给伦理、安全、隐私等11个领域带来的机遇和挑战，倡议制定AI伦理规范，建立AI监控和认证的标准系统。[2]同年10月，欧洲理事会指出欧盟应具有应对人工智能新趋势的紧迫感，确保高水平的数据保护、数字权利和相关伦理标准的制定，并邀请欧盟委员会在2018年初提出应对人工智能新趋势的方法。[3]为解决人工智能发展和应用引发的伦理问题，欧盟已将AI伦理与治理确立为未来立法工作的重点内容。

2018年4月25日，欧盟委员会发布政策文件《欧盟人工智能》（Artificial Intelligent for Europe），欧盟人工智能战略姗姗来迟。该战略提出了以人为本的AI发展路径，旨在提升欧盟科研水平和产业能力，应对人工智能和机器人带来的技术、伦理、法律等方面的挑战，让人工智能更好地服务于欧洲社会和经济的发展。欧盟人工智能战略包括三大支柱：其一，提升技术和产业能力，促进人工智能技术广泛渗透到各行各业；其二，积极应对社会经济变革，让教育和培训体系跟上时代发展的步伐，

---

[1] http://www.europarl.europa.eu/doceo/document/A-8-2017-0005_EN.html?redirect.

[2] https://www.eesc.europa.eu/en/our-work/opinions-information-reports/opinions/artificial-intelligence.

[3] https://www.consilium.europa.eu/media/21620/19-euco-final-conclusions-en.pdf.

密切监测劳动力市场的变化，为过渡期劳动者提供支持，培养多元化、跨学科人才；其三，建立适当的伦理和法律框架，阐明产品规则的适用，起草并制定人工智能伦理指南（AI ethics guidelines）。[1]同年6月，欧盟委员会任命52名来自学术界、产业界和民间社会的代表，共同组成人工智能高级专家小组（High-Level Expert Group on AI，AI HELP），以支撑欧洲人工智能战略的执行。

2019年1月，欧盟议会下属的产业、研究与能源委员会发布报告，呼吁欧盟议会针对人工智能和机器人制定全方位的欧盟产业政策，其中涉及网络安全、人工智能和机器人的法律框架、伦理、治理等。[2]2019年4月，欧盟先后发布了两份重要文件——《可信AI伦理指南》（Ethics Guidelines for Trustworthy AI，简称"伦理指南"）[3]和《算法责任与透明治理框架》（A Governance Framework for Algorithmic Accountability Andtransparency，简称"治理框架"）[4]，系欧盟人工智能战略提出的"建立适当的伦理和法律框架"要求的具体落实，为后续相关规则的制定提供了参考，代表欧盟推动AI治理的最新努力。

二、人工智能伦理框架建构：可信AI的伦理指南

为平衡技术创新和人权保障，人工智能伦理框架的构建必

---

[1] https://ec.europa.eu/digital-single-market/en/news/communication-artificial-intelligence-europe.

[2] https://www.europarl.europa.eu/doceo/document/A-8-2019-0019_EN.html#title2.

[3] https://ec.europa.eu/digital-single-market/en/news/ethics-guidelines-trustworthy-ai.

[4] http://www.europarl.europa.eu/thinktank/en/document.html?reference=EPRS_STU(2019)624262.

不可少。伦理框架为人工智能的设计、研发、生产和利用提供原则指导和基本要求,确保其运行符合法律、安全和伦理等标准。《伦理指南》由 AI HELP 起草发布,并不具备强制约束力,而欧盟鼓励各利益攸关方积极执行《伦理指南》,促进 AI 伦理标准形成国际共识。总体而言,除了制定泛欧盟的伦理准则,欧盟希望人工智能的伦理治理能够在不同的层次得到保障。例如,成员国可以建立人工智能伦理监测和监督机构,鼓励企业在发展人工智能的时候设立伦理委员会并制定伦理指南,以便引导、约束其 AI 研发者及其研发应用活动。这意味着人工智能的伦理治理不能停留在抽象原则的层面,而是需要融入不同主体、不同层次的实践活动,成为有生命的机制。

根据《伦理指南》,可信 AI 必须具备但不限于三个特征:①合法性,即可信 AI 应尊重人的基本权利,符合现有法律的规定;②符合伦理,即可信 AI 应确保遵守伦理原则和价值观,符合"伦理目的";③稳健性,即从技术或是社会发展的角度看,AI 系统应是稳健、可靠的,因为 AI 系统即使符合伦理目的,如果缺乏可靠技术的支撑,其在无意中依旧可能给人类造成伤害。具体而言,可信 AI 的伦理框架包括以下三个层次:

(一) 可信 AI 的根基

在国际人权法、欧盟宪章和相关条约规定的基本权利中,可作为 AI 发展要求的主要包括:人格尊严、人身自由、民主、正义和法律、平等无歧视和团结一致、公民合法权利等。许多公共、私人组织从基本权利中汲取灵感,为人工智能系统制定伦理框架。例如,欧洲科学和新技术伦理小组(EGE)基于欧盟宪章和相关规定中的价值观提出了 9 项基本原则。《伦理指南》在借鉴绝大部分已有原则的基础上,进一步归纳总结出了符合社会发展要求的 4 项伦理原则,并将其作为可信 AI 的根基，为 AI 的开发、部署和使用提供指导。

这些原则包括：①尊重人类自主性原则。与 AI 交互的人类必须拥有充分且有效的自我决定的能力，AI 系统应当遵循以人为本的理念，用于服务人类、增强人类的认知并提升人类的技能。②防止损害原则。AI 系统不能给人类带来负面影响，AI 系统及其运行环境必须是安全的，AI 技术必须是稳健的且应确保不被恶意使用。③公平原则。AI 系统的开发、部署和使用既要坚持实质公平又要保证程序公平，应确保利益和成本的平等分配、个人及群体免受歧视和偏见。此外，受 AI 及其运营者所做的决定影响的个体均有提出异议并寻求救济的权利。④可解释原则。AI 系统的功能和目的必须保证公开透明，AI 决策过程在可能的范围内需要向受决策结果直接或间接影响的人解释。

（二）可信 AI 的实现

在 AI 伦理原则的指导下，《伦理指南》提出了 AI 系统的开发、部署和利用应满足的 7 项关键要求。具体而言，在《伦理指南》中，4 项伦理原则作为顶层的伦理价值将对可信 AI 的研发与应用发挥最基本的指导作用，但 7 项关键要求则是可以落地的伦理要求。这意味着人工智能伦理是一个从宏观的顶层价值到中观的伦理要求再到微观的技术实现的治理过程。

1. 人类的能动性和监督

首先，AI 应当有助于人类行使基本权利。因技术能力范围所限，AI 存在损害基本权利可能性时，在 AI 系统开发前应当完成基本权利影响评估，并且，应当通过建立外部反馈机制了解 AI 系统对基本权利的可能影响。其次，AI 应当支持个体基于目标作出更明智的决定，个体自主性不应当受 AI 自动决策系统的影响。最后，建立适当的监督机制，例如"human-in-the-loop"（即在 AI 系统的每个决策周期都可人为干预），"human-on-the-loop"（即在 AI 系统设计周期进行人工干预），以及"human-in-command"（监督 AI 的整体活动及影响并决定是否使用）。

2. 技术稳健性和安全

一方面，要确保 AI 系统是准确、可靠且可被重复实验的，提升 AI 系统决策的准确率，完善评估机制，及时减少系统错误预测带来的意外风险。另一方面，严格保护 AI 系统，防止漏洞、黑客恶意攻击；开发和测试安全措施，最大限度地减少意外后果和错误，在系统出现问题时有可执行的后备计划。

3. 隐私和数据治理

在 AI 系统的整个生命周期内必须严格保护用户隐私和数据，确保收集到的信息不被非法利用。在剔除数据中错误、不准确和有偏见的成分的同时必须确保数据的完整性，记录 AI 数据处理的全流程。加强数据访问协议的管理，严格控制数据访问和流动的条件。

4. 透明性

应确保 AI 决策的数据集、过程和结果的可追溯性，保证 AI 的决策结果可被人类理解和追踪。当 AI 系统决策结果对个体产生重大影响时，应就 AI 系统的决策过程进行适当且及时的解释。提升用户对于 AI 系统的整体理解，让其明白与 AI 系统之间的交互活动，如实告知 AI 系统的精确度和局限性。

5. 多样性、非歧视和公平

避免 AI 系统对弱势和边缘群体造成偏见和歧视，应以用户为中心并允许任何人使用 AI 产品或接受服务。遵循通用设计原则和相关的可访问性标准，满足最广泛的用户需求。同时，应当促进多样性，允许利益相关者参与到 AI 的整个生命周期。

6. 社会和环境福祉

鼓励 AI 系统负担起促进可持续发展和保护生态环境的责

任,利用 AI 系统研究、解决全球关注问题。在理想情况下,AI 系统应该造福于当代和后代。因此,AI 系统的开发、利用和部署应当充分考虑其对环境、社会甚至民主政治的影响。

7. 问责制

其一,应建立问责机制,落实 AI 系统开发、部署和使用全过程的责任主体。其二,建立 AI 系统的审计机制,实现对算法、数据和设计过程的评估。其三,识别、记录并最小化 AI 系统对个人的潜在负面影响,当 AI 系统产生不公正结果时,及时采取适当的补救措施。

值得注意的是,不同的原则和要求由于涉及不同利益和价值观,互相间可能存在本质上的紧张关系,因此,决策者需要根据实际情况作出权衡,同时保持对所做选择的持续性记录、评估和沟通。此外,《伦理指南》还提出了一些技术和非技术的方法来确保 AI 的开发、部署和使用满足以上要求,如研究开发可解释的 AI 技术(Explainable AI,XAI)、训练监控模型、构建 AI 监督法律框架、建立健全相关行业准则、技术标准和认证标准、教育提升公众伦理意识等。

(三)可信的 AI 的评估

《伦理指南》在前述 7 项关键要求的基础上,还列出了一份可信 AI 的评估清单。评估清单主要适用于与人类发生交互活动的 AI 系统,旨在为具体落实 7 项关键要求提供指导,帮助公司或组织内部的不同层级(如管理层、法务部门、研发部门、质量控制部门、人力、采购、日常运营等)共同确保可信 AI 的实现。《伦理指南》指出,该清单的列举评估事项并不总是详尽无遗,可信 AI 的构建需要不断完善 AI 要求并寻求解决问题的新方案,各利益攸关方应积极参与,确保 AI 系统在全生命周期内安全、稳健、合法且符合伦理地运行,并最终造福于人类。

可见，在欧盟看来，人工智能伦理是一项系统性的工程，需要伦理规范和技术方案之间的耦合。其他国家和国际社会的人工智能伦理构建可能多数还停留在抽象价值的提取和共识构建阶段，但欧盟已经更进一步，开始探索搭建自上而下的人工智能伦理治理框架。

三、人工智能算法治理的政策建议

算法责任与透明治理框架《治理框架》是由欧洲议会未来与科学和技术小组（STOA）发布的一份关于算法透明和责任治理的系统性研究报告。报告在引用一系列现实案例的基础上，阐明了不公平算法产生的原因及其可能导致的后果，以及在特定背景下实现算法公平所存在的阻碍。在此基础上，报告提出将算法透明和责任治理作为解决算法公平问题的工具，实现算法公平是算法治理的目的，同时强调了"负责任研究和创新"（RRI）方法在促进实现算法公平中的作用和意义。RRI的核心是在利益相关者的参与下，实现包容和负责任的创新。

该报告在分析算法系统为社会、技术和监管带来的挑战的基础上，为算法透明度和问责制的治理提出了系统的政策建议。报告从技术治理的高层次视角出发，详细论述各类型的治理选择，最后回顾现有文献中对算法系统治理的具体建议。在广泛审查和分析现有算法系统治理建议的基础上，报告提出了4个不同层面的政策建议。

（一）提升公众的算法素养

实现算法问责的前提是算法透明，算法透明并非指让公众了解算法的各个技术特征。报告指出，对算法功能的广泛理解对实现算法问责几乎没有作用，而简短、标准化且涉及可能影响公众决策或者提升公众对算法系统的整体理解的信息内容的披露才更为有效。此外，调查性新闻报道和揭秘对于揭发算法的不当用途，实现算法透明和问责也发挥着重要作用。例如，纽约时报曾经报道 Uber 公司通过一定算法技术来标记和躲避城市的监管机构（此消息由 Uber 前员工透露），此报道当即引发了媒体和社会的广泛关注，监管部门也对该公司进行了调查。除了发挥监督作用，新闻报道还致力于用简单易懂的语言提升社会公众对算法的理解，新闻调查还可刺激广泛的社会对话和辩论，引发新的学术研究。例如，非营利机构 ProPublica 的一篇关于一些美国法院使用的犯罪风险评估算法系统 COMPAS 中"机器偏见"的报告即引发了一系列关于算法公平的研究。

基于此，《治理框架》提出了几点关于提升公众算法意识的政策建议：①教育公众理解关于算法选择、决策的核心概念；②标准化算法的强制披露内容；③为进行"算法问责"的新闻报道提供技术支持；④出于公共利益考虑允许揭秘人在违反服务条款或者侵犯知识产权情况下免于追究责任。

（二）公共部门建立算法问责机制

当今，越来越多的公共部门开始使用算法系统以提高办公效率、支撑复杂的办公流程并辅助政策制定活动。若算法存在缺陷，则可能对社会中弱势群体造成不可估量的影响，因此，公共部门格外需要建立完善的算法透明和问责机制。其中一个可以考虑的治理机制是，借鉴数据保护法上的数据保护影响评估（DPIA）机制，建立算法影响评估（Algorithmicimpactassessments，AIA）机制。此机制可以让政策制定者了解算法系统的使用场景，评估算法预期用途并提出相关建议，帮助建立算法问责机制。根据《治理框架》，AIA 的流程主要包括：公布公共部门对"算法系统"的定义，公开披露算法的目的、范围、预期用途、相关政策或实践，执行和发布算法系统的自我评估、公众参与、公布算法评估结果、定期更新 AIA 等。

(三) 完善监管机制和法律责任制度

一方面,对于各界广泛呼吁但存在巨大争议的算法透明,欧盟从人工智能技术自身的特征出发提出了较为中肯的建议。算法透明不是对算法的每一个步骤、算法的技术原理和实现细节进行解释,简单公开算法系统的源代码也不能提供有效的透明度,反倒可能威胁数据隐私或影响技术安全应用。更进一步,考虑到 AI 的技术特征,理解 AI 系统整体是异常困难的,对理解 AI 作出的某个特定决策也收效甚微。所以,对于现代 AI 系统,通过解释某个结果如何得出来实现透明将面临巨大的技术挑战,也会极大地限制 AI 的应用。相反,在 AI 系统的行为和决策上实现有效透明将更可取,也能提供显著的效益。例如,考虑到人工智能的技术特征,欧盟《通用数据保护条例》(GDPR)并没有要求对特定自动化决策进行解释,而仅要求提供关于内在逻辑的有意义的信息,并解释自动化决策的重要性和预想的后果。

另一方面,在人工智能算法监管方面,欧盟认为,对于大多数私营部门而言,其资源是有限的,且其算法决策结果对社会公众的影响相对有限,所以不应施加算法影响评估等强监管。如果一味要求私营部门采取 AIA,结果就是其负担的财务和行政成本与算法所带来的风险将不成比例,这将阻碍私营部门的技术创新和技术采纳。因此,对于低风险的算法系统可以以法律责任去规制,允许私营部门以更严格的侵权责任换取算法更低的透明度及 AIA 要求。根据《治理框架》,可以分层次建立相应的监管机制:对于可能引发严重或是不可逆后果的算法决策系统可以考虑施加 AIA 要求;对于仅具有一般影响的算法系统,则可要求系统操作者承担较为严格的侵权责任,同时可以减轻其评估认证算法系统、保证系统符合最佳标准的义务。同时，可考虑建立专门的算法监管机构，其职责包括进行算法风险评估，调查涉嫌侵权人的算法系统的使用情况，为其他监管机构提供关于算法系统的建议，与标准制定组织、行业和民间社会协调确定相关标准和最佳实践等。

(四) 加强算法治理的国际合作

算法系统的管理和运行还需要跨境对话和协作。一国对算法透明度和问责制的监管干预很可能被解释为保护主义或视为获取外国商业机密的不当行为。因此，《治理框架》建议，应当建立一个永久性的全球算法治理论坛（AGF），吸纳与算法技术相关的多方利益攸关者参与国际对话，交流政策及专业知识，讨论和协调算法治理的最佳实践。

四、欧盟人工智能伦理与治理的启示

在过去二十多年的互联网发展中，欧盟落后于美国和中国，法律政策方面的差异是其中的主要因素之一。正如笔者在《论互联网创新与监管之关系——基于美欧日韩对比的视角》一文中的观点，欧盟在平台责任、隐私保护、网络版权等方面的制度规定都比美国更早和更严格，没有给互联网创新提供适宜的法律制度土壤。如今，步入智能时代，无处不在的数据和算法正在催生一种由新型的人工智能驱动的经济和社会形式，欧盟在人工智能领域依然落后于美国等国家。2018年生效的《一般数据保护条例》（GDPR）对人工智能发展应用的影响尤甚，诸多研究都表明 GDPR 阻碍了人工智能、数字经济等新技术、新事物在欧盟的发展，给企业经营增加了过重的负担和不确定性。[1]

---

[1] https://itif.org/publications/2019/06/17/what-evidence-shows-about-impact-gdpr-after-one-year.

回到人工智能领域,欧盟希望通过战略、产业政策、伦理框架、治理机制、法律框架等制度构建来研发、应用、部署嵌入了伦理价值的人工智能,以此引领国际舞台。在这方面,欧盟的确有其独特的优势。但这样的优势能否最终转化为欧盟在人工智能领域的国际竞争力,却值得深思。整体而言,欧盟的人工智能伦理与治理探索,给我们带来了三点启发。

(一)探索伦理治理的技术路径

显然,面对人工智能未来发展的伦理与社会影响,需要让伦理成为人工智能研究与发展的根本组成部分,加强人工智能伦理研究和伦理治理机制的构建。就当前而言,人工智能伦理治理的实现更多地需要依靠行业和技术的力量,而非诉诸立法和监管。因为技术和商业模式快速迭代,成文的立法和监管很难跟上技术发展的步伐,可能带来适得其反或者意想不到的效果,而标准、行业自律、伦理框架、最佳实践、技术指南等更具弹性的治理方式将越来越重要,尤其是在技术发展早期。更进一步,正如在隐私和数据保护方面,经由设计的隐私(privacy by design,PbD)理念在过去十几年间获得了强大的生命力,使得通过技术和设计保护个人隐私成了数据保护机制中不可或缺的组成部分,加密、匿名化、差分隐私等技术机制发挥着重要的作用。这样的理念也可以被移植到人工智能领域,所以,欧盟提出了"经由设计的伦理"(ethics by design 或者 ethical by design,EbD)。未来需要通过标准、技术指南、设计准则等方式来赋予"经由设计的伦理"理念以生命力,从而将伦理价值和要求转化为人工智能产品和服务设计中的构成要素,将价值植入技术。

(二)采取多利益相关方协同治理的模式

当前,人工智能与经济、社会以异乎寻常的速度整合和相互构建，其高度的专业化、技术化和复杂性使得圈外人很难对其中的风险和不确定性进行准确的判断和认知。因此，一方面需要通过多利益相关方协同参与的方式，让监管机构、决策者、学术界、行业、社会公共机构、专家、从业者、公众等都能参与到新技术的治理之中，避免决策者和从业者脱节。另一方面需要通过科技伦理教育宣传增进科研人员和社会公众在伦理上的自觉，使其不仅仅考虑狭隘的经济利益，而且对技术发展应用的潜在影响及其防范进行反思和预警性思考（precautionary thinking），才有可能通过广泛社会参与和跨学科研究的方式来实现对前沿技术的良好治理。所以，欧盟认为对于人工智能的伦理治理，需要不同主体在不同层次的保障措施，因此需要政府、行业、公众等主体在各自的层级建立保障措施。

（三）加强人工智能伦理与治理方面的国际合作

人工智能的发展与数据流动、数据经济、数字经济、网络安全等密切相关，而且，人工智能的研发应用具有跨国界、国际分工等特征，需要在伦理与治理方面加强国际协作和协调。例如，2019年5月22日，经济合作组织（OECD）成员国批准了人工智能原则，即"负责任地管理可信赖的AI的原则"。该伦理原则总共有5项，包括包容性增长、可持续发展和福祉，以人为本的价值和公平，透明性和可解释，稳健性和安全可靠，以及责任。[1] 2019年6月9日，G20批准了以人为本的AI原则，主要内容来源于OECD人工智能原则。这是首个由各国政府签署的AI原则，有望成为今后的国际标准，旨在在以人为本的发展理念之下，以兼具实用性和灵活性的标准和敏捷灵活的治理方式推动人工智能的发展，共同促进AI知识的共享和可信

---

[1] https://www.oecd.org/going-digital/ai/principles.

AI 的构建。[1]可见,以人为本的人工智能发展理念正在获得国际社会的共识,需要在此理念的引领下,加深国际对话和交流,在国际层面实现相协调的共同人工智能伦理与治理框架,促进可信的、符合伦理道德的人工智能的研发与应用,防范人工智能发展应用可能带来的国际风险和其他风险,确保科技向善和人工智能造福人类。

---

[1] https://g20trade-digital. go. jp/dl/Ministerial_ Statement_ on_ Trade_ and_ Digital_ Economy. pdf.

"短命"的谷歌 AI 伦理委员会，
绕不开的算法治理难题*

贾开　电子科技大学公共管理学院讲师

  2017 年 9 月，《人民日报》连发三篇评论，对基于算法而向用户自动推荐个性化内容的互联网业态提出了批评。眼球经济导致推荐内容的低俗性、虚假性，片面强化用户偏见与喜好而使得整个社会可能陷入"信息茧房"的极端性，一味迎合用户而使得智能平台走向媚俗化并最终可能阻碍创新，共同构成了对于当前正蓬勃发展的算法推荐相关业态的深刻反思。

  事实上，不仅仅是算法推荐，我们日益生活在一个"算法社会"之中。搜索引擎对于用户搜索内容的排序算法，商业银行对于贷款申请者的还款风险评估算法，机场车站对于大规模人群的特征识别算法，都是已经被普遍使用并深刻影响我们日常生活的典型案例。

  由此引发的问题在于，对于伴随技术发展而出现的新业态，《人民日报》的警示性评论是否预示着算法在极大提高人类社会运行效率的同时，也会带来普遍性的治理挑战？更具体地讲，算法治理究竟是指什么？面对当前的挑战，我们又该如何推进治理机制的创新以应对这种变化，尤其是如何通过公共政策框架的重构以平衡发展与规制的二元关系？这便构成了本文所要

---

* 本文发表于《中国行政管理》2019 年第 1 期。

讨论的三个问题。

一、AI 时代，算法治理扮演什么新角色？

虽然"算法"这一概念在现实生活中耳熟能详，但其定义在学界却并没有形成高度共识。不同理解的差异源于"算法"本身在事实上的模糊性与复杂性。一方面，算法被认为无处不在，其在不同场景下管理、分类、约束乃至决定整个社会的运行；另一方面，算法往往被描述为高深莫测或难以捉摸，我们并不能明确界定一个实体对象或工作流程来解释算法的运行。在佐治亚理工学院的伯格斯特教授看来，算法就像"黑洞"，我们能清晰感受到它的影响但却并不能对其内部一窥究竟。

正因为此，试图对算法做出一般性的定义不仅困难，也是一个不可能完成的任务；而不同学科按照各自的理解与兴趣对算法的不同侧面展开研究则可能是更为实际的途径。沿袭这一思路，本文重点关注算法影响社会运行的规则属性，并试图从规则的形成与应用出发，探究算法影响社会运行的机制与过程。在此视域下，算法治理的对象将不仅聚焦作为其载体和结果的计算机代码，而同时包含影响这一载体和结果形成的所有相关因素，尤其是人工智能第三次浪潮背景下大数据的影响。

就算法的规则属性来看，莱辛格教授提出的"代码即法律"无疑是研究的起点。在莱辛格教授看来，"代码即法律"的意义在于回应了网络自由主义者对于"网络乌托邦"的想象，指出网络空间虽然能够避免政府干涉，但其却被置于市场主体这只"看不见的手"的完美控制之下，而后者正是通过算法来塑造网络空间的运行规则并进而对人类社会产生影响的。

莱辛格教授的洞察开启了社会科学对于算法的研究兴趣，不过伴随着技术演化与业态发展的进程，算法本身的生产过程，及其对于人类社会的影响机制与结果都发生了巨大变化。就前者而言,在以机器学习为代表的第三次人工智能浪潮兴起的背景下,算法不再仅由商业公司(甚至不由人类)所生产并控制,算法的自我生产能力决定了其作为"规则"的复杂性;就后者而言,网络空间与现实空间的不断融合使得线上线下的边界逐渐模糊,原本局限于网络空间的算法规则开始对现实空间产生越来越多的影响。

上述两方面转变的重要性可从"波兰尼悖论"中得到更清晰的体现。迈克尔·波兰尼曾指出:"人类知道的远比其能表达出来的更多。"事实上,我们虽然能很容易记住一张面孔、辨别一个声音,但却并不能很好地阐述或解释我们为什么可以实现这一功能。在第三次人工智能浪潮兴起之前,传统算法的生产过程实际上就是人类表达自身的过程。对于传统算法而言,其往往需要设计者明确某项工作的实现流程并事无巨细地规定好计算机在给定条件下的给定动作。

"波兰尼悖论"在指出人类表达能力缺陷的同时也指出了传统算法生产过程的局限。但以机器学习为代表的第三次人工智能浪潮的兴起则突破了"波兰尼悖论"的束缚,机器学习算法可以通过基于大数据的自我训练、自我学习过程完成参数调整与模型构建,也即完成算法的自我生产过程。尽管人类仍然参与其中,但机器学习算法已然摆脱了需要依赖人类表达能力的局限,从而极大地提升了算法能力并扩展了其应用范围。

网景公司创始人马克·安德森 2011 年曾在《华尔街日报》上发表文章,描述了各个产业朝向数字化转型且其生产与服务过程被广泛嵌入软件的趋势,他将这一变化称为"软件正在吞噬世界"。机器学习算法对于"波兰尼悖论"的突破,将加速这一进程的发生,最终使得"软件吞噬世界"成为更快到来的现实。算法作为社会运行的基础规则将由此扮演更为重要的作用,算法治理研究在此背景下才凸显其时代意义。

二、治理新议题:不可解释隐忧、自我实现困境与主体性难题

既然将算法治理置于以机器学习为代表的第三次人工智能发展浪潮的背景下,那么自然地,机器学习算法本身的原理与性质自然也会影响到算法的应用,并可能在其应用过程中带来风险。一般而言,当前最普遍应用的机器学习算法是建立在对于已标注人类知识的大数据集的训练基础上的,由此形成由该大数据集若干共性特征所组成的规则集,进而被用于模式识别、信息预测、数据生成等各个领域。不过正因为此,我们同样不难发现机器学习算法的应用局限性,其至少体现在以下三点:[1]

第一,机器学习算法对于规则集的归纳依赖于预先界定的明确的输入数据、输出结果和评价指标,因而其更适用于具有明确任务界定的应用环境,但却很难被应用于不具有明确目标或者工作产出绩效不明确的人类活动。

第二,机器学习算法对于规则集的归纳,更多地建立在对于输入大数据集的相关性分析基础上,而非直接建立在不同变量之间的因果联系上,因而其更适用于能够接受一定误差且满足"一秒反应原则"[2]的工作,但却无法处理依赖大量背景知识并要求较长逻辑推理链条的环境。

第三,机器学习算法在客观上要求输入大数据集与其应用环境具有概率上的分布一致性,否则,算法基于输入大数据集

---

[1] E. Brynjolfsson & T. Mitchell, "What can Machine Learning Do? Workforce Implications", *Science*, 358 (6370), 2017, 1530~1534.

[2] LeCun, Y. 2018. Learning World Models: the Next Step towards AI. IJCAI.

所归纳出的特征"规则集"将很快过时,并因而难以指导对于当前和未来的预测或分析,这一特性在剧烈变动的环境中体现得尤为明显。

正是因为局限性的存在,当我们将算法普遍应用于人类社会不同领域时,便必然会带来诸多治理挑战,而这又具体表现为不可解释隐忧、自我实现困境与主体性难题这三个方面:

第一,不可解释隐忧主要关注算法因其生产和应用过程不能为人所理解而可能带来的算法黑箱、不可监督、难以追责等治理议题。需要注意的是,算法的不可解释性并非完全因为其作为商业秘密而受到公司或个人的刻意隐瞒,更深刻的原因一方面在于算法本身的复杂性,即使其设计者也很难清楚解释整个算法的运行过程;而另一方面则在于第三次人工智能浪潮背景下机器学习算法本身相对于人类表达能力的脱离,不仅其基于大数据集的自我学习、自我训练过程不为人所知,甚至是其最终形成的规则集也往往不能转换为可为人所理解的自然语言。

如果算法本身是完美的,那么因不可解释隐忧所导致的治理问题便也不足为惧。不过恰恰相反的是,经验性结论却表明算法永远都存在漏洞和缺陷。面对这样的潜在风险,由于不可解释隐忧的存在,我们并不能将相关责任完全置于算法设计者身上,这便带来了监督与问责的难题。尤其是当将算法应用于公共决策领域之时,监督与问责机制的缺失将使得不可解释隐忧导致决策错误的风险变得不可接受,而这也将阻碍技术的发展与应用。

第二,自我强化困境聚焦算法因依赖大数据学习过程而可能出现的固化、偏差、歧视等治理议题。算法基于"大数据集"而通过自我训练、自我学习以形成"规则集"的过程,实质上是对于过往人类社会模式特征的总结,并将其用于对未来社会的感知与决策,这在提高人类社会运行效率的同时,也将不可避免地复制并延续当前社会的既有格局与特征,从而不利于变革与创新的发生。后者被称为算法的"自我强化困境"。

与此相关的治理议题又可被进一步细化为三种类型。首先,算法对于人类行为特征的精准识别在有利于为不同个体提供差异化、个性化服务的同时,也将强化个人偏好,甚至可能会催化极端倾向。其次,人类社会的不确定性与复杂性在客观上决定了"大数据集"的不完备性,数据缺失导致算法所形成的"规则集"偏差将可能进一步强化既有的社会不公现象。事实上,人类社会既有的"数据鸿沟"现实可能导致部分人群的数据缺失,并因此使得他们进一步被隔离在"算法社会"之外。最后,机器学习算法基于社会整体"大数据集"而形成"规则集"并应用于具体场景的过程,暗含着以整体特征推断个体行为的基本逻辑。这便可能造成"算法歧视"问题,特别是在将算法应用于决策领域时,其潜在风险尤甚。需要强调的是,算法歧视的严重后果还不仅止于此,它甚至可能造成"自我实现"的恶性循环。当一个最初没有高犯罪风险的黑人受到"算法歧视评估"并因而遭受错判时,其很可能因此对社会产生敌意,并最终走上犯罪道路,从而反过来证明算法最初评估的"正确性"。

第三,主体性难题涉及算法作为人类社会运行规则而在一定应用场景下替代人类行为所引发的治理议题。长久以来,围绕"算法(尤其以搜索引擎的排序算法为代表)是否应受言论自由保护"的激烈争论便是此类议题的集中体现。如果说,对于传统算法而言,我们还可以将其类比为报纸并假定其背后是人类思想的表达(报纸编辑可被视为人类思想的表达)。那么对于第三次人工智能浪潮背景下的机器学习算法而言,算法的自我生产能力已经使得这种假设不再成立。机器学习算法基于大规模数据集形成的"规则集"并不依赖于人类的表达能力,这样的技术突破不仅意味着人类行为自动化程度的又一次提升,也反映了算法生产过程及其应用结果与人类行为本身的分离。考虑到传统治理体系都是以人类行为因果关系作为制度基础,机器学习算法的成熟与普及将不可避免地带来算法治理的主体性难题。

三、当未来已来,如何创新算法治理?

在兼顾发展的前提下,如何有效控制治理风险成了算法治理相关公共政策创新的主要内容。考虑到人工智能背景下算法的普及应用尚未完全铺开,相关的政策建议还不能细致到具体领域,而更多地应着眼于宏观环境的引导与塑造。基于此,笔者提出三方面建议:

第一,要加快普及人工智能认知教育,使人们能够科学认识算法应用带来的可能进步及潜在风险,在避免盲目乐观的同时形成客观预期,以减少技术发展及应用过程中的不必要障碍,并同时促进应对治理挑战的相关政策创新。尽管存在诸多风险与挑战,但我们仍然要认识到,在人工智能背景下算法的普及应用对于人类社会整体的福利提升。例如,相关研究表明,基于算法的自动承保系统比人工审核更能准确地预测违约,并因而在此基础上可以帮助往常难以被纳入金融服务体系的贷款申请人提高借款批准率。[1]

正因为此,重要的或许不是要求算法在应用过程中不能存

---

[1] S. W. Gates, V. G. Perry & P. M. Zorn, "Automated underwriting in mortgage lending: good news for the underserved?", *Housing Policy Debate*, 2002, 13 (2), 369~391.

在任何的偏差或歧视，而是以更为实际的态度评估其是否相比于当前社会运行机制有所提升。事实上，考虑到算法的不可解释隐忧问题，算法的设计者、使用者往往也并不清楚算法偏差或算法歧视的存在。在此情况下，更有效的治理方式并非是片面地要求算法本身的透明与公开，而是调动利益相关方的积极性，从算法被影响者的角度观察、考量算法的应用结果。实现后者的前提是公众对于人工智能认知的提升乃至普及。

第二，要加强算法伦理的讨论与研究，推进自然科学领域与社会科学领域相关专家的对话与交流，并围绕算法的开发与应用共同起草、形成具有约束力的伦理指导原则。算法应用过程中所引发的治理挑战当前还处于发展阶段，在具体政策体系尚不完善的情况下，通过算法伦理的引导有助于在不限制技术发展可能性的同时缓和并控制相关风险。2017年1月，美国计算机协会专门发布了算法治理伦理原则，涵盖利益相关者责任、救济机制、算法使用机构责任、鼓励可解释算法研发、数据治理、算法审查要求、实时检查责任等七个方面。尽管在这些伦理原则的指导下，要求建立算法审查制度或算法正当程序制度的政策提案尚未获得共识，但伦理原则的形成与宣传仍然有助于促进相关研究者重视算法研究及应用过程中的潜在风险，并共同探索相应的治理措施。

第三，要根据算法应用的成熟程度及其影响的范围大小，以不超过其当前发展水平及未来发展可能性的客观理念，分领域、分优先级地制定相关公共政策。在人工智能第三次浪潮的影响下，公共管理领域当前围绕人工智能及算法治理相关政策的讨论虽然同样注意到了潜在的风险与挑战，但多是以对未来充满乐观想象的态度提出假设式、前瞻式的政策建议。不过，正如本文对于机器学习算法基本原理的阐述所揭示的，其应用本身存在多方面的局限性，因而在可预见的未来，其仍然仅能在某些特定领域中得到广泛应用。而如果考虑到某些领域的应用还需要人类制度的剧烈变革，那么在短时间内，机器学习算法的应用范围可能将更为有限。

举例而言，自动驾驶汽车的广泛应用不仅需要技术的成熟，同时还需要交通法规、归责机制、保险条例等一系列社会制度的同步变革。相比之下，在机场、车站使用人脸识别算法替代人工以作为身份验证方式的应用场景，将更为迅速地普及开来。后者可能引发的风险与挑战自然应该成为当前政策的关注重心。正因为此，分领域、分优先级地围绕算法的不同应用开展政策研究并制定相关治理政策，可能是更为现实和有效的公共政策创新思路。

【虚拟财产】

网游中"钱"是"数字货币"吗?
网游虚拟货币监管研究

彭宏洁　腾讯研究院

网游虚拟货币的功能、种类随网游玩法的丰富而日渐多样,其背后的法律问题也越来越复杂。一方面,游戏内的货币类道具和游戏外的虚拟货币表现形式多样,监管制度还没来得及做系统化回应。另一方面,因为涉及禁止赌博、出版管理、金融监管、消费者保护等多个制度,相应规定主要分散在各规范性文件中,缺乏更高位阶的立法规定来协调一致,理论研究层面也还未形成系统、有效的成果,缺乏完善的理论指导。为此,经梳理发现了两大问题和三大存疑之处,在此基础上做分析并尝试给出网络虚拟财产制度完善的建议。

一、现状与问题

虚拟货币监管政策较为分散,缺乏协调统一,不可避免地会出现一些问题。围绕虚拟货币监管,我国已经出台了较为丰富的规定。广义的虚拟货币外延丰富。中国人民银行金银局王信认为,除网游虚拟货币外,还包括互联网积分[1];包括因技术设置而有稀缺性且以比特币为代表的数字货币,以及数字化的法定货币等,都是"网络虚拟财产"的重要组成部分。狭义

---

[1] "切实加强虚拟货币监管 牢牢维护国家货币发行权",载https://www.yicai.com/news/5413833.html,2018年11月12日访问。

的虚拟货币则指网游中的虚拟货币（以下简称"虚拟货币"），不管是存在于 RPG、棋牌、沙盒或射击等不同游戏类型中，还是以点、券、钻石、币等为表现形式（以下简称"点数"），虚拟货币都是用于兑换网游服务的虚拟工具。《网络游戏管理暂行办法》（以下简称《暂行办法》）从规章角度规定了虚拟货币的定义、虚拟货币的发行与交易、终止运营的补偿、随机抽取等内容，规定了虚拟货币监管。《关于规范网络游戏经营秩序查禁利用网络游戏赌博的通知》（2007年1月）、《关于加强网络游戏虚拟货币管理工作的通知》（2009年6月）和《关于规范网络游戏运营加强事中事后监管工作的通知》（2016年12月）等规范性文件（以下分别简称《查禁赌博通知》《虚拟货币通知》和《事中事后通知》），分别从特定角度做出规定，为相应领域的行政监管提供明确指引，有利于规范网游行业市场的秩序。

但对现有规定进行分析后可发现，虚拟货币监管制度中可能存在以下问题：

（一）为满足监管需要，《事中事后通知》的规定与《暂行办法》不一致

按照《暂行办法》的规定，虚拟货币"存在于游戏程序之外"，游戏程序内的"虚拟兑换工具"也就不属于"虚拟货币"。由此，有网游企业将虚拟货币转化为游戏程序内的点数货币类道具，再用以进行道具、皮肤和服务的购买兑换，甚至直接用以进行随机抽取，经过"层层兑换"绕开现有监管。

为解决这些"层层兑换"行为带来的问题，《事中事后通知》专门规定，"以法定货币直接购买、使用网络游戏虚拟货币购买或者按一定兑换比例获得"，且"具备直接兑换游戏内其他虚拟道具或者增值服务功能"的特殊虚拟道具，"按虚拟货币有关规定进行管理"。该新规定有利于打击"层层兑换"的违规行

为,但也把针对"游戏程序之外"的虚拟货币的监管制度,推广为对"游戏程序内"的特殊虚拟道具也适用,涉嫌与《暂行办法》的规定不一致。

(二)《查禁赌博通知》的三大禁止性规定,被推广至所有游戏都适用

《查禁赌博通知》第3条使用"游戏积分"的概念,规定网游企业运营"使用游戏积分押输赢、竞猜等游戏"的,不得提供"游戏积分交易、兑换或以'虚拟货币'等方式变相兑换现金、财物"的服务(以下分别简称"现金回兑""财物兑换"),也不得提供"用户间赠予、转让等游戏积分转账"服务(以下简称"积分转账"),防止为网络赌博提供便利。按此,只有在"使用游戏积分押输赢、竞猜等"的游戏中,才适用上述禁止性规定,不能现金回兑、财物兑换和积分转账。后来,《暂行办法》第19条规定,虚拟货币仅限于在网游企业内兑换服务,不可用于他人服务的兑换;《事中事后通知》第(九)(十)则规定,不管是虚拟货币还是虚拟道具,都不能提供"现金回兑"服务;中国音数协游戏工委则发布《移动游戏内容规范》(2016年版)(以下简称《移动游戏规范》),以自律规范在第12条(二)5、6的规定,将所有移动游戏的"游戏积分交易、兑换"或"以'虚拟货币'等方式变相兑换现金、财物",以及"用户间赠予、转让等游戏积分转账"等,都认定为"含有赌博内容",不再以"使用游戏积分押输赢、竞猜等的游戏"为前提。这就相当于把"现金回兑"的禁止性规定,推广为所有游戏类型都适用。

由此,可进一步归纳以下问题:一是什么是虚拟货币?它与"参照虚拟货币进行监管"的特殊类道具或游戏积分有什么关系?也即如何界定虚拟货币及其与虚拟道具、游戏积分的关

系。二是为何会有"现金回兑""财物兑换"和"积分转账"的禁止性规定？将其推广适用于所有游戏，是否合适？也即如何看待内容监管中的赌博、宣扬赌博问题。这两大问题既涉及虚拟货币制度本身，也涉及赌博、金融监管等背后更复杂的问题，需仔细梳理才能给出回答。

二、透过现象看本质

表面上看，虚拟货币和货币类道具适用于不同场景，功能上又都具有兑换作用。其实，二者在法律属性上的区别才是关键。虚拟货币源于用户支付法定货币购买而得，并用以"兑换"虚拟道具或服务；货币类道具则是虚拟游戏世界中的重要组成部分，在游戏中扮演一般等价物"货币"，用以在游戏中交换其他道具，是道具中的一种。应从法律关系的角度对二者进行比较、区分。

（一）虚拟货币源于用户购买，是网游企业与用户间的网游
　　　服务协议的债权凭证

用户主要以付费购买的方式获得虚拟货币，并以点数形式存储于账号中。其主要用途有：①购买增强游戏体验的功能类道具等服务。如兑换游戏内的金币、武器装备等虚拟道具，提升游戏角色能力参数。这在《传奇》《征途》类游戏中最为典型。②购买装扮类道具等服务。如购买改变角色或道具外观的"皮肤"，这类道具不以修改游戏角色能力参数为核心，主要为用户提供个性化的视听体验。如《王者荣耀》中甄姬的"游园惊梦"皮肤，灵感选自昆曲《牡丹亭》中的经典曲目，并由北方昆曲剧院国家一级演员魏春荣配音。③购买游戏时长。这往往被称为预付卡或者点卡，常见于按时长计费的游戏，如《魔兽世界》。④购买功能类服务，如"原地复活""VIP 包年服

务"等。

实质上,基于网游服务协议,虚拟货币是网游企业与用户间的付费合同关系中的债权凭证。用户以支付法定货币的方式付费充值获得虚拟货币,后续,用户需特定网游服务的,按业务流程操作支付"点数",即可要求网游企业兑换相应网游服务。

《虚拟货币通知》在 2009 年率先规定虚拟货币,是指"由网络游戏运营企业发行,游戏用户使用法定货币按一定比例直接或间接购买…并以特定数字单位表现的一种虚拟兑换工具";后《暂行办法》也采取"网游企业发行—用户购买—兑换工具"类表述。这些都说明,虚拟货币是网游企业与用户间的网游服务协议这一法律关系的债权凭证。《虚拟货币通知》还规定,虚拟货币是"用于兑换发行企业所提供的指定范围、指定时间内的网络游戏服务",并表现为"预付充值卡、预付金额或点数等形式",使虚拟货币与线下各种"会员卡"账户余额类似,只能兑换企业内服务,也与商务部《单用途商业预付卡管理办法(试行)》规定的"单用途预付卡"的性质有些类似。[1] 那种将虚拟货币视为法定货币进行监管、要求实行准备金制度的观点[2],实为未看清虚拟货币的网游服务合同的债权凭证本质,仅从表面出发而担心"虚拟货币"影响金融监管,值得商榷。

---

[1] 在 2011 年"北京淘礼网诉上海克莉丝汀买卖合同案"中,上海市第二中级人民法院二审认为,涉案的面包券属于单用途预付卡,购买该债权凭证后获得债权请求权,原告购买被告的面包券后,获得债权请求权,但原告将面包券转让给他人后,自己与克莉斯汀公司的"涉案现金券之间的合同关系归于消灭"。刘盛:"商业预付卡消费纠纷的司法裁判和立法跟进",载《湛江师范学院学报》2014 年第 5 期。

[2] 岳宇君、吴洪:"基于生命周期理论的网游虚拟货币监管策略研究",载《当代经济管理》2012 年第 3 期。

(二) 货币类道具在网游世界中扮演一般等价物，帮助用户完成角色扮演

顾名思义，货币类道具是虚拟游戏世界中扮演"货币"的虚拟道具，其产生、使用都以虚拟游戏世界为基础。基于网游企业的设计，其具体表现形式有"金币""元宝""铜钱"等（以下统称"金币"）用户可通过打败怪物、完成任务等方式，"原始取得"货币类道具（实质上，网游企业研发才是真正的原始取得），或在游戏中与其他用户角色交易而"继受取得"。

货币类道具的核心在于，它是网游道具中的一种、是网游世界中的"货币"，帮助玩家在游戏中进行角色扮演式的"表演"。其典型用途包括：①网游企业预设了铁匠铺、药店等 NPC 形式体现的官方商城，以 B2C 模式向用户销售红、蓝药水等消耗类道具或攻击防御装备等耐久类道具，用户支付货币类道具进行购买。同时，官方商城往往还会提供回收服务，用户卖出装备而获得货币类道具。如在《御龙在天》中，用户需按"3 文绑银"的单价，在"随身商店"中购买"金创药"，或再以"1 文绑银"的单价卖出。②同样，用户游戏角色间存在 C2C 模式的交易，以货币类道具充当买、卖双方的支付工具进行道具交易，按约定价格在游戏世界里实现装备的互通有无。

所以，货币类道具是游戏世界的交易支付结算工具，与虚拟货币有着本质区别。"金币"等货币类道具与"倚天剑""屠龙刀"等装备类道具并无不同，都在帮助用户完成游戏世界中的表演、体验。它是游戏世界中的一般等价物，支撑着游戏内经济系统的运转。尤其是那些允许玩家在游戏内进行 C2C 式交易的网游，特别需要货币类道具为交易提供支付结算，方便各式道具在玩家间流通，促进游戏内经济系统的运转。此外，网游企业还需考虑设计专门玩法，消耗玩家手中的货币类道具，

避免产出与回收失衡,影响游戏存续寿命。比如,在《暗黑破坏神Ⅱ》中,金币的产出与消耗不平衡,导致游戏世界通货膨胀严重,玩家们被迫在游戏世界中以"完美宝石""乔丹之石"等道具作为游戏交易的一般等价物。货币类道具也仅限于在其所属的游戏世界中扮演一般等价物,出现问题也仅与游戏内的经济系统稳定有关,本质上与网游运营稳定有关,不会外溢至对真实世界的支付体系产生直接影响。

所以,可以认为,正是因为关注到虚拟货币与货币类虚拟道具的区别,《暂行办法》才专门规定虚拟货币"存在于游戏程序之外",避免把货币类道具也界定为虚拟货币。《虚拟货币通知》的"不包括游戏活动中获得的游戏道具"规定也与之一致。《事中事后通知》突破已有规定的做法事出有因,但值得商榷。而原文化部办公厅于 2010 年 10 月发布的《网络游戏虚拟货币监管和执法要点指引》则指出,对于购买虚拟货币后赠送的消费积分,若也能兑换网游服务,则认定为间接购买的虚拟货币进行监管,若不能兑换网游服务而仅可兑换小额实物,则不认定为虚拟货币。由此可见,它也从以"网游服务协议的债权凭证"为核心,对消费积分做了界定。

三、误解与澄清:赌博、金融监管、消费者权益保护和未成年人保护面临的问题及分析

虚拟货币的业务类型多、问题所涉领域广,给监管带来了挑战。现有的监管体系由不同主管部门针对特定领域的问题而制定的政策所组成,表面上显得已成体系,但实质上还存在些问题。除规范性文件涉嫌与规章不一致等问题外,赌博、金融监管、消费者保护等问题也需关注。

(一)存疑一:与赌博、宣扬赌博有关的问题

在"赌博"缺乏明确定义的情况下,"宣扬赌博"的监管

也面临难题，对应的随机抽取、虚拟货币或道具的回兑、用户间的虚拟货币或道具的流转等规定也存在问题，需做专门研究。

1. 现有法律并未对"赌博"作明确界定

《刑法》规定"赌博罪"时，列举了"聚众赌博、开设赌场或者以赌博为业"三种情形，最高人民法院、最高人民检察院的《关于办理赌博刑事案件具体应用法律若干问题的解释》涉及罪名认定，都未给出"赌博"的明确定义。治安管理领域的《治安管理处罚法》和《治安管理处罚条例》也都以列举式规定禁止赌博行为，不涉及定义、特征；公安部2005年于出台《关于办理赌博违法案件适用法律若干问题的通知》，除尚不够刑事处罚的三种赌博行为之外，还将另外五种行为也规定为应受行政处罚的行为。[1]所以，在刑法和治安管理制度中都只作列举规定，没有给出"赌博"的抽象定义。

按1999年版《辞海》的定义，"赌博"是指"一种不正当娱乐，有斗牌、掷骰子等各种形式，用财物做注来比输赢"。张明楷认为，赌博是指"就偶然的输赢以财物进行赌事或者博戏的行为"，偶然的输赢是指"结果取决于偶然因素"；他还区分了"赌事"和"博戏"，前者指胜败"完全取决于偶然因素的情况"，后者则"部分取决于偶然因素、部分取决于当事人的能力的情况"。[2]也即，"赌博"应指针对纯属偶然的输赢结果进行财物"下注"，根据输赢结果而赔或赚，具有结果的偶然性和下注及"输赢"的特征。

---

[1] 具体包括聚众赌博、开设赌场、以赌博为业三种行为，以及参与赌博、擅自发行销售彩票、明知他人实施赌博活动而提供条件或服务、明知他人从事赌博活动而向其销售赌博游戏机等五种行为。

[2] 张明楷：《刑法学》（第2版），法律出版社2003年版，第823页。

2. 规范性文件规定了"利用网络游戏赌博"的三大特征

《查禁赌博通知》和原新闻出版总署《关于禁止利用网络游戏从事赌博活动的通知》都规定,利用网络游戏赌博是指,设赌局让玩家用虚拟货币参与赌博,经营梭哈、赌大小、扎金花等赌博游戏,收取或以"虚拟货币"等方式变相收取与游戏输赢相关的佣金,提供游戏积分兑换现金、财物、服务等行为。也即,除赌博本身"以'偶然的结果'为前提"和"基于'偶然的结果'下注"两大特征外,"利用网络游戏赌博"还具有"设赌局让玩家参与""收取佣金"和"提供现金或财物兑换"三大特征。

在众多网游类型中,自带积分结算玩法的棋牌游戏,可成为赌博活动"性价比"极高的工具。结合此前公安部门查处的几起棋牌网游涉赌的案件,棋牌网游中的涉嫌赌博的行为主要表现为:行为人以"俱乐部""局头"等名义组局,邀请愿意参与赌博的特定玩家,线上参与特定对局。然后,玩家根据每盘游戏对局的输赢积分结果,以网络支付等方式在游戏外进行金钱结算。行为人则根据玩家对局输赢额,"抽水"收取佣金。组织者、参与者利用游戏对局进行赌资结算或抽取佣金,涉嫌"利用网络游戏赌博"或"聚众赌博"。另外,在公安侦办的案件中,网游企业涉嫌利用自营棋牌网游从事这些行为[1],可能构成"开设赌场罪",组局者、参与者都可能被惩处,但应将这种网游企业参与赌博的情形,与其他一般的棋牌网游相区别,避免一概否认棋牌网游甚至否定棋牌游戏。

---

[1] 参见"涉案赌资逾亿元!承德警方侦破大型网络赌博案",载 http://hebei.hebnews.cn/2018-09/17/content_ 7035058.htm,2018年12月18日访问;"公安部督办侦破一批利用网游平台开设赌场重大案件",载 http://www.xinhuanet.com/fortune/2018-05/09/c_ 1122803118.htm,2018年12月18日访问。

3. "宣扬赌博"监管面临更复杂的问题

《电信条例》和《互联网信息服务管理办法》都将"散布赌博的信息",与其他几类信息一起,作为"九不准"内容。而后,《互联网文化管理暂行规定》和《网络出版服务管理规定》则将"宣扬赌博"作为互联网内容监管的"十不准"之一。与赌博罪的三种具体情形相比,内容监管中所禁止的"散布赌博的信息"或"宣扬赌博的内容"明显更为复杂多样,更需明确的判断标准。

对于"宣扬赌博"的界定,有观点认为,诸如《查禁赌博通知》中明确规定的梭哈、赌大小、扎金花,或其他典型的如老虎机、百家乐等玩法,虽不直接用于赌博,但基于玩法本身的特性,出现在网游中就涉嫌"宣扬赌博"。但是,在影视剧文学作品中,大量出现了与赌博有关的元素,并未被一概禁止。所以,这种侧重玩法形式、忽略实质而认定宣扬赌博的思路有待商榷。所以,更应从抽象规则制定的角度,结合赌博的定义,考虑以游戏玩法是否具有以随机偶然的概率来决定输赢并同时允许玩家下注押输赢而给予奖励、现金兑换等为要件,判断是否属于"宣扬赌博"。

4. 应对随机抽取进行分类并区别对待

网游中的"随机抽取",既涉及用户权益保护,也与宣扬赌博相关,可考虑按照用户投入与收益间的关系、抽奖机会来源等不同标准,对其做类型化,再选择对应监管思路。

本质上,网游中的"随机抽取"是网游企业在网游中开展的一种业务运营活动。其表现形式多种多样,具体如砸金蛋、开宝箱、大转盘等;用户获得抽奖资格并参与抽奖,能不能中奖、抽中什么奖品,都由预先设置的抽奖算法所决定。按资格获取方式不同,可将随机抽取分为"消费后赠送""完成任务后获得"和"投入法定货币或虚拟货币获得"三种。第一种属于《反不正当竞争法》规定的"抽奖式有奖促销",受该法规制。第二种则与用户在游戏中完成打怪等任务后随机掉落装备类似,只不过把随机掉落的过程再设计为专门的随机抽取,以仪式性的随机操作增加娱乐性,并不当然侵害用户权益(无条件免费赠送的抽奖并无太大监管必要)。只有第三种需从禁止宣扬赌博和保障用户知情权的角度,再做专门分析。

在《暂行办法》第18条第3款的规定所禁止的行为中,"随机抽取"只是"偶然方式"的具体举例,若某抽奖以"随机抽取"为形式,但实质上"必然"为用户提供产品或服务,并未违反该规定。所以,按用户投入与收益间的关系,"投入法定货币或虚拟货币获得"的随机抽取(特别是前述"层层兑换"的),可分为收益大于或等于投入的"必然类随机抽取",和收益大于或等于投入存在一定概率的"偶然类随机抽取"两种。前者的特点在于,用户参与这种抽奖活动,用户所获具体奖项具有随机性,如A、B、C三种奖品任选其一,但每种奖品的价值都超过用户所作投入,必然能获得等值及以上的奖品回报。虽具体结果具有随机性,但并未欺骗消费者、不涉及侵害消费者权益的问题。所以,这种玩法应并不当然属于《暂行办法》所禁止的情形。

"偶然类随机抽取"则体现为,奖池中虽有奖品价值超过用户抽奖投入,但网游企业以算法参数对此做限制,用户中奖价值与投入的概率由抽奖算法所决定甚至操纵。这种情况下,既要考虑不能直接投入法定货币参与抽奖的赌博监管问题,也要防止谎称有稀缺道具而欺骗用户,否则便违反了《暂行办法》第18条第3款的规定。进而,随机抽取的监管,包括《暂行办法》的禁止性规定和《事中事后通知》的公示要求,应以这种要求用户投入且收益由算法概率所决定的为对象,"购买虚拟道具后附赠抽奖机会"和"完成任务后获赠抽奖机会"甚至必然类抽取是否受约束值得再考虑。

5. "现金回兑""积分转账"的禁止性规定有特殊前提,应谨慎扩张其适用范围

前面提到,禁止现金回兑、财物兑换和积分转账的规定最早出现在《查禁赌博通知》中,后被《事中事后通知》和《移动游戏规范》予以推广。对比虚拟货币和货币类道具的异同后,需关注与现金回兑、积分转账有关的这几个问题:为何禁止虚拟货币或虚拟道具的现金回兑和积分转账?将原本仅适用于"使用游戏积分押输赢、竞猜"特殊游戏的禁止性规定,推广到所有游戏,是否合理?有网游广告中出现诸如"装备秒回收"的提法,与此有何关系?

公安部现金回兑、积分转账的禁止性规定,目的在于切断押输赢、竞猜玩法的回兑路径。基于押输赢、竞猜玩法,玩家可对偶然的输赢下注,从而获得游戏积分等回报,明显符合赌博"以小博大"的特征。而通过禁止现金回兑和积分转账的规定,可切断赌博收益提现的路径,防止利用网游进行赌博,这才是上述禁止性规定的目的。所以,没有押输赢、竞猜玩法的游戏,不存在需转为收益的输赢回报,也就没有适用前提。而在其他领域也存在积分使用回馈消费者情形,如电商消费积分折现使用、航空公司里程兑换实物或机票等。所以,将上述禁止性规定推广到所有游戏类型中有待妥善考虑。

此外,《虚拟货币通知》(十三)规定,"网游企业不支持虚拟货币交易的",应采取技术措施禁止虚拟货币在用户账号间的转移功能,这一要求也存在前提,即"不支持虚拟货币交易"的。再次说明,并非所有网游的积分或虚拟货币都与"以小博

大"有关,也并不是所有玩家都需要"回兑"或在用户间转移虚拟货币来"提现";而《查禁赌博通知》的禁止性规定,只能适用于特殊玩法、有专门的适用前提。所以,《移动游戏规范》和《事中事后通知》取消禁止性规定的适用前提的做法,值得商榷。至于"装备秒回收",需考虑其具体业务模式来判断:若只在游戏中由 NPC 以货币类道具进行"回收"、帮助清理玩家角色的"背包",则并无禁止的必要;若是"回收"为虚拟货币或实物,则看是否存在押输赢、竞猜等赌博成分为前提,判断是否要予以禁止。

该问题在棋牌网游中更为特殊。在网游企业不直接提供虚拟货币或游戏积分的现金回兑服务的情况下,有"币商"组局,邀请需买、卖游戏币的特定玩家参与特定对局,以"币商"的小号为中介,在游戏对局中故意输、赢,再另行金钱结算,在游戏本身未提供现金回兑、积分转账服务的情形下,为玩家提供游戏币买卖、兑换为法定货币的途径。区别于网游企业提供的"闭环交易",这种行为具有明显的"碎片化"特征,如何对组局、参与行为定性,并理性看待网游企业的角色,特别是,结合前文关于棋牌网游的分析,如何考虑"房卡"模式的存废,又是新挑战。

(二) 存疑二:央行金融监管与"实物兑换"的误解

禁止"财物兑换"的规定(《事中事后通知》使用"实物"一词),则与央行的金融支付监管有关[1],与公安的现金回兑、财物兑换的规定存在区别。经中国人民银行等部门同意,原文化部、商务部发布的《虚拟货币通知》第 8 条明确规定,虚拟

---

[1] 还有观点认为,从金融监管的角度来看,网络虚拟货币交易存在较多的洗钱漏洞,可能成为洗钱的媒介。参见王禾立:"网络虚拟货币反洗钱监管问题研究——以网游虚拟货币为例",载《武汉金融》2012 年第 12 期。

网游中"钱"是"数字货币"吗？网游虚拟货币监管研究

货币"仅限于兑换发行企业自身所提供的虚拟服务"，不得用以"支付、购买实物产品或兑换其他企业的任何产品或服务"。此规定源于《人民币管理条例》第 28 条，以及国务院办公厅《关于规范商业预付卡管理的意见》和中国人民银行《支付机构预付卡业务管理办法》的规定，任何主体不能擅自从事"可在发行机构之外购买商品或服务"的预付卡发行业务，避免扰乱支付体系安全、代替人民币的流通，从而"防范支付风险""维护支付体系安全稳定运行"。若一家企业发行的虚拟货币在对换自家网络商品之外，还可用以支付购买实物产品或兑换其他企业的产品或服务，会代替人民币流通、扰乱支付体系安全。所以，禁止财物兑换的规定，与禁止现金回兑、积分转账的规定，分别涉及金融支付监管和宣扬赌博两个不同问题。

再进一步，金融支付监管中的"购买商品或服务"与网游的"兑换实物"存在区别。前者是指购买不特定商品或服务的能力，后者往往是网游企业为用户兑换种类特定、数量有限的财物，与"一般等价物"无关。而央行也并非一概禁止跨集团购买其他企业的商品或服务的业务，而是要求这项业务需获得批准；网游监管领域的财物兑换规定，则演变成禁止所有虚拟货币的财物兑换，未考虑"购买不特定"与"兑换特定"的区别，也未考虑央行对多用途预付卡的许可监管。另还有观点认为，网游企业举办线上线下赛事时，不能给获胜玩家提供实物奖励。这些都值得商榷，应基于公安部门基于赌博监管的"禁止回兑"制度与央行关于金融支付监管的制度的区别，并考虑"购买"与"兑换"的区别，理性看待网游行业中的财物兑换。

另外，一般而言，虚拟货币都仅用于兑换网游企业的服务，未附加利息或其他衍生收益，没有提供足够动机让用户间大规模转让、形成二级交易市场，不会直接对金融监管产生影响。

(三) 存疑三: 虚拟货币交易监管与用户权益保护、未成年人保护的误解

从防止网游企业既当裁判又当运动员的角度出发,《虚拟货币通知》规定,虚拟货币发行业务的网游企业,不能再为用户提供 C2C 式交易服务,以防止网游企业首次发行销售虚拟货币后,又在虚拟货币"二次交易市场"操纵交易、影响虚拟货币交易走势,侵害用户权益。值得注意的是,《虚拟货币通知》第 2 条及原文化部发布的网游虚拟货币交易企业"申报指南"中都明确指出,虚拟货币交易是用户间的虚拟货币交易。用户在官方商城中以虚拟货币支付购买货币类、功能类道具的,属于虚拟货币的"使用"而非"交易"。

有观点已经指出,企业"可以成立两家子公司,一家负责交易,一家负责发行",使《通知》中的该项规定"变成一纸空文"[1]。实际上,上述担忧可通过市场竞争,淘汰不考虑游戏平衡和用户权益保护、盲目操纵虚拟货币"二次交易市场"的网游企业来解决。虚拟货币交易服务本身只是一种具体业务模式,并不当然侵害消费者权益,应考虑从网游企业参与虚拟货币交易是否存在操纵交易市场的行为目的角度入手,从事中、事后的角度进行监管。

而在未成年人网络过度使用和过度消费事件不断涌现的背景下,有人认为,根据《暂行办法》第 20 条和《虚拟货币通知》第 16 条"不得为未成年人提供虚拟货币交易服务"的规定,未成年人的网游充值行为属于无效。这首先应是误解:上述规定实质是指,网游企业不得为未成年人提供与其他用户进行虚拟货币交易的服务,而虚拟货币的充值、使用并不是"虚

---

[1] 秦茜:"有心规范虚拟货币却难执行 网游新规被指'纸老虎'",载《IT 时代周刊》2009 年第 15 期。

拟货币交易"。所以，不能据此认为未成年人的充值行为无效。其次，结合《民法总则》引领的立法趋势，还有必要对禁止为未成年人提供虚拟货币交易服务的规定再做探讨。民事基础立法《民法总则》已将限制民事行为能力人的年龄标准从 10 岁降低到 8 岁，对民事行为能力制度作出调整，推动未成年人民事行为能力制度的更新。未成年人网游过度消费纠纷也与未成年人民事行为能力制度完善有关。区分其可以独立实施的法律行为（司法实践中还认可了无民事行为能力人可以独立实施纯获益的行为）和可由监护人事后撤销的行为，不能笼统认为未成年人不能从事虚拟货币交易行为或网游消费行为。此外，还应考虑保护未成年人和保护交易相对人与保障交易秩序的角度，对未成年人在线上、线下进行的各种消费行为做类型化研究、给出区分标准，为行政监管制度的完善提供民事立法基础。《电子商务法》第 48 条第 2 款明确规定，在电子商务中"推定当事人具有相应的民事行为能力"，当然，也规定"有相反证据足以推翻的除外"。

所以，信息化趋势背景下，未成年人需要接触、拥抱互联网、学习获得包括网络消费技能在内的网络素养。上述"未成年人充值行为无效"的观点属于误读，是否要禁止为未成年人提供虚拟货币交易服务，也值得商榷。

四、建议

厘清虚拟货币的误区，从民事和行政角度完善网络虚拟财产制度

以上，结合网游业务模式，对虚拟货币监管的问题做了梳理和分析，以帮助完善监管制度。主要结论如下：

（1）虚拟货币与货币类道具存在本质区别，虚拟货币的本

质是"网游服务协议债权凭证",《事中事后通知》与《暂行办法》不一致的做法有待商榷。

(2) 缺乏"赌博"界定标准给"宣扬赌博"的监管也带来难题,并引发混淆和误解,需对这二者做进一步明确。

(3) "现金回兑""积分转账"的禁止性规定,本质上与切断赌博的回路有关;而"财物兑换"的禁止性规定则与金融支付监管有关。应基于二者的区别,谨慎扩大"现金回兑""积分转账"的适用范围,并理性看待网游行业的财物兑换行为。

(4) 就虚拟货币交易监管而言,既要明确其概念、防止误解,又要结合立法趋势,从完善未成年人民事行为能力制度和保障交易安全的角度,对未成年人的虚拟货币交易乃至网游消费监管制度进行完善。

最后,回到整个网络虚拟财产的话题。从产品类型角度看,网络虚拟财产包括道具类财产、货币类财产和账号类财产,与之有关的法律问题则主要涉及民事权利和行政监管两大领域。民法学界早就对民事问题展开研究,并有丰富的研究成果,但并未充分反映到民事立法中。而在行政监管领域,虚拟货币监管领域已有多项规范网游经营行为的政策,走在学术研究前面,但也成为学术研究的素材,值得行政法学界专门研究。

虚拟货币是虚拟财产的重要组成部分,结合《民法总则》"法律对网络虚拟财产的保护有规定的,依照其规定"的立法趋势来看,如何处理广义、狭义虚拟货币间的关系,将是后续虚拟财产立法的重点话题。特别是,需利用财产法理论,判断网络虚拟财产的权利客体特征,从而认定其所属的权利制度体系。比如,基于物权与知识产权理论,都可针对网游企业与用户间的关系,设置权利归属与许可使用的权利体系,并基于网游企业的研发投入及运营的决定性作用,将绝对财产权归为互联网企业所有。关键在于,应从权利客体的角度出发,考虑网络虚拟财产是物权之"物",还是知识产权之"知识产品":若具备"创造性""非物质性"的特征,则虚拟财产权理所当然属于知识产权的范畴,而非物权。而只有解决了民事领域的这些基础问题,才可以之为据,推动包括金融监管在内的虚拟财产的行政监管制度的完善,构建系统的虚拟财产制度。

加密资产与智能合约的合同法分析

袁 俊 腾讯研究院助理研究员

本研究报告出自英国 Lawtech Delivery Panel（LTDP）于 2019 年 11 月发布的一项加密资产与智能合约法律问题分析，正式承认加密货币的法律地位，明确其财产属性。Lawtech Delivery Panel 是一个由英国政府支持的以科技助力法律部门数字化转型的组织。该组织由高等法院大法官杰弗里·沃斯领导，致力于为加密资产和智能合约在全球金融服务领域的成功开发和使用，提供亟须的市场信心、法律确定性和可预测性。

一、明确加密资产是可交易财产的法律地位

英国确立加密资产（cryptoassets）作为金融科技战略的重要部分由来已久。早在 2018 年 3 月英国就成立了加密货币工作组，此后发布专题报告，对加密资产与分布式记账技术进行政策适用说明，评估潜在风险收益。2019 年 1 月，英国金融行为监管局（FinancialConduct Authority, FCA）出台《加密资产指南》指导文件营造有利于加密资产发展的沙盒监管环境。此次官方发布法律声明，正式承认在英格兰和威尔士法律下，加密资产是可交易财产（tradable property），旨在明确法律属性，扫清法律障碍。

将加密资产定性为可交易财产需考虑对传统财产权体系的冲击。一是加密资产不能被简单划定为无形财产或有形财产；

二是加密资产自身独有的无形性、加密认证、分布式记账、去中心化、共识机制等独特之处，并不一定不符合财产特征，需要细化解释规则；三是加密资产可能会对诸多现有法律规则造成冲击。以分布式记账为例，加密资产的交易会扩散到整个网络节点。一旦确认有效，就会添加到分布式账本中。好处在于可以保持交易历史记录的可靠，解决同一加密资产向不同接收者的不一致转移等重复行为。这种分布式记账对法律制度的冲击在于，交易管理规则不是由合同或其他具有法律约束力的方式建立，而是由参与者的非正式共识建立，采用的共识机制包括工作量证明（proof-of-work）或权益证明（proof-of-stake）。四是加密资产独有的交易执行自动化的特征会冲击以排他使用为特征的所有权制度，甚至进一步影响其他法律制度，诸如抵押贷款、医药管理协议的执行、个人破产制度下的财产归属、公司破产时清算人的权利分配等。

尽管可能对传统财产权体系造成冲击，但普通法系尤其是英国法能够一贯且灵活地应对这一新技术模式。普通法最大的制度优势在于其内在的灵活性。法官不必饱受繁琐、耗时且不灵活的立法程序干预，而是可以通过归纳类似案件将现有裁判原则应用到新的加密货币中。

二、加密资产无权处分效力并非无效

掌握私钥（private key）原理以及对加密资产有控制力的人原则上可被视为资产所有权主体，但须依据不同情形细化权利主体以及转让规则。例如，某人可能是雇主或客户作为中间人来持有另一人的密钥。在此种情形下，所有权认定要根据代理、信托规则；也可能针对同一加密资产有多个密钥持有人，要参考资产功能，在持有人之间共享或分割所有权；如果有人非法侵入系统获取私钥,则其不能被视为合法所有权人。

为了在加密资产系统内进行转让,转让人通常会修改公共参数,或生成新参数,以便创建转让记录。这种链上交易的转让方式,并不等同于法律意义上的有体物交付或权利转让。当无权处分人转让财产予他人时,转让行为不认定为有效。但加密资产有其特殊之处。不对资产拥有所有权的主体将资产无权转让给第三人时,所有权人并未丧失资产所有权或控制权,而在于由于处分人的不当行为,加密资产现在被共识机制视为是被使用过或已被废除。

三、重视合约自动执行对合同强制履行与合同严守原则的冲击

智能合约在性质上是一种法律行为。是由事件驱动、具有状态、运行在可复制的共享区块链账本上的计算机程序。当事人将约定代码化,以智能合约方式将当事人关系、具体意思表示记载于特定区块中。一旦发生规定状态(即当事方权利义务代码化后的状态),合约将被触发并自动执行资产的移转。但履行方式牵涉多重数据状态,可能是实质履行合约全部条款,可能是部分履行,未履行部分承担违约金等。

此种自动执行机制会对合同法意义上的强制履行与合同严守原则产生冲击。从强制履行视角看,智能合约的不可篡改性可以防止一方故意不履行,从而自动执行合约条款,避免双方对条款的反复争议。但不容忽视的是可能冲击现代合同法上的强制履行制度。合同法意义上的强制履行是借助国家公权力强制实现债权内容,禁止自力救济。若一方当事人直接请求违约人履行合同义务而未借助裁判机关权力,则仍属第一次给付义务范畴,而非合同强制履行。从合同自由原则层面看,合约自

动执行在保障合同严守原则的同时，也在一定程度上消解了合同自由原则。毕竟合约会存在系统设计缺陷、代码以不可控方式运行等潜在风险，合同一旦不可随意解释、篡改，当事人在实体法上的抗辩权便难以主张，程序法上的救济途径也难以适用。

四、合约解释区分设立权利义务的代码与执行的代码

智能合约内部架构包括文本层、代码层以及基础层。文本层由自然语言组成，反映代码意义；代码层记录可被机器读取并执行的合约条款。两者相互独立补充。

合约代码作为智能合约的数据基础，通常意思表示清晰且连贯，在纯代码组成的智能合约环境下不存在法官解释的空间。但合约代码并非总是清晰、明确的。在财产权利转移、价值传输依赖一方当事人的情形下法官仍有大量的解释余地。因为合约文本层中的完全文本记载全部合同条款，完整描述代码意义，可补充说明代码运行机理与代码之外的其他因素。法官可以参考完全文本，根据相应的技术特征、业务规则来解释合同条款，进一步推断当事人的真实意图。

代码不一定清晰、明确也体现在代码本身。例如，代码程序可能使用含糊不清的基础架构；不同的编译器（将某种编程语言写成的源代码转换成目标语言的一种计算机程序）有不同的方式对待特定的基础架构；不同的代码运行顺序可能会影响其行为，进而潜在地影响其含义。因此，法官在解释智能合约时，会从整体上审视合约中设定权利义务的代码与仅发挥执行功能的代码，结合可予采信的证据（admissible evidence），确定当事人的权利义务。在代码设定义务的情形中，法官要探寻当事人是否有意愿受代码约束。当代码模糊或合约包含代码和自

然语言时，就需要着重参考外来证据（extrinsic evidence）。当代码只涉及执行问题时，智能合约就无须涉及条款解释问题。

五、审查代码准确性，矫正意思表示错误与不自由

为厘清当事人之间部分或全部合同义务，法官会关注正在运行的计算机代码背后的关键因素。毕竟在实践中，完全由代码运行的合约会使一方当事人无法预见合同条款背后的意义。很难设想一项协议的达成是完全参照正在运行的计算机代码，而不参照自然语言或源代码。法官在审查代码背后的事项时，首先会判断是否存在一方或双方当事人意思表示错误或有瑕疵，代码是否真实反映了交易双方的真实意图，邀约发出后是否有更改或撤回的内心真意等与外在表示不一致的情形。其次，审查是否存在一方胁迫等严重意思表示不真实、不自由的禁止情形，保证在合同谈判、缔结、履行自动化合约中遵守意思自治、缔约自由等合同法基本原则。

六、数字签名助力身份真实性验证，满足法定签名要求

由于法定签名要求存在于多种法律文件中，通常会认为合同当事人在订立合同中必须履行身份验证程序。然而，现行英国法律并未要求合同当事方完全知晓对方的真实身份，甚至很多交易成功情形都是在组织一方并未知晓对方的真实身份下达成的，此种匿名情形下各方达成的智能合约仍产生具有法律约束力的合同义务。例如，拍卖中的高价中标者、单务合同等情形。

此外，数字签名（digital signature）技术本身也有助于身份真实性验证，用于证实数字内容的完整性和最初来源。相较于手写签字，数字签名具有更高的复杂性和安全性。我们可以将

数字签名理解为附加到消息或文档中的代码。在生成数字签名之后，其可以作为证明消息在从发送方到接收方的传输过程中没有被篡改的证据，从而保证数据完整、不可篡改以及身份可验证，充分满足法定签名的要求。

【网络广告】

2019年中美欧网络广告治理法律政策年度观察报告

杨　乐　腾讯研究院副院长
易镁金　腾讯研究院高级研究员

2018年，我们对中国广告治理的法律政策进行了年度梳理（参见《2018年中国广告治理法律政策的"白黑灰"》）。2019年，我们在聚焦中发散，将目光锁定在网络广告，同时将镜头拉到更为广阔的全球视野，来看待当下网络广告治理法律政策全景图。

本文依旧沿袭了2018年报告的逻辑脉络，用政策、案例、问题来串联、梳理过去一年里中美欧发生的网络广告治理大事记，共分为三个部分：①全年网络广告治理法律政策七大趋势深度分析；②全年七类典型网络广告治理司法和行政案件审视复盘；③全年七大网络广告疑难问题的思考与重塑。

一、政策：2019年网络广告监管法律政策趋势深度分析

回顾2019年，生态治理、未成年人保护、网络控烟、直播短视频、医疗药品、数据安全、行业发声成了网络广告年度政策趋势的置顶关键词，这些关键词项下的法律政策的出台，从不同层面、不同视角、不同理念，为网络广告产业的发展印下了一个又一个起承转合的关键点。我们盘点全年网络广告法律政策大事件，总结出了七大政策趋势：

趋势一：网络广告生态治理步伐已初步迈开

国内方面，6月20日，国家市场监督管理总局发布的《2019网络市场监管专项行动（网剑行动）方案》[1]，以网络广告为原点，横轴覆盖门户网站、搜索引擎、电子商务平台、互联网媒介等绝大部分网络广告载体，纵轴包含医疗、药品、保健食品、房地产、金融投资理财等网络广告类别，要求市场监管总局、工业和信息化部、公安部、网信办各部委按职责分工协作加大案件查处力度，查办一批大案要案，基本保证了网络广告象限无死角治理。

7月10日，国家市场监督管理总局就《严重违法失信清单管理办法》[2]向社会公开征求意见。其中规定，发布虚假广告，造成严重后果，社会影响恶劣，被市场监督管理部门行政处罚的，列入严重违法失信名单，预示着监管侧广告生态信用治理法治化道路已经在轨道上大步行进。

12月4日，《中共中央国务院关于营造更好发展环境支持民营企业改革发展的意见》[3]要求进一步将规范失信联合惩戒对象纳入标准和程序，实施公平、统一的市场监管制度。广告主大军中存在不少缺乏品牌知名度的民营企业，广告生态信用治理如何将政策的松紧度拿捏妥当值得深思。

12月20日，国家互联网信息办公室发布的《网络信息内容

---

[1] "市场监管总局等部门关于印发2019网络市场监管专项行动（网剑行动）方案的通知"，载http://gkml.samr.gov.cn/nsjg/wjs/201906/t20190620_302494.html，2019年12月27日访问。

[2] "市场监管总局关于《严重违法失信名单管理办法（修订草案征求意见稿）》公开征求意见的通知"，载http://www.samr.gov.cn/hd/zjdc/201907/t20190710_303312.html，2019年12月27日访问。

[3] "中共中央国务院关于营造更好发展环境支持民营企业改革发展的意见"，载http://www.gov.cn/zhengce/2019-12/22/content_5463137.htm，2019年12月27日访问。

生态治理规定》[1]要求网络信息内容服务平台加强对本平台设置的广告位和在本平台展示的广告内容的审核巡查,依法处理违法广告。标志着广告信息被正式纳入网络信息内容生态的治理范畴。

国内对于网络广告生态治理,更多地聚焦于用户的生命财产健康、对市场秩序的监管、对内容导向的把控,大部分由政府主导发起,平台与协会做有益补充。相比之下,欧美网络广告在生态治理方面更多地关注选举权利保障等议题。在治理过程中,它们更倾向于由广告平台自发发起网络政治广告的信息公开、网络广告透明度规则等治理行动,治理路径的差异更多地源于不同的地缘政治和社会文化理念。

1月,Facebook宣布将在欧洲大选前推出广告透明度规则[2];3月,Facebook在欧洲联盟监管机关施压下,宣布将收紧欧洲政治广告政策,提供广告购买人、支付金额等信息,并会依据年龄、所在地及性别细分政治广告信息。[3]11月,Google宣布从2020年1月起,Google在美国的政治广告将只能根据性别、年龄和邮政编码等广泛类别来投放,进一步缩限了政治联系等信息使用权限。[4]

在政治广告的问题上,Twitter比上面两家走得更远。2月,Twitter宣传在欧洲推出政治广告追踪工具,使选民更容易识别

---

[1] "网络信息内容生态治理规定",http://www.cac.gov.cn/2019-12/20/c_1578375159509309.htm,2019年12月27日访问。

[2] "Facebookto Roll out Adtransparency Rules Ahead of European Election",https://www.politico.eu/article/facebook-to-roll-out-ad-transparency-rules-ahead-of-european-election,POLITICO,2019-12-27.

[3] "欧洲议会选举在即脸书宣布将收紧政治广告政策",载http://www.chinanews.com/gj/2019/04-01/8796540.shtml,2019年12月27日访问。

[4] "Google Reins in Political Advertising",https://www.foxbusiness.com/technology/google-reins-in-political-advertising,FOX,2019年12月27日访问。

与欧洲议会选举有关的政治竞选广告,甚至包括有关支付信息、广告开支和受众人群等数据的详细信息的权限[1];4月,Twitter与法国政府官员会面后,解除了针对法国政府"呼吁人们进行投票"广告的屏蔽措施[2];10月,Twitter宣布将从11月开始在全球范围内停止所有政治广告,避免影响2020年美国大选[3]。

不论是中国还是美欧,可以预测,随着5G时代的到来,网络广告"内容为王"的趋势无可逆转。在此背景下,网络广告的生态治理问题定会从行业生态、信用生态、内容生态、地缘生态的单线性,走向综合立体式多面性,网络广告的生态治理问题势必会日趋丰富与复杂,值得屏息以待。

趋势二:未成年人广告监管从法律走向道德

未成年人网络广告治理问题的热度从2018年延续至今,未有消减的趋势。

国内方面,2019年4月30日起实施的《未成年人节目管理规定》对于未成年人专门链接页面不得播出的广告进行了专门的规定,同时要求未成年人网络视听节目在播出或暂停播出过程中,不得插播、展示广告,内容切换过程中的广告时长不得超过30秒。(可参见《未成年人节目新规解读,"限童令"入法释放哪些信号?》)该规定于2018年8月公开征求意见,不到一年的时间即公布实施,足见监管侧对于未成年人保护的重视。

---

[1] "Twitter在欧洲推出政治广告追踪工具为议会选举护航",载 https://tech.sina.com.cn/i/2019-02-19/doc-ihqfskcp6691244.shtml,2019年12月27日访问。

[2] "Twitter已解除针对法国政府的广告屏蔽",载 http://www.sohu.com/a/306096348_99956743,2019年12月27日访问。

[3] Twitterto Ban Political ads Worldwide, CEO Jack Dorsey announces, https://www.foxnews.com/tech/twitter-to-ban-political-ads-worldwide-ceo-jack-dorsey-announces, Foxnews, 2019-12-27.

在此规定中，国家广播电视总局将散布于各个通知文件中的"限童令"上升为规章，对维护未来未成年人节目传播的法治秩序具有重要意义。

9月6日，教育部等八部门联合发布《关于引导规范教育移动互联网应用有序健康发展的意见》[1]。该意见明确提出，作为教学、管理工具要求统一使用的教育APP，不得向学生及家长收取任何费用，不得植入商业广告和游戏。对教育类APP广告投放、费用收取、信息泄露、低俗信息等问题进行了综合治理。

域外方面，美国商业促进局（Better BusinessBureau BBB）在于3月6日发布的新闻案例中提道，美国的行业自律组织儿童广告审查组（Children's Advertising Review Unit CARU）在审核儿童应用程序时会关注广告的投放方式是否模糊了广告和内容之间的区别，是否可能误导儿童。[2]同时，在其他广告案件中，呼吁对儿童进行广告营销的公司关注广告的教育作用，促进儿童养成诚实、正直、尊重他人等正面个人品质和行为。[3]

从中国到美国，从2018到2019年，无论是国内监管侧关注的儿童广告早恋等导向问题，还是美国行业自律组织视野下的

---

[1] "教育部等八部门关于引导规范教育移动互联网应用有序健康发展的意见"，载 http://www.moe.gov.cn/srcsite/A16/moe_784/201908/t20190829_396505.html，2019年12月27日访问。

[2] CARU's Not Kitten Around During Review of Outfit 7's 'My Talking Tom' App, RecommendsModifications; Company Says It Will Do So, https://asrcreviews.org/carus-not-kitten-around-during-review-of-outfit7s-my-talking-tom-app-recommends-modifications-company-says-it-will-do-so, BBBprograms, 2019-12-27.

[3] BullyingIncludes Water Balloon! CARU Says ZURU Ads Violate Children's AdvertisingRules; Company Says Future Advertising Will Comply, https://asrcreviews.org/bullying-includes-water-balloon-caru-says-zuru-ads-violate-childrens-advertising-rules-company-says-future-advertising-will-comply, BBB programs, 2019-12-27.

儿童品质的培养,都预示着对于涉未成年人网络广告的治理要求已经从法律走向道德,培养青少年健全健康的心智已经成为该领域政策的风向标。

趋势三:控烟广告治理督管销售及广告宣导

我国《广告法》明确禁止烟草广告的投放,然而2019年央视"3·15"晚会向大众抛出了电子烟销售缺乏有效监管的议题,针对电子烟是属于"电子设备"还是"烟草制品"的讨论一时间甚嚣尘上,监管侧在相关文件中进行了回应。

10月29日,国家卫生健康委等八部委联合发布《关于进一步加强青少年控烟工作的通知》[1],要求不得利用互联网发布烟草广告,不得向未成年人发送任何形式的烟草广告。紧接着,10月30日,国家烟草专卖局、国家市场监督管理总局发布《关于进一步保护未成年人免受电子烟侵害的通告》[2],明确"电子烟是卷烟等传统烟草制品的补充",敦促相关主体下架电子烟产品,撤回已发布的电子烟广告,防止未成年人通过互联网购买并吸食电子烟。其实,早在2018年8月28日,两部委就曾发布过《关于禁止向未成年人出售电子烟的公告》。

域外方面,奥地利、比利时、丹麦、法国、德国、意大利等欧洲国家大都有禁止向未成年人销售电子烟,禁止在公共场所使用电子烟的规定[3]。7月22日,美国食品药品监督管理局(U. S. Food and Drug Administration, FDA)推出了第一个电子烟预防电视广告,教育儿童使用电子烟的危害。FDA在2018年9

---

[1] "关于进一步加强青少年控烟工作的通知",载 http://www.gov.cn/xinwen/2019-11/08/content_ 5450004.htm,2019年12月27日访问。

[2] "两部门关于进一步保护未成年人免受电子烟侵害的通告",载 http://www.gov.cn/xinwen/2019-11/01/content_ 5447612.htm,2019年12月27日访问。

[3] "欧洲34个国家最新电子烟相关法律",载 https://baijiahao.baidu.com/s?id=1640009117292114024&wfr=spider&for=pc,2019年12月27日访问。

月已经首次启动了公众教育工作,在数字和社交媒体网站上发布了预防电子烟的广告。[1]8月5日,FDA提出了一项新规则,要求在香烟包装和广告中使用彩色图形描述吸烟对健康的负面影响,并必须附文字警告声明。[2]

可以看到,中美欧大部分国家在控烟这个问题上的立场大致是相似的,尤其是在未成年人禁烟问题上的态度,只是监管的社会治理手段存在一些差异,在禁烟广告这个点上,我国监管似乎走得更加彻底、果断。

趋势四:多部门关注电商直播和短视频广告

站在行业观察的角度,毋庸置疑,电商直播和短视频已经成为新业态发展模式,它兼具视听内容和商业广告的属性,其法律属性的复杂度已经超出了传统图文广告的范畴。媒体层面的报道更多地聚焦于目前短视频、直播广告虚假宣传泛滥,产品质量不过关、直播数据造假成灾、退换货维权难[3]等问题影响行业健康发展。

10月17日,最高人民检察院、国家市场监督管理总局、国家药品监督管理局三部门宣布自2019年9月至2020年12月在

---

[1] FDA launches its first youth e-cigarette prevention TV ads, plans new educationalresources as agency approaches one-year anniversary of public educationcampaign, https://www.fda.gov/news-events/press-announcements/fda-launches-its-first-youth-e-cigarette-prevention-tv-ads-plans-new-educational-resources-agency, FDAnews release, 2019-12-27.

[2] FDA proposes new required health warnings with color images for cigarette packagesand advertisements to promote greater public understanding of negative healthconsequences of smoking, https://www.fda.gov/news-events/press-announcements/fda-proposes-new-required-health-warnings-color-images-cigarette-packages-and-advertisements-promote, FDAnews release, 2019-12-27.

[3] "虚假宣传、商品伪劣、投诉维权难——'网红''带货'市场乱象调查",载http://www.xinhuanet.com/2019-08/14/c_1124876605.htm,2019年12月27日访问。

全国联合开展"落实食品药品安全'四个最严'要求"专项行动,高度关注"网红"食品信息,梳理违法犯罪线索。[1]

10月29日,监管网络视听节目服务工作的国家广播电视总局发布了《关于加强"双11"期间网络视听电子商务直播节目和广告节目管理的通知》[2],明确网络视听电子商务直播节目和广告节目(含资讯服务、植入广告、创意中插、直播购物、购物短视频等)是网络视听节目服务的重要组成部分,节目内容既要遵守广告管理法律法规,也要符合网络视听节目管理的相关规定。

目前,绝大部分的短视频、直播都是通过网红内容广告推荐加电商平台链接的方式实现商业模式的闭环。未来,广告和电商深度融合是广告行业发展的必然。在此趋势下,如何合理界定不同场景中的短视频平台、直播平台、商业推广平台、商业推广者、商品服务卖家、卖家所属的电商平台的责任承担及行为属性,必定会成为值得深度研究的课题。

趋势五:医疗药品广告国内外监管持续治理

2019年全年,国家市场监管总局就《药品、医疗器械、保健食品、特殊医学用途配方食品广告审查管理办法》先后三次向社会公开征求意见,彰显了监管侧对于关乎人民群众生命健康安全的"三品一械"广告的重视程度和谨慎态度。

3月6日,国家卫生健康委员会、国家市场监管总局、国家药监局、国家发展改革委、国家中医药局、中央网信办、公安部、国家医保局八部门联合发布《关于开展医疗乱象专项整治

---

[1] "三部门联合开展专项行动捍卫'舌尖上的安全'",载 http://finance.cnr.cn/gundong/20191017/t20191017_524819559.shtml,2019年12月27日访问。

[2] "国家广播电视总局办公厅关于加强'双11'期间网络视听电子商务直播节目和广告节目管理的通知",载 http://www.cqn.com.cn/cj/content/2019-11/02/content_7718927.htm,2019年12月27日访问。

行动的通知》[1],确定开展为期1年的医疗乱象专项整治行动。通知中要求审查违反《医疗广告审查证明》规定发布医疗广告的行为,加强互联网虚假医疗信息监测,对医院自建网站、公众号等自媒体上发布的虚假医疗信息进行清理。从联合部门的监管职责和数量,我们可以窥见医疗乱象的治理非一朝一夕所能实现。

域外方面,7月19日,美国国家药品监督管理委员会(National Association of Boards of Pharmacy,NABP)发布消息称,FDA和美国缉毒局(Drug Enforcement Administration,DEA)最近都宣布了重大行动,目的是打击在线的非法药物销售商,减轻非法在线药物对公共健康和患者安全的威胁[2]。

2月,有报道称,在美国开放式社交媒体Instagram上,大型制药公司正在与平台上的网红合作销售新药和医疗设备。带薪网红,通过保健广告兼讲故事影响粉丝们的生活方式,同时推销产品。对于消费者而言,此类的广告容易遗漏需要被披露的重要信息,从而导致欺骗与误导。FTC和FDA在此问题上的治理,虽然不会透露调查的方式,但是一旦发现违规行为,便会发送含有行政指令的投诉信,要求相关主体同意不再进行违规行为并建立合规流程,通常不会对初犯提出民事处罚。但是,再次违规,则将面临罚款。[3]

8月20日,FDA官方新闻稿称,在过去的二十年中,FDA

---

[1] "关于开展医疗乱象专项整治行动的通知",载http://www.cqn.com.cn/ms/content/2019-03/22/content_ 6927542.htm, 2019年12月27日访问。

[2] Feds Continue Crackdown on Internet Advertisements and Sale of Drugs and Supplements, https://nabp.pharmacy/newsroom/news/feds-continue-crackdown-on-internet-advertisements-and-sale-of-drugs-and-supplements, NABP, 2019-12-27.

[3] Thelatest Instagram influencer frontier? Medical promotions, https://www.vox.com/the-goods/2019/2/15/18211007/medical-sponcon-instagram-influencer-pharmaceutical, Vox, 2019-12-27.

公开了其对药品制造商收集的所有数据和信息的准确性、可靠性和真实性的期望。FDA认为,药品质量只能通过强大的质量控制来保证,其中包括对数据完整的警惕性监督。当FDA发现制造商不符合数据完整性要求时,将采取行动促使他们遵守规则。[1]

对于医疗药品的广告治理一直在路上,但从未有尽头。其巨大的商业利润让不少犯罪分子铤而走险,不论中外,我们都能在医疗药品的治理过程中看到刑事监管的身影。医药广告治理牵涉太多的利益相关方,对于消费者保护而言,政府审核信息的公开加之医药信息全面、有效的披露或许是减少信息不对称的有效解决方案。FDA质量控制的思路,或许在后续的医药广告治理的道路上是一个值得进一步深挖的方向。

趋势六:网络广告数据安全监管观出现分化

网络广告自诞生起,与数据利用问题从未分家,随着用户画像等技术的发展,网络广告能够提升人找服务和服务找人的准确度,这是传统纸质媒体广告无法企及的客观现实,也是技术发展的必然历史潮流。由此产生的数据安全问题,在中外也分化出了不同的监管态度和立场。

1月25日,中央网信办、工信部、公安部、市场监管总局等四部门召开新闻发布会,联合发布《关于开展App违法违规收集使用个人信息专项治理的公告》[2],倡导应用程序运营商在定向推送新闻、时政、广告时,为用户提供拒绝接收定向推送的选项。

---

[1] FDA warns company for putting consumers at risk with drug manufacturing data integrity violations, https://www.fda.gov/news-events/press-announcements/fda-warns-company-putting-consumers-risk-drug-manufacturing-data-integrity-violations, FDA news release, 2019-12-27.

[2] "开展App违法违规收集使用个人信息专项治理",载http://www.cac.gov.cn/2019-05/23/c_1124532020.htm, 2019年12月27日访问。

4月10日，公安部发布《互联网个人信息安全保护指南》[1]。该指南指明，定向投放广告等增值应用，可事先不经用户明确授权，但应确保用户有反对或者拒绝的权利。

5月28日，国家互联网信息办公室会同相关部门研究起草了《数据安全管理办法》[2]，向社会公开征求意见。其中对网络运营者利用用户数据和算法推送新闻信息、商业广告等行为作出了严格的管理规定。

域外方面，2018年数据领域重点政策事件莫过于欧盟《通用数据保护条例》(General Data ProtectionRegulation GDPR)的实施。自5月25日正式实施以来，欧洲广告需求量在某些情况下暴跌25%～40%，一些美国广告发布商已经停止了在欧洲网站上的所有程序化广告。美国的一些出版商甚至采取了极端的方法，要么完全封锁欧洲的页面，要么完全撤出广告。2018年5月，总共有超过1000个美国网站阻止了对欧洲的访问，像《洛杉矶时报》和《芝加哥论坛报》已经关闭了它们在欧洲的站点，其他诸如《今日美国》等网站仍可供欧洲站点访问者访问，但已经关闭了广告的投放。《纽约时报》的网页在欧洲没有刊登任何程序化广告。[3]一项法律政策对于产业发展的生死攸关度，

---

[1] "互联网个人信息安全保护指南"，载 https://law.wkinfo.com.cn/legislation/detail/MTAxMDAxMzEzODU%3D？searchId=1808d8e3c3314e06bd51203fa0f07796&index=1&q=%E3%80%8A%E4%BA%92%E8%81%94%E7%BD%91%E4%B8%AA%E4%BA%BA%E4%BF%A1%E6%81%AF%E5%AE%89%E5%85%A8%E4%BF%9D%E6%8A%A4%E6%8C%87%E5%8D%97%E3%80%8B&module=，2019年12月27日访问。

[2] "国家互联网信息办公室关于《数据安全管理办法（征求意见稿）》公开征求意见的通知"，载 https://www.cac.gov.cn/2019-05/28/c_1124546022.htm，2019年12月27日访问。

[3] GDP Rmayhem: Programmatic ad buying plummets in Europe, https://whatsnewinpublishing.com/gdpr-mayhem-programmatic-ad-buying-plummets-europe, WNIP, 2019-12-27.

在 GDPR 的案例中凸显得淋漓尽致。对于欧盟的监管来说，通过政策确实实现了打击美国企业的意图，但对于整个网络广告行业来说，多年后再回顾，这可能会是一场历史的倒退。

2019 年最受瞩目的事件莫过于《加利福尼亚州消费者隐私法案》（California Consumer Privacy Act，CCPA）即将于明年 1 月生效。不同于欧盟从人权项下出发的个人数据保护机制抽象刚性，美国从消费者权利视角出发的法律机制，天然补充了市场视角，从而更加灵活、务实。[1]例如，该法案要求大型企业允许消费者选择退出个人数据的销售，为了符合合规要求，谷歌为旗下的网站和应用程序提供广告工具，使得广告主将能够选择停止向加利福尼亚州和其他地方的互联网用户投放个性化广告。[2]

网络广告无法回避的问题是对数据隐私的保护，但监管方向上的不同取舍，会让产业的发展结果截然不同。如何平衡产业发展和用户权益的保护，考验着监管的智慧。相比于欧洲，美国在数据治理的立场兼顾产业发展。例如，CCPA 更多地将选择权交给用户和市场，尊重市场规律。我国上述监管政策倾向于从用户选择权的角度进行规制，后续效果如何、是否会影响产业长远的发展，还有待持续观察。

趋势七：行业工作成效显著，协会发声正当时

2019 年，文化事业费的减征对于网络广告行业来说是一个里程碑式的事件。文化事业建设费的起征，源于 1996 年 9 月 5

---

[1] "美欧隐私立法是否走向趋同？加州消费者隐私法 CCPA 给出答案"，载 https://new.qq.com/rain/a/20190926A0KMGZ，2019 年 12 月 27 日访问。

[2] Google to let sites blockpersonalizedads under California privacy lawg, https://www.cnbc.com/2019/11/20/reuters-america-google-to-let-sites-block-personalized-ads-under-california-privacy-law.html? qsearchterm = online%20advertising, CNBC, 2019-12-27.

日国务院下发《关于进一步完善文化经济政策的若干规定》(国发［1996］37号文),向媒体单位和户外广告单位收取经营额的3%,用于支持文化产业发展。2000年以后,随着互联网行业的逐渐发展,网络广告经营收入陆续增长,实践中互联网企业一并被纳入了文化事业建设费的征收主体的范围之内。

4月3日召开的国务院常务会议决定从7月1日起,至2024年底,对中央所属企事业单位减半征收文化事业建设费,并授权各省(区、市)在50%的幅度内对地方企事业单位和个人减征此项收费。该费用的减征对广告企业减负、促发展意义重大。在这一利好政策的背后,有中国广告协会连续多年努力的身影。[1]

2018年9月14日,中国广告协会在北京举办了互联网广告自律研讨会,就互联网广告自律问题进行了研讨。[2]在2019年由中国广告协会主办、中国广告协会法律咨询委员会承办的"互联网广告合规自律论坛"上,百度、腾讯、阿里巴巴等多家互联网广告公司共同探讨互联网广告行业中的"跳转'落地页'审查责任"以及"互联网广告发布者主体认定"等问题,倡导在明确各方责任的同时,强调多方协同治理,通过加强企业自律、完善行政监管手段和司法裁判为互联网广告行业树立治理规则。[3]一路走来,行业协会作为企业与监管的沟通桥梁,已经被深深烙进了广告行业发展的历史轴卷中。

英国广告协会(Advertising Standards Authority,ASA)是英

---

[1] "阳光照耀催奋进——张国华谈减征文化事业建设费",载http://www.bolincesu.com/huarencaizhucedenglu/32528.html,2019年12月27日访问。

[2] "互联网广告自律研讨会在京召开",载https://www.china-caa.org/cnaa/news_view/235,2019年12月27日访问。

[3] "互联网广告合规自律论坛在京召开 BAT公司代表、学者共议行业前沿热点",载https://kuaibao.qq.com/s/20191209A0HEW000?refer=spider,2019年12月27日访问。

国的非政府广告规章管控组织,职责是确保所有英国媒体上的广告都遵守广告规则。其在2月14日的官网上称:未来,ASA将与大型在线平台更紧密地合作,以更好地保护人们免受不负责任的广告的侵害,同时他们也将进一步与内容推荐引擎合作,对网络广告进行有效的监督。[1]

可以预见,在未来,行业协会将在网络广告的治理中扮演越来越重要且无可替代的角色,无论是消费者保护、数据广告的用户教育、抑或是网络广告的监测合规以及监管沟通上广告协会都将大有可为。

二、案例:2019网络广告治理之典型案件的审视复盘

2019年,市场监管总局共发布了4批、90个广告违法典型案例,导向性违法有21件,食品保健品有35件,医疗及医疗器械有29件,违反其他禁止性规定有43件,其中涉网络广告的有65件,虚假宣传的有31件。除此之外,一些国际社会关注度高的案例也值得一并回顾。我们从中梳理出如下七大类别的典型案例:

类型一:导向为先的理念普遍遵从尚待时日

国内方面,监管侧年初即有文件下发。1月3日,市场监管总局发布《假冒伪劣重点领域治理工作方案(2019-2021)》[2],要求强化广告导向监管。3月29日,《市场监管总局关于深入开展互联网广告整治工作的通知》[3]再次要求各地市场监管部门

---

[1] ContentDiscovery Networks project, https://www.asa.org.uk/news/content-discovery-networks-project.html, ASAnews, 2019-12-27.

[2] "市场监管总局关于印发《假冒伪劣重点领域治理工作方案(2019-2021)》的通知",载http://www.samr.gov.cn/zfjcj/tzgg/201902/t20190214_281534.html, 2019年12月27日访问。

[3] "市场监管总局部署深入开展互联网广告整治工作",载http://www.gov.cn/xinwen/2019-03/30/content_5378309.htm, 2019年12月27日访问。

要强化广告导向监管，严肃查处涉及导向问题、政治敏感性、低俗庸俗媚俗或者社会影响大的互联网违法广告。

2018年，江苏连云港"穿日军制服促销案"涉案人员被刑拘、广西南宁房产项目雇佣女模特赤裸营销涉事楼盘被查封、"上海臻海实业有限公司不当使用红领巾案"被顶格处罚等涉及低俗庸俗媚俗导向的违法案例还历历在目。2019年，导向案件各类问题依旧层出不穷。例如，上海富迪健康科技有限公司在其公众号和官网中使用多名现任或原国家机关工作人员的形象做广告宣传被罚款100万元[1]；江苏无锡智晟物联科技发展有限公司在其网络平台上利用国家领导人的名义发布广告[2]；南京雷宇兄弟置业顾问有限公司合肥分公司通过网络社交媒体平台发布含有低俗图文内容的违法广告被罚款80万元[3]；上海博尔捷企业集团有限公司在其官网发布违法地图广告[4]；汉堡王（中国）投资有限公司在其公众号上发布低俗广告被处罚等等。

域外方面，因文化及社会制度差异，欧美在广告的导向问题上核心关注歧视及人权问题。例如，Facebook于7月收到纽约州州长指控，认为其平台上的广告主以歧视性方式使用Face-

---

[1] "市场监管总局公布2019年第四批虚假违法广告典型案件"，载 https://mp.weixin.qq.com/s/7n4EfTK2kU7ZVCD328BzpQ，2019年12月27日访问。

[2] "市场监管总局公布2019年第一批典型虚假违法广告案件"，载 http://www.cicn.com.cn/zggsb/2019-05/16/cms117663article.shtml，2019年12月27日访问。

[3] "市场监管总局公布2019年第一批典型虚假违法广告案件"，载 http://www.cicn.com.cn/zggsb/2019-05/16/cms117663article.shtml，2019年12月27日访问。

[4] 参见"上海市静安区市场监督管理局行政处罚决定书（沪市监静罚处字[2019]第062019001409号）"，载 https://img.qichacha.com/PenaltyDoc/f5cda0441b386a5d34c0baf9011e0a9b.pdf，2019年12月27日访问。

book 广告平台，涉及使用用户的种族、肤色、民族血统、宗教、性别和是否残疾等信息[1]；10 月，Facebook 在一项集体诉讼中被指控在银行账户、保险、投资和贷款等金融服务项目的广告投放中歧视年长用户和女性用户[2]。11 月，国际特赦组织（Amnesty International，AI）发布报告称，谷歌和 Facebook 的商业模式与人权原则不符，与隐私权在本质上相冲突。[3]

从导向理念上我们可以看出三个地域不同的价值观，中国将社会公序良俗置于核心要义；美国更加关注自由、平等不受歧视；欧洲则秉承一贯的天赋人权的理念。针对隐私保护问题，欧美政策差异的背后除了理念，其实还存在由产业发展水平的不同所导致的政治目的价值驱动的不同。

类型二：民生类违法广告层出不穷久难治愈

医疗、金融、教育、房产领域，因与用户的生活日程息息相关，一直都是网络广告违法的高发地带，换言之便是屡禁不止，国外亦如此。

2019 年 1 月，安徽马鞍山中南御锦房地产开发有限公司因通过宣传册和公众号发布与事实不符的房屋户型图广告，欺骗、误导消费者，被处罚款 115 万元。[4] 3 月，北京市住建委执法部

---

[1] "纽约州长下令调查 Facebook 广告平台：或存在多种歧视"，载 http://www.techweb.com.cn/internet/2019-07-02/2742468.shtml，Techweb，2019 年 12 月 27 日访问。

[2] "Facebook 因金融服务广告的年龄、性别歧视而被起诉"，载 http://www.techweb.com.cn/internet/2019-11-01/2761713.shtml，Techweb，2019 年 12 月 27 日访问。

[3] Geschäftsmodellvon Google, Facebook & Co. Bedroht Menschenrechte, Amnesty International, https://www.amnesty.de/allgemein/pressemitteilung/vereinigte-staaten-von-amerika-geschaeftsmodell-von-google-facebook-co, 2019-12-27.

[4] "2019 年第一批典型虚假违法广告案件公布"，载 http://www.gov.cn/fuwu/2019-05/09/content_ 5389882.htm，2019 年 12 月 27 日访问。

门查处了 12 家房地产经纪机构，因上述机构相关网站房源信息涉嫌违规发布"学区房""买一层送一层"等虚假宣传词汇的房源信息。

2月，上海复大医院因在未与复旦大学附属眼耳鼻喉科医院、上海红房子妇产科医院等上海知名医院建立过任何合作关系的情况下，使用"上海复旦大学附属眼耳鼻喉"等关键词作为搜索条件进行广告违规推广，被处罚 73 万元[1]。

5月，北京尚德在线教育科技有限公司通过手机移动端发布含有"别再买假学历！北京有种本科学历叫一年学完，国家承认！"等虚假广告被处罚款 27.93 万元[2]。

2019 年初，3月6日，中国互联网金融协会发布《关于网络借贷不实广告宣传涉嫌欺诈和侵害消费者权益的风险提示》[3]。但金融类违规网络广告依旧层出不穷。6月，北京融世纪信息技术有限公司因通过自有网站发布含有"机构 100% 本息保障""9%~12% 年化收益"等内容的广告，未对风险责任承担进行提示或警示，并含有对未来效果、收益的保证性承诺用语，被处罚款 70 万元。[4] 除此之外还有，天津华尔亚汇科技有限公司通过自有网站及手机 APP 软件发布虚假广告；上海中岩投资咨询

---

[1] "2019 年第一批典型虚假违法广告案件公布"，载 http://www.gov.cn/fuwu/2019-05/09/content_5389882.htm，2019 年 12 月 27 日访问。

[2] "市场监管总局公布 2019 年第四批虚假违法广告典型案件"，载 http://www.ccn.com.cn/html/news/xiaofeiyaowen/2019/1218/479840.html，2019 年 12 月 27 日访问。

[3] "关于网络借贷不实广告宣传涉嫌欺诈和侵害消费者权益的风险提示"，载 http://www.nifa.org.cn/nifa/2955704/2955770/2980243/index.html，2019 年 12 月 27 日访问。

[4] "国家市场监督管理总局公布 2019 年第二批虚假违法广告典型案件"，载 http://www.samr.gov.cn/xw/zj/201908/t20190826_306249.html，2019 年 12 月 27 日访问。

有限公司通过其官方网站发布虚假广告[1];云南鑫悦投资有限公司通过宣传册、网站、APP 发布违法广告[2]等。

9月,上海伊莱美医疗美容医院有限公司和上海艺星医疗美容医院有限公司在本地生活交易平台上违规发布 A 型肉毒毒素药品广告,分别被处罚款50万元。

11月,市场监管总局发布联合开展整治"保健"市场乱象百日行动和反不正当竞争执法重点行动典型案例。其中,在浙江金华市查处的一起网络虚假宣传案中,当事人通过社交媒体及组群,虚假宣传"日加利酵素胶原低聚肽饮品"比普通饮品具有预防癌症等功效,同时以培训会形式进行宣传,被处罚款80万元。[3]广州颜如玉生物科技有限公司通过社交媒体平台、网盘、APP 对颜如玉系列产品的性能、功能、销售状况、用户评价、推广活动、曾获荣誉等内容进行虚假宣传,被罚款100万元。[4]

11月,荷兰法院裁定 Facebook 删除平台上滥用当地名人肖像推销比特币相关投资的虚假广告。在案件中,荷兰亿万富翁约翰·德莫尔(John de Mol)起诉 Facebook,称这些广告滥用了他

---

[1] "国家市场监督管理总局公布 2019 年第二批虚假违法广告典型案件",载 http://www.samr.gov.cn/xw/zj/201908/t20190826_306249.html,2019 年 12 月 27 日访问。

[2] "国家市场监督管理总局公布 2019 年第四批虚假违法广告典型案件",载 http://www.samr.gov.cn/xw/zj/201912/t20191217_309264.html,2019 年 12 月 27 日访问。

[3] "联合整治'保健'市场乱象百日行动和反不正当竞争执法重点行动典型案例",载 http://www.samr.gov.cn/jjj/sjdt/gzdt/201911/t20191125_308778.html,2019 年 12 月 27 日访问。

[4] "联合整治'保健'市场乱象百日行动和反不正当竞争执法重点行动典型案例(二)",载 http://www.samr.gov.cn/xw/zj/201911/t20191119_308631.html,2019 年 12 月 27 日访问。

和其他当地名人的肖像,并导致投资者损失了170万欧元。[1]2018年我们曾在报告中提到,加密货币等前沿技术带来了广告治理新问题,从2018年到2019年,Facebook 对于数字加密货币广告经历了从禁令到部分放宽再到可直接投放的政策转变,这与它在"天秤座"(Project Libra)的加密货币战略计划有密切的关系。

12月,美国联邦贸易委员会(Federal Trade Commission, FTC)指控凤凰城大学(UOP)及其母公司阿波罗教育集团(Apollo Education Group)利用欺骗性广告虚假地宣传了他们与AT&T、Yahoo!、微软公司、Twitter 等公司的关系和工作机会。最后,在双方的和解协议中,FTC 要求 UOP 向消费者支付5000万美元,用于消费者赔偿,并取消原先入学的学生欠 UOP 大约1.41亿美元的债务,理由是这些学生在这段时间内首次注册时很可能会接触到 UOP 的欺骗性广告。[2]将违法罚金用于消费者的损失补偿也是一种值得借鉴的治理模式。

民生类违法广告一直是监管的"心头痛",且随着技术的发展,在此领域必将会有更加复杂的违规网络广告形态出现。从案件的盘点中,我们也能看到监管能力也在不断螺旋式上升,打击力度从点到面逐步走向网络的纵深化治理方向。

类型三:广告屏蔽不正当竞争司法态度明朗

广告过滤问题一直是广告领域讨论的热点。从2008年的

---

[1] Dutchcourt orders Facebook to pull financial fraud adverts, https://www.cnbc.com/2019/11/11/reuters-america-update-1-dutch-court-orders-facebook-to-pull-financial-fraud-adverts.html? &qsearchterm=Facebook, CNBC, 2019-12-27.

[2] FTCObtains Record $191 Million Settlement from University of Phoenix to ResolveFTC Charges It Used Deceptive Advertising to Attract Prospective Students, https://www.ftc.gov/news-events/press-releases/2019/12/ftc-obtains-record-191-million-settlement-university-phoenix, FTC, 2019-12-27.

"迅雷诉超级兔子案"到 2011 年的"扣扣保镖案"、2013 年的"优酷诉金山案"再到 2014 年的"爱奇艺诉极科极客"、2016 年的"爱奇艺诉乐视",法院在处理这些发生在网络视频领域的广告屏蔽案件时,因立法未明确作出规范,所以转向了援引《反不正当竞争法》第 2 条"自愿、平等、公平和诚实信用原则"作为判案依据,倾向于从竞争关系、商业模式、技术中立、消费者利益等角度进行综合衡量,兼顾公民个人权利、产业健康发展和社会公共利益,将软件开发商的行为定性为不正当竞争。长期来看,由于用户的利益终将受损,因此否定了广告屏蔽行为的合法性。

2019 年年初,"世界之窗浏览器过滤腾讯视频广告案"[1]落下帷幕。法院终审认为《互联网广告管理暂行办法》禁止提供或利用应用程序、硬件等对他人正当经营的广告采取拦截、过滤、覆盖、快进等限制措施,说明主管机关已将这种行为认定为违反公认的商业道德的行为,最终认定涉诉行为构成不正当竞争。5 月,在酷溜网(北京)信息技术有限公司[2]和湖南快乐阳光互动娱乐传媒有限公司[3]分别诉北京谋智火狐信息技术有限公司的两个案件中,法院同样沿袭了上述审判思路。

域外方面,此前,德国、美国在一些案件中认为网民有权自由选择是否屏蔽广告。然而,对于这样的司法立场也有声音认为,短期内可能有利于用户福祉的提升,但是从长期来看,其不利于产业的发展,会滋生盗版,最终损害的是消费者的利益。对于广告过滤问题,用户权益保护和商业模式保护的话题还将继续。

---

[1] 参见 [2018] 京 73 民终 558 号民事判决书。
[2] 参见 [2018] 京 73 民终 397 号民事判决书。
[3] 参见 [2018] 京 73 民终 433 号民事判决书。

类型四：程序化购买逐步走进司法行政视野

程序化购买经营模式连接了广告主和众多中小网站和应用程序，既为广告主提供了多样化的广告展示资源和更精准的广告投放效果，又为没有广告经营能力的中小网站提供了流量变现的机会。虽然其内部的法律关系较为复杂，但目前相应的司法案例数量较少，多为商事主体之间的合同纠纷。例如，4月，在"上饶市天联网络科技有限公司诉巴士在线科技有限公司其他合同纠纷案"[1]中，双方因广告联盟服务框架协议的推广费用支付问题发生纠纷，法院最终判令被告支付拖欠的20万元推广费用。

11月22日，上海市静安区人民法院发布《2018年度商事案件审判白皮书——广告行业纠纷现状审视与法律风险应对》通报了该院于2016年1月至2019年6月审结的广告合同纠纷案件的审判情况。[2]白皮书中提到程序化购买涉及的内容有广告与联盟会员网站匹配、联盟广告数据监测和统计、联盟广告付费方式、联盟分成等。此类案件数量虽不多，可一旦发生争议，审理难度较大。常见的纠纷一是广告主与平台之间的纠纷，如广告主以平台未如约履行广告投放义务为由起诉平台返还广告费用；二是联盟会员与平台之间的纠纷，如联盟会员起诉平台未及时支付相应费用。此外，由于各类主体之间多签订有平台制定的电子合同，案件中格式条款的效力也同样成了审理难点。

程序化广告的出现确实让网络广告行业的工业化进程达到

---

[1] 参见"[2019]沪0106民初12729号民事判决书"，载http://www.hshfy.sh.cn/shfy/gweb2017/flws_view.jsp?pa=adGFoPaOoMjAxOaOpu6YwMTA2w/Gz9TEyNzI5usUmd3N4aD0xz，2019年12月27日访问。

[2] "上海静安法院通报广告合同纠纷案件审判情况"，载http://www.hshfy.sh.cn/shfy/gweb2017/xxnr_2016.jsp?pa=aaWQ9MjAxNDkwODQmeGg9MSZsbWRtPWxtMTcxz&zd=wzwx，2019年12月27日访问。

了一个新的巅峰,毫无疑问,它提升了网络广告的运行效率。从目前的司法案例情况来看,相关的法律风险仍旧处在一个可控的状态之中。对于这样的新业态、新事物,各方保持鼓励和包容的态度,或许是更加符合历史潮流的选择。

类型五:植入式广告已成为监管治理新方向

2018年,笔者曾在年度报告中提到,从近几年收视火爆的综艺节目可以看出,广告植入的手段越来越巧妙而丰富。2019年植入式广告已经大步流星地走进监管的重点名单,在2019年市场监管总局下发的第一批和第四批典型案例中,我们都看到了植入式广告的身影。

5月,市场监管总局下发第一批典型案例。"上海海王星辰药房有限公司发布处方药广告案"[1]上榜,海王公司委托天津通易科技发展有限公司创建网络直播链接,通过网络直播节目邀请医生、电视主持人、热门主播等嘉宾在直播中介绍处方药的功效、使用方法、有效率以及讨论"挑逗男生,制服诱惑"等内容,该广告活动违反了禁止淫秽色情、处方药超法定范围发布、药品广告禁止说明治愈率或有效性的规定,两个涉案公司分别被罚款70万元。

12月,在市场监管总局下发的第四批典型案例中,重庆盖勒普霍斯医药有限公司[2]为推销产品,在《吐槽大会》片尾小剧场中,通过演员口播"999皮炎平绿色装,止痒就是快,无色无味更清爽","推荐您用999皮炎平绿色装","我发现这个999皮炎平,无色无味还很清爽,这个好哎,而且止痒还挺快

---

[1] "2019年第一批典型虚假违法广告案件公布",载 http://www.gov.cn/fuwu/2019-05/09/content_5389882.htm,2019年12月27日访问。

[2] "国家市场监督管理总局公布2019年第四批虚假违法广告典型案件",载 http://www.samr.gov.cn/xw/zj/201912/t20191217_309264.html,2019年12月27日访问。

的"等内容的方式发布广告,经查未能提交广告审查机关对广告进行审查的文件,且广告中未标明禁忌、不良反应,也未标明"请按药品说明书或者在药师指导下购买和使用"字样,被处罚款90万元。

植入式广告的发展是广告行业进入繁荣时期的重要体现,植入式广告作为商业言论拥有表达自由的权利,法律不应该对其进行制止,但如何对其中所涉及的消费者知情权、选择权进行充分的保护有待持续研究与思考。在这个问题上,监管侧从持续的行动中或许已经给出了他们的答案。

类型六:广告肖像权纠纷判赔额度现新高度

因广州昱锦企业管理有限公司(以下简称"广州昱锦公司")在未经授权的情况下擅自在其许可经营的实体店、官方网站、官方认证的微信公众号、官方微博中使用 WU YI FAN(以下称作"吴亦凡")大幅照片用作广告代言,为自身所经营的茶饮项目进行商业推广宣传,吴亦凡起诉广州昱锦公司侵犯了其肖像权。11月14日上午,海淀法院对该案进行了宣判,判决认定广州昱锦公司构成侵犯肖像权,判决广州昱锦公司停止侵权、公开赔礼道歉并赔偿吴亦凡经济损失及合理支出200万元。[1]据悉,这是海淀区人民法院近年来在肖像权纠纷案件中判赔额度最高的案件。

法院认为,给予原告高额经济赔偿的理由是,原告知名度和商业价值较高。被告在本案中对于原告肖像图片的使用行为较为恶劣,使用范围广泛,不仅包括互联网渠道,还包括线下的品牌实体店铺,主观的侵权故意较为明显、情节严重,所以

---

〔1〕 "擅用吴亦凡肖像进行商业代言,侵权公司被判赔偿200万",载http://bjhdfy.chinacourt.gov.cn/article/detail/2019/11/id/4637189.shtml,2019年12月27日访问。

加大了侵权的制裁力度。

广告的复杂性注定它需要在多个法律之间来回穿梭，不同的法益保护，交叉重叠、相映成趣，从2018年的《反不正当竞争法》走向《电子商务法》，再走向知识产权法，继续走到2019年的肖像权保护，似乎对它的探寻永无止境。法院的高额判赔后续想必也会带来此类侵权案件的接踵而至，人格权益的保护登堂入室成为广告治理关键问题中的新晋成员。

类型七：四品地带网络传销考验监管解决力

11月，国家市场监督管理局公布了《联合整治"保健"市场乱象百日行动和反不正当竞争执法重点行动典型案例》，其中"河北石家庄市裕华区查处深圳市某生物科技有限公司网络传销案"[1]入选。当事人在经营活动中以销售"面膜、美容套盒"化妆品等产品为目的，建立网络架构图，利用高回报的奖励制度，引诱会员再度发展其他人员加入，会员再层层发展会员，层层提成，形成上下线关系。这种金字塔式的网络化布局，以直接或间接方式发展会员数量、变相交纳入门费和下线的团队业绩作为计酬和返利依据牟取非法利益的行为，违反了《禁止传销条例》第7条第2、3项所指的传销行为。当事人被吊销营业执照，没收违法所得1700万元，罚款160万元；处罚信息向社会公示。

2018年，我们曾提到食品、药品、保健品三品交叉地带的治理的难度远比想象得要复杂，2019年又新增一品——"化妆品"。2018年，送走了鸿茅药酒和百亿健全，2019年，迎来了化妆品网络传销的交织，虽然官方在案件介绍中并没有直接指

---

[1] "联合整治'保健'市场乱象百日行动和反不正当竞争执法重点行动典型案例（一）"，载 http://www.gov.cn/xinwen/2019－11/19/content_5453400.htm，2019年12月27日访问。

向广告,但此种违法行为必然伴随广告宣传,值得在广告治理研究的道路上持续观察,网络传销让交织地带的治理更具挑战性。从上述案件千万级的巨额罚款中,我们能看到监管在此领域重拳治理的决心。

三、难题:2019 网络广告治理疑难复杂问题思考重塑

问题一:链接广告责任承担真空地带待解决

网络广告区别于传统媒体最大的不同是,网络链接具有多次跳转的特性,这一本质决定了链接式广告必然是通过一个链接连接到其他链接。互联网链接广告的无限次跳转是由多个广告活动组成的,这是基本的逻辑起点。广告跳转后的页面,内容往往包罗万象,有和本广告相关的内容,也有其他广告内容。例如,对于应用程序的推广广告,跳转后是应用市场页面;对于综合门户网站的推广广告,跳转后是由成千上万个网页链接汇集而成的导航主页;而对于电商平台网站的推广广告,跳转后是包括成百上千商品的电商聚合页面。

在链接广告具有复杂的商业属性和平台无法对海量广告主进行实地勘验、实质审查的背景下,链接广告所包含的广告发布者、广告经营者、广告主的责任承担必然具有复杂性。在广告链接上线之后,广告主擅自篡改或者是由第三方黑客篡改链接页面,事后广告主失联或者难以侦查到黑客行踪时,便产生了责任承担的真空地带。

对于这样的责任黑洞,如果让平台来承担,似乎有违权责相统一的原则,但如果让监管侧承担,似乎又永远无法找到结案的出路。如何跳出零和博弈的陷阱,不管是对于平台还是对于监管都是一个巨大的难题,或许 0.5 加 0.5 大于 1,彼此让一步,是一个值得尝试的方向。

问题二：程序化购买立法去留问题有待观察

相比于链接型广告及传统广告，程序化购买广告和他们有着本质的区别。在传统的广告活动中，参与广告经营活动的主体都可以在提交自己的服务成果之前，对广告提出自己的审查意见及履行事前审查广告的义务，因而都是具有法定行为能力、责任能力的广告经营者。换句话说，展现即发布。然而，在程序化购买模式中展现并不等于发布，广告需求方平台是唯一直接接触广告主、能够实际控制广告主拟投放的广告内容的平台。

在程序化购买广告中，假若将展现误等于发布，可能导致的结果是，所罚非人，必定会造成行政事实认定的错误，因为执法人员和用户看到的"广告发布者"，并非是真正的广告发布者，且提供广告资源位的媒介方成员客观上无法协助执法人员找到真正的广告需求方平台以及广告主或代理商，并不利于实践中执法行为的认定，最终将导致执法案件久久难以结案。

此外，即便媒介方平台及成员和广告信息交换平台事先签署合同，后续媒介方成员被监管处罚之后，可能会因为失信原因被拉进黑名单，但是此时广告信息交换平台仅受私法合同之债的约束，却不会受到任何公法行政处罚的惩处。从法理的角度，此种规定也是有违法律规制本意的。私法上的赔偿或补偿远远无法弥补国家公权力机关的行政处罚所带来的经营负面影响。

如何谋定"科学合理界定平台主体责任"的市场发展思路，在程序化购买广告的规制道路上，有必要正本清源，对于这类特殊类型的广告进行分类管理，细化不同场景下的各方责任承担，加强广告需求方平台的标识义务，或许更加有利于其中症结问题的解决。

问题三：网络广告不正当竞争的特殊法价值

2016年出台的《互联网广告管理暂行办法》第16条"广

告不正当竞争专条"在立法层面为正当经营的广告提供了全方位保护,对于互联网广告行业的健康发展具有里程碑意义,也为今后在类似案件中适用提供了明确标准,是立法创新,出台时获得了各方赞誉。它明确了确定针对正当经营的互联网广告的拦截行为的违法性,目标针对的是提供或利用各类技术手段的开发者,范围涵盖了应用程序、插件、硬件等各类手段,保护的是他人正当经营的各类广告,禁止的是对他人正当经营的广告采取拦截、过滤、覆盖、快进等各类限制措施。该规定目前已经在司法实践当中获得法院的认可并得到适用,例如在上文中所提到的案件。

2017年,《反不正当竞争法》修订出台,涉及互联网不正当竞争问题的规制,但对于二者的关系,《暂行办法》第16条是对《反不正当竞争法》第12条的解释和补充。《反不正当竞争法》第12条对《暂行办法》第16条并不构成重合覆盖。新修订的《反不正当竞争法》第12条虽被称作"互联网专条",但该条规制的是"妨碍、破坏其他经营者合法提供的网络产品或者服务正常运行的行为",即仅就网络产品和服务进行了规定,并未针对互联网广告进行明确规制。

相比于其他传统领域,网络广告受新技术发展迅速迭代的影响,更容易出现不正当竞争的新类型问题,加之国内网络广告领域,用户流量见顶导致存量市场竞争激烈,尤其是随着各类软件硬件的发展,行业内"搭便车"的情形时有发生,新类型案例层出不穷,例如投屏硬件利用开机后视频软件播放前的时间差私自插播广告,引发软件会员用户投诉。如果没有特殊法的具体规定,仅靠一般法的条款恐难以解决新类型的广告侵权问题,建议在修法的过程中去伪存真,保留创新。

问题四:电商广告边界日益模糊的治理难题

近年来,短视频、信息流等新媒体正在瓜分传统网络广告的预算，网络直播行业呈井喷式增长，"直播带货"的广告形式异常火爆。但是，在直播广告红火的同时，虚假宣传、销售侵权假冒和"三无"产品、售后服务不力等问题也频繁出现，被欺骗误导的消费者退货难、维权难的情况屡屡发生。2019年社会关注度较高的纯朴大妈直播卖烤虾事件激起不少网友的共鸣，诉说自己被直播广告"忽悠"的类似遭遇。尽管消费者最终拿到了退款，但由此引发的直播广告如何有效监管问题却再次成了媒体关注的热点。

目前短视频平台电商发展模式结合具体产品设计来看，主要分为两种表现形式：一种是网红直接可以在短视频平台中开设商品橱窗栏目，用户看到商品信息，直接点击，跳转到第三方电商平台，下单购物。还有一种是平台内经营者开设的小店。属于平台内部的电商变现工具，平台内经营者可以在内部完成整个交易，降低跳失。在第一种情况下，其更多地只是信息展示，提供广告流量入口，用户在专门的电商平台完成电商交易。但第二种，在短视频平台内形成了交易闭环，可属于短视频平台出于自身流量变现考虑所进行的电商尝试。

未来，为了强化流量的交易转变能力，广告和电商深度捆绑必将成为常态趋势，在此背景之下，如何解决二者交织地带的治理问题将会成为值得研究的新领域。此外，如果再加之用户评价、信用刷单等不正当竞争问题以及平台二选一的垄断问题，相信此领域的治理议题还将进一步走向深水区。

问题五：行为广告数据规则适度性值得思考

在数据治理上，欧盟和美国选择的是不同的立法监管价值取向。欧盟的《通用数据保护条例》（GDPR）强化了对于个人数据的收集利用的保护，采用的是事先同意OPT-IN的模式。给大数据产业相关技术的发展带上了隐私保护的"镣铐"。2019

年欧洲对行为广告的规制趋于严厉。

1月21日,CNIL根据GDPR对谷歌处以5000万欧元的罚款[1],理由是CNIL认为谷歌在广告个性化方面缺乏透明度、信息不充分以及缺乏有效的同意。谷歌对此已提起上诉[2]。

同月,欧洲互联网广告局(IAB)提出诉讼,指控谷歌违反GDPR给用户加注高度敏感的个人隐私信息标签,并向数千家第三方企业分享,帮助他们投放广告。[3]

6月,英国数据保护监管机构(Information Commissioner's Office,ICP)发布《自动化广告和实时竞价》报告,提出程序化购买广告(Real-Time Bidding,RTB)违反了GDPR及包括ICO在内的相关规定。认为行为广告已经失控,数据主体无法得到其数据在生态系统内安全的保障[4]。

同月,CNIL公布它们将废除在某些方面已经过时的2013 Cookie建议,并发布适用法律规则的指南。[5]

从中我们能够看到,在中美欧的视野下,欧洲对于个人隐私的保护十分慎重,甚至有一些过度。本质原因是,一直以来,

---

[1] The CNIL's restricted committee imposes a financial penalty of 50 Million euros against GOOGLE LLC, https://www.cnil.fr/en/cnils-restricted-committee-imposes-financial-penalty-50-million-euros-against-google-llc, CNIL, 2019年12月27日访问。

[2] Googleto appeal 50 million GDPR fine, https://www.politico.eu/article/google-appeals-e50-million-gdpr-fine, POLITICO, 2019-12-27.

[3] "谷歌追踪用户高度隐私信息发广告在欧洲遭多起诉讼",载http://www.techweb.com.cn/internet/2019-01-29/2722256.shtml, Techweb, 2019年12月27日访问。

[4] Behavioural advertising is out of control, warns UK watchdog, https://techcrunch.com/2019/06/20/behavioural-advertising-is-out-of-control-warns-uk-watchdog/, TechCrunch, 2019-12-27.

[5] Online targeted advertisement:whatactionplan for the CNIL?, https://www.cnil.fr/en/online-targeted-advertisement-what-action-plan-cnil, CNIL, 2019-12-27.

欧盟市场上的互联网产品基本被美国公司垄断（例如 Facebook、谷歌、亚马逊等），欧洲本土互联网产业并不发达，故欧盟希望以此限制美国互联网公司在欧盟的发展。新的数据治理秩序在各国不断摩擦与斗争，能否达成妥协与合作，前途并不明朗。重中之重是，我们如何在这场国际数字竞赛中将政策制度化为生产要素，实现中国网络广告数字经济产业在世界领域内的崛起和突围。

问题六：软性植入广告和普通文章边界划分

在 2018 年的报告中，我们曾提到过软文广告认定标准究竟应该如何精细拿捏的问题。随着社交电商对这些的用户的青睐，在一些分享文章中，广告内容和普通内容的边界日益模糊。一些商品与爱情、友情、亲情之间的关系的情怀软文更加容易唤醒潜在客户的购买欲望，尤其是一些禁止类的广告（例如烟草药品等），这些隐蔽的广告信息都会给相关部门的监管和平台的风控工作带来难度和挑战。

对于软文广告的治理，我们在上文中也介绍了美国的监管机构同样饱受此问题的困扰，除了我们于 2018 年所提到的用制度化取代运动式检查及群众举报，完善自媒体广告监督管理制度，明确软文广告细则等方式之外，加强民众的教育、提高他们的防骗意识也是值得补充的视角。

问题七：刷单垄断新广告问题值得跟踪探究

平安好医生手机 APP 健康商城自营的商品中，平安健康互联网股份有限公司上海分公司为了提升人气、增加消费者对于商品的可信度，通过让内部员工刷单的行为，对商品的销售状况做了虚假的宣传，被监管处罚 20 万元。[1]在此案例中，处罚

---

[1] 参见沪市监嘉处字［2019］第 142019000362 号行政处罚决定书。

所适用的法律依据并不是《广告法》也不是《电子商务法》，而是《反不正当竞争法》第 8 条第 1 款的规定："经营者不得对其商品的性能、功能、质量、销售状况、用户评价、曾获荣誉等作虚假或者引人误解的商业宣传，欺骗、误导消费者。"商品的评价和销售信息是属于广告还是属于电商应规范的领域，有待后续继续探究，核心在于现有广告法律及规范并未给出广告内容和商业信息的清晰划分准则。

2019 年 3 月，欧盟认为谷歌为了巩固其在在线搜索广告中的主导地位，要求第三方合作网站签署排他性合同，给网络广告的竞争造成了负面影响，违反了反托拉斯法规，对其处罚 14.9 亿欧元。[1]在此案例中，欧盟的认定问题大于实质，相关市场的认定是否成立？处罚的背后是政策驱动，还是政治缘由？监管的真实意图疑云重重。

信用刷单、垄断、反不正当竞争、肖像权侵权、知识产权、数据保护、网络传销……对于网络广告治理的研究似乎永远没有终点，它的恒久魅力在于永远会给到你意想不到的惊喜，从来不用担心它会变得古老而守旧。需要焦虑的是，应当如何快步小跑，跟上它大步流星的步伐。期待令人惊喜的 2020。

---

[1] EU regulators hit Google with ＄1.7billionfine for blocking ad rivals, https://www.cnbc.com/2019/03/20/eu-vestager-hits-google-with-fine-for.html, CNBC, 2019-12-27.

2018年中国广告治理法律政策的"白、黑、灰"

杨　乐　腾讯研究院副院长
易镁金　腾讯研究院高级研究员

本文是2018年广告治理法律政策年度报告，共分为三个部分：①全年广告监管法律政策九大趋势分析，借白色指代已出台的法律政策；②全年五类典型广告治理案件复盘，借黑色指代已被处罚、判决的案件；③全年五大广告黑白之间问题重塑，借灰色指代待研究的治理难题。

一、"白"：2018中国广告监管法律政策趋势深度分析

2018年广告治理领域，共出台、实施的广告相关法律3部，国务院部门规章28部（涉及18个国家部委），地方性法规6部，地方政府规章7部，地方政府规范性文件及工作文件115部，行业规范25部。我们盘点全年政策及重点事件，总结出如下政策趋势：

趋势一：广告宣传"导向为先"的治理立场已然明朗

这一年开年1月份，万豪集团在活动邮件中把西藏和港澳台地区列为"国家"，引发监管侧作出责令其网站及APP自行关闭一周，全面自查整改的行政处罚。次月，工商、中宣等十一部门联合发布《整治虚假违法广告部际联席会议2018年工作要点》将加强广告导向监管摆在全年虚假违法广告治理重点工作的首位，坚定地表明国家对于广告宣传也要讲导向的鲜明治

理立场。

6月,"抖音侮辱英烈事件"爆发。30天后,国家广电总局关于印发学习宣传贯彻《英雄烈士保护法》的意见通知,要求全国广电系统深刻理解法律要义,重点监管,严肃查处违法行为。

11月,"山东菏泽万达广场商业广告进校园事件"爆发后,教育部当即发布关于严禁商业广告、商业活动进入校园的紧急通知,要求各地学校坚决抵制变相发布广告行为。

这一年里,接连发生"江苏连云港穿日军制服促销案"涉案人员被刑拘,广西南宁房产项目雇佣女模特赤裸营销涉事楼盘被查封,"上海臻海实业有限公司不当使用红领巾案"被顶格处罚,茅台镇"陈静替父卖酒"虚假宣传涉事公司被处罚等社会事件。处理事件过程中监管侧的迅速反应,让我们看到,广告治理导向监管的立场是明确且不容挑战的,商业推广行为如果没有底线和底色的思想导向意识,势必会适得其反。

趋势二:民生领域广告治理监管政策步伐从未停止

这一年,"三品一械"、金融、房地产等事关人民群众生命健康及财产安全的民生类广告政策立法从未停下脚步,全年民生领域广告治理共出台或修订法律3部,规章19部,地方政府规章1部,地方政府规范性文件及工作文件24部。

(1)"三品一械"广告治理这一年里动作频频,变相发布广告成为整治重点,联合惩戒逐步进入监管措施白名单。

2月,食药监总局发布公告要求不得发布医疗机构制剂广告。

6月,机构改革后的药监局发布《关于进一步加强机构改革期间药品医疗器械化妆品监管工作的通知》将企业的广告宣传推销行为纳入日常监管。同月,国务院发布《关于继续做好食品保健食品欺诈和虚假宣传整治工作的通知》要求严查以健康养生讲座、专家热线等形式进行虚假宣传等违法行为。

7月，国务院出台《关于改革完善医疗卫生行业综合监管制度的指导意见》要求加强对医疗养生类节目和医疗广告宣传的管理。

12月，市场监管总局发布《关于做好药品、医疗器械、保健食品、特殊医学用途配方食品广告审查工作的通知》，强调"三品一械"广告不得以介绍健康、养生知识等形式变相发布，对"三品一械"广告行业及相关市场开启全面整顿。

（2）金融广告治理领域，保险违规广告、以养老服务为名的非法集资行为问题涌现，监管风向深切关注特殊群体权益保护。

3月，保监会印发《2018年保险消费者权益保护工作要点》的通知，明确研究建立保险广告行为监管规范，建立健全保险广告正、负面清单，推进保险违法违规广告行为治理。

8月，民政部发布《关于进一步做好养老服务领域防范和处置非法集资有关工作的通知》，要求各地重点排查通过互联网发布含有或涉及"养老投资"等，宣传高回报，暗示或明示保本、无风险等内容的广告。

（3）房产广告治理领域，中央及多部委发文剑指通过捏造、散布不实信息，或者曲解有关房地产政策等方式，发布虚假广告的行为。

3月，国务院发布《城市房地产开发经营管理条例（2018修订）》要求房地产开发企业不得进行虚假广告宣传，商品房预售广告中载明商品房预售许可证明的文号。

6月，住房和城乡建设部等七部委联合发布《关于在部分城市先行开展打击侵害群众利益违法违规行为治理房地产市场乱象专项行动的通知》要求在北上广深等三十座城市治理房地产开发企业违法违规行为和虚假房地产广告。

(4) 教育培训广告治理方面,政策重点关注广告真实性。

8月,国务院颁布《关于规范校外培训机构发展的意见》要求校外培训机构应实事求是地制订招生简章、制作招生广告,认真履行服务承诺,杜绝培训内容名不符实。

趋势三:未成年人相关广告治理议题得到空前关注

这一年,广电总局、教育部、市场监管总局等多部委将涉及未成年人广告的价值导向、近视防控、身心健康等问题的广告统一纳入监管监测的重点区域。

6月,"O泡果奶""莎娃鸡尾酒"的电视广告,部分内容含有表现学生早恋和少男少女饮用酒精饮品感受等情节,因价值导向存在偏差,易对未成年人产生误导而被广电总局责令停止播出。

8月,教育部等八部委印发《综合防控儿童青少年近视实施方案》,要求依法查处虚假违法近视防控产品广告。12月,市场监管总局进一步落实上述方案,发布通知要求加大对含有虚假或引人误解内容的虚假违法近视防控产品广告的整治查处力度。

同月,广电总局就《未成年人节目管理规定(征求意见稿)》向社会公开征求意见,意见稿规定禁止利用不满10周岁的未成年人作为广告代言人。未成年人专门栏目及其他未成年人节目不得播出不适宜未成年人观看的广告。并且,对寒暑假期间未成年人广播电视节目的广告时长进行了限定。

10月,针对山东菏泽万达广场商业广告进校园事件,教育部发文严禁商业广告、商业活动进入校园。

12月,教育部发布《严禁有害APP进入中小学校园的通知》,要求各地及学校认真排查包含色情暴力、网络游戏、商业广告等有害内容的 APP 侵蚀校园。

趋势四：运动式联合式治理监管模式仍将常态运行

全国整治虚假违法广告专项行动自 2005 年开展以来，部际联席会议和执法联动已成为广告监管"常态"，甚至有不减反增的趋势，监管广告治理一直在运动式执法道路上狂奔，2018 年也不例外。我国监管执法仍处于且将长期处于过渡阶段。

2 月，原国家工商总局发布《关于开展互联网广告专项整治工作的通知》，要求重点整治五类虚假违法互联网广告：涉及导向；危害人民群众人身安全、健康；损害人民群众财产利益；违背公序良俗，损害未成年人身心健康的；社会公众反映强烈的其他虚假违法互联网广告。

同月，原国家工商总局等十一部委联合发布《整治虚假违法广告部际联席会议 2018 年工作要点》，部署加强广告市场事中的事后监管，加大整治虚假违法广告力度，开展互联网广告专项整治，加强重点媒体监管，强化协同监管。

5 月，市场监管总局发布《关于开展反不正当竞争执法重点行动的公告》，重点打击互联网领域"刷单炒信"、直销行业及保健品等行业的虚假宣传行为。

6 月，机构改革后的市场监管总局联合八部委发布《2018 网络市场监管专项行动（网剑行动）方案》，决定在 5 月至 11 月联合开展"网剑行动"。以打击网络侵权假冒、刷单炒信、虚假宣传、虚假违法广告等违法行为。

9 月，广电总局发布《关于开展广播电视广告专项整治工作的通知》，重点围绕导向问题广告、低俗问题广告、虚假违规等广告进行查找和整顿。

2019 年 1 月，基于权健等事件的恶劣影响，市场监督管理总局受中央指示联合十部委发布《关于开展联合整治"保健市场乱象百日行动的通知》,开展了为期100天的打击保健品市场虚假宣传、虚假广告、制售假冒伪劣产品等违法行为的整治行动。

趋势五:以网治网在线监测治理已成为监管新手段

相比于传统广告,互联网广告具有无限链接、实时更新、互动性强和信息量大等特点,由此提高了互联网广告治理的监管门槛。其治理必须用互联网的思维来解决,若沿用传统广告的定式思维,势必会削足适履。

据媒体公开报告[1]:自2017年9月1日全国互联网广告监测中心正式启动以来,目前已实现对全国46个副省级以上行政区划的1004家重点网站及百度等4家广告联盟和电商平台广告数据的监测,互联网广告的违法率从开展监测前的7.1%降至1.98%。该监测中心2018年年内动态监测网站拓展到15万家,实现监测辐射范围翻番。2018年12月单月,该中心共采集全国互联网广告6867.22万条次,审核互联网广告1002.73万条次。[2]

广告在线监测制度不仅是一种创新的监管手段,更重要的是,它凸显了监管尊重技术发展的价值取舍,期待未来在广告治理的政策立法中将这种价值理念深深地扎入每一个条文的字里行间。

趋势六:用户隐私问题使得网络广告在探索中前行

这一年,受欧盟《通用数据保护条例》(GDPR)出台及美国Facebook政治广告事件的影响,用户隐私及个人信息问题的讨论被推向历史的巅峰。以此为由,行为广告中用户数据采集、使用、共享及用户画像的相关政策立法还将在很长的一段时间

---

[1] http://www.sohu.com/a/224831701_267106, 2019年1月13日访问。

[2] http://www.ggjc.cn/login/initIndex, 2019年1月20日访问。

内受到各方的强烈关注。

5月,国家标准《信息安全技术 个人信息安全规范》正式实施,为遏制个人信息的非法收集、滥用和泄露,国标明确了个人信息控制者在收集、保存、使用、共享、转让等处理环节的义务,将个人信息用于商业广告推送以及将个人信息用于形成用户画像均被囊括其中。

同月,欧盟出台GDPR,基于用户画像收集的与自然人相关的数据构成个人数据。该条例的适用范围极为广泛,任何收集、传输、保留或处理涉及欧盟所有成员国内的个人信息的机构组织均受该条例的约束。

8月,我国出台的《电子商务法》回应了电子商务经营者利用大数据分析"杀熟"的问题,要求在电子商务经营者利用大数据分析进行个性化搜索结果展示时,应当同时向该消费者提供不针对其个人特征的选项,尊重和平等保护消费者合法权益。虽然数据歧视问题在条文中得到了应激式回应,但条文内在的合理性和逻辑性还尚存争议。

可以看到,《信息安全技术个人信息安全规范》有明显的GDPR的立法身影。事实上,GDPR出台后反倒给予了谷歌等在线广告平台更强的竞争优势,使其在欧洲在线广告市场获得了更高的份额,并未达到GDPR预想的政策目标。由此带来的思考是,将欧盟严苛的数据立法价值取向直接移植到国内是否经过了审慎的考证?

趋势七:加密货币等前沿技术带来广告治理新问题

这一年,公众对加密货币的兴趣引发了加密货币互联网广告热潮,然而,其中潜在的欺诈和滥用行为也被监管者发现。

上半年,Facebook、谷歌、Twitter和Snapchat先后有效关闭了加密货币广告的大门。国内新浪和百度先后也在广告推广政策中禁止了加密货币的推广投放。

8月，银保监会等五部委联合发布《关于防范以"虚拟货币""区块链"名义进行非法集资的风险提示》提醒警惕以"金融创新""区块链"为名，通过发行所谓的"虚拟货币""虚拟资产""数字资产"等方式吸收资金，侵害公众合法权益。

可以预见，尽管加密货币的广告有显著的缩减，但此类由前沿技术带来的新广告治理问题不会消失，可以做的是，以开放并兼理性的心态迎接新技术带来的广告治理新问题的降临。

趋势八：媒体协会多方共治逐渐成为广告治理必然

广告内容包罗万象，治理工作也尤为复杂。除了监管及平台之外，媒体、社会团体、群众组织、行业协会等力量日益成为广告治理的生力军。

大部分引发社会广泛关注的案件都离不开媒体的监督，自媒体的兴起更是将广告治理中的症结抛向了更广泛的公众视野。例如，今日头条在"二跳"页面发布违法广告案就是被央视曝光的；权健案件由自媒体"丁香医生"发文曝光。其他案件也大都是先引起了媒体舆论关注后才由执法机关介入并处理的。

社会力量也逐渐登上了广告治理的舞台，扮演着越来越重要的角色，广告治理已经从单极化迈向多极化的治理道路。例如，中国少年先锋队全国委员会监督并参与了"上海臻海实业有限公司不当使用红领巾案"和"山东菏泽万达广场商业广告进校园案"；南宁市妇联监督并参与"广西南宁房产项目雇佣女模特赤裸营销案"；中消协监督并参与俄罗斯世界杯赛期间的"'华帝退款'促销广告案"；在"瓜子二手车诉人人车不正当竞争纠纷案"中，中国广告协会作为权威的行业协会发表意见并被法院采纳。

趋势九：竞争法、电商法等立法多维度完善广告治理

广告的复杂性决定它需要在多个法律之间来回穿梭，不同

性质和领域法律规范的重叠交叉透视出广告作为法律研究对象模糊而又日益清晰的迷人轮廓。

1月,《反不正当竞争法》(2017年修订)实施,新法中明确了虚假宣传,同时属于发布虚假广告的,依照《广告法》的规定处罚。这在很大程度上解决了《反不正当竞争法》(1993年)和《广告法》均对虚假广告设置行政处罚所导致的实务无所适从的困境。相比于《广告法》侧重消费者保护,《反不正当竞争法》侧重从竞争者维度进行法益保护,两者从各自角度推动广告治理立法范式日趋成熟。

8月,《电子商务法》历时5年终获通过,其中明确对于电子商务经营者向消费者发送广告的,应当遵守《广告法》的有关规定。电子商务平台经营者对于竞价排名的商品或者服务,应当显著标明"广告"。

以上法律都从不同的层面日益完善广告治理机制。更多的跨界领域的周边治理政策正蓄势待发地迎接我们对这古老而又新奇事物的探究。

二、"黑":2018中国广告治理典型性案件的审视复盘

这一年,市场监管总局共公布了6批、105个广告违法典型案例,导向性违法9件,食品保健品28件,医疗及医疗器械30件,违反其他禁止性规定43件,其中涉互联网广告68件,虚假宣传40件。还有一些虽然未进入典型案例名单但社会关注度高的案例。我们从中梳理出如下五大类别的典型案例:

类型一:鸿茅和权健案件拷问着交叉地带治理能力

这一年,"三品"领域"鸿茅药酒"和"百亿权健"事件一头一尾,让"三品"广告治理问题始终占据着舆论头条。

2017年12月,广东医生谭某东在网络上发表了一篇题为

《中国神酒鸿毛药酒,来自天堂的毒药》的文章,随后被内蒙古警方以涉嫌损害商业声誉罪跨省抓捕。2018年4月,此案被退回公安补充侦查并变更强制措施,谭某东被取保。5月,鸿茅药酒事件以谭某东的一篇致歉信告一段落。在这一过程中,鸿茅药酒也被推上了舆论的顶峰。鸿茅药酒既非酒,也非保健食品,而是拥有批准文号的药品。它通过广告宣传,不断弱化药品属性、强化保健功能,模糊二者之间的边界,对消费者产生了误导甚至身体损害。鸿茅药酒的广告宣传在江苏、辽宁、山西、湖北等25个省市级食药监部门都曾被通报广告违法,不完全统计的违法次数达2630次,被暂停销售数十次,但鸿茅药酒广告依旧禁而不止。[1]

2018年12月,"丁香医生"发布《百亿保健帝国权健,和它阴影下的中国家庭》[2]一文,描述了一位患癌女童在服用权健公司的抗癌产品后,病情恶化身亡,提出了对权健公司的火疗、鞋垫、本草清液等产品的质疑,引发了社会关注。2019年1月,权健公司实际控制人等18名犯罪嫌疑人已被刑拘。

事件反映出了食品、药品、保健品交叉地带广告治理的难度远比想象中复杂,尤其是在直销模式下,广告违法宣传的隐蔽性更强,由此带来的消费者保护问题值得深入研究。

类型二:虚假广告的玩法日益翻新,治理走向深水区

随着广告行业及互联网技术的日益成熟,营销手段日趋多元化、广告主营销各出奇招。

俄罗斯世界杯期间,华帝推出"法国队夺冠,华帝退全款"活动,最终法国队夺冠,事后华帝用户退款受阻被推至风口浪

---

[1] http://news.sina.com.cn/o/2018-04-17/doc-ifyuwqfa2807646.shtml,2019年1月14日访问。

[2] https://finance.qq.com/a/20181225/007156.htm,2019年1月20日访问。

尖。中消协喊话、征集投诉并发约谈函要求华帝公司提供相应的解决方案。

8月，三大运营商"不限量套餐"被湖南工商监管侧认定为虚假广告并进行行政处罚，在全国尚属首例。

12月，贵州省仁怀市茅台镇醉臣酒业有限公司自行设计、制作，并在凤凰网等多家网络平台上发布的"陈静替父代言卖酒"推文广告被认定为虚假宣传。该广告内容及模式被模仿发布，造成了一定的负面影响，监管部门给予广告发布费5倍的加重处罚。

上述案例隐约让人们看到消协这类的社会力量在功能上与主流监管逐渐产生互补，"不限量套餐案"中监管首次对三大运营商共同开出罚单以及"陈静替父代言卖酒案"中监管5倍的加重处罚彰显出了监管侧对虚假广告重拳治理的决心。

类型三：方某富炒货店案透视法院利益平衡的考量

《广告法》修订后第一起因"绝对化用语"引发的行政诉讼，法院的改判和终审的维持让我们看到了法院在寻求利益平衡中的努力。

2015年11月，监管接到群众举报称方某富炒货店存在违反《广告法》的行为后，处罚20万元。方某富不服提起行政诉讼。2018年5月，法院作出一审判决，将罚款数额由20万元调整为10万元，方某富不服提起上诉。2018年9月，"方某富炒货店案"历时两年多，法院最终作出维持原判的终审判决。

案件背后引发的思考是，立法制定的过程中是否需要更为细致的科学考量，"一刀切"的政策立法逻辑是否会让法律丧失其严谨的本色？对于绝对化用语问题，是否应该考虑给予真实的绝对化用语一定的法律空间？毕竟，明确的信息指标能够给予消费者重要的参考，有助于更好地实现消费者的选择权。

类型四：头条案件引发平台广告治理责任边界争议

3月，央视财经频道播出《"今日头条"广告里的"二跳"玄机》[1]，称今日头条广告发布利用二次跳转分层发布违规广告引诱消费者步入圈套。新闻中，记者在南宁打开今日头条应用软件，推荐栏内出现"补气血"三个字，点击后一跳页面出现了一则名为"芪冬养血胶囊"的非处方药品广告，一跳页面指引用户再点击二跳页面后出现"中国中医科学院临床医学专家"的违规广告内容。后监管对今日头条违规广告作出行政处罚，没收广告费23万，并处广告费用3倍的罚款。

监管处罚决定书并未对今日头条就违规广告的发布是否属于"明知"或者"应知"作出认定，将处罚的依据定位为"未经审查发布广告，情节严重"，这其中监管的取舍原因我们无从知晓，但今日头条二跳案件引发了监管及业内对于广告跳转平台责任边界的重新思考。

由平台承担广告链接跳转的全部责任还是有限责任已经摆上监管修法的议程，我们积极地期待在此问题上监管侧能够客观、审慎地理解互联网互联互通的本质属性，将互联网广告中各方的主体责任划定在科学、合理的边界之中。

类型五：涉竞争类虚假宣传高额罚金剑悬企业头顶

这一年，瓜子二手车和人人车因为广告用语问题从法院走到工商，最终以瓜子二手车被监管处罚1250万元落下帷幕，瓜子二手车的天价罚单引发行业的广泛关注。

1月，瓜子二手车起诉人人车不正当竞争纠纷，法院经审理认为人人车的"买车0首付，三天包卖"等广告用语具有事实基础，并未损害正常的交易秩序，且在广告刊发前获得了权威

---

[1] http://tv.cctv.com/2018/03/29/VIDEwdMpEslOTT1BStVxRXeG180329.shtml, 2019年1月20日访问。

机构的审批，在广告刊发后也促进了市场的交易，使得买卖双方获得实惠，对于市场良性竞争具有促进意义，判决驳回瓜子二手车的全部诉讼请求。

11月，监管对瓜子二手车下发行政处罚决定书，认为瓜子二手车广告宣传中使用的"创办一年、成交量就已遥遥领先"的广告语缺乏事实依据，与实际情况不符，对购买行为有实质性影响，构成虚假广告，罚款1250万元。

上述案件折射出瓜子二手车和人人车的宿怨由来已久。虽然监管对于瓜子二手车的认定是依据"与实际情况不符"，但"遥遥领先"的表述已给其他竞争者造成了损害。想必今后广告主再发布类似竞争广告时恐怕难免会想起瓜子二手车巨额罚单的前车之鉴。

三、"灰"：2018中国广告治理：黑白之间问题思考重塑

广告的迷人魅力在于，它永远与技术为舞，与时代共振，但也正因如此，它总是会随着技术发展、时代的更迭抛出责难的问题让世人迷惑、惶恐、不断寻找未来的出路。我们梳理出了2018年广告治理中日益凸显的新问题，以客观理性的视角重塑思考。

问题一：软文广告认定标准究竟应该如何精细拿捏

软文广告的精髓在于"软"字，它以文章为载体，从传统媒体时代走到新媒体时代，在互联网新媒体上，许多文章从鸡汤文到广告的反转让人猝不及防。

《互联网广告管理暂行办法》涉及的五种互联网广告多是推销商品或者服务的广告，没有明确将软文广告单列出来，因此，隐蔽性更强的自媒体软文广告在实际监管中就成了灰色地带。事实上，软文广告的问题并不在于是否需要广告标识，而是如

何划定它与非软文的边界以及如何进行真实性审查。

对于软文广告的治理思路,应该用制度化取代运动式检查以及群众举报,核心的问题是如何完善自媒体广告监管制度、明确软文广告细则性内容。以广告协会为主导,走行业自律之路,出台相关审核规范或许是精细化科学治理可以尝试的路径。

问题二:植入式广告赋予业态新生命如何方寸有度

植入式广告的发展是广告行业进入繁荣时期的重要体现,植入式广告作为商业言论拥有表达自由的权利,法律不应该对其进行制止,但对于这种新生命如何在方寸之间拿捏有度值得思考。

从近几年收视火爆的综艺节目可以看出,广告植入的手段越来越巧妙而丰富。例如,《爸爸去哪5》中大量运用的道具植入;《奇葩说》中马东名扬天下的花式口播,运用台词植入广告;在《极速前进》中,嘉宾在游戏环节进行广告剧情植入。

相比于传统广告强制灌输的特点,植入广告与媒介内容进行了一种"注意力的共享",提高了广告的被接受度。但这其中如何对消费者知情权、选择权进行保护考量着监管和行业的治理能力,披露制度、分类监管、定量管理或许是值得考证的解题选择。

问题三:商业广告和商业信息的边界究竟如何划定

商业广告和商业信息的区分是互联网广告中广泛存在且又难以解决的问题,目前的《广告法》《互联网广告暂行办法》《反不正当竞争法》也未完全给出解决路径。

在纷繁复杂的互联网媒介上,两种信息相混的现象普遍存在。例如,在电商领域,电商的广告与销售过程在同一空间及时段完成,不可避免地有大量的广告与非广告信息交替混杂出现;企业自建网站中企业的招聘信息,职工文化活动,声明公告以及产品信息陈列;垂直网站,以向人们提供各种生活商业信息为主旨的领域,在大量的非广告信息中,广告信息与其并存。

如何划定商业广告和商业信息的边界这个问题,看似是广告治理规则的建立,其实需要从本质上明确治理的立法执法追求何种的价值目标,即消费者的知情权和广告规范孰轻孰重?[1]例如,在医院网站中,病人及家属的知情权更重要,还是医疗广告的合规价值更重要?对于这样尖锐的问题我们或许难以一时破题,分门别类地冷静研究分析问题是我们应该且亟待摆上日程的。

问题四:行为定向广告如何进行隐私保护价值取舍

广告平台利用多维度用户数据,通过"用户画像",向用户发送行为定向广告已成为常见的商业模式。但随着近年来社交媒体、互联网和数据被非法入侵的事件增多,消费者对广告隐私问题愈加担忧。

3月,消费者俞某在北京乐友公司购买牙膏使用支付宝结账,事后发现支付宝客户端默认勾选了"授权淘宝获取你线下交易信息并展示",其在线下店铺的交易信息被提供给支付宝、淘宝、天猫。俞某认为,上述四公司共同侵犯了其对个人信息被收集、利用的知情权,诉至法院,要求四被告向其道歉、删除其个人信息数据并赔偿经济损失、精神损害抚慰金各1元[2]。

案件背后,值得思考的问题是在广告治理中个人数据利用与保护之间是否应该有超越法律的价值取舍。对于平台而言,是否应该把"科技向善"作为技术的出发点,不断地警醒、自

---

[1] 水志东:《互联网广告法律实务》,法律出版社2017年版,第147~169页。

[2] http://bjhdfy.chinacourt.org/public/detail.php?id=5269,2019年1月14日访问。

省,谨小慎微地保护用户对于平台的信任,对数据取之有限,用之有度。

问题五:信用机制失信惩戒失去的另一半能否找回

2016年5月30日,国务院发布《关于建立完善守信联合激励和失信联合惩戒制度加快推进社会诚信建设的指导意见》,该意见明确褒扬诚信、惩戒失信、鼓励运用信用激励和约束手段,加大对诚信主体激励和对严重失信主体惩戒力度,让守信者受益、失信者受限,形成褒扬诚信、惩戒失信的制度机制。

然而,后续在各类广告政策中我们只看到形单影只的联合惩戒未见到守信激励的踪迹。

2018年2月,原国家工商总局发布《关于开展互联网广告专项整治工作的通知》,指出各地工商和市场监管部门要发挥整治虚假违法广告联席会议牵头单位的作用,联合相关部门对重点互联网广告案件开展联动执法,探索实行联合惩戒。

同月,原国家工商总局等十一部委联合发布《整治虚假违法广告部际联席会议2018年工作要点》,多次强调加强对重点案件的协同监管与联合惩戒。加大对违法广告责任主体的惩戒力度,探索实行联合惩戒。

6月,药监局发布《关于进一步加强机构改革期间药品医疗器械化妆品监管工作的通知》,指出探索建立信用机制,对不良信用记录的,纳入联合惩戒名单,联合相关部门实施联合惩戒措施。

7月,广电总局发布《国家广播电视总局关于学习宣传贯彻〈中华人民共和国英雄烈士保护法〉的意见》,要求广电系统应当将公共信用信息服务平台中违反《英雄烈士保护法》、侵害英雄烈士合法权益的单位和个人作为重点监管对象,并推动建立失信联合惩戒机制。

2018年中国广告治理法律政策的"白、黑、灰"

失信惩戒和守信激励是信用机制天平的两端，偏颇任何一端都会导致天平的失衡，当守信激励标杆效应占据广告治理的核心时，中国广告治理才会从过渡跨入成熟。[1]

---

[1] 感谢助理研究员龚涛、马彪在本文撰写过程中所做的大量资料收集与整理工作。

互联网广告二跳法律责任的"问、解、答"

杨　乐　腾讯研究院副院长
易镁金　腾讯研究院高级研究员

2018年3月，央视财经频道播出《"今日头条"广告里的"二跳"玄机》[1]，称今日头条广告发布利用二次跳转分层发布违规广告引诱消费者步入圈套。

6月，市场监管总局联合八部委发布《2018网络市场监管专项行动（网剑行动）方案》[2]的通知，决定在5月至11月联合开展网剑行动，要求加强对虚假违法广告的打击力度（参见《2018年中国广告治理法律政策的"白黑灰"》）。

11月，北京市原工商行政管理局海淀分局对今日头条进行责令停止发布涉案广告、总计300万元罚款的处罚，[3]处罚事由为广告经营者、广告发布者明知或者应知广告未经审查仍设计、制作、代理、发布。

与此同时，由平台承担广告跳转页面的全部责任还是有限

---

[1] http://tech.sina.com.cn/i/2018-03-29/doc-ifyssmmc3857277.shtml，2019年4月22日访问。

[2] http://www.scio.gov.cn/32344/32345/37799/38437/xgzc38443/Document/1630835/1630835.htm，2019年4月22日访问。

[3] http://www.gsxt.gov.cn/%7B7053DF6517352EE8FB417557444692E05AF3203311553D551012AA260476B0B21BC8B0F874CE982E96B4E2920EBAFF5BFC77D34FD259FD7DB404B487B487B4C5A2C37BBA99F8803657EF2EC9A8CFEC94F594B771D8BF16226664056406C5754ADFEC8E2F578384ECC8BA00A9DB9E28043B081B8E6F1EFF8E1B153680C4D7B55467D7424CF496D255B40231D01357D0B2-1556089071365%7D?entType=1，2019年4月22日访问。

责被任摆上监管修法的议程,相关学者也就此问题多次展开讨论。[1]为了更加全面、清晰地理解互联网广告"二跳"问题,笔者试从"问、解、答"三个层次递进分解,希望能找到有效的答题旨要。

一、问:要求平台对广告"二跳"承担全部审查责任是个伪命题?

所谓伪命题是指不真实的命题。这里的不真实有两种情况:其一是不符合客观事实;其二是不符合一般事理和科学道理。[2]具体到"二跳"问题上,如果要求平台对互联网链接式广告的全部页面承担审查责任,既不符合互联网的客观事实,也不符合现有互联网技术的标准逻辑和公认的商业道德。

(一)不符合互联网多次跳转的基本属性

互联网广告区别于传统媒体的最大不同是,网络链接具有多次跳转的特性,这一本质决定了链接式广告必然是通过一个链接连接到其他链接。而传统电台、电视台、纸质媒体的广告素材都是固定内容。例如,23456[3]导航类网站(参见下图)、友情站链接、搜索引擎都是由成千上万个链接组成的。

---

[1] "'互联网广告平台的法律责任探讨'沙龙成功举办 专家畅谈'二跳'广告审查边界",载 http://www.ce.cn/xwzx/fazhi/201806/15/t20180615_29449128.shtml,2019年4月22日访问。

[2] https://baike.baidu.com/item/%E4%BC%AA%E5%91%BD%E9%A2%98/7507754,2019年4月22日访问。

[3] https://www.23456v.com,2019年4月22日访问。

(二) 不符合目前互联网的技术实现能力

先放下广告发布者对全部链接的广告内容尽到审查责任"是否应该做"的问题,从监管的角度可能需要充分考虑广告发布者"是否有能力做到"这个核心问题。

实践中,无法回避的一个技术障碍是,在大多数情况下,因为跳转后链接页面的服务器不在广告发布者控制范围内,技术上无法感知链接页面内容的任何变动,也就是说,技术上做不到提前审查。

例如,2016年,百度被曝深夜推广赌博网站,百度当天向公安机关报案[1]就是很好的例子(参见下图)。在此案例中,广告主利用广告发布者的前端页面获取流量,推广链接上线后,广告主深夜自行修改或者被第三方恶意篡改页面内容,导致出现违法广告信息。因百度推广链接页面中所含的跳转链接内容并不在百度的服务器上,因此百度无法事先监控,只能是跳转链接页面上线后进行实时巡查,所以才会出现百度向公安机关报案的场景。因此,若要求对于不在平台服务器上的广告内容进行事前审查是超出现有技术控制范围的,其在技术逻辑上有实现不能的障碍。

---

[1] https://www.yicai.com/news/5045599.html,2019年4月11日访问。

互联网广告二跳法律责任的"问、解、答"

(三) 不符合屏蔽网络爬虫禁止抓取的商业道德

要求平台对所有跳转页面进行审查就是变相鼓励平台集体违反国际通行的爬虫协议，等同于要求平台对爬虫协议屏蔽的广告信息也强行进行爬取，因为只有爬取后才能对第三方页面的广告内容是否违规进行机器或人工审查。其导致的后果是平台群体性违反国际技术协议，更为严重的是会造成互联网行业竞争秩序和司法规则的混乱。

爬虫协议（又称 Robots 协议、机器人协议等）的全称是"网络爬虫排除标准"（Robots Exclusion Protocol），网站通过爬虫协议告诉搜索引擎哪些页面可以抓取、哪些页面不能抓取。屏蔽爬虫，即不让搜索引擎等第三方的网络爬虫抓取平台内容，包括页面、网页、图文等。这是全球通用的互联网技术标准，也是业内公认需要维护的商业竞争秩序。

与爬虫协议相关的案例在国内外不胜枚举。2008年淘宝决定在Robots.txt协议中屏蔽百度蜘蛛的抓取[1]，Twitter[2]、LinkedIn[3]等互联网平台也都设置了屏蔽爬虫协议。在国内几起涉及爬虫抓取的案件中，法院判决均认为抓取方的行为违背诚实信用原则、违反公认的商业道德，构成不正当竞争，如"大众点评诉爱帮网案"[4]、"大众点评诉百度地图案"[5]、"北京微梦创科网络技术有限公司诉北京淘友天下技术有限公司及北京淘友天下科技发展有限公司案"[6]等等。

综上可知，要求平台对广告"二跳"承担全部审查责任是个伪命题。那么对于监管而言，更重要的议题是——谁应该对跳转广告页面承担责任？

二、解：谁应为跳转链接页面负责？

对互联网广告加强监管，避免网民落入违法违规广告的陷阱，本意是好的。但因互联网广告类型过于庞杂，且所涉主体纷繁复杂，简单地"一刀切"恐会产生诸多问题。寻求解决方案之前，我们首先应该厘清"二跳"页面为何物。

---

[1] "淘宝宣布正式屏蔽百度搜索"，载http://tech.sina.com.cn/i/2008-09-08/17022443143.shtml，2019年4月22日访问。
[2] https://twitter.com/en/tos#update.
[3] https://www.linkedin.com/legal/user-agreement?trk=hb_ft_userag.
[4] 北京市第一中级人民法院［2011］一中民终字第7512号民事判决书。
[5] 上海知识产权法院［2016］沪73民终242号民事判决书。
[6] 北京市海淀区人民法院［2015］海民（知）初字第12602号民事判决书；北京知识产权法院［2016］京知民终字第588号民事判决书。

互联网广告二跳法律责任的"问、解、答"

（一）什么是"二跳"页面——互联网广告链接页面的边界在哪里？

新闻报道中提及的广告"二跳"页面并非专业的法律术语。"二跳"是希望只监管到第二次跳转么？"二"是约数表示很多次，还是仅指第二次？从监管本意推测，应该是指不特定的多次。因此，二跳页面责任的承担，本质问题是希望讨论谁应该为多次跳转后的广告链接页面承担法律责任。

与二跳页面相关的还有很多类似概念，例如，跳转页面、链接页面、网页链接、后续所链接页面、落地页面等。这些概念从范围看略有重合，边界稍显模糊，上位定义和下位定义之间关系不甚清楚，必须厘清并统一才能对后续问题进一步抽丝剥茧的分析。

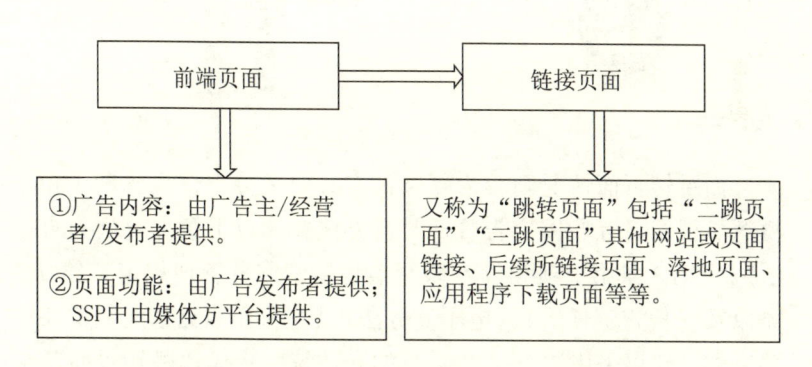

```
┌─────────────┐         ┌─────────────┐
│  前端页面    │ ──────▶ │  链接页面    │
└─────────────┘         └─────────────┘
      │
      ▼
┌─────────────────────┐ ┌──────────────────────────┐
│①广告内容：由广告主/经营│ │又称为"跳转页面"包括"二跳页  │
│ 者/发布者提供。      │ │面""三跳页面"其他网站或页面 │
│②页面功能：由广告发布者│ │链接、后续所链接页面、落地页面、│
│ 提供；SSP中由媒体方平 │ │应用程序下载页面等等。       │
│ 台提供。            │ │                          │
└─────────────────────┘ └──────────────────────────┘
```

如上图所示，互联网广告从整体上可以被分为两大类页面：前端广告页面和跳转页面。其中跳转页面又可被称为"链接页面"，包括"二跳页面""三跳页面"、其他网站或网页链接、后续所链接页面、落地页面、应用程序下载页面等等。

前端广告页面的广告内容由广告主、广告经营者、广告发布者提供。广告页面功能由广告发布者提供，在广告联盟场景下（SSP，Sell-side platform）中由媒介方平台（SSP）提供[1]（参见下图）。

而跳转页面情况则较为复杂，有必要区分上位概念和下位概念。根据《互联网广告管理暂行办法》（以下简称《暂行办法》）第3条第1项和《互联网信息搜索服务管理规定》第7条以及《侵权责任法》《电子商务法》《反不正当竞争法》的相关表述，建议采用"链接页面"的表述统一指代"跳转页面"，将"二跳页面""三跳页面"、其他网站或网页链接、后续所链接页面、落地页面、应用程序下载页面纳入"链接页面"的下位概念。

需要重点明确的一点是，对链接页面中的广告进行审核等同于对链接页面的全部信息进行审核。因为链接页面包括广告

---

[1] https://www.cnbeta.com，2019年4月11日访问。

互联网广告二跳法律责任的"问、解、答"

内容和非广告内容。也就是说,不是所有的链接页面都是广告,但如果要判断链接页面哪些是广告,哪些是非广告就需要对链接页面的全部内容进行审核。

根据《暂行办法》第 3 条的规定:"互联网广告是指通过网站、网页、互联网应用程序等互联网媒介,以文字、音频、视频或者其他形式,直接或者间接地推销商品或者服务的商业广告。"

对于付费搜索广告来说,广告内容仅应包括其抓取的包含关键字的标题、商标、图案以及描述,行业内称"广告创意",而并不包括点击标题链接后跳转的落地页面,业内称"物料指向页面"。

对于展示类广告来说,广告内容仅应包括在媒体上展示的包含文字、音频、视频在内的广告素材,业内称"广告物料",而不包含第一次跳转乃至第二次继续跳转后的落地页面,因为物料指向页面通常是广告主官网或者二级域名、网页等,系属广告主的网站,并不等同于广告发布者发布的广告。

广告主委托广告发布者进行推广的目的是通过广告物料的展现,吸引用户访问其自己的网站、APP 等经营媒介。任何网站、APP 都有可能给自己做广告,但是并不能因此说广告主自己的网页就成了广告发布者发布的广告,不然互联网上任何广告主的网站、网页以及 APP 便都成了广告内容,这将导致广告这一特殊的信息无法与其他一般信息进行区分。[1]

因此,对于一线广告审核人员来说,如果要求平台对链接页面中的广告进行审核,其实就等同于对全部信息进行审核,而判断链接页面的内容是广告信息还是非广告信息既是实操难点也是需要投入大量人力的环节。这种监管思路的安排在无形中会给平台增加无法估量的人力成本。

---

[1] 刘双舟、杨乐:《互联网广告法律问题研究》,中国政法大学出版社 2018 年版,第 101 页。

(二) 链接页面所涉法律主体的责任义务

如下图所示，互联网广告链接页面涉及广告主、广告经营者、广告发布者、信息服务提供者、媒介方平台几类主体。究竟谁应当对多次跳转后的链接页面承担法律责任呢？

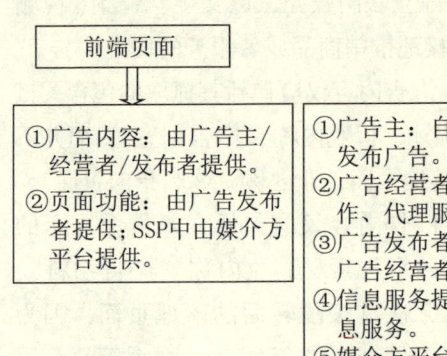

```
         前端页面                           链接页面
            ↓                                 ↓
┌─────────────────────┐    ┌──────────────────────────────────┐
│①广告内容：由广告主/  │    │①广告主：自行或者委托他人设计、制作、│
│ 经营者/发布者提供。  │    │ 发布广告。                        │
│②页面功能：由广告发布 │    │②广告经营者：接受委托提供广告设计、制│
│ 者提供；SSP中由媒介方│    │ 作、代理服务。                    │
│ 平台提供。           │    │③广告发布者：为广告主或者广告主委托的│
│                      │    │ 广告经营者发布广告。              │
│                      │    │④信息服务提供者：仅为互联网广告提供信│
│                      │    │ 息服务。                          │
│                      │    │⑤媒介方平台：整合媒介方资源，为媒介所│
│                      │    │ 有者或者管理者提供程序化得广告分配和│
│                      │    │ 筛选。                            │
└─────────────────────┘    └──────────────────────────────────┘
```

1. 广告主是链接页面的第一责任人

根据《广告法》的规定，广告主自行或者委托他人设计、制作、发布广告，广告主对广告内容的真实性负责。链接页面的内容不论是广告主自己的落地页面还是广告经营者、广告发布者受广告主的委托代为发布，广告主都是无法推脱的委托人，也就是说，广告主才是链接页面的第一责任人。

2. 广告发布者/经营者应当依法承担查验核对义务

广告经营者、广告发布者对广告内容依法负有查验、核对义务，但责任边界也是业内一直以来的困惑。在新广告法和广告规章中已有明确回应。原《广告法》第 27 条规定："广告经营者、广告发布者依据法律、行政法规查验有关证明文件，核实广告内容。对内容不实或者证明文件不全的广告，广告经营者不得提供设计、制作、代理服务,广告发布者不得发布。"而条文中的"核实""内容不实"在新广告法中改为了"核对"和"内容不符"。一字之差,相差万里。"核实"内容是否属实为实质审查,而"核对"内容是否相符个人理解为较之内容是否属实,给人一种欲减轻实质审核责任但仍需尽到审慎的审查义务的立法意图。[1]

《暂行办法》同样沿袭了上述立法思路。其第 12 条第 2 款规定:"互联网广告发布者,广告经营者应当查验有关证明文件,核对广告内容。"

因此,广告发布者、广告经营者对广告只负有"查验""核对"的义务。如果超出《广告法》及《暂行办法》的规定要求广告发布者、广告经营者"审查""审核""查实""查证"链接页面与前端页面广告相关内容都会超出"查验""核对"的范围,与上位法的规定不符,此处需要给予特殊的关注。

3. 互联网信息服务提供者只承担事后断链义务

根据《暂行办法》的规定,未参与互联网广告经营活动,仅为互联网广告提供信息服务的互联网信息服务提供者,对其明知或者应知利用其信息服务发布违法广告的,应当予以制止。也就是说,互联网信息服务提供者只承担对违法违规链接广告页面的断开链接义务,而无事先查验核对的义务,更不涉及事先审查的问题。

4. 程序化购买广告媒介方平台承担事后断链义务

根据《暂行办法》的规定,媒介方平台是指整合媒介方资源,为媒介所有者或者管理者提供程序化的广告分配和筛选的媒介服务平台。在互联网广告程序化购买广告(广告联盟)模

---

[1] 刘双舟、杨乐:《互联网广告法律问题研究》,中国政法大学出版社 2018 年版,第 101 页。

式中，广告需求方平台、广告信息交换平台、媒介方平台三者确实参与了广告活动[1]（参见下图），也具有利益分配关系，但因机器自动化主导下的流程中没有时间和机会发生广告内容的审查行为，媒介方平台、广告信息交换平台以及媒介方平台成员只能对其明知或者应知的违法广告采取删除、屏蔽、断开链接等技术措施和管理措施。

《暂行办法》明确了广告需求方平台是广告发布者、广告经营者。对于广告信息交换平台、媒介方平台主体，在第 15 条和第 26 条第 2 款给出了义务责任而未给出他们的身份（如下图所示），媒介方平台无法对广告内容进行事先的干预，责任参照互联网技术服务提供者，同样不涉及事先审查，只是在明知、应知情况下采取措施。

```
┌─────────────┐  推送广告  ┌─────────────┐  请求数据  ┌─────────────┐
│  广告需求方  │ ────────→ │     RTB     │ ←──────── │  媒介方平台  │
│   平台DSP   │           │ 广告信息交换平台│           │     SSP     │
│             │  请求数据  │     ADX     │  推送广告  │             │
│  广告经营者/ │ ←──────── │             │ ────────→ │  媒介服务平台 │
│  广告发布者  │           │  数据处理平台 │           │             │
└─────────────┘           └─────────────┘           └─────────────┘
```

三、答：广告"二跳"责任承担的解决方案路在何方？

在目前阶段，广告"二跳"问题，于监管、于平台都是棘手的难题，相比于盲目地"一刀切"，以平台实际控制能力为标准，"分域名+分场景"分配广告发布者的责任或许是科学立法的可行路径——广告发布者对自有域名和非自有域名有能力控制的链接页面进行查验、核对（参见下图）。

---

[1] 水志东：《互联网广告法律事务》，法律出版社 2017 年版，第 71 页。

互联网广告二跳法律责任的"问、解、答"

可行路径：以平台实际控制能力为标准，分域名+分场景广告发布者的责任

前端页面 ⇒ 链接页面

域名维度分类，按照建站主题划分为：

①广告主自有域名：建站工具由广告主自主设置，域名和页面内容由广告主控制。广告发布者仅对前端页面有控制力，对链接页面没有控制能力。

②第三方域名：域名由提供建站技术服务的第三方公司控制。根据场景链接页面可分为：

a）电商平台页面：链接页面内容由广告主控制、电商平台有能力控制、广告发布者无法控制

b）APP详情页面：在应用商店内，App详情页面内容由广告主控制，应用商店厂商有能力控制，广告发布者无法控制。

c）H5页面：链接页面内容由广告主控制，建站技术服务提供商由能力控制

链接页面从域名建站主体维度，可以被分为两种情形：广告主自有域名和第三方域名。

（一）自有域名

在广告主自有域名情形下，建站工具由广告主自主设置，域名由广告主控制。常见的广告主官网页面，页面内容由广告主控制。例如，点击百度应用程序中的信息流广告进入古驰官方网站[1]（参见下图）：

---

[1] https://m.baidu.com/?from=844b&vit=fps#，2019年4月11日访问。

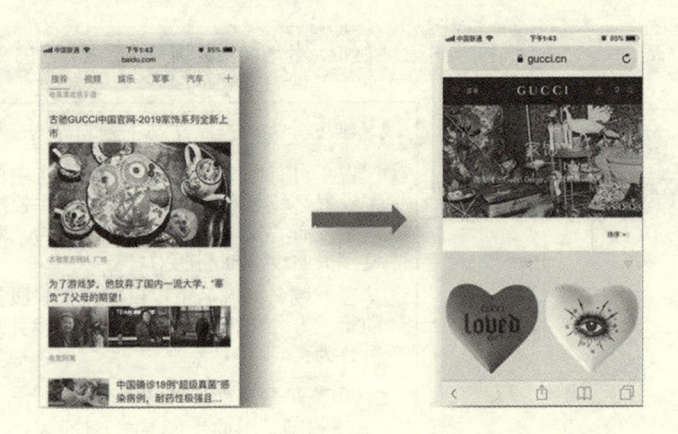

此时，链接页面所涉服务器在广告主侧，广告发布者没有能力控制链接页面，广告发布者在技术上无法事先查验、核对链接页面与前端页面广告相关联的内容。

因此，在此种场景下，广告发布者仅对前端页面有控制力，对链接页面没有控制能力。互联网广告发布者仅在明知、应知广告主所发布的广告链接页面内容存在违法违规时，承担断开链接的责任义务。

(二) 第三方域名

在此情形下，建站技术服务提供商是第三方，广告主使用第三方域名，域名由提供建站技术服务的第三方公司控制。根据具体场景的不同，此时的链接页面又可被分为以下三种情况：

1. 链接页面是电商平台页面

此时，链接页面内容由广告主控制、电商平台有能力控制、广告发布者无法控制。例如，点击优酷中天猫广告[1]（参见下图），链接页面进入到天猫平台的商户页面，优酷只对前端广告内容有控制力，而天猫平台和广告商户对页面广告内容具有实

---

[1] https://www.youku.com，2019年4月11日访问。

际控制的能力，对于前端广告发布者优酷而言，其无法进入淘宝的平台对其商户页面的内容进行监测和管控。

2. 链接页面是应用程序详情页面

在应用商店内，APP 详情页面内容由广告主控制，应用商店厂商有能力控制，广告发布者无法控制。例如，点击今日头条广告进入小米贷款 APP 在苹果应用商店的下载详情页面[1]（参见下图），能对链接页面进行实际控制的是小米贷款软件所有人和苹果应用商店。但在一般情况下，苹果应用商店只是有控制的能力，其并不会对小米贷款的下载详情页进行干预，今日头条此时作为前端广告发布者更没有能力审查、核对链接页面中与前端页面相关联的广告内容。

---

[1] https://www.toutiao.com，2019 年 4 月 12 日访问。

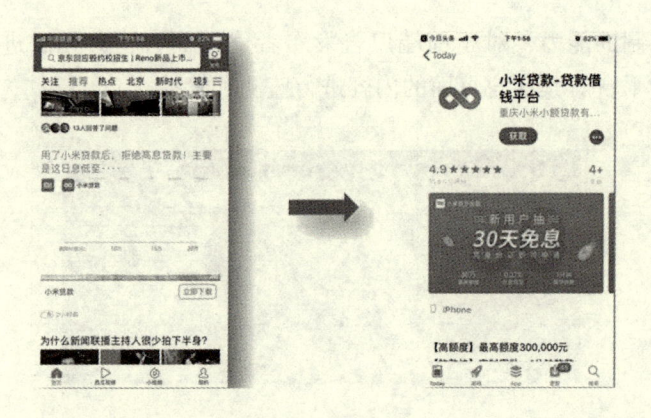

3. 链接页面为 H5 网页

此时，链接页面内容由广告主控制，建站技术服务提供商有能力控制，广告发布者无法控制。例如，点击头条广告[1]进入苹果客户维修服务页面[2]（参见下图）。此时只有广告主和第三方建站服务提供商对链接页面广告内容具有实际控制的能力，对于前端广告发布者头条而言，无法对广告主第三方建站链接页面的内容进行监测和管控。

---

[1] https://www.toutiao.com，2019 年 4 月 12 日访问。

[2] https://www.chengzijianzhan.com/tetris/page/1629876604852235，2019 年 4 月 12 日访问。

综上，以实际控制能力为标准，要求广告发布者对自有域名和非自有域名有能力控制的链接页面依法进行查验、核对是可以探究的互联网广告"二跳"问题解决路径。

四、结语

我们积极地期待在互联网平台广告"链接页面"法律责任承担问题上，监管侧能够客观、审慎地理解互联网多次跳转的本质属性，考虑现有技术的可实现性以及行业商业秩序的稳定性，全面考量链接页面不同域名下场景的复杂性，将互联网广告中各方主体责任划定在科学、合理的边界之中，用"包容、审慎"的心态，对互联网广告进行精细化的科学管理。[1]

---

[1] 特别感谢田小军、曹建峰、王喆、杨栋、刘玥、龚涛、马彪在本文撰写过程中提供的专业支持与帮助。

论比较广告的法律规制

王喆

【摘要】 由于目前《广告法》及相关法律法规缺乏对比较广告的概念、认定、豁免原则等内容的统一规范,对于何种比较行为属于商业性的比较广告、哪些比较广告属于合法行为等,各界未形成一致意见,导致在司法和执法环节存在较多相互冲突的裁判。分析相关问题,需要回归到比较广告立法保护消费者利益、维护广告市场竞争秩序的原旨,又要分析比较广告在行业实践中的具体表现,同时,应充分认识到比较广告的正向价值,优化相关立法,以提升法律的可操作性及预见性。

关键词:比较广告;不正当竞争;虚假宣传

通过将商品或服务(以下可统称"商品")的质量、效用、品味、消费数据、所获荣誉等信息与他人商品进行对比、比较,彰显自身商品的独特竞争优势,是经营者在商业宣传、发布商业广告时较为常见的形式和手段。通过比较,可以更容易地让消费者对自身商品形成客观的理解,对其优势、长处产生更加直观的认识,进而影响消费者决策。但是在市场竞争中,滥用比较广告行为的贻害较大、侵犯了双重法益——不仅会对消费者构成误导、侵犯消费者的权益,亦会对被比较者的企业商誉、品牌形象构成不正当竞争,扰乱公平竞争的市场秩序。也正因如此,比较广告在认定和违法性分析上涉及《广告法》

《反不正当竞争法》规制的有效协调问题,存在较多困境。同时,比较广告与虚假宣传、《广告法》第 9 条第 3 款禁止的最高级表述等规定存在竞合的问题,在认定比较广告是否违法时亦应考虑法条适用问题。

目前,在比较广告构成的认定等问题上,司法、行政执法环节仍存在较大争议,甚至出现了相互矛盾的司法、执法案例:在"国美电器、张某与北京市工商局行政诉讼案"中,北京市第一中级人民法院认为海尔冰箱在宣传中的比较行为"并未指向其他特定生产经营者的商品或服务",不违反广告法[1]。但在笔者收集的较多的行政执法案件中,法院大多将此类"未指向其他特定经营者"的比较广告,视为违法并进行行政处罚[2]。比较广告的界定边界、构成要件等问题需要进一步研究,比较广告是否必然违法、何种比较行为应属于合法的广告宣传、市场竞争,仍需要深入辨析。

一、比较广告的概念

对于比较广告的概念,美国联邦贸易委员会(FTC)发布的《关于比较广告的政策声明》定义为:"对替代性品牌的可客观度量的特性或价格进行比较,并能够通过名称、描述或其他识别性信息指明替代品牌的广告。"[3]欧盟《关于误导性广告和比较广告指令》第 2 条定义为:"任何明示或暗示的,可识别

---

[1] 国美电器北京公主坟商场、张某与北京市工商行政管理局、北京市工商行政管理局海淀分局行政诉讼案,[2017]京 01 行终 654 号。

[2] 例如"上海俊起服饰有限公司产品销售页面广告违法案",闵市监案处字[2017]第 1202017711427 号。

[3] "Federal Trade Commission: Statement of Policy Regarding Comparative Advertising", https://www.ftc.gov/public-statements/1979/08/statement-policy-regarding-comparative-advertising, 2018-5-25。

出竞争者的身份或者竞争者提供的商品或服务的广告。"[1]相比而言,欧洲比较广告的外延更加广泛,其对比较内容的界定不像美国一样只限于"商品的客观可度量特性或价格"。我国相关法律法规并未对比较广告进行明确定义,相关规制散见于《反不正当竞争法》《广告法》《商标法》等法律以及1994年《国家工商行政管理局广告审查标准》(简称《广告审查标准》)等行政法规中:在《反不正当竞争法》中体现为对商业诋毁[2]、虚假宣传[3]两种不正当竞争行为的规制;在《广告法》中体现为禁止最高级用语[4]、强调引证内容真实性[5]以及禁止商业诋毁[6]、禁止虚假宣传四类规范;在《广告审查标准》中体现为第四章提出的具体要求[7],包括公平正当原则、禁止直

---

[1] DIRECTIVE 2006/114/EC OF THE EUROPEAN PARLIAMENT AND OF THE COUNCIL of 12 December 2006, concerning misleading and comparative advertising, https://eur-lex.europa.eu/legal-content/EN/TXT/? uri=celex%3A32006L0114,2018-5-25.

[2] 2018年《反不正当竞争法》第11条:经营者不得编造、传播虚假信息或者误导性信息,损害竞争对手的商业信誉、商品声誉。

[3] 1993年《反不正当竞争法》第9条:经营者不得利用广告或者其他方法,对商品的质量、制作成分、性能、用途、生产者、有效期限、产地等作引人误解的虚假宣传。2018年《反不正当竞争法》第8条删除了广告这一特定的宣传方式,修订为:经营者不得对其商品的性能、功能、质量、销售状况、用户评价、曾获荣誉等作虚假或者引人误解的商业宣传,欺骗、误导消费者。

[4] 《广告法》第9条:广告不得有下列情形:……(三)使用"国家级""最高级""最佳"等用语。

[5] 《广告法》第11条:……广告使用数据、统计资料、调查结果、文摘、引用语等引证内容的,应当真实、准确,并表明出处。引证内容有适用范围和有效期限的,应当明确表示。

[6] 《广告法》第13条:广告不得贬低其他生产经营者的商品或者服务。

[7] 《国家工商行政管理局广告审查标准》,第四章"比较广告"第三十一条 比较广告应符合公平、正当竞争的原则。第三十二条 广告中的比较性内容,不得涉及具体的产品或服务,或采用其它直接的比较方式。对一般性同类产品或服务进行间接比较的广告,必须有科学的依据和证明。第三十三条 比较广告中使用的数

接比较、同类相比需有科学依据、比较内容应具备可比性、比较用语应准确易懂、不得诋毁中伤、不得误导消费者,但亦并未对何为比较广告进行定义。

在现有的研究中,已有不少学者试图探析比较广告最为合适的概念,如"比较广告是以具有替代性的商品或服务为比较对象,以直接或间接的方式、并且具有替代竞争对手或其商品的意图的商业广告"[1],"将广告或推广的商品或服务与其他各方的商品或服务进行比较的任何形式的广告"[2],或是"比较广告是一种在广告文案中提及竞争对手或其商品、服务的广告技巧,以明示、暗示两个或两个以上竞争者之一个或多重特质的相关性或者相异性效果"[3]。相关研究具有一定的借鉴意义,但或是对比较主体的界定过窄,或是对比较形式、比较内容没有充分解读而无法完全回应现有的广告经营、广告竞争行为中出现的司法、执法争议,仍需进一步深入。笔者认为,比较广告是利用商业广告对一个或多个、特定或不特定的商品或服务的基本信息、销售信息、效能信息、荣誉信息及其他信息等进行主观或客观、明示或暗示、直接或间接的参照、对比、权衡、竞争等,从而彰显自身商品或服务的竞争优势,影响消费者评

(接上页)据或调查结果,必须有依据,并应提供国家专门检测机构的证明。第三十四条 比较广告的内容,应当是相同的产品或可类比的产品,比较之处应当具有可比性。第三十五条 比较广告使用的语言、文字的描述,应当准确,并且能使消费者理解。不得以直接或影射方式中伤、诽谤其它产品。第三十六条 比较广告不得以联想方式误导消费者,不得造成不使用该产品将会造成严重损失或不良后果的感觉(安全或劳保用品除外)。

〔1〕 黄武双:"不正当比较广告的法律规制",载《中外法学》2017年第6期。
〔2〕 Comparative Advertising-Using Your Competitors as a Marketing Tool!,http://aana.com.au/comparative-advertising-using-competitors-marketing-tool,2018-5-25.
〔3〕 高雁:"我国比较广告的法律规制现状及思考",载《河北法学》2010年第3期。

价、购买决策的行为。

二、比较广告的认定

由于比较广告在行业实践过程中的表现形态复杂，亦涉及多部法律规定的交叉适用，为了更好地把握对概念的准确理解，应进一步解析比较广告的构成要件，确立比较广告的认定标准。

（一）比较广告的认定不以比较者、被比较者之间是否具备竞争关系为要件

比较广告的主体是发起比较广告的广告主，可称为"比较者"。是否以比较者、被比较者（比较对象）之间具备竞争关系作为认定比较广告的要件，是国内外立法以及不同学者观点的重要差异之一。判断竞争关系的关键因素是二者提供的商品或服务之间在一定程度上具有替代性，美国联邦贸易委员会（FTC）认为比较广告的对象是"替代性品牌"，欧盟强调比较对象应当是"竞争者或者竞争者的商品或服务"，国内部分学者亦持相同意见。

但在实践中，比较广告的情形不止于此。例如，"玩游戏不如看直播""买×××视频会员度过暑假的性价比高于买×××冰淇淋"，在此类广告中，游戏服务提供者与直播服务提供者、视频网站和冰淇淋生产者之间并不具备竞争关系，游戏与直播、视频会员服务和冷饮之间亦不存在替代关系、不属于同类相关产品市场（二者或仅存在互联网用户时间上的竞争，或是毫无任何竞争关系、仅在用户使用效果上有一定相似），但仍通过比较巩固了自身商品的竞争实力、削弱了被比较者的竞争力量，影响了消费者商业决策，应属于比较广告。因此，对于比较广告的认定，不应以比较者、被比较者是否具备竞争关系为要件。

(二) 比较广告的认定不以比较行为是否有指向性、针对性为要件

通观欧盟和美国对比较广告的定义，均将比较对象的可识别性（即使没有明确指明比较对象的品牌，但暗示是某一品牌的，仍属于具备可识别性）作为比较广告的构成要件。欧盟法院认为，只要具备能够识别出具体的企业或其产品的可能性，在广告中提及一类产品也可以被认为是比较性广告，可识别多个竞争者的事实并不妨碍广告的"比较"性[1]。有学者支持此观点，如"比较广告的比较对象可以是单个或多个，只要比较对象具体特定即可构成比较广告"。[2]但也存在反对的声音，例如，"比较对象不一定是特定的竞争对手，也可能是与该领域所有的竞争对手进行比较，包括以最优、最高级用语来形容产品的广告"。[3]笔者支持后者的观点。

事实上，概括性地与市面上其他商品进行比较的广告，仍然符合比较广告的认定条件，比较广告"比较"的特性并不会因为比较对象具有广泛性而发生变化。在实践中，如果广告中的比较行为无法指向单一对象、不具备针对性，亦存在构成比较广告的情形。例如，以 A 微波炉的广告为例可能存在以下几种情况：①A 比 B 品牌更省电；②A 比其他微波炉都要省电；③A 比微波炉行业标准规定的耗电标准（如有）更加省电；④A 是最省电的微波炉。在情形②③④中，比较对象均不具备可识别性，A 的广告不存在指向性和针对性，其相关表述虽未对某

---

[1] JUDGMENT OF 19.4.2007—CASE C-381/05, DeLandtsheer Emmanuel SA v Comité Interprofessionnel du Vin de Champagne, Veuve Clicquot Ponsardin SA.

[2] 杨祝顺："欧美比较广告的商标法规制及其启示"，载《知识产权》2016年第10期。

[3] 牛文怡："比较广告法律规制的多维探讨"，载《当代法学》2002年第8期。

一具体对象构成影响,但却对千千万万的其他品牌均造成了侵害,对竞争秩序的危害甚至比情形①更为严重。同时,从《广告审查标准》第32条"对一般性同类产品或服务进行间接比较的广告,必须有科学的依据和证明"的表述来看,也认同与一般性同类商品(非特定对象)进行比较的广告属于比较广告的观点。

(三)比较内容应做宽泛理解

对于广告或商业宣传行为中涉及的商品信息散见于《广告法》第28条,《反不正当竞争法》第8条、第11条等法律法规中。总结来看,主要包括四类信息:①基本信息,如生产者、产地、成分、质量、用途等;②销售信息,如价格、规格等;③效能信息,如功能、性能等;④荣誉信息,如销售情况、用户评价、所获奖项或市场荣誉等。如上述分析,由于比较广告应包含非指向性、非针对性的比较,比较内容的外延研究应对上述四类信息进行宽泛解释——其他信息可能包括销售理念、消费理念(如购买某商品类比购买奢侈品的消费观念)、非商品直接功能的使用后果(如使用某商品类比食美食、玩游戏中所感受到的愉悦感、充实感、享受感等)等。

(四)比较广告的认定以实施比较行为为要件

欧盟认为,只要提到他人的商品就构成比较广告,但部分广告的"提到行为"并没有对被比较者商品的好坏优劣进行比较,仅借此客观表明自身商品的适用场景(如××牙膏仅可于电动牙刷使用)、位置(如××医院毗邻××汽车4S店)抑或是品牌合作关系(如××理财产品是××银行官方合作伙伴)等,此类广告并未实施参照、对比、权衡、竞争等比较行为,没有与他人相比较的意图、没有达到与他人进行比较的效果,显然不能被认定为比较广告。欧洲法院亦存在类似判决:在东芝与德国一配件生产商的纠纷中,东芝和法国政府均承认提及对应的东芝复印机型号以解释被告产品的用途不构成比较广告。[1]

(五) 比较行为包括主观或客观、明示或暗示、直接或间接等类型

比较行为包括多种类型,如不具备证明条件地主观认为自身商品优于其他商品,亦包括客观比较商品之间的商品信息;既包括明示说明优劣的行为,亦包括暗示竞争优势的行为;既包括直接对比商品信息的行为,亦包括笼统地说明自身是行业第一的间接比较行为。

(六) 比较广告以获取交易机会为目的,比较后果侵犯多重法益

比较广告中,比较者往往扬长避短地通过比较行为突出刻画自身商品在相关商品信息上的特点、长处以提升竞争优势,利用比较行为与生俱来的矛盾冲突性吸引消费者的眼球,从而影响消费者评价和购买决策,比较广告的目的在于获取交易机会。随之而来的是被比较者竞争优势的削减,改变市场整体竞争格局。

正是基于此,违法的比较广告的危害是侵犯多重法益:比较内容、比较行为违法不仅会侵犯消费者的知情权等权益,同时亦会构成不正当竞争,影响公平竞争的市场秩序。

(七) 比较广告载体是商业广告

比较广告的本质在于获取商业利益,因此,其载体应限定为商业广告,即公益广告、政府信息,不构成广告的商业性宣传中的比较行为不应适用比较广告的规制。

---

[1] Case C-112/99. Toshiba Europe GmbH v Katun Germany GmbH.

三、比较广告的类型化研究

在比较广告的概念和认定研究的基础上,比较广告的分类已较为清晰:如从竞争关系角度讲,分为具有竞争关系的和不具有竞争关系的比较广告;从比较对象可识别性角度,分为比较对象特定和比较对象不特定的比较广告;从比较方式角度,分为直接比较或间接比较、明示比较或暗示比较等比较广告;从比较内容角度,针对不同商品信息存在不同内容的比较广告等。但上述不同类型的比较广告在进行违法性研究时特殊性较少,因此不做过多展开,下文将从其他几个维度进行分析,以为具体比较广告行为是否违法的研究做铺垫。

(一)从比较表现形式角度,分为商品间比较、商品类目间比较、最高级类用语

商品间比较的表现形式最为常见,即 A 商品比 B 商品在某领域更好。如朗阁新思维教育公司宣传新东方在线和沪江都是"声音和 PPT 整合公司",只有自己经营的朗阁在线才能为用户节省时间。[1]

商品类目间比较广告并不直接表示自身商品优于他人,而是强调其商品所属类目优于其他类目,从而产生贬低替代品类目、抬高自身商品的比较效果。如农夫山泉广告宣称天然水比纯净水好、攸灏商贸公司宣传澳洲天然袋鼠精比中成药和伟哥效果好[2]等。

最高级用语广告表面上虽然不含比较内容,但暗含的意思

---

[1] "上海朗阁新思维教育发展有限公司违反《中华人民共和国广告法》案",黄市监案处字 [2017] 第 010201710132 号。

[2] "上海跨境通国际贸易有限公司未制止违法广告案"浦市监案处字 [2017] 第 150201714333 号。

是自身商品比其他所有商品更优,如使用"最高级""最佳""极品""顶级""第一品牌""行业领先"[1]等表述的比较广告。

(二) 在比较内容角度,分为比较商品信息、比较其他信息

如上述分析,商品信息主要包括基本信息、销售信息、效能信息、荣誉信息等,针对商品信息的比较广告更容易展现自身商品实力、让消费者更深入地理解商品优势,但还有一些广告通过明示或者暗示比较销售理念、消费理念、非商品直接功能的使用后果等其他信息,达到了良好的比较效果。例如,在百事可乐的一则广告中,一个小男孩踩着可口可乐易拉罐在自动贩售机购买百事可乐,隐含的寓意是可口可乐只有给百事可乐垫脚的份;又如,在2013年三星的一则广告中,"更酷"的年轻人使用了新的Galaxy S4,而"守旧"的父母们使用iPhone,隐含的寓意是苹果为过时的品牌或老年人才用的品牌。[2]

(三) 在比较内容的真实性层面,分为真实的比较广告、真实但引人误解的比较广告、虚假的比较广告

真实的比较广告是在具备客观、合法、真实的证明材料基础上,与他人商品信息、其他信息进行比较的方式。如2009年美国移动通信服务商Verizon发布了针对竞争对手AT&T的比较广告,利用地图的形式展现了前者的3G网络覆盖范围为后者的5倍,AT&T虽然因此起诉了Verizon,但间接承认了这一事实。不久后,AT&T发起广告反击,使用真实数据,用比较两张图片的下载速度的方式攻击Verizon的CDMA 2000网络理论速度低于AT&T的WCDMA网络,并在另一则广告中攻击Verizon的

---

〔1〕 严格来讲,"行业领先"并不是最高级的表述,但本质仍属于暗示自身商品比其他所有商品更优的行为,因此本文将其纳入"最高级类"用语。

〔2〕 "三星新广告:嘲笑老年人才用iphone",载http://tech.ifeng.com/it/detail_2012_09/27/17937668_0.shtml, 2018年8月5日访问。

3G 网络制式无法同时进行通话和网络浏览的致命缺陷。[1]

真实但引人误解[2]的比较广告主要存在三种情况：第一种情况是片面地选择对自己有利的因素进行比价。如中进汽贸将其销售的三菱"帕杰罗"车型与丰田"普拉多"车型以参数对比表的形式进行对比，虽然并未失实，但却以竞争对手老车型的参数对比自身新车型的参数，取得了对"帕杰罗"有利的比较结果。[3]第二种情况是陈述虽然没有失实但模糊不清，易使消费者产生误解，如江苏车置宝信息科技股份有限公司在其拍卖网站中标注"比本地市场多卖20%"，但其实"比本地市场"是指自有平台内部中标商户地区出价的比较，并非与相同地理区域内其他商户和平台的比较，"多卖20%"是平台内中标价的平均值，并非每笔中标价均能多卖20%。[4]第三种情况是强调本不应存在的竞争优势，这种广告常见于食品行业，如在婴幼儿配方乳产品、巴氏杀菌乳广告中，宣传"不添加香精香料""不含防腐剂"等字样，而实际上，根据《食品安全国家标准食品添加剂使用标准》（GB2760—2014）的规定，巴氏杀菌乳、灭菌乳和凡使用范围涵盖0个月至6个月婴幼儿配方食品本就不得添加任何食品用香料和防腐剂，宣传这些产品"不添加""不含有"，实际上是利用并强化了消费者对香精香料、防腐剂的反感心理，影射了同类产品"添加"或"含有"，取得了本不应

---

〔1〕"如何用'比较广告'杀死对手?"，载 http://www.geekpark.net/news/156172，2018 年 8 月 1 日访问。

〔2〕 本文所指的引人误解的广告宣传，以"对消费者购买行为有实质影响"为构成要件，下同。

〔3〕"中进汽贸上海进口汽车贸易有限公司嘉定分公司发布违法广告案"嘉市监察处字〔2017〕第 140201621930 号。

〔4〕关于江苏车置宝信息科技股份有限公司的行政处罚公告（雨市监管案〔2017〕00079 号）。

该拥有的竞争优势。正如范志红教授所述：食品企业宣称产品不含防腐剂，可以让消费者以为自己的产品安全性比其他产品"过硬"，借此打压对手，是一种不正当竞争行为。[1]

虚假的比较广告比较的是内容没有依据的广告，表现形式包括：引证虚构没有依据的事实、没有比较却造成比较的假象等。如必图必科技宣传自己销售的"联想 newifi mini"路由器的生产规模、工艺、WiFi 技术标准、速率、天线等各项技术数据都优于"其他热销品牌路由器"。但在后续调查中，必图必科技承认关于其他品牌的相关内容都是胡编乱造的。[2]又如上海贾正贸易有限公司未与其他普通佳积布作测试比较，也未经行业协会统计，却主观臆造了"国内首款采用莱卡布料制作的 3D 儿童眼罩，细滑度至少提高 30%"等虚假的广告内容。[3]

四、比较广告的法律规制研究

如上述讨论，比较广告的概念较为广泛、在实践中的具体类型非常多样，相关的法律规制不可一概而论，应当根据具体的比较广告行为对消费者权益保护、竞争秩序保护的影响等因素，综合厘清合法的比较广告和非法比较广告的界限，以实现对比较广告的合理规制。

（一）比较广告的正向价值研究

美国联邦贸易委员会（FTC）鼓励在广告中提及或引用竞争对手，但应当信息明确，必要时作出披露以避免误导消费者，

---

[1] 王永杰："'不含防腐剂'误导百姓"，载http://www.people.com.cn/GB/paper3024/14707/1305071.html，2018年6月1日访问。

[2] 必图必科技（上海）有限公司发布最高级用语案 青市监案处字［2015］第290201510269号。

[3] 上海贾正贸易有限公司网络虚假宣传案 金市监案处字［2018］第280201711665号。

广播公司和任何自律实体都不得限制真实的比较广告。相比之下，欧盟对于比较广告的态度略为保守，在《欧盟误导和比较广告指令》制定之前，主要的欧盟国家原则上均禁止比较广告，认为比较广告会混淆或淡化他人商标、违反善良风俗、损害竞争对手的利益。《欧盟误导和比较广告指令》澄清了比较广告有助于客观地证明各种可比产品的优点、刺激商品和服务供应商之间的竞争、有利于消费者的福利等优点，并通过一定的限制条款缓解了以上忧虑，使得欧盟各国逐渐转变了对比较广告的规制思路，并在一系列案例中确认了对限制条款的解释应当有利于比较广告的原则。[1]从我国的法律和司法实践来看，情况并非如此。《广告法》《反不正当竞争法》和其他相关法规似乎回避了对比较广告的界定，并没有直接的条款完整规制比较广告行为，仅通过商业诋毁、虚假宣传、禁止性规定等条文对部分违法的比较广告行为进行了规制。概念、类型的界定缺失导致各界对于何为比较广告没有统一认识，不同立法甚至同一法律中适用法律存在冲突，法律的可预见性受到限制；违法认定不够明确导致司法和执法的可操作性不够，裁判冲突的情况时有发生；[2]豁免原则的缺位导致对于正向的、合理的市场竞争行为保护不足，影响广告行业的健康有序发展、公平竞争的市场秩序建立。究其根本，目前各界对于比较广告的正向价值的

---

〔1〕 Toshiba Europe, paragraph37, Pippig Augenoptik, paragraph 42 and Lidl Belgium, paragraph 22.

〔2〕 如：关于苏州清雅照明科技有限公司的行政处罚公告，太市监案［2017］00175号；"上海俊起服饰有限公司产品销售页面广告违法案"，闵市监案处字［2017］第120201711427号；关于苏州翼飞婚庆用品有限公司的行政处罚公告，吴市监案［2017］00174号；"山东有来头生物科技有限公司违法广告案"，济天市监广处字［2016］第011号等。上述案件并未区分真实比较或虚假比较、并未区分比较是否具有可识别性等，不仅各地行政处罚之间存在一定程度的冲突，亦与部分法院判决存在矛盾。

认识仍存在一定不足。

比较广告是消费者获取商品信息的重要来源，通过直观的优劣比较提高消费者获取信息的效率、降低消费者的搜索成本、提高市场透明度，消费者可更便捷地作出合理的购买决策。同时，比较广告也可变相地促进产品改进和创新、活跃市场竞争，与《广告法》《反不正当竞争法》保障消费者权益、促进竞争的立法宗旨是契合的。诚然，比较广告势必会给被比较者造成一定的竞争实力减损、影响市场竞争格局等问题，但此类问题可通过制定更细化的规制条款进行纠错。忽视比较广告在广告宣传手段中具有的独特作用和特性，反而会对广告秩序、市场竞争造成不良影响。在立法、司法、执法过程中，应明确坚持比较广告并不必然违法。

（二）具体比较广告的违法认定

1. 虚假、真实但引人误解的比较广告应认定违法

根据《广告法》第3条的规定，广告应当真实、合法。真实性是广告合法判断的第一要素。比较内容虚假不仅构成了比较者商品信息的不真实宣传，亦导致消费者对被比较者商品产生错误理解，与《广告法》立法宗旨相违背，应以本身违法的原则进行规制。

根据《最高人民法院关于审理不正当竞争民事案件应用法律若干问题的解释》第8条[1]的规定以及上文的分析，真实但

---

[1]《最高人民法院关于审理不正当竞争民事案件应用法律若干问题的解释》第8条："经营者具有下列行为之一，足以造成相关公众误解的，可以认定为反不正当竞争法第九条第一款规定的引人误解的虚假宣传行为：（一）对商品作片面的宣传或者对比的；（二）将科学上未定论的观点、现象等当作定论的事实用于商品宣传的；（三）以歧义性语言或者其他引人误解的方式进行商品宣传的。以明显的夸张方式宣传商品，不足以造成相关公众误解的，不属于引人误解的虚假宣传行为。人民法院应当根据日常生活经验、相关公众一般注意力、发生误解的事实和被宣传对象的实际情况等因素，对引人误解的虚假宣传行为进行认定。"

引人误解的比较广告由于信息传递不充分或故意误导，导致消费者对比较者、被比较者商品产生误解，影响消费者购买决策，对消费者权益造成损失，应属于本身违法的比较广告。

2. 真实的比较广告应原则上合法，但存在例外情况

如前文论述，比较广告存在正向价值、合理性及对市场和消费者的正向价值，真实的比较广告应原则上合法。美国联邦贸易委员会（FTC）在《关于比较广告的政策声明》中指出，对比较广告的评价与对其他广告的评价没有任何差异，最终问题都是广告是否具有虚假或欺骗性的倾向或能力。欧盟《关于误导性广告和比较广告的指令》指出，比较广告原则上是合法的，但应符合一系列条件，[1]即如果比较广告真实、不存在误导或侵犯被比较者相关商标权益等情况，应认定合法。

（1）真实商品信息比较原则上合法。无论是商品间比较、商品类目间比较，或是一对一、一对多的比较，只要相关商品信息的比较存在真实、客观可证真的依据，即应属于合法的比较广告。即使该比较对被比较者存在竞争实力的贬损，但这种后果应该是在保护广告宣传言论自由、保护消费者知情权、充分认可消费者理性判断以及活跃市场竞争的利益权衡下，可以接受和负担的。

从实证角度来看，现有比较广告的乱象也并非集中于上述问题，而更多的是集中于商品信息的比较无法保证真实。比如，嘉邦信息科技公司宣传其某系列墨水在清晰度、色彩对比、耐用度方面优于国内"通用"品牌产品[2]；恒源祥在其产品宣

---

[1] 王晓晔："不得诋毁竞争对手——对比广告中的法律问题"，载《国际贸易》2003年第11期。

[2] 上海嘉邦信息科技有限公司网上发布违法广告案 普市监案处字［2017］第070201710485号。

传页面宣传恒源祥棉质产品优质，其他品牌产品劣质[1]；上海马柯炜尔食品公司宣传自己所销售的"智利进口欧莱薇橄榄油"在"气味""口感""酸度""使用原料""工艺技术""土地环境"等方面的相关数据都优于"普通进口橄榄油""国内分装贴牌橄榄油"[2]。在这些案例中，认定其违法的主要依据在于比较者没有真实、客观的证据证明"优于其他普通品牌"，同时，所谓的"其他普通品牌"的范围限定不明确——相关宣传行为亦导致消费者理解为"比同类所有品牌均优"，因此认定违法。

不过需要注意，考虑到比较排名存在动态性、广告主滥用最高级类表述的乱象丛生等因素，现阶段应加大整治此类问题的力度。新《广告法》第9条第3款明确规定最高级类相关表述本身违法，因此，最高级类的比较广告除例外情况（如自身品牌内比较、最高级类表述用于描述客观参照物而并非用于描述自身商品等）外，现阶段应认定为违法的比较广告。

（2）真实比较其他信息原则上合法。比较销售理念、消费理念、非商品直接功能的使用后果等其他信息的比较广告，只要相关比较内容真实、准确，原则上就应认定为合法的商业广告，如在奔驰、宝马品牌之间的比较广告中，奔驰"感谢宝马100年来的竞争，没有宝马的30年好无聊"，暗指奔驰品牌早于宝马30年建立，引用内容真实，并不违法。[3]但在实践中，此类比较广告可能构成"搭便车"、商业诋毁等其他不正当竞争行

---

[1] 上海俊起服饰有限公司产品销售页面广告违法案 闵市监案处字［2017］第120201711427号。

[2] 上海马柯炜尔食品有限公司网络虚假宣传案 沪工商青案处字［2014］第290201411600号。

[3] "奔驰发祝贺宝马100周年生日海报遭宝马猛烈反击"，载http://www.sohu.com/a/62139878_290112，2018年8月6日访问。

为。如在"路易威登诉鑫贵房地产公司案"[1]中,被告将购买自身房产的"尊贵享受"与路易威登奢侈品进行比较,借而传递自身商品消费理念的行为,被法院认定为"搭便车"行为——需要就具体问题进行竞争法分析。

(3) 真实比较,但存在贬低他人情况的,应认定违法。比较广告与生俱来带有竞争性、对抗性,是比较者、被比较者商品市场竞争力的正面对抗,比较者为了获得更多的交易机会势必仅选择自身商品长处与他人商品短处进行比较,对被比较者而言,其市场势力的减损是不可避免的。被比较者利益的损失,应与比较者竞争自由、竞争促进创新、消费者知情权等多元价值取向进行权衡、综合判断。在承认真实比较原则上合法的前提下,亦应认识到如果过分放任比较行为,可能会对被比较者合法权益造成不合理侵害,甚至影响竞争秩序、有损竞争效率。欧盟《关于误导性广告和比较广告的指令》以及我国《广告法》均充分认识到了这一问题,明确将贬低性比较(即使比较事实真实)认定为违法。

贬低性比较作为比较广告中的一种表达方式,是通过编造、臆造虚假或误导性信息,或滥用真实信息、恶意传播有损他人的信息,通过比较的形式放大消费者对他人不利信息的认识,或对他人进行否定性评价、评论的行为。抛开编造、臆造虚假或误导性信息不谈(此类比较广告根据上文分析应属于本身违法),即使传播真实信息、对他人进行否定性评价,亦应属于法律所禁止的比较广告。

回归商业广告的本质来看,法律允许经营者合法地使用广而告之的方式对其商品进行宣传推广,是鼓励商业言论自由、

---

[1] "路易威登马利蒂公司诉上海鑫贵房地产开发有限公司等不正当竞争纠纷案",[2004]沪二中民五(知)初字第242号。

活跃市场竞争的体现,但是,展示商品优点如果是建立在过分暴露他人缺点的基础上,或是通过主观评价、评论的形式进行,将有违立法"促进广告业的健康发展、维护社会经济秩序"的初衷,且不符合"社会主义精神文明建设"的要求。法律禁止以竞争为目的,通过打击竞争对手获取竞争优势或者破坏他人竞争优势、损害竞争秩序的行为,[1]并且,在广告市场中,任何广告主均无权对他人商品发表评价、评论、看法,因此,贬低性比较广告应当被认定为违法。不过,在实践中,如何把握"贬低"的度考验着比较者以及具体司法、执法人员的智慧。对此,笔者认为:首先,仅可进行比较内容客观情况的呈现,不可主观评论、评价好坏。其次,应禁止对被比较者负面信息的过度渲染,避免比较广告沦为打击竞争对手的工具。例如,抓住被比较者某一商品负面信息而比较性地宣传自己没有相关负面信息的比较行为,应属违法。最后,判断比较广告是否属于贬低性比较广告,应充分考虑比较行为是否对被比较者的商业信誉、商品声誉造成影响,避免扩大解释,反噬市场竞争。

(三)违法比较广告的法律适用问题研究

针对违法比较广告的不同形态,在目前的法律规定中主要基于《广告法》与《反不正当竞争法》进行规制,虽然存在一些竞合的问题,但在现有的司法、执法实践中已可以较为妥善地协调。[2]例如,最高级类的比较广告适用《广告法》第9条,虚假宣传或引人误解类的比较广告适用《广告法》第28条,贬低性比较广告适用《广告法》第13条,非商业广告类的商业宣

---

〔1〕"上海雷欧化妆品公司与张愉不正当竞争案"[2015]苏知民终字第00116号民事判决书。

〔2〕例如《反不正当竞争法》第20条第2款,规定,"经营者违反本法第八条规定,属于发布虚假广告的,依照《中华人民共和国广告法》的规定处罚。"其他条款冲突时,一般依据"特殊法优于普通法"的原则进行协调处理。

传适用《反不正当竞争法》第 8 条、第 11 条。

但是如上文论证，由于没有针对比较广告概念、范围、认定方式、豁免原则、处罚等内容的统一的立法规定，法律的可操作性有限。对于一些广告是否构成比较广告，如何界定是否合法——尤其是一对一比较和一对多比较两种形态，如果比较内容等因素一致，是否均应认定为比较广告、在违法性认定时是否一致——存在较多争议，甚至是相互矛盾的司法、执法案例。法律的可预见性不足给广告企业合规、保护消费者权益、维护良好竞争秩序等均带来了挑战。在此，笔者希望立法机关可在充分考虑比较广告概念、类型、认定、违法性等多重要素的前提下，通过修改法律或司法解释的形式，为进一步规范广告活动、保护消费者的合法权益、促进广告业的健康发展、为维护社会经济秩序提供法律支持。

实务探讨

网络游戏开发的 16 条法律风控建议

谢兰芳　腾讯法务平台部总经理
彭志华　腾讯高级法律顾问
邱少林　腾讯互娱法务总监

作为网络游戏产业链的上游，网络游戏开发商扮演着制作并有机"整合"网络游戏构成元素（包括但不限于游戏玩法、游戏剧情、美术素材以及音乐音效等）以形成可供玩家使用的网络游戏产品的角色。对不同网络游戏构成元素的选择及"整合"在影响网络游戏可玩性的同时，还可能为网络游戏开发商以及下游的网络游戏发行商和运营商带来相应的法律风险。

基于此，本文梳理出了网络游戏开发的 16 条法律风控建议，以便网络游戏开发商了解可能的侵权及合规风险，同时亦帮助其知晓可行的自有知识产权保护路径。

一、从防控侵权风险的维度

防控侵权风险主要指防控网络游戏出现知识产权侵权及不正当竞争风险，以及可能的其他民事侵权风险（如肖像权侵权风险）。

建议 1：避免未经授权将他人受著作权法保护的作品改编成
　　　　网络游戏

"他人受著作权法保护的作品"既包括小说、动漫、游戏、也包括电影、电视剧以及综艺节目等；既包括中国公民创作的作品，也包括依据著作权法规定可获得著作权保护的外国作品，如美国作家乔治·R.R.马丁创作的奇幻文学《冰与火之歌》以及基于其改编创作的电视剧《权力的游戏》。根据他人受著作权法保护的作品改编网络游戏的，应取得相关著作权人的合法授权，否则便存在侵权风险。

在"温瑞安诉手游《大掌门》侵犯作品改编权纠纷案"中[1]，法院认为，温瑞安系"四大名捕"系列小说的作者，其对"无情""铁手""追命""冷血"及"诸葛先生"这五个灵魂人物的独创性表达部分享有著作权。《大掌门》游戏通过游戏界面信息、卡牌人物特征、文字介绍和人物关系表现了温瑞安"四大名捕"系列小说人物"无情""铁手""追命""冷血"及"诸葛先生"的形象，是以卡牌类网络游戏的方式表达了温瑞安小说中的独创性武侠人物，属于对温瑞安作品中独创性人物表达的改编，该行为未经温瑞安许可且用于游戏商业性运营活动，侵害了温瑞安对其作品所享有的改编权。[2]

在"《一站到底》电视节目诉'一站到底'手游著作权侵权案"中，法院认为，原告主张权利的"《一站到底》电视节目样本"属于著作权法规定的"文字作品"，原告对其享有著作权。而"一站到底"游戏APP提供的相关挑战模式下显示的游戏模式、舞台场景设计、基本流程、环节以及"特定音乐的选用"和"掉坑设置"等独特、创新元素均与"《一站到底》电视节目样本"描述的相对应的表达内容基本相同。因此，"一站

---

[1] 参见北京市海淀区人民法院（2015）海民（知）初字第32202号判决书。

[2] 在"《斗破苍穹》诉《斗破乾坤》著作权侵权及不正当竞争纠纷案"（参见广州知识产权法院［2015］粤知法著民终字第30号民事判决书），及"完美世界诉《六大门派》手游侵犯《射雕英雄传》《神雕侠侣》《倚天屠龙记》《笑傲江湖》等四部小说改编权纠纷案"中（参见上海市杨浦区人民法院［2015］杨民三（知）初字第55号民事判决书），法院均做了类似的认定。

到底"手游侵犯了原告对"《一站到底》电视节目样本"文字作品所享有的改编权[1]。

当然,对于已进入公有领域的作品,如中国古典小说(包括《三国演义》)或已过著作权保护期的作品,任何主体均可对其进行改编且无需获得额外的授权。但需注意的是,对于他人基于公有领域作品再创作形成的符合"独创性"要件的新作品,其中的独创性表达部分仍属于"他人受著作权法保护的作品"范畴,未经该他人授权不得使用。

建议2:二次改编需确保上游授权能够覆盖二次改编所需获得的授权

"二次改编"是指基于改编后的作品进行再次改编的行为。如电视剧《权力的游戏》改编成自小说《冰与火之歌》,基于电视剧《权力的游戏》改编成网络游戏即属于二次改编。故针对网络游戏《权力的游戏》,其游戏改编权的被授权人需同时获得小说以及电视剧著作权人的授权,以确保二次改编所需获得的授权完整且无瑕疵[2]。

"《鬼吹灯》著作权许可使用合同纠纷案的判决"显示[3],上海城市动画有限公司(以下简称"城市公司")于2006年自上海玄霆娱乐信息技术有限公司(以下简称"玄霆公司")获得了将小说《鬼吹灯》改编成动漫作品的授权并独立享有改编

---

[1] http://www.zhcourt.gov.cn/courtweb/web/content/254 -? lmdm = 1013, 2018年12月3日访问。

[2] 2017年7月29日,游族网络在上海浦东嘉里中心召开新闻发布会,宣布与华纳兄弟互动娱乐(WBIE)正式达成战略合作协议。在HBO全球授权团队的协助下,双方将联合在中国推出改编自全球知名IP《权力的游戏》的手机游戏。参见 https://www.youzu.com/news/enterprise/5127162.html, 2019年1月3日访问。

[3] 参见上海市第二中级人民法院第[2010]沪二中民五(知)初字第158号民事判决书。

创作的卡通形象、漫画剧本、设定及各类元素的著作权，但城市公司并未获得小说《鬼吹灯》的游戏改编权授权。在城市公司将其获得的授权转让至上海城漫公司后，上海游趣公司与上海城漫公司签署授权合同，约定上海游趣公司向上海城漫公司支付200万元以获得《鬼吹灯》漫画的网络游戏改编权，有权使用漫画中的人物、场景、图像等内容自行开发网络游戏。但该网络游戏尚未开发完成，上海游趣公司即遭玄霆公司等起诉，原因在于上海游趣公司从上海城漫公司仅获得将《鬼吹灯》漫画中的形象（包括人物形象、场景设定等）用于网络游戏开发的权利，不包括《鬼吹灯》原作（文字作品）内容。

为此，上海游趣公司于2010年5月与玄霆公司、上海麦石信息技术有限公司（以下简称"麦石公司"，该公司于2009年自玄霆公司取得了小说《鬼吹灯》的独占网络游戏改编权授权）达成和解，由玄霆公司授权上海游趣公司开发、运营3D MMORPG游戏《鬼吹灯online》，上海游趣公司则需支付玄霆公司授权金人民币200万元，同时支付麦石公司赔偿金人民币250万元。

建议3：避免超出网络游戏改编权的授权范围使用他人作品

通常而言，网络游戏改编权的授权安排需对授权作品（如是系列作品中的某一部、某几部还是全部作品）、授予的权利（如仅限网络游戏改编权）、游戏平台（如端游、手游或主机游戏）、游戏类型（如RPG类或卡牌类）、授权区域（如仅限中国大陆）、授权期限（如仅限特定期间，且授权期限届满后不得继续更新和运营授权开发的网络游戏）、可开发的游戏款数（如仅限一款）、是否可以转授权或分许可等作出较为明确的约定。被授权人仅可在约定的授权范围内开展网络游戏开发、运营及推广活动，超出授权范围则会构成违约和侵权，并需承担相应的违约或侵权责任。

在"南派三叔诉《盗墓笔记》手游侵犯著作权纠纷案"中[1]，南派三叔将把文字作品《盗墓笔记》改编为页游的权利授予上海某公司，上海某公司又将同样范围的权利转授权给北京某公司（即该案被告）。基于此，北京某公司仅获得了将小说改编成页游的授权，但北京某公司超出授权范围，将小说改编成页游的同时亦改编成移动游戏，法院最终认定北京某公司构成著作权侵权。

建议4：确保对网络游戏的核心玩法元素具有合法的使用权

网络游戏的核心玩法元素主要指游戏规则、数值体系、核心系统等。对于特定的网络游戏而言，其核心玩法元素或由网络游戏开发商独创，或来源于已知的通用玩法，抑或借鉴自其他游戏的相关玩法。对于最后一种情形，在判断网络游戏开发商是否具有合法使用权时，需结合个案情况进行具体分析，以避免可能的侵权风险。

目前，司法实践中已有给予核心玩法元素《著作权法》保护或《反不正当竞争法》保护的案例。如我们在《网络游戏的法律保护丨网游风控实务专题（一）》一文中提及的"《太极熊猫》诉《花千骨》著作权侵权纠纷案"，以及"《炉石传说》诉《卧龙传说》不正当竞争纠纷案"。与该两个案件相关的情况见前述文章。

建议5：确保对网络游戏的感官表现元素具有合法的使用权

网络游戏的感官表现元素主要指游戏中可被用户感官系统感知的网络游戏构成元素，如游戏中的角色外形、游戏场景和地图、道具/技能表现、主要界面、音乐音效等，不同类型的网

---

[1] http://cyqfy.chinacourt.org/public/detail.php?id=2622，2019年1月3日访问。

络游戏的感官表现元素可能会有不同。[1]通常，一款网络游戏的感官表现元素可由网络游戏开发商自行创作或委托外包团队创作。无论属于何种情形，网络游戏开发商均应确保其游戏中的任一感官表现元素均不会对第三方享有合法权利或权益的相关元素构成未经授权的使用（如未经授权不得使用他人享有合法权利的字库软件或字体；或在影游联动项目中，未经演员同意不得将其肖像植入游戏作为角色形象或皮肤等）。

在"NBA诉《萌卡篮球》侵害商标权及不正当竞争纠纷案"中[2]，就原告主张保护的NBA集体肖像、NBA球员姓名、绰号、技术特点（包括球员在比赛中的位置、招牌动作，以及在速度、力量、投篮准确率等方面的特点）、教练和管理层姓名，以及NBA球队名称、队标、球员清单（以下合称"NBA识别元素"），法院认为，NBA识别元素是由众多富有特征的个体形象、特征要素和标识共同集合而成的NBA集体形象，原告对NBA识别元素享有商品化权益，因经营NBA集体形象而带来的商业机会和商业价值是受法律保护的民事利益。被告未经许可，在其开发的《萌卡篮球》中大量使用NBA识别元素，使相关公众误以为该游戏与NBA联盟、赛事或权利人存在某种特定关联，最终被法院认定构成不正当竞争。[3]

---

[1] 以MOBA类游戏为例，其感官表现元素主要有地图表现、野怪/大小龙表现、英雄外形/皮肤、英雄技能表现、装备设计、音乐音效、符文外形、商城表现、聊天界面、好友界面、货币设计等。

[2] 参见广东省高级人民法院第［2017］粤民终1395号判决书。

[3] 针对体育类游戏如足球游戏及上述案件中的篮球游戏等，如涉及使用现实中以下主要内容的，应获得相关权利人的授权以避免可能的纠纷：①球员、教练及裁判的姓名、肖像；②联赛或赛事名称和标志。以足球世界杯为例，世界杯标识包括文字标识和图形标识。其文字标识如FIFA、FIFA WORLD CUP均由国际足联在相应类别上申请了注册商标；关于图形标识，其一般兼具有商标权和著作权保护特性，可获得双重保护；③球队（包括国家队）或俱乐部名称和标志（队徽）。

在《网络游戏的法律保护 | 网游风控实务专题（一）》一文中，我们详细阐述了网络游戏相关构成元素可作为相应类别的作品单独获得保护（包括作为可感知的美术作品、文字作品、音乐作品[1]、类电影作品等），或通过反不正当竞争法对特定构成元素进行保护（如将游戏人物名称作为知名服务的特有名称，或将游戏界面作为知名服务的特有装潢），网络游戏开发商可对其开发的网络游戏进行元素拆分，以明确其网络游戏中的相关感官表现元素可获得何种保护，从而进一步确定其对该等元素是否享有合法的使用权（包括是否需要就特定元素的使用自第三方获得相应的授权）。

建议6：避免未经授权使用第三方的游戏引擎

游戏引擎在整个网络游戏中扮演着"发动机"的角色，是用于控制所有游戏功能的主程序。[2]目前，比较知名的游戏引擎包括Unity3D引擎、Cry Engine引擎、EPIC公司的Unreal引擎等。网络游戏开发商可使用自行开发的游戏引擎进行网络游戏开发，但若其拟使用他人开发的游戏引擎，应事先与该游戏引擎的开发方签署许可协议，以获得使用许可。

建议7：谨慎使用新员工提供的属于其前雇主的游戏源代码

人员流动往往会带来"劳动成果"的转移，对于游戏源代码亦是如此。若网络游戏开发商在游戏开发过程中使用新员工

---

[1] 网络游戏中需使用他人音乐的，应与相关权利人签署授权合同，获得该音乐涉及的所有相关权利人的授权，以确保授权链条的完整性。至于需取得哪些权利人授权，需根据音乐在网络游戏中的具体表现形式或使用方式而定。如网络游戏中的音乐涉及词、曲及歌手演唱，一般需要取得词曲著作权人、歌手（表演者）及录音制作者的授权，但若仅将曲作为背景音乐，无涉词或歌手演唱，则仅需获得曲著作权人以及录音制作者的授权。

[2] 参见李瑞森编著：《游戏专业概论》（第2版），清华大学出版社出版，第248页。

提供的属于其前雇主的游戏源代码,可能会给开发商带来侵权风险。基于此,在新员工入职时,应明确告知其不得将归属于其前雇主的游戏源代码用于现有游戏的开发工作,以避免可能的侵权风险。

在"手游《王者之剑》诉《巨龙之怒》(又名《斗龙传》)侵犯计算机软件著作权纠纷案"中[1],原告蓝港在线公司认为,被告员工于某曾在原告公司就职并参与了《王者之剑》的研发,其辞职后入职被告公司负责游戏开发,鉴于两款游戏代码高度相似,进一步认为于某作为被告游戏《巨龙之怒》的开发负责人直接实施了复制、修改原告游戏代码等侵权行为,从而要求被告公司及员工于某一起承担侵权责任。法院最终判决被告公司承担侵权责任,未要求被告员工于某承担侵权责任[2]。

在"手游《侠义 Online》诉《煮酒 Online》侵犯商业秘密纠纷案"中[3],原告认为,被告之一厉某为原告前员工,曾参与原告《侠义 Online》游戏的策划工作,且在原告公司工作时签订了《劳动合同》及《保密协议》。后厉某离职,成为另一被告出征公司(即被诉游戏《煮酒 Online》游戏的开发商)的最大股东。出征公司所开发的《煮酒 Online》游戏,在客户端

---

[1] 参见北京市第二中级人民法院第[2013]二中民初字第9903号判决书。
[2] 在该案中,法院认为,两公司计算机软件部分源程序存在对应关系,九合天下公司未能就其源程序缘何与蓝港在线公司的源程序存在大量相同之处给出合理解释。结合于某等原蓝港在线公司软件技术人员接触过《王者之剑》软件代码,可以认定九合天下公司在编写《巨龙之怒》软件时将《王者之剑》软件内容作为自己的内容,并以自己的名义予以发表,已构成对蓝港在线公司计算机软件的抄袭,构成对其著作权的侵犯。于某作为参与该软件开发的技术人员,曾参与《王者之剑》的研发工作,具有抄袭代码的可能性。但就被告员工于某是否承担侵权责任问题,法院认为,根据原告提供的证据,包括于某在内的多名原告公司前技术人员均已加入被告从事软件研发工作,现有证据并未直接证明于某本人实施了抄袭行为,故原告要求于某承担侵害著作权责任的主张证据不足,不予支持。
[3] 参见杭州市西湖区人民法院第[2012]杭西知初字第1887号民事判决书。

文件数据结构、内部文档命名及组成等方面均与原告游戏相同，且两软件运行时客户端界面十分相似，结构设置完全相同，从而认为被告厉某窃取原告游戏的秘密信息并向被告出征公司披露，两被告共同使用以非法手段取得的秘密信息，其行为侵犯了原告的商业秘密，要求共同承担侵犯商业秘密的法律责任。法院最终支持了原告关于商业秘密侵权的诉求[1]。

建议 8：注意对开源软件的使用

开源代码/软件（"开源软件"）一般均配有相应的开源许可证（"开源协议"），当使用开源软件时，用户将需遵守该开源软件适用的开源协议所规定的相关义务与限制。如违反该等义务或限制，将可能产生法律与商业上的风险，并可能需要承担相应的违约或侵权责任。针对不同类型的开源协议（如 MIT、BSD、GPL、LGPL 等），其各自规定的义务与限制也不相同。以"传染型开源协议"（Copyleft License，如 GPL、LGPL 等）以及"宽松型开源协议"（Permissive License，如 MIT、BSD 等）为例，绝大多数的传染型开源协议均规定，在某些使用场景下，用户需要承担将基于开源软件修改或开发的源代码进行公开的义务，而宽松型开源协议则不包含这种公开源代码的义务。此

---

[1] 在该案中，①就原告主张的《侠义 Online》游戏软件是否为商业秘密问题，法院认为，涉案软件由原告流金公司独立开发完成，并通过网络运营获利，且原告流金公司采取了相应的保密措施（例如，与职工签订保密协议等），符合秘密性、经济性、实用性、保密性的法定要件，故应当认定《侠义 Online》游戏软件为商业秘密。②就被告是否实施了侵犯原告流金公司商业秘密的行为，法院认为，本案被告厉某在原告公司任职期间曾任原告游戏策划职务，并签订有保密协议。虽被告厉某并不直接掌握流金公司已开发完成的涉案软件，但其具有接触和获取该软件的机会和便利。二被告认可两款游戏软件实质性相似，但又未提供相应合法来源的证据。故基于上述事实认定被告厉某以不正当手段获取流金公司享有的涉案商业秘密，并提供给被告出征公司使用，其行为已经侵犯了流金公司的商业秘密。被告出征公司应当知道被告厉某系以不正当手段获取涉案商业秘密，而予以使用，依法视为侵犯了流金公司的商业秘密。

外,不同的传染型开源协议,对于将源代码进行公开的范围、程度或方式也不相同,需视各传染型开源协议的规定以及用户实际使用场景而定。

基于此,若网络游戏开发商拟将某开源软件用于网络游戏开发,应事先厘清该开源软件所适用的开源协议类型,以及该开源协议所规定的义务与限制(尤其是否包含需将源代码进行公开的义务),再结合使用场景与业务模式,综合评估使用该开源软件的相关风险与合适性。

建议9:加强对外包素材的管理

对外包团队提供的游戏素材(如美术素材、音乐音效等)应持续做好管理及审核工作,以避免由此可能给网络游戏开发商带来的侵权风险。具体可开展以下三方面的工作:①在公司层面,应尽可能对供应商的选择、管理建立一套流程制度;②涉及具体项目时,签署相应的委托合同,并在合同中对素材的具体要求、交付与验收标准、款项支付、知识产权归属与不侵权保证、违约责任等内容作出明确约定;③对收到的外包素材进行审核,尤其需明确该等素材是否借鉴自第三方元素。

关于委托作品的著作权归属,我国《著作权法》第17条规定,受委托创作的作品,著作权的归属由委托人和受托人通过合同约定。合同未作明确约定或者没有订立合同的,著作权属于受托人。故应于委托合同中对著作权的归属做出明确约定,以免后续在使用及处置该委托作品时产生争议[1]。

---

[1] 关于著作人身权的行使是否可以约定的问题,在理论和实务上一直存在不同意见。但北京市高级人民法院在《侵害著作权案件审理指南》中对此做了相应规定,受托人与委托人对著作人身权的行使进行约定,未违反公序良俗的,不宜一概认定无效,可以根据合同内容进行审查。因此,在委托合同中,可以对著作人身权的使用方式或使用限制进行约定。如可约定发表权、署名权、修改权及保护作品完整权由委托方行使。

建议 10：建立适当的侵权风险防控机制和流程

网络游戏的侵权风险防控原则上应贯穿于整个研发阶段，但从研发效率及时间成本等方面考虑，实际上很难做到全程跟进侵权风险防控。基于此，网络游戏开发商可结合网络游戏的研发过程建立适当的侵权风险防控机制和流程，包括可在研发的关键节点邀请内部法务或外部法律顾问对游戏开展侵权风险评估。从网络游戏的一般研发流程来看，可在网络游戏立项与策划阶段，以及测试阶段开展相应的风控工作。

在立项与策划阶段，网络游戏策划文档的基本框架或内容已完成（在整个研发阶段，策划文档也会不断更新），内部法务或外部法律顾问可根据策划文档了解网络游戏的基本情况，包括其是否基于他人作品（如小说、游戏、动漫、电影等）或作品的部分元素进行改编、其核心玩法元素等是否借鉴自他人作品。对基于策划文档所了解到的基本情况，可对网络游戏开发商提示相应的侵权风险。

在测试阶段，网络游戏已基本开发完成，内部法务或外部法律顾问可基于自行体验、游戏开发团队的反馈、测试玩家的反馈，以及第三方的评价对网络游戏侵权风险做更为全面和详细的评估。对于游戏开发团队的反馈，内部法务或外部法律顾问可结合网络游戏类型（如 RPG 类、MOBA 类、FPS 类）以及网络游戏构成元素受法律保护的情况，制作定制化的风险评估信息反馈表。[1]

---

[1] 风险评估信息反馈表可包含多个维度且视各网络游戏的具体情况而有差别，如可包含 IP 改编、游戏引擎、玩法规则、游戏名称及构成元素名称、游戏标识、游戏情节、游戏角色、游戏道具、游戏界面、游戏静态/动态画面、游戏场景、游戏地图、游戏动画、音乐音效、字体字库、对白及旁白等。

二、从防控合规风险的维度

网络游戏研发阶段的合规风险防控主要是需确保网络游戏从内容方面符合监管机构的相关要求。

建议 11：确保网络游戏不含有法律法规禁止性内容[1]

网络游戏是否存在禁止性内容，既是出版行政主管部门进行网络游戏审批时重点审查的内容（相关政策文件对此也作了明确规定[2]），也是文化行政执法部门在网络游戏执法检查时重点关注的内容。如 2017 年年底以来，为加强网络游戏市场监管，文化行政执法部门开展了以网络游戏含有禁止内容等违规经营活动为监管执法重点的专项查处行动，重点集中在严查淫秽色情、危害社会公德、赌博暴力等禁止内容。处罚结果包括罚款、没收违法所得、停业整顿、吊销网络文化经营许可证等行政处罚[3]。

对禁止性内容的详细解读可参见中国音像与数字出版协会发布的《移动游戏内容规范》（2016 年版）。[4]此外，若开发的

---

[1]《网络出版服务管理规定》（2016 年 2 月 4 日国家新闻出版广电总局、工业和信息化部令第 5 号公布）以及《网络游戏管理暂行办法》（2010 年 6 月 3 日文化部令第 49 号公布 根据 2017 年 12 月 15 日文化部令第 57 号《文化部关于废止和修改部分部门规章的决定》修订）分别从网络出版物管理以及网络游戏管理的角度规定了网络游戏中禁止含有的内容。具体见《网络出版服务管理规定》第 24 条和《网络游戏管理暂行办法》第 9 条。

[2]《关于移动游戏出版服务管理的通知》（新广出办发 [2016] 44 号）第三条明确规定，游戏出版服务单位需按照《出版管理条例》《网络出版服务管理规定》等要求，参照中国音像与数字出版协会制定的《移动游戏内容规范》，审核申请出版的移动游戏内容。

[3] http://www.gov.cn/xinwen/2017-11/30/content_5243348.htm，2019 年 1 月 3 日访问。

[4] https://www.jrbook.cn/news/view0985.html?id=146，2019 年 1 月 3 日访问。

网络游戏有出口打算，还应针对拟发行的海外区域进行专项研究，在确保网络游戏内容符合当地法律法规的基础上亦不会与当地的文化、宗教、种族、民族等相冲突。

建议12：不得开发玩法涉赌及含宣扬赌博内容的网络游戏

玩法涉赌的网络游戏主要指被相关政策文件或主管部门认定的涉赌游戏，包括扎金花、梭哈、赌大小等。[1] 宣扬赌博内容一般指需要用户以直接或变相方式投入法定货币或网络游戏虚拟货币，通过抽签、押宝、随机抽取等偶然方式，获取游戏内的虚拟道具和增值服务等。[2]

网络游戏涉赌不仅会触发行政处罚，还可能导致严重的刑事风险，棋牌类网络游戏尤其如此。网络游戏赌博行为涉及的犯罪主要包括开设赌场罪以及聚众赌博罪。若网络游戏或网络游戏平台存在前述赌博犯罪行为，公司将面临吊销相应许可证、没收违法所得等处罚，相关负责人和直接参与人还可能承担相应的刑事责任。做好网络游戏涉赌风险防控对网络游戏研发和运营主体，以及负责和直接参与网络游戏研发和运营的公司员工来说均尤为重要

建议13：应特别注意未成年人合法权益的保护

在促进及规范网络游戏发展的过程中，如何更好地保护未成年人身心健康一直是网络游戏法律政策及相关主管部门重点关注的内容。根据国家目前的相关政策规定，网络游戏不得含有诱发未成年人模仿违反社会公德、违法犯罪的行为的内容以

---

[1] 参见新闻出版总署《关于禁止利用网络游戏从事赌博活动的通知》（2005年1月12日新闻出版总署印发 新出音［2005］25号）。

[2]《网络游戏管理暂行办法》第18条规定："网络游戏经营单位应当遵守以下规定：……（三）不得以随机抽取等偶然方式，诱导网络游戏用户采取投入法定货币或者网络游戏虚拟货币方式获取网络游戏产品和服务。"

及妨害未成年人身心健康的内容。[1]《移动游戏内容规范》(2016年版)则以移动游戏为例,从宣扬违法、犯罪,宣扬吸毒、贩毒,以及宣扬其他危害未成年人身心健康的内容三个方面列举了不当内容的15种表现形式,具体见《移动游戏内容规范》(2016年版)第15条。

三、从自有知识产权保护的维度

网络游戏研发过程是一个不断形成"智力成果"的过程,如何保护该等智力成果以及与其相关的知识产权,关系到网络游戏的后续运营、宣传推广及维权等能否顺利开展。以网络游戏名称为例,其对网络游戏往往具有非常重要的意义和价值,如未及时对网络游戏名称申请商标注册且被他人抢注,则会面临更名风险,对于前期投入大量资源进行宣传推广的网络游戏而言,更名成本会非常大。

建议14:及时对网络游戏相关构成元素进行著作权登记或时间戳保护

一般来说,与网络游戏有关的游戏软件、美术素材、视频、音频、LOGO等均可以进行著作权登记或时间戳保护。由于著作权登记和时间戳各有自己的优缺点(如效率、成本等),网络游戏开发商可结合以下因素考量选择著作权登记或时间戳保护,但无论采取何种保护方式(或不进行著作权登记或时间戳保护),均应对各种设计文稿或底稿等相关资料予以妥善保存,以便在后续发生纠纷时进行举证:

(1)作品类型。对于游戏软件及游戏中具有代表性的角色

---

[1]《网络出版服务管理规定》第25条为保护未成年人合法权益,网络出版物不得含有诱发未成年人模仿违反社会公德和违法犯罪行为的内容,不得含有恐怖、残酷等妨害未成年人身心健康的内容,不得含有披露未成年人个人隐私的内容。

形象、地图、道具等可以选择进行著作权登记。

(2) 外部合作因素。在对网络游戏进行分发或宣传推广时，一些分发渠道或广告平台可能会要求提供游戏或宣传素材的著作权登记证等著作权证明文件。

(3) 维权因素。目前一些主要应用分发平台或其他平台在处理权利人投诉时，一般需要权利人提供权利归属的初步证明。

(4) 在办理相关行政审批或备案手续方面是否有国家政策要求。如办理游戏版号或备案时，一般会要求提供游戏的计算机软件著作权登记证书（若未做登记，亦可提供其他权属材料，如《出版国产网络游戏作品审批指南》对著作权证明材料的要求，可以是著作权登记证书、电子形式的游戏程序源代码或公证书等）。另外，在办理软件产品增值税即征即退时，根据财政部、国家税务总局的相关要求，软件产品需要取得软件产业主管部门颁发的《软件产品登记证书》或著作权行政管理部门颁发的《计算机软件著作权登记证书》[1]。

建议 15：及时对网络游戏名称及其他重要构成要素的名称进行商标注册[2]

一般而言，网络游戏名称、标志及网络游戏相关构成元素名称（如游戏人物名称）可作为商标申请注册，且应于网络游戏首次对外发布前即完成商标注册申请，至于具体布局哪些商标类别，需结合各款游戏的具体情况以及开发商可投入的资源综合判断，申请的类别越多，所需的费用自然越多。

从满足游戏基本运营的角度，移动网络游戏、端游、联网

---

[1] 参见《关于软件产品增值税政策的通知》(财税 [2011] 100号) 第3条。
[2] 对网络游戏相关创新技术，建议及时申请专利保护。可申请专利保护的常见技术范围可见前期文章《网络游戏的法律保护 I 网游风控实务专题（一）》，在此不做赘述。

的 PC 单机游戏通常需在第 9 类（含游戏软件）和第 41 类（含提供在线游戏服务）上进行商标注册，页游一般需在第 41 类上（含提供在线游戏服务）进行商标注册。但如除游戏运营外还涉及游戏周边的制作和销售，则需根据周边类别进行相应类别商标的申请。如常见的第 16 类纸制品/文具/办公用品，第 18 类箱包，第 25 类服装鞋帽/T 恤衫，第 28 类游戏机/玩具/运动器械等。

建议 16：对与网络游戏有关的核心资源采取有效的保护措施

对于游戏源代码、游戏策划文档等网络游戏核心资源，一方面可从商业秘密角度对该等核心资源采取有效的保密措施，包括与接触相关资源的员工或外部供应商签署保密协议，建立完善的游戏代码分级管理制度和流程，设立相应的接触或访问权限并保存访问和拷贝日志。另一方面，从后续打击侵权角度，可在游戏代码中埋伏一些特殊的或错误的但不会对游戏运行造成影响的代码，以便后续举证。[1]

---

[1] 参见北京市海淀区人民法院发布的《网络游戏侵犯知识产权案件的调研报告》。

网络游戏独家代理协议的 15 个审核要点

谢兰芳　腾讯法务平台部总经理
彭志华　腾讯高级法律顾问
邱少林　腾讯互娱法务总监

对于网络游戏独家代理项目，希望获得特定网络游戏（"授权游戏"）独家运营权的主体（"代理方"）通常需要与控制该授权游戏独家运营权的主体（"授权方"）签署网络游戏独家代理协议（"网游独代协议"）[1]，以明确代理方和授权方享有或承担的与该授权游戏有关的各项权利、义务和责任。

本文拟从代理方防控网游独代协议法律风险的视角出发，梳理出与授权方主体适格性、鉴于条款、定义条款、与授权安排相关的条款、交付验收条款、运营相关条款、监修条款、财务条款，以及不可抗力条款等相关的 15 个审核要点。当然，我们并非指前述条款以外的其他条款（如声明和保证条款、知识产权条款、审计条款、保密条款、违约责任条款、争议解决条款等）不重要，只因其较为通用，在此不作赘述。

需注意的是，不同的网络游戏独家代理项目因其所涉因素的差异（如游戏自身情况、双方谈判地位以及各自的商业需求

---

[1]　从网络游戏产业链的角度，授权方可能是网络游戏的开发商或发行商，代理方则可能是网络游戏的发行商或运营商，当然不排除某些主体会集发行和运营角色于一身。此外，网游独代协议属无名合同，针对网络游戏独家代理业务，承载该类业务的协议名称并非仅限于网游独代协议。

等),其对应的网游独代协议需关注的审核要点亦可能存在一定差别。例如,不同网络游戏独家代理项目的代理方通过"与授权安排相关的条款"所期望获得的权利不一定相同(部分代理方未必想获得周边衍生品开发的权利),进而导致特定的网游独代协议可能无需关注本文提及的部分审核要点。

此外,尽管本文从代理方防控网游独代协议法律风险的视角出发成文,但考虑到授权方是网游独代协议的签约相对方,授权方通常亦会需要关注本文提及的相关审核要点,只是授权方与代理方在具体审核要点所涉事项上的利益诉求未必相同或可能对立而已。

一、授权方主体适格性

要点1:授权方是否享有充分的权利和授权将相关的权利授予代理方

通常,代理方会要求授权方在网游独代协议中明确保证其享有充分的权利和授权将相关的权利授予代理方,以及承担保证不实的违约责任(如存在知识产权权属瑕疵)。但考虑到代理方通常需为网络游戏独家代理项目付出较多的人力、物力和财力(包括在授权游戏上线运营前即需支付授权金和预付分成),故建议代理方在要求授权方承担保证责任的同时,能够在签约时对授权方"享有的权利和授权能力"做一定的尽职调查。其中,针对知识产权的尽调,可参看《知识产权尽调:网络游戏代理项目的必要风控程序丨网游风控实务专题(三)》一文。

要点2:对授权方的履约能力进行适当审查

授权方的履约能力往往体现在诸多方面,除通常的产品开发和版本更新能力、技术支持能力等以外,还包括承担违约责任的能力等。作为代理方,其未必能够识别出授权方的各项履约能力是否充分。但针对授权方基于任何原因（如税务筹划）提出使用新设主体或"财务状况较差"的主体签署网游独代协议时，代理方需相对谨慎，以免遭受财务损失。若授权方坚持且代理方亦同意其以新设主体或"财务状况较差"的主体签约，则应要求授权方提供担保或进行保证，以确保签约主体在不履行或不能全部履行相关义务时，可由授权方承担连带责任。

二、鉴于条款

要点3：鉴于条款的表述需清晰准确

"鉴于条款"并非包括网游独代协议在内的协议的必备条款，但考虑到网游独代协议相对复杂，建议在网游独代协议中通过"鉴于条款"对双方签署网游独代协议所依赖的事实状态，以及签署网游独代协议的初衷和期望实现的目的做清晰、准确的表述，以助于可能出现的争议的解决。

三、定义条款

要点4：对网游独代协议中的常用或关键术语进行清晰明确的定义

网游独代协议中的常用或关键术语包括但不限于授权游戏、授权标的（范围往往大于授权游戏）、关联方、第三方、毛收入、净收入、渠道费、呆坏账、商业化运营、周边衍生品、运营数据等。对常用或关键术语进行清晰、明确的定义有助于统一双方的认知，避免双方因对特定术语的理解不一致而产生争议。当然，对于部分术语（如毛收入），通过定义部分以外的条款对其做清晰、明确的界定亦是一种可取的方式。

以授权游戏为例，我们往往会通过开发商和/或发行商的名称、游戏名称、游戏类型、运行所基于的操作系统（如 Android

系统/iOS 系统)、运行终端(如 PC/主机/电视/手机等)、语言版本、游戏的计算机软件著作权登记证书编号等明确授权游戏的界限和范围。

四、与授权安排相关的条款

与授权安排相关的条款属于网游独代协议的核心条款之一,关系到代理方能否通过网游独代协议的相关约定实现其核心的商业利益。

要点 5:代理方针对授权游戏所获得的授权应能满足代理方预期的商业安排

涉及授权的相关事项通常包括授权标的、授予的权利、授权类型、授权区域、授权期限、是否可以转授权或分许可等,如何进行约定既取决于授权方实际拥有的权利(如部分授权方可能并不拥有维权的权利或开发周边衍生品的权利),亦取决于双方的谈判地位、代理方预期的商业安排以及能够为此所支付的对价等。

(1)授权标的。在网络游戏独家代理项目中,授权标的会是一个比授权游戏范围更广的概念,其主要指代理方为行使授权游戏的独家运营权而需使用的与授权游戏、授权方和/或第三方有关的知识产权,以及相关资料和信息。如授权游戏本身、授权游戏的相关商标和标识、授权方和/或第三方的相关商标、企业名称和标识、与授权游戏相关的资料和信息等(如美术设计文档、官方网站资料、游戏的介绍宣传文档、官方攻略、游戏服务器配置信息)。

代理方需于网游独代协议中明确授权标的之范围。对包含于授权标的中的授权游戏,亦需要明确,未经代理方同意,授权方不得自行或授权其关联方或任何第三方运营与授权游戏"相似"的其他游戏。何为"相似",需在网游独代协议中对其进行明确的约定。

（2）授予的权利。"授予的权利"往往是一个权利的集合体，针对单个网络游戏独家代理项目，除通常均会涉及的独家运营权外，还可能会涉及包括维权权利、制作和销售周边衍生品的权利（如制作和销售玩具、文具）、开发衍生作品的权利（如开发电影）在内的一项或多项权利。对于独家运营权，鉴于其非法定权利[1]，建议代理方在网游独代协议中对"独家运营权"的内涵和外延作出清楚的界定。通常，我们可以从行为（如宣传、推广、发行、运营等）和权利（如复制权、改编权、信息网络传播权等）两个维度对其进行界定。

其中，关于维权的权利，代理方需考虑其是否可以自行决定发起维权。若不能，则需确定在需要维权时如何启动维权，授权方的配合义务有哪些。此外，亦需关注维权由哪一方主导（包括外部律所的选择），维权成本和所获收益（包括和解费用或所获赔偿）如何承担和分配。关于制作和销售周边衍生品的权利以及开发衍生作品的权利，通常可在网游独代协议中做原则性约定，后续再通过补充协议做更为详细的约定。

（3）授权类型。代理方针对"授予的权利"中的每一项具体权利所获授权的类型未必相同。在获得的运营权为独家的情况下，针对制作和销售周边衍生品的权利或开发衍生作品的权

---

[1]"奇迹 MU"诉"奇迹神话"著作权侵权及不正当竞争纠纷案的一审判决中有如下表述：网络游戏的独家运营权并非法定权利，应结合独家运营过程认定其所包含的权利。在游戏运营过程中，运营商需将游戏软件置于服务器，供用户在客户端登录游戏进行操作；同时还要对游戏进行线上、线下的宣传与推广，以吸引玩家进入虚拟世界；运营商主要通过出售游戏时间、提供游戏道具、投放广告等增值服务的商业模式而盈利。上述运营过程必然涉及对游戏软件和游戏素材的复制、发行、信息网络传播以及游戏所涉注册商标的使用。具体参见［2015］浦民三（知）初字第 529 号民事判决书。

利所获得的授权可能仅为排他性许可或普通许可。此外，针对独家运营权，建议在明确代理方享有该权利时，进一步约定除代理方（包括其关联方）或代理方转授权或分许可的第三方外（若代理方享有转授权或分许可的权利），授权方以及其关联方或任何其他第三方均不得在授权区域和授权期限内行使代理方所获独家运营权范围内的任何权利。

（4）授权区域。授权区域是指授权方授权代理方行使其所获授权的地域范围。就授权区域而言，需考虑若同一款游戏由不同主体在不同的国家和地区运营，是否需要进行 IP 地址屏蔽（IP address blocking）。例如，若代理方仅获得了中国大陆地区的独家运营权，则可要求授权方促使其他国家和地区的运营商屏蔽来自中国大陆地区 IP 地址对其他国家和地区版本游戏的访问和使用。当然，从授权方的角度，其亦可能要求代理方屏蔽来自其他国家或地区的 IP 地址对中国大陆地区版本的访问或使用，或要求代理方不得在非授权区域上架授权游戏。

（5）授权期限。授权期限是指授权方授权代理方行使其所获授权的时间期限，可以是网游独代协议签署之日起的若干年，或自网游独代协议签署之日起至授权游戏商业化运营后的若干年止的期间，或同时约定前述两个时间期限但以先到者为准等。当然，授权方和代理方还可能会针对"授予的权利"项下的不同权利项，或针对同一权利项在不同的国家或地区设定不同的授权期限。关于授权期限，通常还需关注两方面的问题：

第一，授权期限届满后的续期问题。授权期限届满后，若代理方有可能继续运营授权游戏，建议在网游独代协议中明确续期的相关安排，包括代理方是否可自行决定续期与否，续期后的条件以及续期后的期限等，以免后续因无法就续期条件达成一致而导致授权游戏旁落他人，或授权方借机索要更高的对价。

第二，授权期限和商业化运营日挂钩时授权期限起始日的确定问题。通常，授权游戏在网游独代协议签署时尚未确定具体的商业化运营日。在此情况下，授权方可能会要求约定一个固定日期，在该固定日期后方开始商业化运营的授权游戏，即将该固定日期确定为授权期限的起始日，以避免因商业化运营日的不确定而带来的整个授权期限的不确定，甚至无限期延长。

(6) 转授权和分许可[1]。对于不实际开展授权游戏运营的代理方，转授权或分许可是其开展后续授权所必须获得的权利，因为其获得相关授权的目的即是将其"倒手"给第三方。此外，即便是对于获得授权时拟开展授权游戏运营的代理方，其亦可能因情势变更而决定不再运营授权游戏，继而存有转授权或分许可第三方开展授权游戏运营的需求。

对于任何代理方而言，获得转授权或分许可的权利意味着其对授权游戏享有更大的"处置权"，如在因为商业考量放弃运营授权游戏时可以授权或分许可第三方进行运营；或为触达更多的用户，可授权其他安卓渠道进行授权游戏的分发；抑或将有关授权游戏宣传、推广和运营的事务授权或委托给其他第三方开展（如委托第三方进行周边衍生品的开发和制作）。

要点6：明确"本地化"工作的责任主体

对于从海外引入中国大陆地区发行运营的授权游戏，需要对授权游戏内容包括但不限于游戏内的语言进行汉化处理。早期的本地化工作，更多地是指游戏中语言文本的翻译。随着游戏行业的深入发展，本地化工作除了游戏语言的翻译，更多地

---

[1] 转授权是指代理方将其从授权方获得的全部或部分权利授权给其他第三方行使，且被授权方自身不再行使被授予第三方的权利。分许可是指代理方将其从授权方获得的全部或部分权利许可给其他第三方行使，且代理方亦保留行使相关权利的权利。

还涉及依据发行当地的文化、政策、习俗、宗教等情况对授权游戏内容进行适当的调整。对需进行"本地化"的内容、"本地化"的工作安排及费用承担等事项需由双方进行约定。

要点7：是否需针对特定客体获得优先谈判权和最后拒绝权从而为后续的商业安排预留空间

在签署网游独代协议时，代理方可能会因各种原因（如代理方仅能支付有限的对价）仅获得与授权游戏有关的部分授权。但考虑到授权游戏可能会因代理方的投入而成为非常有价值的IP，若不在网游独代协议中约定代理方针对特定客体（可以是网游独代协议中明确约定代理方享有的授权以外的其他任何权利，如授权游戏在授权区域以外的其他区域的代理权；制作和销售周边衍生品的权利；开发衍生作品的权利；代理运营授权游戏续作的权利等）享有优先谈判权（Right of first negotiation）和最后拒绝权（Right of last refusal），在代理方后续想获得与相关客体有关的授权时可能会面临一些困难和挑战。

其中，优先谈判权主要指授权方在针对特定客体开展外部合作前，需按照网游独代协议约定的方式和时间首先与代理方进行沟通，由代理方决定是否获得相应的授权。最后拒绝权主要指在代理方放弃获得相应授权时，若授权方拟就该等授权与其他第三方达成合作，则应将拟达成的合作安排按约定的方式和时间知会代理方，由代理方决定是否按照该拟达成的合作安排获得该第三方希望获得的授权。

五、交付验收条款

要点8：交付验收条款是否有利于代理方把控交付物质量并防控授权方交付不能或不符合要求的风险

签署网游独代协议时，授权游戏的完成度可能千差万别，部分授权游戏甚至可能只有创意或小样（Demo）。而且，即使对于同一款游戏，不同代理方希望其达到的标准亦不尽相同。为此，代理方需要结合自身需求对交付验收安排作出较为清晰的约定，包括交付里程碑（即特定时间节点应完成特定交付物的交付，如封测版本、付费删档测试版本、付费不删档测试版本、正式商业化运营版本等），交付物的交付方式、验收时限和标准（若标准相对明确，可以作为协议附件，同时建议为代理方保留一定的自由度）、验收不达标的处理方式以及相应的违约责任等。

此外，从防控财务风险的角度，也建议将包括授权金和预付分成等在内的相关款项与交付里程碑挂钩，具体见后续"财务条款"部分。

六、运营相关条款

要点9：是否对与运营相关的事项作出清晰的约定

与运营相关的事项主要涉及行政审批办理的主体、商业化运营时间的确定（由代理方自行确定还是有其他的限制或要求）、游戏名称的确定（代理方是否可自行决定或与授权方商讨后享有最终决定权）、虚拟货币的定价权、运营数据的归属及使用（若约定共有或归属于代理方，后续可能涉及数据迁移和交接安排）、游戏安全保障、游戏漏洞和错误修复（修复的时限要求）、市场推广费用的投入承诺（对于部分强势的授权方，可能会要求代理方对投入的市场推广费用作出承诺，并需要就此制作完善的费用支出计划和安排）、版本更新（如更新频率、方式和要求）及技术支持（如是否要求授权方提供7×24小时的技术支持）等。

要点10：建议明确游戏数据的归属及相关使用安排

网络游戏在运营过程中会产生大量的用户数据（如用户姓

名、身份证号、手机号、电子邮件等）和运营数据（如用户操作行为形成的数据、游戏内的人物角色数据及各类交易数据等）。通常，代理方会主张对用户数据和运营数据（"游戏数据"）单独享有所有权，但相对强势的授权方可能会要求游戏数据归属于双方共有，或在归属于代理方的情况下，代理方负有向授权方或其指定的第三方提供或转移相关游戏数据的义务（如授权方需要获取相关游戏数据以开展与授权游戏相关的分析评估工作；或授权方在授权游戏终止运营或运营过程中需更换运营商继续运营）。

无论代理方因任何原因向授权方或其指定的第三方提供或转移相关游戏数据，均需确保相关的提供或转移行为符合国家有关个人信息和数据保护的相关要求，避免不合法的提供或转移行为给双方带来合规风险。

七、监修条款

要点11：监修的相关安排是否会对授权游戏的运营产生不利影响甚至形成障碍

从授权方维护授权游戏IP品质的角度，其希望对授权游戏的相关物料和素材（如代理方自行或委托第三方创作的游戏内容、游戏宣传推广素材等）享有监修权的诉求是可以理解的（但亦非必须）。

作为代理方，在接受授权方享有监修权时，需通过一定的条款去限制授权方"不合理"行使其享有的监修权而可能给授权游戏运营带来的不利影响。如要求授权方必须在收到提审材料后的一定期限内回复监修意见（即通过或不予通过），且明确超时回复即视为确认提审材料通过监修。若授权方不予通过，则需给出明确的不予通过的理由以及需继续修改的内容和具体修改要求。此外，还可进一步明确，授权方不得不合理地拒绝予以通过。

八、财务条款

财务条款属于网游独代协议的核心条款之一，其通常主要涉及对价的构成、对价的计算、支付方式、税费承担和对价的退还等。

要点 12：明确对价的构成及对应的计算和支付方式

通常而言，与网络游戏独家代理项目相关的对价形式包括授权金、预付分成、收入分成、保底分成金（MG）、产品奖金等。

授权金和预付分成一般均为固定金额，可一次性支付。但从代理方防控财务风险的角度，建议分期支付（如对于有交付里程碑的网络游戏独家代理项目，可与里程碑挂钩进行分期支付；或按照签约完成、特定的测试完成或正式上线运营等划分付款周期）。

对于收入分成，最为重要的即是明确分成基数、分成比例（或其他类似的可用于计算收入分成的数据。如对于卖拷贝的游戏，可按照拷贝的销售数量乘以单份拷贝需支付的固定金额来计算分成金额）以及对应的支付方式。就分成基数而言，可能是毛收入或净收入（对于净收入，需要考虑哪些费用需要从毛收入中扣除以确定净收入，如渠道费、呆坏账）。分成比例可能固定，也可能针对不同的版本（如 iOS 和 Android）采用不同的分成比例，或针对同一版本采用阶梯分成等。

要点 13：明确相关税费由哪一方承担

不同的网络游戏独家代理项目所涉及的税费可高可低。对于表现优秀的授权游戏，涉及的税费往往会是一个相当可观的数字。从保护代理方利益的角度，通常会倾向于代理方支付给授权方的任何款项均已含税，且各方都应按照适用法律负责支付其应支付的税费。

要点14：明确相关对价在触发何种条件时需退还以及退还的相关安排

在完成相关对价支付后，不排除因出现不可抗力、授权方违约、双方协商一致或其他原因导致网游独代协议被提前解除或终止。在此情况下，代理方需考虑是否需要退还全部或部分对价（尤其是已支付的授权金[1]），以及退还的具体安排。

九、不可抗力条款

要点15：不可抗力的约定是否考虑到外部情势变更可能对合同履行带来不利影响

不可抗力是指不能预见、不能避免并不能克服的客观情况（如台风、洪水、冰雹等自然灾害；战争、动乱、罢工等社会现象）。考虑到不可抗力的内涵不是很清晰，对于某些特定情形是否属于不可抗力需由双方作出明确约定。

就网络游戏而言，在界定不可抗力时，应考虑在国内上线运营的网络游戏须通过政府审批这一现实情况，明确因外部情势变更导致授权游戏无法获得版号的情形是否属于不可抗力。[2]

---

[1] 在游戏《天降-近卫英雄传》的合同纠纷二审判决书中，深圳市中级人民法院认为：预付分成金作为预付款是一种支付手段，是一方为表明自己履行合同的诚意，而为对方履行合同提供一定资金，在对方履行合同前率先向对方支付部分款项，预付的作用在于帮助对方解决资金上的困难，使之更有条件履行合同；预付款在合同正常履行的情况下，成为价款的一部分，如抵扣完毕，后续仍有分成收益，一方则应继续直接支付，但在合同没有得到履行的情况下，应该予以返还，此属常理常识，不需要特别作出约定；如在合同没有得到履行情况下，不需返还，则需要特别作出例外的约定。具体参见［2016］粤03民终20182号判决书。

[2] 感谢腾讯专家法律顾问张剑平和法律顾问曾蕾对本文的贡献。

知识产权尽调：网络游戏代理项目的必要风控程序

谢兰芳　腾讯法务平台部总经理
张剑平　腾讯专家法律顾问
邱少林　腾讯互娱法务总监

类似于房屋租赁时的情况核查（如要求出租方出示待出租房屋的房产证原件和/或复印件、房主身份证原件和/或复印件、抑或二房东的原租房协议等），在代理网络游戏时亦需围绕相关网络游戏进行"情况核查"，其中最核心的即是对其进行知识产权尽调（IP Due Diligence）[1]。通过知识产权尽调，代理方可知晓与代理网络游戏有关的知识产权信息以及潜在的知识产权侵权和不正当竞争风险，以便做出相应的决策。

本文将结合网络游戏代理业务实践，在简单介绍网络游戏代理的基础上、对网络游戏代理项目的知识产权尽调事宜进行分析和介绍，将主要涉及知识产权尽调的概念、知识产权尽调的目的、知识产权尽调的相关方、知识产权尽调的时点、如何开展知识产权尽调以及知识产权尽调过程中需重点关注的八个方面等。

---

[1] 除知识产权尽调外，代理方一般还可针对签约对方的签约资质、履约能力、产品资质等开展尽职调查。以履约能力为例，若签约对方由资金实力较强的公司所设，则可通过由设立方提供担保的方式来降低签约对方履约不能的风险。

一、网络游戏代理概述

(一) 什么是网络游戏代理

网络游戏代理并非法律概念,其中的"代理"一词与《民法总则》[1]第七章所提及的"代理"在含义上亦相去甚远。[2]从业务角度,网络游戏代理主要指希望获得某一网络游戏运营权的主体(以下简称"代理方")通过与控制该网络游戏运营权的主体(以下简称"授权方")签署网络游戏代理协议(以下简称"代理协议")[3],以获得在特定期限和区域内针对该网络游戏的运营权,同时由代理方向授权方支付相应的对价[4]的商业活动。从网络游戏产业链的角度,授权方可以是网络游戏开发商或发行商,代理方则可是网络游戏发行商或运营商。[5]

---

[1] 2017年3月15日第十二届全国人民代表大会第五次会议通过。

[2] 网络游戏代理是一项民事活动。《民法总则》中的代理是一项民事法律制度,指代理人以被代理人的名义,在代理权限内与第三人实施民事行为,其法律后果直接由被代理人承受。

[3] 从业务实践角度,网络游戏运营相关事宜一般包括:(1)处理游戏版号等与行政监管有关的事项;(2)游戏测试、发行、营销推广等;(3)服务器的架设、运营、维护等;(4)向最终用户提供客服服务等。从行政监管角度讲,网络游戏运营是指网络游戏运营企业以开放网络游戏用户注册或者提供网络游戏下载等方式向公众提供网络游戏产品和服务,并通过向网络游戏用户收费或者以电子商务、广告、赞助等方式获取利益的行为。网络游戏运营企业通过开放用户注册、开放网络游戏收费系统、提供可直接注册登录服务器的客户端软件等方式开展的网络游戏技术测试,属于网络游戏运营。参见《文化部关于规范网络游戏运营加强事中事后监管工作的通知》(2016年12月1日文化部印发,文市发〔2016〕32号)第1条。

[4] 就对价而言,其形式可能包括授权金、预付分成、最低保证金、收入分成等。针对具体的代理项目,授权方与代理方往往会对前述对价形式进行排列组合,以确定适合于某一代理项目的对价及其支付方式。

[5] 网络游戏开发商、发行商和运营商是网络游戏产业链的重要参与者,其中部分公司(如腾讯、网易)会集三种角色于一身,即拥有自研、自发行和自运营的能力。但对于部分公司,其往往只扮演某一个或两个角色。

(二) 网络游戏代理与知识产权许可

网络游戏代理所涉及的网络游戏运营权并非法定权利，针对各代理网络游戏，代理方与授权方需通过代理协议对代理方所获得的网络游戏运营权的具体内容进行约定（即代理方所获得的与网络游戏宣传、推广、发行和运营相关的各项权利）。鉴于网络游戏与知识产权密切相关，获得网络游戏运营权即主要包括获得网络游戏相关知识产权的许可使用权。

不同的网络游戏代理项目，代理方所获得的网络游戏运营权不尽相同。就伴随网络游戏代理项目的知识产权许可而言，在授予的权利、授权类型（独占性许可、排他性许可、普通许可）、授权区域（如全球或仅限中国大陆）、授权期限（如永久或仅限特定期间）、是否可以转授权或分许可、是否享有周边衍生品开发权、对衍生作品（如续作）是否享有优先代理权等方面均可能存在差异。[1]

(三) 两大业务类型：独代与联运

独代与联运是网络游戏代理最主要的两种业务类型，二者最核心的区别即是代理方所获得的网络游戏运营权是否为独家。对于独代，代理方获得的是独家的网络游戏运营权，即除代理方外其他任何主体（包括开发商和/或发行商）均不得行使代理

---

[1] 在上海壮游信息科技有限公司与上海朗时信息技术有限公司、杭州转山网络科技有限公司侵害著作权及不正当竞争纠纷二审判决中，上海知识产权法院即认定："网络游戏的独家运营权并非法定权利，应结合独家运营过程认定其所包含的权利。在游戏运营过程中，运营商需将游戏软件置于服务器，供用户在客户端登录游戏进行操作；同时还要对游戏进行线上、线下的宣传与推广，以吸引玩家进入虚拟世界；运营商主要通过出售游戏时间、提供游戏道具、投放广告等增值服务的商业模式而盈利。上述运营过程必然涉及对游戏软件和游戏素材的复制、发行、信息网络传播。壮游公司作为涉案游戏《奇迹 MU》在中国大陆地区的独家运营商，对该游戏中构成作品的内容享有独家的复制权、发行权、信息网络传播权。"参见 [2017] 沪 73 民终 241 号民事判决书。

方已获得的相应权利。对于联运,则主要指代理方针对特定网络游戏获得的网络游戏运营权为非独家,即同一款网络游戏的运营权分别由多个代理方获得。[1]

从知识产权许可的角度,"独代"模式下的知识产权许可类型为"独占性许可"(或称"专有使用权"许可)[2],"联运"模式下的知识产权许可类型则为"普通许可"。网络游戏采用独代抑或联运模式,主要由授权方和代理方协商确定。[3]

---

[1] 从行政监管角度,联运的认定范围会更宽。《文化部关于贯彻实施〈网络游戏管理暂行办法〉的通知》(2010年7月29日文化部印发 文市发[2010]27号)第2条第5款规定:"国产网络游戏联合运营是指同一款国产网络游戏分别由多个网络游戏运营企业运营,并且所有参与该网络游戏运营的网络游戏运营企业都依法获得该网络游戏著作权人的许可。"同时,《文化部关于规范网络游戏运营加强事中事后监管工作的通知》(文市发[2016]32号)第1条第3款规定:"网络游戏运营企业为其他运营企业的网络游戏产品提供用户系统、收费系统、程序下载及宣传推广等服务,并参与网络游戏运营收益分成,属于联合运营行为。"

[2] 从防控风险的角度,建议在代理协议中对"独占性许可"(或类似表述如"独家代理"或"独代")等做进一步阐释,以明确代理方获得的相关授权可以排除包括授权方在内的任何其他主体,以免后续出现争议。北京市高级人民法院《侵害著作权案件审理指南》第1.7条即规定:"合同约定授予专有使用权的,可以直接认定被许可使用人在合同约定的范围内有权禁止著作权人使用作品,但有相反证据的除外。合同中使用'独家使用权'等类似表述的,可以根据合同有关条款、合同目的、交易习惯等,结合在案证据认定是否属于专有使用权。"

[3] 《网络游戏管理暂行办法》规定,申报进口网络游戏内容审查的,应当为依法获得独占性授权的网络游戏运营企业。《文化部关于加强网络游戏产品内容审查工作的通知》也同时规定,禁止非独家授权使用的游戏产品进口,且运营代理协议须待主管部门批准后方可生效。文旅部官网于2017年11月7日公布的《进口网络游戏内容审查申报办事指南》和中国文化市场网于2017年12月4日公布的《进口网络游戏内容审查申请申报指南》对进口网络游戏是否应为独家授权以及代理运营协议是否要批准的要求并不一样,前者要求非移动端进口网络游戏应当获得独家授权,且要求代理运营协议需待文旅部内容审查通过后方可生效。但后者并未要求进口网络游戏应为独家授权,对代理运营协议生效问题也未做要求。从审批实践角度,具体到每一个案时,还是应以主管部门的具体意见为准。

二、知识产权尽调概述

（一）什么是知识产权尽调？

针对不同类型的项目（如投资并购项目、网络游戏代理项目），知识产权尽调的内涵和外延并不相同[1]。就网络游戏代理项目而言，知识产权尽调主要是指代理方基于网络游戏代理项目的商业需求和计划（以下简称"商业需求"），由专业法律人员（包括代理方法务和/或聘请的外部律师）对拟代理网络游戏的知识产权状况进行梳理、分析和评估，以揭示拟代理网络游戏可能存在的知识产权侵权及不正当竞争风险，从而支持和服务于网络游戏代理项目的决策及项目推进。为避免疑义，本文提及的知识产权尽调指对代理网络游戏的知识产权侵权及不正当竞争风险的尽调。

（二）知识产权尽调的目的

知识产权尽调的核心目的在于揭示法律风险以支持业务决策，即通过揭示尽调过程识别出的知识产权侵权及不正当竞争风险，以便代理方综合商业需求、已揭示的法律风险及其他各项因素作出相应的决策，如无视相关法律风险继续推进代理协议签署并完成代理网络游戏的上线运营、调整相关的商业需求（如不予支付授权金或预付分成），或要求授权方采取相应措施以消除相关的法律风险等（如补充获得相应的授权）。

尽管代理协议通常会明确授权方的各项"声明和保证"义

---

[1]《中华全国律师协会知识产权尽职调查操作指引》第1.1条即明确："知识产权尽职调查指基于特定的商事需求，委托第三方专业机构或人员对目标公司的知识产权进行全面性调查及系统性梳理，为委托方或预期投资者提供目标公司可能影响预期商业计划或其他关键因素的知识产权信息，最终形成专业性综述报告的非诉讼法律服务活动。其意义在于解决委托方与目标方知识产权信息不对称问题，挖掘知识产权相应价值、揭示相应风险，并据此帮助委托方调整完善商事计划。"参见 http://www.acla.org.cn/article/page/detailById/21827，2019年1月22日访问。

务，包括保证代理方对代理网络游戏的宣传、推广和运营不会侵犯任何第三方的知识产权和其他合法权益，并承担"声明和保证"不实的违约责任，但该等"声明和保证"仅具有"相对性"，即在代理网络游戏出现侵权时，代理方仅可通过代理协议追究授权方的违约责任，无法排除权利被侵害的第三方直接向代理方追究侵权责任（包括要求停止代理网络游戏的运营、赔偿损失等）。[1]同时，若授权方的偿债能力有限，即便代理协议中明确约定了违约责任，代理方的赔偿诉求亦可能会落空。

基于此，考虑到网络游戏运营往往需要投入众多的人力、物力和财力，代理方若未能在合适的时点对代理网络游戏开展知识产权尽调并基于尽调结论采取适当的风控措施，后续可能会遭受重大的经济损失（尤其是出现网络游戏因诉前/诉中禁令而被要求下架的情形[2]），并伤及品牌声誉。

---

[1] 在独代模式下，相关权利人可追究代理网络游戏运营团队的直接侵权责任。在联运模式下，如代理网络游戏出现知识产权侵权或不正当竞争的问题，需结合联运的具体表现形式以及联运协议的相关约定等因素进行综合评估，以确定联运方是否需要承担侵权责任，或是否可以援引"避风港"原则进行不侵权抗辩。

[2] 在"暴雪娱乐有限公司、上海网之易网络科技发展有限公司诉成都七游科技有限公司、北京分播时代网络科技有限公司、广州市动景计算机科技有限公司著作权侵权及不正当竞争纠纷诉中禁令案"中（［2015］粤知法著民初字第2-1号），作为《魔兽世界》系列游戏的著作权人和独家运营商的暴雪娱乐公司及网之易公司认为，被告七游公司开发、被告分播时代公司独家运营、被告动景公司提供下载的被诉游戏《全民魔兽》（原名《酋长萨尔》）侵害了其美术作品著作权，被告分播时代公司同时构成擅自使用原告知名游戏特有名称、装潢及虚假宣传的不正当竞争行为。两原告在起诉的同时提出禁令申请，请求法院立即禁止三被告停止被诉侵权行为，并提供了1000万元的等值现金担保。广州知识产权法院在组织双方听证后作出裁定，禁止被告七游公司复制、发行及通过信息网络传播被诉游戏，禁止被告分播时代公司复制、发行、通过信息网络传播被诉游戏和实施涉案不正当竞争行为，禁止被告动景公司通过其官网传播被诉游戏。禁令效力维持至本案判决生效日止，禁令期间不影响为该游戏玩家提供余额查询及退费等服务。参见 http://www.gdcourts.gov.cn/gdcourt/web/content/6964-? lmdm=2001，2019年1月22日访问。

知识产权尽调：网络游戏代理项目的必要风控程序

三、知识产权尽调的开展

（一）知识产权尽调的相关方

视各代理网络游戏的不同情况，其知识产权尽调可能会涉及授权方和代理方的法务和/或律师、双方商务、代理网络游戏开发及运营团队等。知识产权尽调是一项专业的法律工作，需要由法务和/或律师主导。代理网络游戏开发团队有助于法务和/或律师了解网络游戏的开发背景以及相关情况（包括是否改编自第三方IP、或是否植入了第三方受知识产权保护的元素）。双方商务和代理网络游戏运营团队有助于厘清商务需求，帮助法务和/律师明晰知识产权尽调的范围以及尽调过程的核心关注点，以确保知识产权尽调在最大限度内匹配商务需求。

（二）开展知识产权尽调的时点

原则上，知识产权尽调应于代理协议签署前完成，以实现揭示法律风险并支持业务决策的目的。但不同的网络游戏代理项目往往存在不同的业务特性，公司的法律风险承受能力亦存在差异，故启动知识产权尽调的时点未必相同，有些甚至会放到代理网络游戏上线运营前（从业务实践角度，最晚应于上线运营前完成）。通常，各网络游戏代理项目可结合以下因素确定知识产权尽调的具体开展时点（包括是否开展知识产权尽调）。

（1）谈判能力。若代理方的谈判能力相对较弱，其在确定是否开展知识产权尽调以及开展知识产权尽调的时点方面可能会处于弱势。

（2）项目紧迫性。若有其他主体竞争代理某网络游戏，或代理方希望尽快完成代理协议签署，从尽快拿下项目的角度可能会推迟知识产权尽调。

(3) 授权方实力。若授权方（或为其提供担保的控股公司）拥有相对雄厚的资金实力，或授权方在业内的地位相对较高且拥有较好的法律风控团队，知识产权尽调亦可能会推后。

(4) 对价支付安排。若代理方需为代理项目将授权金、预付分成、最低分成保证金（Minimum Guarantee）等提前付至授权方，建议签约前或付款前即完成知识产权尽调。

(5) 游戏自身情况。若代理网络游戏尚未开发或正在开发中，其知识产权尽调可能会适当推后。此外，若已识别出代理网络游戏本身或改编代理网络游戏的作品本身存在知识产权争议或纠纷，建议签约前即完成知识产权尽调。

(三) 如何开展知识产权尽调

对于网络游戏代理项目，通常可从沟通商务需求、收集相关信息和文件，以及开展分析评估三个方面开展知识产权尽调。

1. 沟通商务需求

商务需求的不同会直接影响知识产权尽调的范围以及尽调过程的核心关注点。如对于改编自其他作品的网络游戏，若代理方希望获得该网络游戏在特定期限和特定区域内的独家运营权，在知识产权尽调时即需关注网络游戏改编权的被授权人所获得的授权是否为独家，且是否能够覆盖该特定期限和特定区域。基于此，在开展知识产权尽调时，法务和/或律师应首先明确商务需求，以确保知识产权尽调匹配对应的商务需求。

同时，在网络游戏代理项目推进过程中，商务可能会基于业务自身考量、与法务和/或律师的沟通，或其他因素调整商务需求，在此情况下，知识产权尽调的范围也需适时进行调整，以适应变化后的商务需求。

2. 收集相关信息和文件

通过沟通商务需求确定知识产权尽调范围后，我们可通过以下方式获得知识产权尽调所需的相关信息和文件。

（1）内外部沟通。可通过与代理方内部团队（包括商务团队、运营团队）或授权方相关团队的沟通了解代理网络游戏的基本情况（如是否改编自其他作品，如网文、影视或综艺节目；是否有植入他人享有相关权利或权益的元素；具体的开发公司或团队；若签约方非开发商，签约方是否获得了相应的授权）。

（2）网络检索。可通过搜索引擎、相关网站（如中国版权保护中心官网、国家知识产权局商标局中国商标网、北大法宝）了解代理网络游戏的相关知识产权信息（如是否存在相关的纠纷；是否办理了著作权登记以及登记人；是否办理了商标申请/申请类别/申请状态；相关名称是否已被抢注等）。

（3）授权方提供。结合内外部沟通以及网络检索的结果，可要求授权方提供与代理网络游戏相关的知识产权权属或授权证明文件，以及其他相关文件（视各代理网络游戏的不同情况由授权方提供相应的文件），包括：

其一，权属证明文件。如代理网络游戏的计算机软件著作权登记证书、商标注册证书、涉及代理网络游戏知识产权归属的委托开发协议/合作开发协议、受让代理网络游戏知识产权的转让协议等。

其二，授权证明文件。如代理网络游戏的改编权授权文件（在代理网络游戏改编自其他作品的情况下）、IP植入授权文件（在代理网络游戏植入其他需获得授权的作品或元素的情况下）、获得代理网络游戏运营权的许可协议（包括对著作权和商标权的使用许可）等。

其三,其他相关文件。如相关的民事起诉书/民事裁定/民事判决/和解协议(在代理网络游戏或与其相关的元素涉诉的情况下)、知识产权质押文件等。

3. 开展分析评估

在沟通确定商务需求并获得相关的信息和文件后,即由代理方法务和/或律师开展相应的分析评估工作,以明确代理方的商务需求能否全部得以满足。若存在无法全部满足的情形,则需进一步明确哪些方面无法满足、为何无法满足、无法满足的法律风险、为确保相关方面得以满足需进一步采取哪些措施(如要求授权方补充提供相应的权属证明文件、授权证明文件,或针对相关协议签署补充协议等)。

(四)知识产权尽调过程中需重点关注的八个方面

1. 计算机软件著作权登记证书上载明的著作权人是否为实际的著作权人

计算机软件著作权登记证书仅是证书上记载的著作权人对该游戏软件享有著作权的初步证据。若有相反证据证明该著作权人并非实际的著作权人或并非唯一的著作权人,则可能会对代理方拟获得的网络游戏运营权形成不利影响,甚至导致代理方无法获得相应的授权。因此,在知识产权尽调过程中,代理方需通过多种方式[包括前述第(三)部分提及的相关方式]在最大限度内明确代理网络游戏的实际著作权人。[1]

---

[1] 代理网络游戏的整体动态画面及其构成要素均有可能构成作品(包括作为计算机软件、美术作品、文字作品、音乐作品、类电影作品等),并由同一或不同的著作权人享有相关的著作权。从业务实践角度,通常很难对所有构成要素的著作权权属状况进行一一核实,故在无相反证据的情况下,一般会认定代理网络游戏计算机软件著作权登记证书上载明的著作权人为该网络游戏(包括游戏整体动态画面及具体构成要素所涉作品)的著作权人。

2. 商标注册类别能否覆盖代理方的商务需求[1]

不同的商务需求往往意味着对代理网络游戏在商标注册方面的不同要求。对于部分代理网络游戏，代理方可能仅需获得宣传、推广和运营相关网络游戏的权利，但对于某些代理网络游戏，代理方在获得宣传、推广和运营的相关权利时，还会希望获得制作和销售游戏周边的权利。

从满足网络游戏运营的角度，移动网络游戏、端游、联网的PC单机游戏通常需在第9类（含游戏软件）和第41类（含提供在线游戏服务）上进行商标注册，页游一般需在第41类上（含提供在线游戏服务）进行商标注册。但如除网络游戏运营外还涉及游戏周边的制作和销售，则需根据周边类别进行相应类别商标的申请。如常见的第16类纸制品/文具/办公用品，第18类箱包，第25类服装鞋帽/T恤衫，第28类游戏机/玩具/运动器械等。

3. 代理网络游戏是否存在知识产权共有的情形

若代理网络游戏的著作权以及相关的注册商标专用权由不同主体共有，则需明确共有人可对该等著作权或注册商标专用权行使何种具体的权利。通常，代理方需确保其自授权方获得的与该等共有知识产权相关的授权已获得共有人的共同同意，无论是通过共有人之间的共有协议，还是通过相关共有人出具确认函的方式。当然，也可能会出现共有人对共有知识产权的行使存在争议的情况，此时需结合共有人之间的协议（若有）以

---

[1] 若代理网络游戏的相关名称未注册相应类别商标，需提示开发商及时进行商标注册。如相关名称已由他人注册商标，需和签约方尽早协商游戏名称更名事宜，并在后续的代理协议中对游戏名称更名及更名后的商标注册、商标权归属等事宜作出约定。

及法律的相关规定[1]确定代理方所获得的运营权是否存在瑕疵。

4. 签约主体是否为实际的知识产权权利人

通常,作为签约主体的授权方往往并非代理网络游戏相关知识产权的权利人,如授权方可能自代理网络游戏开发商处获得了该网络游戏的运营权,进而与代理方签署代理协议;或代理网络游戏开发商基于财税方面的考虑由其关联方作为授权方与代理方签署代理协议。无论属于何种情形,只要作为签约主体的授权方并非代理网络游戏相关知识产权的实际权利人,代理方即需通过梳理授权链条的方式向上追溯至实际权利人,以确保自实际权利人至代理方的整个授权链条完整无瑕疵,即针对权利授予的各个维度(如授予的权利、授权期限、授权区域、是否可以转授权或分许可等),上游针对该等维度所获得的授权均能覆盖下游对应维度所需获得的授权。

5. 是否存在改编权授权的情形

若代理网络游戏改编自他人作品(包括原作品以及基于原作品改编后的作品,如小说、游戏、动漫、电影、综艺节目等),则代理方需对相关改编权授权文件进行细致分析,以明确代理网络游戏本身是否符合改编权授权文件的相关约定(如网络游戏类型、网络游戏的运行平台、对作品的使用范围及方式等有无超出授权范围),以及针对代理网络游戏可对外授予的运

---

[1]《中华人民共和国著作权法实施条例》(2002年8月2日中华人民共和国国务院令第359号公布 根据2011年1月8日《国务院关于废止和修改部分行政法规的决定》第一次修订 根据2013年1月30日《国务院关于修改〈中华人民共和国著作权法实施条例〉的决定》第二次修订)第9条规定:"合作作品不可以分割使用的,其著作权由各合作作者共同享有,通过协商一致行使;不能协商一致,又无正当理由的,任何一方不得阻止他方行使除转让以外的其他权利,但是所得收益应当合理分配给所有合作作者。"

营权能否满足代理方的商务需求。

此外,对基于影视作品和综艺节目改编的网络游戏,应重点关注对该等作品网络游戏改编权权利人的识别。通常,代理方可要求授权方提供该等作品的投资协议,或要求包括制片人/制片方、出品人/出品方、联合出品人等在内的相关主体(视具体情况而定)出具授权书/承诺函,以确保代理方拟获得运营权的网络游戏已获得相关作品改编权权利人的合法授权。

6. 是否存在在先的涉及代理网络游戏的争议或者诉讼

若通过内外部沟通或网络检索了解到存在在先的与代理网络游戏相关的争议或诉讼(包括针对代理网络游戏本身、其早期版本,或改编该网络游戏的作品本身等),无论最终结果如何(如撤回起诉、有相关裁定或判决、最终达成和解),代理方均应对相关信息和文件(如判决书或和解协议)进行详细分析,以明确可能存在的与该代理网络游戏相关的潜在风险。

7. 是否存在重复授权的问题

重复授权一般指代理网络游戏的相关权利被授予不同的主体,且不同主体获得的授权存在重复的情形。对于重复授权,尤其是针对独家网络游戏运营权的重复授权,虽然在后签署的代理协议一般不会被认定为无效,但一般难以有效履行,主要是因为在后获得授权的主体会面临被在先获得授权的主体追责的风险。在此情况下,在后获得授权的主体通常仅可基于代理协议追究授权方的违约责任。[1]

---

[1] 北京市高级人民法院《侵害著作权案件审理指南》第3.10条规定:"受让人或者被许可使用人通过合同取得约定的著作权或者专有使用权,著作权人在合同约定范围内就相同的权利再次处分的,不予支持。著作权人对相同权利重复进行转让或者许可的,在能够查清先后顺序的真实情况下,认定在先受让人或者被许可使用人取得著作权或者专有使用权,但有相反证据的除外。"

8. 是否存在在先的授权限制

若拟代理的网络游戏属于其他游戏（"在先游戏"）的系列作品或衍生作品，需注意在先游戏的相关协议是否存在限制代理方代理该网络游戏的相关条款。通常，在先协议的相关条款会定义"授权游戏"，亦可能会对在先游戏的系列作品或衍生作品的运营权授权事宜进行相应的约束或限制（包括可能赋予在先游戏的代理方优先谈判权及最终拒绝权）。无论"授权游戏"定义过宽，抑或存在前述约束或限制，均可能影响代理方获得相关网络游戏的运营权，或给后续的游戏运营埋下"争议"隐患。

从"《军师联盟》10亿收益案"看影视联合投资合同纠纷及风险防控

陈　中　腾讯公司高级法律顾问
刁云芸　腾讯专家法律顾问

近日,据媒体报道,爆款电视剧《大军师司马懿之军师联盟》的投资方不二传媒、江苏华利等就该剧的 10 亿投资收益分配产生了多起诉讼案件,引起了许多媒体、业内人士以及公众的热切关注。作为影视行业从业人员,笔者根据相关媒体报道及网站公布的信息、历年影视项目投资纠纷案例,以此案为引子,试着总结分析一下影视项目联合投资合同常见纠纷点、主要原因,并提出一些风险防控建议,希望对业内人士、公众了解此案以及此案的诉讼争议点有一些帮助,并希望对业内人士规避此类诉讼纠纷有一些参考和借鉴作用。

一、《军师联盟》案情梳理

2015 年,江苏华利文化传媒有限公司(以下简称"江苏华利")与东阳盟将威影视文化有限公司(以下简称"盟将威")签署了《电视剧〈大军师司马懿〉联合投资合同》(以下简称"投资合同")并约定:双方对电视剧《大军师司马懿之军师联盟》(以下简称"军师联盟")各投资 50%,按照投资比例分享投资收益,且双方均有权对外转让投资权。

后 2016 年,江苏华利、盟将威、霍尔果斯不二文化传媒有限公司(以下简称"不二传媒")等三方签署了关于《军师联盟》投资权转让的《转让协议》(非实际协议名称,以下简称"转让协议"),大致主要内容是不二传媒根据转让协议享有《军师联盟》95%的投资权以及投资收益。但江苏华利认为《转让协议》中江苏华利的合同章是伪造的,因而转让协议没有法律效力,所以江苏华利仍然应该享有《军师联盟》45%的投资收益。

另江苏华利子公司霍尔果斯华利文化传媒有限公司(以下简称"霍尔果斯华利")与不二传媒签有关于《军师联盟》发行的《全球独家代理发行协议》以及《信息网络传播权代理发行协议》(以下统称"发行协议"),具体协议内容不明,大致主要内容是由霍尔果斯华利发行《军师联盟》并收取发行收益。但是不二传媒认为其对《发行协议》不知情,该协议虽然盖有其公章,但是不应具有法律效力。

另不二传媒就张某(曾担任不二传媒法定代表人、江苏华利副总经理)涉嫌职务侵占以及张某伙同金某星(江苏华利法定代表人)及江苏华利、霍尔果斯华利涉嫌合同诈骗等提起刑事报案。

据报道,江苏华利、霍尔果斯华利与不二传媒、盟将威共计发生三起民事诉讼案件,目前有据可查的是两个案件,第一个是江苏华利、盟将威、不二传媒之间的投资合同纠纷,盟将威母公司当代东方投资股份有限公司(以下简称"当代东方")在其公司公告中公示,扬州市邗江区人民法院于2018年9月30日作出一审判决(以下简称"判决书"),判令被告盟将威公司向江苏华利分配收益3403.6万以及相应的利息,但是具体判决内容并未对外公示,盟将威已上诉;第二个案件是扬州市邗江区人民法院裁定同意江苏华利子公司霍尔果斯华利文化传媒有限公司(以下简称"霍尔果斯华利")的申请,裁定查封、冻结被申请人不二传媒银行存款人民币 4000 万元或其他等额财产。

二、《军师联盟》案件分析

综上,对江苏华利、霍尔果斯华利与不二传媒、盟将威之间关于《军师联盟》投资收益分配的核心争议点分析如下:

(1) 上述江苏华利与不二传媒签订的《转让协议》是否具有法律效力?上述《转让协议》是否有效取决于《转让协议》的生效要件是什么,如果没有特殊生效要件,一般此类合同盖章即可生效,但是江苏华利认为上述《转让协议》上江苏华利的合同章并非江苏华利按照法定程序印刻的合同章,也没有经过江苏华利许可印刻,因此上述《转让协议》上江苏华利的合同章是伪造的,伪造的合同章是否具有法律效力。笔者理解江苏华利的意见可能有两个意思表示:第一个是江苏华利没有授权任何第三方印制该合同章,不知道该合同章的存在;第二个意思是知道该合同章的存在,但是该合同章不是其相关行政部门备案的章,没有法律效力。

如果是上述第一个意思表示,则笔者没有异议,但是如果是第二个意思表示,则笔者认为合同章是否向相关行政部门备案不是该合同章是否有效的要件,一般而言,只要公司在相关民事活动中使用了该合同章,该合同章就具有公示效力,交易相对方就有理由认为该合同章能够代表对方公司,双方的合同盖章生效。如在汪某雄与重庆群洲实业(集团)有限公司、朱惠德建设工程施工合同纠纷申诉、申请民事裁定书中,最高院就认为:"重庆群洲公司对云南分公司的存在、梁某霖代表该分公司进行经营活动明知且认可。重庆群洲公司云南分公司有权委托朱某德开展经营活动，朱某德接受重庆群洲公司云南分公司委托，使用编号为'50010218011375'的重庆群洲公司印章签订履行合同的行为之法律后果应当由重庆群洲公司承担。"

所以就应该具有上述《转让协议》是否有效，应该根据江苏华利公司是否知道该合同章使用、是否采取措施防止不二传媒的利益遭到损害、江苏华利是否在其他合同中使用过该合同章承认其法律效力等进行判断。

最后，如上述盟将威母公司当代东方公布的判决书显示，盟将威公司需要向江苏华利分配收益3403.6万以及相应的利息，那基本意味着扬州市邗江区人民法院在一审判决中认定了上述《转让协议》无效，不过由于该判决书内容并未公示，而且盟将威公司也已上诉，所以对相关争议点的研究和分析还有待商榷和观察。

（2）上述霍尔果斯华利与不二传媒签署的《发行协议》是否具有法律效力？同上，上述《发行协议》的公章已经过不二传媒确认属实，但对此协议内容不确认，并认为张某没有权利代表不二传媒与江苏华利签署发行协议，所以《发行协议》是否有效的关键点在于张某在签署《发行协议》签署时是否有权代表不二传媒。

根据《合同法》第50条规定：法人或者其他组织的法定代表人、负责人超越权限订立的合同，除相对人知道或者应当知道其超越权限的以外，该代表行为有效。

行为人是否有权代表公司签署合同，应该根据是否有代理权或者交易相对方有理由认为对方有代理权，是否有代理权应根据其法定权限、公司章程的约定等判断。正常来讲，张某当时是不二传媒的法定代表人是有法定权限代表不二传媒签署《发行协议》的，江苏华利也有充足的理由相信张某有合法的代理权，即使不二传媒的公司章程规定张某并没有签署此《发行协议》的权利，也可能不会得到法院的支持。

所以不二传媒仅以张某没有权限签署《发行协议》恐很难得到法院的支持，但是另根据《合同法》的相关规定，成立的合同可以被撤销或者被认定为无效，所以不二传媒可能会以撤销或者无效为由来反诉江苏华利、霍尔果斯华利的主张。

最后，由于此案的信息均是一些媒体报道以及网站披露，没有更多更可靠的信息，因此后期再重点研究此案。

表面上看，该案是两个印章引发的血案，但实际上背后的法律问题却十分复杂，涉及影视项目投资的方式、投资款的支付、合同解除的程序以及确认、投资收益的支付等多个问题，是一起典型的影视项目联合投资合同纠纷案，但此类诉讼纠纷并不少见，通过对历年此类诉讼纠纷的总结分析，可对影视行业尤其是对影视项目联合投资方规避相关风险产生一定积极作用。

三、影视项目投资方式概要

影视作品是指电影作品和以类似摄制电影的方法创作的作品，如网络电影、电视剧、网剧、动画片等。

从影视投资对象来看，一般而言，影视作品的开发离不开人和资金，优秀的主创人员，加上合理的资金调度，便能产生一部优质的影视作品，另外影视作品的开发还需要一定的资源，可能是热门 IP，可能是拍摄制作所需的各种场地、设备、软件，也可能是强大的平台，还有可能是对各种政策和舆论的把控力度，可能是需要各种天时地利人和，所以归纳起来，影视投资的对象包括对人和资源。影视作品的开发流程通常包括原始 IP 的引进（仅指改编作品）、剧本的创作、前期筹备、拍摄、制作、宣发以及播出、衍生开发等。所以广义上的影视投资对象,大致可以分为人员投资(主要包括主创人员、制作团队等)、资源投资(主要包括IP、拍摄制作场地、设备及软件、传播渠道等)、项目投资(主要包括项目的开发、运营、收益变现)。

从影视投资方式来看,人员投资最重要的价值是其对影视项目的生产力,这种生产力主要体现在影视项目开发阶段,常见的投资合作方式主要包括签署独家或者优先合作协议、收购或者参股相关主创人员的企业或者公司等。对人员的投资需要重点注意考察人员的政治立场、身体状况、品行态度等前提条件,对公司的收购或者参股则需要重点注意"竞业禁止""反股权稀释""投票权""公司监管""投资收益""对赌条款"等条款的设计、落实和执行,涉及具体影视项目则需要单独签署项目合作协议。

资源投资最重要的价值是其对影视项目的影响力,这种影响力主要体现在影视项目的开发、运营以及利益变现等各个阶段,其中对IP的投资一般通过直接受让或者被授权原始IP的知识产权、签署独家或者优先合作协议、收购或者参股相关知识产权权利人的企业或者公司等投资方式,对影视IP的投资需要重点注意评估IP的市场价值、交易主体是否享有独立完整以及合法的权利、受让或者授权使用的权利范围是否满足影视作品开发的合理需求,当然热门IP不仅具有开发影视项目的价值,也有其他商业价值。而拍摄制作设备、软件、场地、传播渠道的投资需要更加专业的资源和资质,投资方可能需要更长的投资回报周期,投资方需要重点考量自身的能力和资源,需要重点考量这个行业的历史、现状以及未来。

项目投资最重要的价值是对项目的知识产权的掌控以及收益的实现,常见的影视项目投资方式主要有独家投资以及联合投资，独家投资的实现方式可以是自主控盘影视开发、运营、变现的全流程开发，也可以采取委托开发、承揽定作等各种合作方式与第三方合作，而联合投资根据投入的资金在整体项目开发预算中的占比，又可以细分为主投、对投、参投等各种投资方式。

四、联合投资合同纠纷常见争议点

影视项目投资方式包括独家投资以及联合投资，本文缘起于《军师联盟》联合投资合同纠纷案，所以重点分析影视项目联合投资合同纠纷，独家投资纠纷以及联合投资中的侵权纠纷以及其他相关纠纷点暂且不表。

笔者总结了近年来中国大陆地区发生的68件影视项目联合投资合同纠纷案例，并总结分析了这些诉讼案件的主要诉讼请求以及各方发生的争议点，在不考虑争议方破产、资金周转困难、故意违反诚信原则等其他因素的前提下，单就这些案件中显现出来的诉求以及争议点也十分具有研究和分享价值。

上述图表是对68件影视项目联合投资合同纠纷案件诉讼请求的总结分类，另很多案件都有多个诉求点，上述诉求点也多存在交叉，如解除合同一般均附有投资款支付或者投资款返还。

通过上述图表可以发现，影视项目联合投资合同纠纷案主要纠纷点集中在投资款支付及返还，投资收益支付、解除，鉴往知来，在影视项目联合投资合同签署、履行过程中，对上述风险点的有效防控应该能规避大部分风险。

另笔者根据影视项目开发流程为基础，对上述诉讼请求涉及的争议点总结分析如下：

（一）合同生效争议

在上述《军师联盟》案中，江苏华利以《转让协议》上江苏华利方的合同章是伪造的来否认其法律效力，无独有偶，在天津龙影浦江影视有限公司（以下简称"天津龙影公司"）因与被上诉人北京星硕华美国际影视文化传媒有限公司（以下简称"星硕华美公司"）合同纠纷一案（以下简称"《最后的武林》案"）中，天津龙影公司也以不清楚合同签订事宜、不清楚签字盖章为由主张双方签署的《电视剧〈最后的武林〉联合投资摄制合同书》无效，而在崴盈投资有限公司（简称"崴盈公司"）诉华谊兄弟传媒股份有限公司（简称"华谊兄弟公司"）合作创作合同纠纷一案（以下简称"《西游》案"）中，华谊公司也以《补充协议二》未生效为由来反驳崴盈公司要求票房分成的要求。

由此可见，如何认定合同生效、如何确认合同生效是联合投资合同签署、履行过程中需要重点注意的问题。

关于认定合同生效，我们需要首先重点区分合同生效与合同订立、合同成立、合同有效是不同的法律概念，合同订立是指缔约人作出意思表示并达成合意的状态，包括商讨过程以及合同成立两个部分，其中合同成立是合同订立的重要组成部分，是指合同的主要条款、双方的权利义务已经确定；合同有效是指订立的合同符合法律规定的有效要件时的状态，合同生效是指订立的合同不仅具备有效要件，还具备履行条件。其次，采用合同书形式订立的合同，自当事人签字或者盖章时合同成立，而依法成立的合同，自成立时生效；而未依法成立或者说没有符合法律规定的要求或者被法律否定时，如需要办理批准、登记手续才能生效，如附条件、附期限才能生效，则成立的合同会归于无效、可撤销或者效力待定的状态。最后，区分合同订立、成立、生效的概念的重要意义在于一般只有依法成立并生效的合同才需要履行合同，才需要承担违约责任，而合同订立的商讨过程不需要承担违约责任，仅有可能产生一些先合同义

从"《军师联盟》10亿收益案"看影视联合投资合同纠纷及风险防控

务以及缔约过失责任。如在《西游》案中,法院也是从合同订立的过程、合同生效的要件来分析崴盈公司与华谊公司在邮件往来中的《补充协议二》是否生效,采用合同书形式订立的合同,应以自双方当事人签字或者盖章时合同成立,由于其双方签订过程中的《补充协议二》并未经双方签字或者盖章,所以并未成立,因而没有生效,没有相应的法律效力,华谊公司从法律上无需向崴盈公司支付票房收入分成。

关于确认合同生效在正常的商业诚信环境以及逻辑下一般是无需重点考虑的,但是鉴于实践中确实已经发生过此类案例,所以在投资方在签订合同过程中,对外需要通过各种手段来确认生效合同是否属实,即主要确认生效合同的生效要件是否属实,如签字人是否有相应的授权且是否为其本人,如盖章是否是其法定印章;这些问题可以通过现场监督签字、盖章以及要求合作方提供其向工商行政部门备案的签字、印章比对等来实现,而对内需要加强印章管理以及人员权限管理,重点注意宣导伪造印章、擅自使用印章的法律责任(包括民事风险以及刑事犯罪)以及加强管理相关人员合同签署的权责分工。另外在合同解除、重要合同事项变更的关键时点时,不仅是签署合同,还应通过邮件、函件、微信等各种沟通方式向各方公司、负责人进一步确认各方对相关法律行为、事实的了解、知悉,保留好相关沟通确认记录。

(二)投资款支付争议

投资款支付纠纷的主要原因在于制作质量与制作进度,投资方往往因为制作方没有按期制作或者制作的质量不符合其期待的标准而与制作方发生争议。

因制作进度问题发生的纠纷较多,上述浙江人杰文化传播有限公司(以下简称"人杰公司")诉浙江影视(集团)有限公司（以下简称"影视公司"）、湖州广播电视总台（以下简称"湖州总台"）合作创作合同纠纷一案（以下简称"《陈英士》案"）便是实例之一。因为制作进度客观上确实受到诸多不可控因素影响，比如说剧本的磨合、演员的档期、拍摄过程中的意外事件、政策的调整变化等等。所以笔者建议关于制作进度，无论如何需要设置一个客观可行的时间节点，在没有按照时间节点完成相应的动作时，就需要设置相应的解决方案，还有不可控因素的最终解决方案。

而制作质量往往因为没有一个客观的标准而发生争议，如在北京中影第一电影制片有限公司（以下简称"中影公司"）因与被上诉人艺能娱乐（国际）有限公司（以下简称"艺能公司"）合作拍摄电影合同纠纷一案（以下简称"《左麟右李》案"）中，在艺能公司主张剩余投资款时，被告中影公司答辩称理由之一是"艺能公司承担摄制工作，所拍摄影片质量极差，经电影局审核，送审片根本达不到送审条件，遂又进行了二次修改，造成了资金的浪费"。当然法院最终以该项目上映播出且没有证据证明质量不合格为由支持了原告艺能公司的诉请。

影视作品是艺术作品与商品的结合体，影视作品本质上属于艺术，而艺术从来都没有一个客观标准，从艺术角度确实很难评估一个作品的艺术价值，但是影视作品还具有商品属性，所以可以影视作品的商品属性来要求影视作品的质量标准。比如说剧本，可以约定题材、（包括大纲、人物小传）字数、适合拍摄的集数，等等；比如说画面，不会出现明显的演员抠像、演员变形、场景道具失真等影响视觉效果的情形，等等；比如说动画，人物的表情需要达到对标作品要求表情动画细腻、表情联动自然，人物角色动画和动作运动平滑，不僵硬，等等。

（三）投资合同性质争议

在固定收益投资方式中，投资款的返还以及投资收益的支

从"《军师联盟》10亿收益案"看影视联合投资合同纠纷及风险防控

付往往成为绕不过去的主题,投资现金的一方往往在投资合同中明确约定了投资款的返还时间,约定了明确的保底收益以及支付时间,但也不免被负有返还投资款以及支付固定投资收益义务的其他投资方或者制作方以各种理由拒绝,其中最常见的争议点便是投资合同的性质,常见其他投资方以投资合同的性质属于借贷来要求减少投资收益,或以联营法律关系拒绝返还投资款,等等。

所谓合同性质即合同内容所涉法律关系,不同的法律关系适用不同的法律规定,而投资合同并非《合同法》中明确规定的典型合同,因此司法机关在审理此类投资合同纠纷时往往先对合同性质作出认定,以便准确适用相关法律规定。如联合投资合同被认定为借贷法律关系,则依据《最高人民法院关于审理民间借贷案件适用法律若干问题的规定》的相关规定,借贷的年利率最高不得超过24%;如被认定为联营合同法律关系,则适用最高人民法院《关于审理联营合同纠纷案件若干问题的解答》,保底条款违反联营活动中应当遵循的共负盈亏、共担风险的原则,损害了其他联营方和联营体的债权人的合法权益,应属于无效条款。

以下是近年来涉及影视项目固定投资收益纠纷的部分案例:

由此可见,司法机关对涉及固定投资收益的联合投资合同性质的认定不外乎借贷、联营以及"投资"(非借贷、非联营)三类法律关系,但是不同的司法机关会对影视投资合同的性质做出不同的认定,究其主要原因在于各个法院对法律的理解以及每个案件中具体投资合同的约定不同。

法院从法律上是依据合同当事人所设立的主要内容来认定合同性质即合同内容所涉法律关系。如投资合同的主要内容是投资方向其他投资方支付投资款,其他投资方到期返还投资款以及固定投资收益，各方并没有其他实质上的权利义务，则易被认定为借贷法律关系，因为借贷法律关系的主要特征正是借款方向出借方借款，到期返还借款并支付利息，另如联营法律关系的主要特征在于共同出资、共同经营、共担风险，如果投资合同的主要内容符合联营法律关系的主要特征，则也可能被认定为联营法律关系。

笔者认为，从上述案例可以看出，仅从 2010 年到 2018 年，固定收益投资方式可以查询案例就多达 15 件，可见固定收益投资方式是影视行业长期以来存在的一种投资方式，合同法的基本原则之一便是自由原则，在不违反社会公德、社会公共利益以及强制性法律规定的前提下，法律应该允许当事人签署非典型的合同，应该尊重当事人签署合同的目的，尊重影视行业长期以来普遍存在的各类投资方式，尊重当事人在合同中的约定，不应单以投资合同的性质来片面认定相关投资收益条款的无效或者部分无效。

不同法律关系的认定对投资方而言极其重要，直接影响到投资款是否返还、投资收益是否支付以及投资收益的计算方式，所以在现行法律体系下，固定收益投资方如需要切实保障投资款以及投资收益，重点需要从合同内容上做好相关设计、安排。

（四）未履行合同义务纠纷

除投资合同性质外，是否履行合同义务也是投资方要求返还投资款的主要理由之一，如在海宁博啦啦影视传媒有限公司（以下简称"博啦啦公司"）与北京顺合伟业影视艺术发展有限公司（以下简称"顺合公司"）合同纠纷一案（以下简称"《男人不容易》案"）中，原告博啦啦公司便以被告顺合公司未按约定集数制作、未按约定主演拍摄等构成根本违约为由要求退还投资款；另在上述《陈英士》案中，原告人杰公司以被告影视公司未按期拍摄为由要求退还投资款。

合同义务分为主要义务以及次要义务，投资方因其他投资方或者制作方未履行合同义务为由要求退还投资款，应根据未履行合同义务一方未履行的合同义务是否是其主要义务、未履行合同义务是否导致合同目的无法实现、未履行合同义务是否是合同明确约定可以退还投资款的条件等多个维度来判断是否可以要求其他投资方或者制作方退还投资款。

举例而言，在影视投资合同中，投资方的主要义务之一便是按期支付投资款，而制作方的主要义务之一便是按期制作并交付制作成果，一方违反此主要义务时便很难得到司法机关的认可，在《男人不容易》案中，博啦啦公司没有按期支付剩余投资款，且在投资合同中约定了逾期付款不得退回投资款，因此法院也就没有支持博啦啦公司的诉求，而在上述《陈英士》案中，因为影视公司远超约定的时间开机、播出，所以法院也支持了人杰公司要求返还投资款的诉求。

（五）投资收益计算争议

一般而言，影视作品的投资收益应该是影视作品的所有收入减去所有成本以及投资合同约定可以的扣除名目，但是不同的作品类型所对应的收入构成、获取收入的成本、费用以及其他扣除名目有所不同。

比如说当今市场形态下，电影主要收入构成是票房收入，网络电影的主要收入构成是视频平台的票房分账，而电视剧的收入构成是来自视频网站以及电视台的授权收入，另外除主要收入构成之外，还需要了解影视作品相关的广告收入、衍生品开发收入、奖金收入以及其他商业开发收入等。

实践中容易发生争议的是两点，一是相关收入是否需要参与分配，比如说奖金收入，从中宣部、国家广电总局到各个地方政府、行业协会、相关机构,都有一些对优质作品、参展作品的奖励政策,而这部分收入是否需要向投资方分配,就是一个重要争议点,如杭州南广影视制作有限公司(以下简称"南广公司")诉北京鑫宝源影视投资有限公司(以下简称"鑫宝源公司")、北京华录百纳影视有限公司(以下简称"华录百纳公司")合作创作合同纠纷一案(以下简称"《大工匠》案")中,原告南广公司(反诉被告)认为"关于浙江省委宣传部与杭州市宣传部的奖金问题。浙江省委确实奖励给我公司20万元,杭州市宣传部也确实奖励给我公司200万元,但这是奖励给杭州本地企业的,而不是奖励给《大工匠》这部电视剧所有投资单位的。"当然因为相关政策明确规定是奖励作品的,所以南广公司这个抗辩理由最终没有得到法院的支持。

第二个争议点是相关收入基数的理解,在《西游》案中,原告崴盈公司认为合同中的票房收入应该是总票房收入,而华谊公司认为应该是华谊实际收到的票房收入,应是总票房收入扣除5%的国家电影专项基金和3.3%的营业税金及附加57%的院线分成后才是其实际取得的票房收入。所以投资方在约定影视项目收入构成时,应明确收入构成范围、分配的范围、收入的含义、未列入构成范围的收入应该如何分配等基本内容。

获取收入的成本、费用以及其他扣除名目则一般包括渠道费、代理费、衍生品开发成本等,这些严格来讲,没有客观的标准,比如说有些项目收益分成前会含有对相关主创人员的奖励,有些渠道费、代理费没有统一或者可以量化的标准,衍生品的实际开发成本也不可知,有些宣传推广费是否应该计入成本也存在争议,所以在实践中往往会发生争议纠纷,如在北京联盟影业投资有限公司(以下简称"联盟影业公司")与中国电影集团公司制片分公司(以下简称"制片分公司")合同纠纷一案（以下简称"《武林外传》案"）中，联盟影业公司与制片分公司就收入、成本、费用问题纠缠不清，于是在联盟影业公司的申请下，法院委托了第三方会计事务所对该项目的收入、成本、费用等情况进行了审计鉴定。另如在江苏瑞华影视传媒有限公司（以下简称"瑞华公司"）与大地时代文化传播（北京）有限公司（以下简称"大地公司"）合同纠纷一案（以下简称"《东成西就2011》案"）中，原告瑞华公司诉称"被告在分配发行收益时，单方扣除发行代理费 5 064 824.84元，仅按 39 810 913.27 元分配收益"。所以如何界定这些成本、费用以及可以扣除的名目，需要商务谈判环节重点思考，根据行业惯例、以往经验以及未来变化趋势约定一个各方可以接受的方案，实在不能确定的，则可以收入为基数确定一个范围值或者最高值，在发生重大争议时，当事方可以约定合适的审计机构予以审查鉴定。

（六）投资收益结算条件争议

收益结算条件一般是指向各个投资方结算投资收益的条件，比如说对账、结算起始点，以及投资收益的分配顺序问题，如是否先分配投资成本、发行收益、先向某方结算投资收益等问题。尤其是投资收益的结算条件在实践中容易发生争议，如在上述《大工匠》案中，原告南广公司认为"关于中宣部'五个一工程'20万元奖金的问题。我公司认为这确是该片获得的奖金，按照合同约定应当由投资方按照投资比例分配，对此我公司无异议。但分配的前提是先界定清楚各方的实际投资比例……"

在投资合同中明确投资收益的分成期间、起始时间、对账条件以及发生重大争议时的解决方案极为重要。

（七）合同解除争议：

合同解除分为约定解除以及法定解除，约定解除是指投资方按照投资合同约定的解除条件予以解除，法定解除是指投资合同没有约定相应的解除条件，但是投资方根据法律规定可以解除的情形，包括协议解除（不同于约定解除，是指原投资合同没有约定解除条件，各方重新约定解除条件）、不可抗力解除以及违约解除等。

合同解除又可分为单方解除以及协议解除，单方解除是指投资方单方行使解除权解除投资合同的情形，而协议解除是指各投资方协商一致解除合同的情形。

合同解除涉及的问题点有很多，这里需要重点注意的有两项，首先是行使单方解除权的程序，需要履行明确的预先通知程序，否则可能达不到解除合同的目的。如在北京华人天地影视策划股份有限公司（以下简称"华人天地公司"）与被告东阳映月（北京）影视文化传播有限公司（以下简称"东阳映月公司"）合同纠纷一案（以下简称"《六指琴魔》案"）中，法院认为："现无证据表明华人天地公司落款日期为2017年8月27日的《告知函》已于当时送达东阳映月公司，也无其他证据表明华人天地公司在2017年12月13日之前另以其他形式要求东阳映月公司提供演员变动情况材料并以此提出过解除合同。故华人天地公司以《解除合同通知》告知合同已于2017年9月解除，没有依据。"

另外重点需要注意的是单方按照不可抗力事由、违约事由解除、合同约定解除条件解除的情形，需要判断此不可抗力是否会导致合同目的无法实现，违约事由、合同约定的解除条件是否足够充分，己方是否存在违约责任，己方违约责任是否会导致对方违约或者导致己方单方解除条件的形成，否则可能构成违法解除，反而需要承担相应的法律责任。

（八）其他争议点

其他投资款返还常见争议点还包括因不可抗力导致作品不

能播出时的责任承担问题，如相关权利分配、项目终止清算方面的纠纷，此需要根据投资方式以及具体内容确定，此不赘述。

影视项目联合投资合同纠纷的主要原因

结合上述影视联合投资合同常见纠纷点以及现今中国大陆地区影视行业发展现状，笔者认为，影视项目联合投资合同纠纷频发的主要原因在于：

（1）盲目投资：以电影为例，据相关媒体报道，2018年，中国大陆地区共计上映了571部影片，电影总票房为609.76亿元，但是TOP6的电影占据了三成票房，1亿元以上的仅86部，绝大部分影片都是赔钱的，虽然票房早已不是电影的唯一收入来源，但是一定是电影其他收入的重要基础，此外还有很多未能进入影院排片的影片，所以影视行业是高风险行业，受品质、宣传、政策等多个因素影响较多。但是很多投资方并没有充分了解影视行业的高风险，像《我不是药神》这样优质的国产影片毕竟属于凤毛麟角。另外很多投资方并没有根据自身状况选择合适的投资方式，如是选择独家投资，还是联合投资，在独家投资方式，如何选择合适的剧本、主创以及发行平台，在联合投资方式中，对选择何种投资方式不一定有深入思考和分析。

（2）无序竞争：影视项目以及影视行业的核心竞争力在于主创人员与优质IP，但是这些资源是有限的，于是便产生恶性竞争、哄抬价格的情况，由此导致各种违约、侵权行为频发，但是实践证明，优质的IP不一定能孵化出优质作品，优质的主创人员也不一定能够创作出高口碑高商业收益的作品。

（3）行业发展：中国影视行业发展起步较晚，相对于好莱坞而言，不仅是人员素质、工业技术上有所差距，在相关行业规范、完片担保提供方、融资方式上也存在诸多欠缺之处，加上内容审查制度的规范以及透明度问题，也会导致契约精神、质量标准、风险承担、资金不足、投资收益实现等各方面的缺失或者弱化。

(4) 合同细节约定不明：合同细节约定不明，有诸多因素，可能因为投资方的优劣势地位、行业现状以及变化发展不明、相关商业条款不明确、合同审核人员的经验以及能力等各方面因素，另外影视行业很多时候还是一个熟人体系，投资方有时候会将合同细节约定不明之处寄希望于人情、道德、名誉，当这些没有法律约束力的因素瓦解或者发生各种情势变更时，往往会导致各种纠纷矛盾。

四、影视投资合同风险防控建议

根据上述总结分析的内容以及笔者从业过程中发现的问题，对影视投资合同提出以下风险防控建议，希望对影视行业从业者有一定借鉴和参考作用。

(一) 根据实际情况选择合适的投资方式

根据实际情况选择合适的投资方式，找准自身定位仅是影视项目投资的前提和基础。

重点需要注意独家投资不一定能获得全部的权利和收益，也不一定要承担所有的风险，联合投资也不一定不能获得全部的权利和收益，也不一定能分散所有的风险，具体需要根据投资合同的约定，另外即使有明确的合同约定，也要及时跟进项目的进展，积极维护自身权益的实现。

一般而言，对影视项目的投资，需要重点注意独家投资与联合投资等投资方式的主要区别，投资方应根据项目价值（主要是指商业价值）、项目风险（主要包括政策、法律、开发难度等方面）、资金储备（主要包括资产状况、现金储备、银行授信等方面）、资源整合（主要包括IP归属、主创激励以及相关资

从"《军师联盟》10亿收益案"看影视联合投资合同纠纷及风险防控

源)、权利分配(主要包括项目开发控制权、投资款监管以及管理权、知识产权权利归属以及具体权利行使)、风险承担(是否承担项目开发失利的风险)、收益获取(主要包括收益的收取、对账、分配)等多个维度选择合适的投资方式,找准自身定位,建设好投资预期。

独家投资的主要优势在于能够自主掌控整个影视项目的开发、运营以及商业变现,能够掌控项目的成本以及收益,而主要缺陷在于投资方需要具备更加综合全面的专业能力以及资源,一般需要独自承担全部法律风险、政策风险,而联合投资的主要优势在于减轻资金压力、分散项目风险、借力资源、吸引人才,提高项目的商业价值以及商业价值的实现,而劣势在于如何找到合适的投资方、如何平衡各个投资方的权利、如何保障投资收益的实现等。

(二) 细化合同条款以及合同管理

如以上所述,需要投资合同条款,重点从主体的选择问题、投资款管理的设计、超预算的责任分配、投资收益的结算、项目品质的认定、主创人员的违法违纪的责任划分、政策风险的承担等方面设计细致合理的合同条款。另外需要注意合同管理制度以及流程的完善、细化,重点注意印章管理、人员管理等。

(三) 加强对影视项目的控制以及监督力度

在实践中,影视投资合同出现问题点以及纠纷点的主要原因不在于合同怎么约定,而在于是否有一个良好的沟通制度、监控机制以及风险分担对策。笔者认为可以从以下几点着手:

(1) 人工管理:投资人可以通过派驻制片人、财务人员加入制作团队,一方面是能及时了解、掌控项目信息,减少误会和沟通成本,另外也能通过这种监督作用,监督制约制作方、其他投资方更快更好履行义务、推进项目开展,但是也要注意尺度，在艺术创作以及内容品质上还是应该考虑到主创人员的意见以及整体预算管理。

（2）系统化管理：目前市场已经出现了一些剧组制片管理系统、剧本以及成片的评估系统，还有一些数据分析系统，有效利用这些系统也是分析项目价值、及时远程了解项目信息、有效监控项目风险的有力措施之一。

（3）完片担保：完片担保的优势在于细节管理，从剧本、预算明细、主创人员、工作进程等多方面的细节提前评估审核，在管理过程中通过对资金的管控达到预期效果，对于监控能力不足、题材风险较大的项目，加入适当的完片担保是分散风险的有效措施之一。

（四）加强政府监管以及行业指导

以上选择合适的投资方式、细化合同细节、加强对项目的控制、监管都是内功，但是如果整体行业发展趋势不明朗、政策规范不到位，那修为再好的内功也极易破功，所以笔者建议：

（1）建立失信人员的退出机制：上述有些案例也已提及，有些明明商量好的合同不能生效，有些明明签字盖章的人员、印章不被认可，这些没有诚信的行为会造成行业的恐慌、严重影响行业的发展，因此如果查明或者经判定是故意或者恶意行为，那么相应的公司以及人员是否应该有个退出机制，在多少年之内不能再从事这个行业，这个问题值得研究和探讨。

（2）建立公允的内容评估以及鉴定机构：关于内容的评估一致以来都是这个行业极易发生争议的问题点，那么是否可以建立第三方公允的机构，让一些具有行业经验但是没有利害关系的专业人士从专业角度评估内容的品质。

（3）政府监管、行业指导规范：建议政府相关部门出具更加透明、细致、统一的内容监管规范，让投资方、制作方、创

从"《军师联盟》10亿收益案"看影视联合投资合同纠纷及风险防控

作者等能够清晰掌握监管尺度；另外建议已有的编剧协会、演员协会、电视剧产业协会、网络视听协会等各种行业协会、组织多与政府主管机关、行业从业人员、公司沟通，多多制定以及发出行业指导规范，包括从业人员的准入以及退出门槛、制作规范、制作指引等，来规范、指引、促进影视行业的健康发展。